Ingrid Bauer
»Tschikweiber haums uns g'nennt ...«

Die Buchmacherei

**Dem Buch ist eine DVD beigelegt,
mit folgenden Inhalten:**

Theaterstück „Tschikweiber“
Textbuch und Szenenfotos
Text/Regie: Gerd Hartmann, Christa Hassfurther
Berlin, Hallein 2001

„Nicht stillhalten, wenn Unrecht geschieht“
Dokumentarfilm (45 Minuten)
Buch/Regie: Uwe Bolius
Produktion/Kamera/Schnitt: Robert Angst
Österreich 2002

**Festveranstaltung zum
100. Geburtstag von Agnes Primocic**
Private Videoaufnahme: Helfried Hassfurther
Hallein 2005

Diese Daten-DVD ist für das Abspielen im DVD-Laufwerk eines Computers vorgesehen.

Ingrid Bauer

„Tschikweiber haums uns g'nennt ..."

Die Zigarrenfabriks-arbeiterinnen von Hallein

FRAUEN. ARBEIT. GESCHICHTE

Die Buchmacherei

1. Auflage der erweiterten Neuausgabe: Oktober 2015
Erstausgabe bei Europaverlag GmbH Wien 1987

Umschlag und DVD-Label: Perndl+Co, Gerhard Bauer
Gestaltung und Satz: Die Buchmacherei
Lektorat: Rainer Knirsch
Druck: Pro Business Digital Printing, Berlin

Die Buchmacherei
Postfach 61 30 46
10964 Berlin
Tel: 030 / 81 85 77 59
Fax: 03212 - 103 29 81
Mail: diebuchmacherei@gmx.net
URL: www.diebuchmacherei.de

ISBN 978-3-00-049940-1

Gedruckt mit Unterstützung durch die Stiftungs- und Förderungsgesellschaft der Paris-Lodron-Universität Salzburg

Inhalt

„Tschikweiber haums uns g'nennt ..." – noch einmal gelesen

Eine Einleitung zur erweiterten Neuausgabe

Im Konkreten das Grundsätzliche erkennen, im fokussierten Ausschnitt von Lebensgeschichten allgemeine Strukturen ausloten, durch die Verknüpfung von subjektiver Erfahrung und objektiven Zusammenhängen Erkenntnismöglichkeiten mit großer Tiefenschärfe eröffnen – darin besteht das Anliegen mikrogeschichtlicher Studien wie der vorliegenden. Sie zählte bei ihrer ersten Veröffentlichung[1], im Jahr 1988, zu den österreichischen Pionierforschungen der Oral History und rekonstruiert im Dialog mit einer heute historischen, noch vor dem Ersten Weltkrieg geborenen Arbeiterinnen-Generation ein eindrückliches Stück Frauengeschichte, Sozial- und Alltagsgeschichte, Gewerkschafts- und Industriegeschichte. Die damit verbundene soziobiografische Spurensuche steht in einem Rahmen elementarer Fragen, die aus dem Paradigma einer „Geschichte von unten" kommen – ein Zugang, der nicht privilegierte Bevölkerungsgruppen nicht als bloße Opfer der Verhältnisse, als Betroffene von gesellschaftlichen Vorgaben in den Blick nimmt, sondern auch ihr Handeln und dessen Logiken erkundet, ihre Einsprüche gegen Zumutungen, die Spielräume, die sie wahrnahmen, schufen und ausbauten.

Das Buch „Tschikweiber haums uns g'nennt ..." greift dabei ein bemerkenswertes Fallbeispiel auf, das mit einigen Besonderheiten konfrontiert, unter anderem einer Verschiebung in den gängigen Ordnungen der Geschlechter und der Arbeiterbewegung: die selbstbewussten, gewerkschaftlich gut organisierten, protestbereiten und immer wieder solidarisch agierenden Zigarrenfabriksarbeiterinnen aus dem österreichischen Salinenort Hallein, der nahe der bürgerlichen Festspielstadt Salzburg liegt. Sie waren Brennpunkt eines sozialen Milieus, das sich um die Erwerbsarbeit der Frauen konstituierte und in dem eben diese langfristig in die weiblichen Lebensentwürfe einkalkuliert wurde.

In seltener Umkehrung der Verhältnisse hatten die Frauen – im Vergleich zu den Bedingungen in den privatwirtschaftlichen Betrieben der Region – die besseren Arbeitsplätze, nämlich in der staatlichen Tabakfabrik. Die Krisenanfälligkeit der ortsansässigen Industriebetriebe machte ihren Verdienst zur Überlebensbasis vieler Arbeiterfamilien und es gehörte zu deren Strategien, möglichst viele weibliche Familienmitglieder in der Fabrik unterzubringen. Folge war eine Kontinuität von Tabakarbeiterinnen-Generationen, in deren Erfahrungshorizont die Fabrik eine wichtige Rolle spielte. Die Logik der Erwerbsarbeit, ihre Herausforderungen und Vereinnahmungen sowie das Entwickeln von Bewältigungs- und Gegenstrategien gehörten zur innerfamilialen Bewusstseins- und Erzähltradition. Das mobilisierte früh zu spontanen, noch von vorindustriellen Formen geprägten Protesten[2] gegen zunächst extrem hierarchische, ja schikanöse Arbeitsbedingungen, und ab 1900 zu einem rasch anwachsenden Solidarisierungsschub in Richtung einer gewerkschaftlichen Organisierung der Interessen. In Zusammenhang damit hieß es in einem Aufruf nicht unrealistisch: „Jene Mütter (...), die selbst schon Tabakarbeiterinnen waren und dem Staate frühzeitig ihre Gesundheit opferten, mögen es nicht unterlassen, ihren Töchtern, die heute in der Tabakfabrik die Plätze ihrer frühzeitig zugrunde gerichteten Mütter einnehmen, die Notwendigkeit der Organisation vor Augen zu halten, damit sie nicht das gleiche Schicksal ereile."[3]

Sonderfall: Österreichische Tabakindustrie und ihre Arbeiterinnen

In der österreichischen Tabakindustrie, die seit dem ausgehenden 18. Jahrhundert infolge des Tabakmonopols unter staatlicher Verwaltung stand, waren zum Zeitpunkt ihrer größten Ausdehnung, im Jahr 1913, an die 38.000 Arbeiterinnen und Arbeiter sowie 1.200 Beamte beschäftigt.[4] Nach 1918 verblieben von den ehemals 30 Tabakfabriken der Habsburgermonarchie nur noch neun[5] auf dem Gebiet der ersten österreichischen Republik, darunter der seit 1869 bestehende Betriebsstandort in Hallein, der auf die Produktion von Zigarren, vor allem ‚der feinen Sorte' spezialisiert war. Das, was vorwiegend männlichen Konsumenten alltagsferne Exklusivität vermittelte, wurde überwiegend für Frauen zum Alltag ihrer Erwerbsarbeit. Sie stellten bis weit ins 20. Jahrhundert hinein in den österreichischen Tabakfabriken die große Mehrheit der Beschäftigten, im Gegensatz etwa zur deutschen Tabakindustrie, in der Männer die Zigarrenmacher waren – als Facharbeiter eingestuft und gut bezahlt. In Österreich galt die Zigarrenproduktion als angelernte Handarbeit und der Arbeitgeber ‚Staat' setzte dafür auf die geringere Lohnkosten verursachende Arbeitskraft von Frauen. Ihr hoher Anteil von fast 90 Prozent sollte erst ab den 1920er Jahren mit der starken Ausweitung der mechanisierten Zigarettenproduktion zurückgehen. Die Zigarrenherstellung, die sich einer maschinellen Rationalisierung weitgehend entzog, blieb weiterhin Arbeit in den billigen und, wie es hieß, geschickteren Händen von Frauen.

Mit ihren bis zu 600 Arbeiterinnen war die Halleiner Fabrik im noch wenig industrialisierten Bundesland Salzburg bis zum Zweiten Weltkrieg der größte und gleichzeitig einzige nennenswerte industrielle Frauenbetrieb. Auch diese Standortwahl gehörte zu den Strategien der Österreichischen Tabakregie. Sie hatte für ihre im 19. Jahrhundert errichteten Fabriken gezielt kleine Provinzstädte und proletarische ‚Inseln' mit agrarisch-konservativem Umfeld ausgewählt, die sich zudem wegen Betriebsschließungen oder Rückgängen in traditionellen Produktionszweigen in einer wirtschaftlichen Notsituation befanden. So waren – wie im Buch ausgeführt wird – etwa in Hallein, das seit Jahrhunderten von der Salzgewinnung lebte, Mitte des 19. Jahrhunderts durch Modernisierungs- und Rationalisierungsmaßnahmen hunderte SalzarbeiterInnen arbeitslos geworden. In einer Kettenreaktion wurden auch zahlreiche mit dem Salzwesen verbundene gewerbliche Berufszweige ins ökonomische ‚Out' gedrängt. Hier, in der verarmten Stadt, ließ sich nicht nur mit dem anvisierten billigen, sondern – und das war dezidiertes Kalkül der Generaldirektion der Tabakregie – auch mit einem disziplinierten, willigen, langfristig an den Betrieb zu bindenden Arbeitskräftepotential rechnen. Mit diesem Argument warb auch die Kommunalpolitik in einer Petition an das kaiserlich-königliche „Hohe Finanzministerium", um die Ansiedlung einer Tabakfabrik und damit neue Arbeitsplätze zu forcieren. 1869 wurde die Produktion aufgenommen, zunächst provisorisch und ab 1871 mit 215 Arbeiterinnen in einem neu errichteten Fabriksgebäude. Die Jahresproduktion an Zigarren stieg schnell von fast 18 Millionen (1875) auf mehr als 27 Millionen im Jahr 1912, 500 Frauen und 44 Männer waren damals in der Fabrik beschäftigt. Ende 1922 sollte mit 605 Beschäftigten der höchste Personalstand erreicht werden, gefolgt von betrieblichen Abwärtsbewegungen, die unter anderem eng mit veränderten Gewohnheiten im Bereich des Tabakkonsums verbunden waren. Die Zigaretten hatten endgültig den Markt erobert und verdrängten in der Zwischenkriegszeit die anderen Formen des Tabakrauchens. Konsum und Produktion von Zigarren gingen drastisch zurück.

Jene Generation der Arbeiterinnen, deren Erfahrungen und Stimmen dieses Buch besonders prägen, war bei der letzten Aufnahmewelle, rund um 1920, in die Fabrik und damit auf einen der begehrten Arbeitsplätze gekommen. Sie hatte allerdings aus Erzählungen in Familie und Milieu gleichzeitig zweierlei lebhaft vor Augen: Zum einen die militärische Disziplin, mit der die staatlichen Unternehmen anfänglich geführt wurden, die rigide Arbeitsordnung, strafweise Lohnherabsetzungen und zeitweilige Arbeitsverbote, den rohen und respektlosen Umgang der Beamten – als den staatlichen Befehlsträgern vor Ort – gegenüber den Arbeiterinnen. Zum anderen gab es Jahrzehnte zurückreichende Erzählungen über tumultartige Empörungen und spontane Arbeitsniederlegungen der Zigarrenfabriksarbeiterinnen, die sich als erstes an offenem, persönlichem Machtmissbrauch durch einzelne Fabriksbeamte entzündeten. Diese hatten die Konfliktlage Lohnarbeit-Kapital noch um einige – von der Generaldirektion keineswegs immer gedeckte – Zutaten bürokratischen Agierens angereichert: um Willkür, kleinlichen Despotismus, Spitzelwesen, Protektion und nicht selten – produktionsbehindernde – Ineffizienz.

Gerade im Zusammenhang mit der Willkür der Beamten ließen sich spontan-kollektive Gegenstrategien viel einfacher als erfolgreich verbuchen als solche, die gegen Macht- und Abhängigkeitsstrukturen gerichtet waren, die dem industriellen Erwerbsarbeitsverhältnis dieser Frauen prinzipiell zugrunde lagen. Arbeiterinnen der Tabakfabriken – in Hallein oft die Mütter der interviewten Frauen oder andere weibliche Verwandte – konnten also ihre ersten Ansätze der Widerständigkeit in einem Konfliktterrain erproben, das für sie mit Chancen der Durchsetzung verbunden war. Und über Aktionen einer gelungenen Abwehr obrigkeitlicher Übergriffe war ihnen auch die prinzipielle Wirkkraft von Solidarisierung näher gerückt.[6] So haben sich die spontanen Proteste relativ rasch zu einer hohen und offensiven, mehrheitlich sozialdemokratischen gewerkschaftlichen Organisierung verdichtet. In der Halleiner Zigarrenfabrik lag diese schon 1913 bei 65 Prozent und sollte sich auf über 90 Prozent im Jahr 1920 steigern.

Der für Betriebe mit überwiegend weiblichen Beschäftigten außergewöhnlich hohe Organisierungsgrad, der für alle österreichischen Tabakfabriken mehr oder weniger charakteristisch wurde, veränderte die Dynamik im Verhältnis zwischen den Beschäftigten und der Tabakregie. Der Zusammenschluss zu einer großen, überregionalen Fachgewerkschaft der Tabakarbeiterinnen und Tabakarbeiter im Jahr 1903 stärkte die Position gegenüber dem staatlichen Arbeitgeber. In der Argumentation der Gewerkschaft wurde dieser auch moralisch in die Verantwortung genommen, nach der Logik, dass es nicht möglich sei, „daß der Staat als Arbeitgeber sich der Not seiner Arbeiter gegenüber gleichgültig verhalten werde".[7] Tatsächlich findet man in der Betriebsführung der Österreichischen Tabakregie die Tradition „einer sozialen Fürsorge des Dienstgebers für den Dienstnehmer"[8], wie sie sich im Rahmen des staatlichen Beschäftigungsverhältnisses von Beamten herausgebildet hatte. In den Tabakfabriken betraf dieser Grundsatz seit dem späteren 19. Jahrhundert in abgeschwächter Form auch die Arbeiterschaft. Maßnahmen einer betrieblichen Sozialpolitik setzten ein. Viele der Leistungen waren – und das sollte eine stabile Stammbelegschaft formen – an „langjährige Beschäftigung und an konformes Verhalten gebunden"[9].

Spätestens ab den 1920er Jahren können die Arbeitsverhältnisse in den Produktionsstätten der Tabakregie als relativ privilegiert bezeichnet werden. Es gab zwar ein geschlechterhierarchisches Lohngefüge innerhalb der Fabriken, auch in Hallein. Aber insgesamt verdienten die Zigarrenfabriksarbeiterinnen nicht selten mehr als ihre Männer in den anderen Halleiner Betrieben. Werkswohnungen, medizinische Versorgung am Arbeitsplatz, Brausebäder, Wirtschaftsprämien und vor allem der Pensionsanspruch erhöhten die Attraktivität der Fabriken noch zusätzlich – gerade in Regionen an der Peripherie, wo die soziale Absicherung der Arbeiterschaft ganz allgemein noch ziemlich desolat war.

„Die Zigarrenfabriklerinnen sind ja berühmt gewesen"

Der besondere Status der Arbeiterinnen der österreichischen Tabakfabriken hat auch im kollektiven Gedächtnis des ehemaligen Betriebsstandortes Hallein seine Spuren hinterlassen und wurde nach der Einstellung der Produktion im Jahr 1939 noch lange von Generation zu Generation weiter tradiert. Mit Aussagen wie „im Mundwerk guat und guat verdient haums, die Tschikweiber" sind sie in der Erinnerung als resolute Frauen, die Geld gehabt haben, ebenso lebhaft abgespeichert wie mit ihrer täglichen Hetze zwischen den Arbeitsanforderungen in Fabrik und Familie – „ein ewiges Laufen haums g'hobt" – und ihrem großen Zusammenhalt: „durch dick und dünn sind die gegangen". Weiter tradiert haben sich aber nicht nur anerkennende Geschichten, die Zigarrenfabriksarbeiterinnen waren zum Teil auch gefürchtet, manch einer oder eine wechselte die Straßenseite, wenn diese nach Arbeitsende, ständig in Eile, über die Stadtbrücke drängten: Da kommen „die goscherten Frauen" oder „jetzt kommt die Lawine" ist bezogen darauf der Erinnerungsbaustein, den das Gedächtnis des Ortes aufbewahrt hat.

Die Bezeichnung „Tschikweiber" – ihre sprachlichen Wurzeln liegen im Italienischen *cicca* (Kautabak) bzw. im Friaulischen *cic* (Zigarettenstummel), die in die altösterreichische Umgangssprache einflossen – trug den Arbeiterinnen der intensive Tabakgeruch ein, der sich in ihrer Arbeitskleidung festsetzte und schon von Weitem wahrzunehmen war, wenn sie zu Hunderten die Fabrik verließen. Die Frauen verwehrten sich ursprünglich gegen diesen verbreiteten Ausdruck, wegen des mitschwingenden abwertenden Beigeschmacks. In den lebensgeschichtlichen Interviews, die ich in den 1980er Jahren mit der damals ältesten noch lebenden Arbeiterinnengeneration führte, kam bei der Erinnerung an das „Tschikweiber haums uns g'nennt …" jedoch auch stolzes Eigenbewusstsein zum Ausdruck: Sie waren jemand, wurden wahrgenommen, es gab einen Namen für sie. „Tschikweiber", das war, würde man heute sagen, eine ‚Marke'. Durch das Buch „Tschikweiber haums uns g'nennt …", eine Kurzfassung[10] davon, die eine große Reichweite erzielte, sowie ein von beiden Publikationen inspiriertes Theaterstück wurde diese Marke zusätzlich gestärkt. Eine breitere Öffentlichkeit und Medien begannen sich für deren sozial- und frauengeschichtlichen Hintergrund zu interessieren. Unter Headlines wie „Als in Hallein die ‚Tschikweiber' marschierten" hält die Berichterstattung bis heute an.[11]

Demokratische Geschichtsschreibung und Forschung im Dialog

Von besonderem Interesse war das Freilegen von Traditionslinien weiblicher Widerständigkeit für die in 1980er Jahren verstärkt einsetzende Frauenforschung.

Sie verknüpfte ihre Untersuchungen mit einem Sichtbarmachen der sozialen und geschlechterbezogenen Strukturen und Zwangsmomente, an denen sich dieser Widerstandsgeist rieb und entzündete. Das war einer der Kontexte, aus dem heraus die Oral History-Studie über die Halleiner Zigarrenarbeiterinnen entstand, getragen vom damals noch ‚subversiven' Elan, die engen Kriterien von Inklusion und Exklusion zu unterlaufen, nach denen die traditionelle Geschichtsschreibung – auch jene zur Geschichte der Arbeiterbewegung – lange entschieden hatte, was geschichts‚würdig' sei und was nicht.

„Arbeiterinnen-Geschichte? – Ist das Dein Ernst?" habe ich noch als Reaktion im Ohr, als ich mich zu meinem Forschungsvorhaben entschloss. Das erste Kapitel des Buches ist ein im Rückblick aussagekräftiges Dokument dafür, von welchen Ausblendungen die Geschichte von ‚einfachen' Frauen wie Fabriksarbeiterinnen, Landarbeiterinnen oder Bäuerinnen, „die den Kriterien des *homo historicus*"[12] nicht entsprachen, damals noch verstellt war.

Das Buch „Tschikweiber haums uns g'nennt …" ist damit heute selbst gewissermaßen auch ein zeithistorisches Dokument: entstanden vor dem Hintergrund neuer sozialer Bewegungen wie der Frauenbewegung und einer Dynamik des gesellschaftlichen und wissenschaftlichen Aufbruchs, aus dem heraus auch intensiv und kritisch über die Demokratisierung von Forschung und deren gesellschaftlichen Gebrauchswert reflektiert wurde. In der Geschichtswissenschaft mobilisierten innovative Ansätze wie die historische Frauenforschung, die Alltagsgeschichte, die „Geschichte von unten" eine neue thematische Breite und Vielfalt sowie die Suche nach aussagekräftigen Quellen für eine Geschichte „der breiten Bevölkerung – von der Industriearbeiterschaft über die ländlichen Unterschichten bis hin zur Mehrheit der Frauen"[13]. Die Einbeziehung ‚popularer' Selbstzeugnisse wie lebensgeschichtliche Aufzeichnungen, Briefe, Tagebücher und erzählte Erinnerungen sollten die Lebensverhältnisse und Sichtweisen bislang schweigender Bevölkerungsschichten in den Blick bringen und diesen eine Stimme geben. Solche den Menschen und ihrer sozialen Praxis zugewandte Zugänge haben Geschichte nicht nur popularisiert, ihre Ergebnisse sind ein wichtiger ‚Stoff' für historisch-politisches Lernen geworden.

Im Falle meiner Forschungen zu den Halleiner Zigarrenfabriksarbeiterinnen erhielt die Faszination des unmittelbaren, direkten Dialogs in lebensgeschichtlichen Interviews, die zu ersten Oral History-Studien motivierte, durch das lebhafte, anschauliche, eindrückliche Erinnern und Erzählen dieser Frauen eine besondere Intensität. Die Wirkung ihrer ‚eigenen Stimme' sollte in der späteren wissenschaftlichen Einordnung und Interpretation der Ergebnisse nicht verloren gehen. Ausführliche Interviewpassagen, die nicht hinter der analytischen Sprache der Wissenschaft verschwinden, bilden daher – und das kennzeichnet das Buch „Tschikweiber haums uns g'nennt …" – einen wesentlichen Teil der fortlaufenden

Darstellung. Sie sind eigenständige Quellen der Information, die nicht überblättert werden können, ohne die Sinnkontinuität eines Kapitels zu zerstören. So entstand ein dichtes Gefüge aus Interviewfragen, Erzähltem, zusätzlichen Informationen aus anderen Quellen und analytischen Reflexionen, aus dem sich Schritt für Schritt ein großes, farbiges, konkretes Bild der Lebens- und Arbeitsverhältnisse der Halleiner Zigarrenarbeiterinnen entwickelt. Die „prozesshafte Darstellung" folgt, wie es in einer Rezension zur Erstveröffentlichung hieß, „Gedankengängen von Kapitel zu Kapitel, lässt Fragen auch als solche stehen"[14]. Die Leserin, der Leser nehmen damit gewissermaßen an den Interviews teil und entwickeln aus den Antworten – gemeinsam mit der Autorin – die Analyse.

Eine bewusste Entscheidung war es zudem – und das haben einige der Pionierstudien der Oral History gemacht –, die interviewten Zigarrenarbeiterinnen im Buch auch in ihrer Sprache sprechen zu lassen, das heißt, ihre Erzählungen nicht in die glatt gebügelten Muster der Schriftsprache zu pressen. Sprache ist keine beliebig austauschbare, „bloß äußerliche Hülle, die gleichsam zu den Erfahrungen hinzutritt, um sie mittelbar zu machen"[15]. In ihrer Struktur, ihren Bildern, ihren Formeln, ihrer Färbung sind immer auch Bewusstsein, Erfahrung, Identität ausgedrückt.

Das Beibehalten der dialektgefärbten Umgangssprache in der Verschriftlichung der Interviews verlangt zwar eine gewisse Lesearbeit ab, ermöglicht es aber, sich sehr unmittelbar auf die Erfahrungszusammenhänge dieser Frauen einzulassen, die unter anderen eben auch in ihrer ganz spezifischen Ausdrucksweise bestehen. Eine gute Verständlichkeit wurde dem Buch erfreulicherweise trotzdem immer wieder bestätigt, sowohl in seiner Eigenschaft als wissenschaftliches Fachbuch wie auch mögliche „anfängliche Schwierigkeiten beim Lesen der Dialektsprache" betreffend; diese können, wie es unter anderem hieß, „rasch überwunden werden, die Spannung der vorliegenden ‚Geschichte' sorgt dafür".[16] Die Aufnahme eines Beitrages mit meinen ersten Forschungsergebnissen in eine der bekannten Publikationen über die Veränderungen von Arbeiterkultur und ‚Volkserfahrung' zwischen den 1920er und den 1950er Jahren, die der Historiker und Wegbereiter der Oral History in Deutschland, Lutz Niethammer, herausgegeben hat, signalisierte zudem, dass die Lesetauglichkeit auch über die Grenzen Österreichs hinaus funktioniert.[17]

Eine weibliche Kollektivbiografie und ihre Gratwanderungen zwischen Anpassung und Widerstandskraft

Die „Tschikweiber" verkörpern Frauenleben, die den Stoff zu einem zweiten „Germinal" in sich tragen, wurde in einer Diskussionsveranstaltung zur Erstausgabe des Buches auch auf jenen Dokumentarroman von Émile Zola[18] verwiesen, in dem der Schriftsteller in teilnehmender Beobachtung hinein führt in Leben und Arbeit in einer französischen Bergarbeitersiedlung des ausgehenden 19. Jahrhunderts. In dieser kam es zum – später gewaltsam niedergeschlagenen – Streik der Kohlegrubenarbeiter gegen ihre harten, der Logik des Profits unterworfenen Arbeitsbedingungen. Erste Ansätze einer Solidarisierung hatten zu greifen begonnen, wie der Autor auch mit dem Romantitel unterstrich. „Germinal" hieß im nach 1789 eingeführten Französischen Revolutionskalender der Frühlingsmonat, in dem es anfängt zu keimen.[19] Zola schrieb aus einer Perspektive des sozial Engagierten, ohne dabei in Schwarz-Weiß-Malerei idealisierte Arbeiterhelden zu schaffen.[20]

Engagierte Forschung hat ihre eigene Balance zwischen ‚parteilicher' sozialer Empathie und kritischer analytischer Distanz, um erkenntnisreiche ‚Zwischentöne' freilegen zu können. Im Buch „Tschikweiber haums uns g'nennt ..." sind es die Grundfragen, von denen die wissenschaftliche Spurensuche getragen war, die einen differenzierten Erkenntnisraum eröffneten: Wie haben diese Frauen die klassen- und geschlechterspezifischen Festlegungen ihres Lebens- und Arbeitszusammenhanges wahrgenommen? Auf welche Art und Weise sind sie damit umgegangen? Wo lagen Spielräume ihres Handelns und mit welchen Strategien wurden diese aufgefüllt? Gab es individuelle oder kollektive Versuche, aus Struktur- und Verhaltensvorgaben auszubrechen? Wo setzten die historisch-gesellschaftlichen Konstellationen, in die ihre Biografien, Lebenserfahrungen und ihre alltägliche Praxis eingebettet waren, Grenzen – politisch, sozial, kulturell? Und in welcher Weise war ihnen dieser, wie auch der Titel eines Kapitels im Buch lautet, „Zusammenhang zwischen den Dingen im Großen und Ganzen und wie alltäglich gelebt und gearbeitet wird" bewusst? Fragen wie diese machen den Mikrokosmos Halleiner Zigarrenfabrik und ihre Arbeiterinnen zudem zu einem grundsätzlichen Suchrahmen nach Bedingungen von Selbstwirksamkeit, sozialer Handlungsmächtigkeit und gesellschaftlich-politischer Partizipation.

Konkret wurde aus den Ergebnissen der umfangreichen Oral History-Recherchen und vieler anderer Quellen eine Art Kollektivbiografie der letzten Generation der „Tschikweiber" entworfen – mit ihren widersprüchlichen Gratwanderungen zwischen Zwängen, Hoffnungen und Strategien eines besseren Lebens, zwischen Anpassung an ‚die Verhältnisse' und Widerstandskraft. Ihr „Mia san groß worn mit'm Oarbeiten" verweist auf die frühe Verinnerlichung von Arbeitsdisziplin in der kargen Ökonomie ihrer Kindheitsfamilien und den Privat- und Geschäftshaushalten, in denen sie vorübergehend „in Dienst" standen – als „Mädchen für Alles", kaum entlohnt und arbeitsrechtlich nicht abgesichert. Vor diesem Vergleichshintergrund wurde der Eintritt in die Zigarrenfabrik als ein Stück Emanzipation erlebt. Er befreite aus der hierarchischen Konstellation des Dienstes im fremden Haus – „Die Gnädigen soin si ea (ihre) Oarbeit söba tuan!" – und aus der Mangelwirtschaft des Arbeiterhaushaltes: „Mia san Frauen gwen, die Göd ghobt haum!“ Ohne den Leistungsdruck aus Akkordarbeit und Doppelbelastung in Fabrik und Familie zu verkennen, schätzten die Arbeiterinnen ihre Situation als vorteilhaft ein. Wohl auch im Wissen um den regionalen Arbeitsmarkt und darum, wie schnell sich ihre darüber hinaus gehenden Wünsche nach Bildung und Ausbildung zerschlagen hatten. Die staatliche Zigarrenfabrik war eine Art Rest-‚Utopie', die jedoch nicht nur materielle Sicherheit bedeutete, sondern auch als Erfahrungsort für Arbeitsstolz, Anerkennung und solidarischen Zusammenhalt oder als Umschlagplatz für Informationen – von Verhütungswissen über Frauenrechte bis zu gewerkschaftlichen Fragen – ‚unentbehrlich' war. Den konkreten Facetten eines „Mia san gern in die Fabrik gaungan“ geht das Buch „Tschikweiber haums uns g'nennt …“ nach.

Es zeigt zudem, wie es in der Fabrik zum Entstehen von Strukturen solidarischen Handelns und zu einem politischen Bewusstwerden kam. Ein besonderer Faktor war dabei die Arbeitsorganisation in den Betrieben der Tabakregie. Die händische Zigarrenproduktion war zwar Akkordarbeit, aber an ‚guten Arbeitstagen' ließen sich etwa über den täglichen Akkordsatz hinaus gehende Zigarrenvorräte und damit Zeitpuffer erwirtschaften, die an anderen Tagen genutzt wurden, Druck und Gleichförmigkeit des Arbeitsablaufes auszubalancieren – für sich selbst oder eine Kollegin, die Unterstützung brauchte. Das unpersönliche, konkurrenzhaltige Mit- und Gegeneinander, welches das Fabrikssystem grundsätzlich nahelegte, wurde immer wieder unterwandert. Die doppelseitigen Arbeitstische, an denen jeweils zwölf Frauen saßen, haben den sozialen Kontakt, die Kommunikation und damit später auch Diskussions- und Aufklärungsimpulse von Arbeiterinnen, die bereits Mitglieder der Gewerkschaft waren, erleichtert. Das beförderte wiederum ein gemeinsames Agieren, auch in historischen Schlüsselsituationen wie im Februar 1934, als sich die Halleiner Zigarrenarbeiterinnen, als einziger Betrieb im Ort, fast geschlossen am damaligen Aufruf zum Generalstreik beteiligten, oder bei der Auflösung der Fabrik durch die Nationalsozialisten. Nicht zufällig kam aus den Reihen der Zigarrenarbeiterinnen auch politischer Widerstand gegen das NS-Regime.

Gleichzeitig werden aber auch die Grenzen dieses emanzipatorischen Prozesses sichtbar, vor allem beim Blick der Arbeiterinnen über „ihre“ Fabrik hinaus. Vielen erschien die „große Politik“ als etwas von ihrem Leben Getrenntes, das einfach über sie verhängt wurde. Unter der Devise „d'Hauptsoch, dass ma unsa Oarbeit ghobt haum“, konzentrierten sie sich im Austrofaschismus und Nationalsozialismus auf eine Pragmatik des Überlebens in schwierigen Zeiten. Als aber 1939 die Fabrik um einen Schandpreis an einen deutschen Rüstungsbetrieb verschleudert wurde, nahmen sie diese in ihren Augen „große Schweinerei“ nicht kampflos hin, fuhren zur Gauleitung, haben noch einmal „aufgemuckst“ und zumindest auf die Bedingungen des zwangsweisen Personalabbaus Einfluss genommen.

Agnes Primocic – Gewerkschafterin, Betriebsrätin, Widerstandskämpferin

Wenn es darum ging, sich für die Zigarrenfabriksarbeiterinnen und gelebte Solidarität stark zu machen, stand die junge Gewerkschafterin und Betriebsrätin Agnes Primocic an vorderster Front. Ihr Engagement und die Geschichte der „Tschikweiber" sind eng miteinander verbunden. Als Kind hatte die 1905 geborene Tochter einer sozialdemokratischen Arbeiterfamilie die Hungerproteste der Zigarrenfabriksarbeiterinnen im Ersten Weltkrieg miterlebt. „Geht's nur mit! Schreit's mit a!" riefen sie ihr und anderen Kindern am Straßenrand zu. Das war, so ihre Erinnerung, prägend für sie. Mit 16 Jahren kam Agnes Primocic selbst in die Fabrik, begann sich aktiv und leidenschaftlich in der gewerkschaftlichen Betriebsarbeit zu engagieren und verstärkte den resoluten Zusammenhalt der Arbeiterinnen, indem sie in Versammlungen oder an den großen Arbeitstischen auch von Frauenrechten erzählte, inspiriert von August Bebels „Die Frau und der Sozialismus". Als sie zur Betriebsrätin gewählt wurde, war die Sozialdemokratin und spätere Kommunistin im Alter von nicht einmal Mitte zwanzig.

Sechs Jahrzehnte später, Anfang der 1980er Jahre, führte ich ein erstes Oral History-Gespräch mit der damals 78jährigen, in der Küche ihrer kleinen Wohnung. Agnes Primocic war beim Schneiden von Gemüse und das setzte sie fort, während wir miteinander sprachen. Dass ihre Hände in Bewegung sind, sei sie noch von der Fabrik her, vom Drehen und Spinnen der Zigarren gewohnt. Insgesamt wurden es sieben ‚Küchengespräche'[21] mit einer, wie sich herausstellen sollte, überaus couragierten, entschlossenen Frau voller klarem und wachem Widerstandsgeist, der sie nicht stillhalten ließ, wenn in ihrer nahen Umgebung Unrecht geschah. Auch dem NS-Regime bot sie die Stirn, half, im kommunistischen Widerstand aktiv, politisch Verfolgten und deren Familien und wurde selbst mehrmals verhaftet. Im April 1945, knapp vor dem Ende des Zweiten Weltkriegs, rettete sie mit ihrem couragierten Auftreten – es gelang ihr, den Kommandanten des Halleiner Außenlagers des KZ Dachau mit dem bevorstehenden Einmarsch der US-Truppen unter Druck zu setzen – Häftlinge vor dem Erschießen. Und über all das erzählte Agnes Primocic mit einer Bescheidenheit, als wäre, was sie getan und bewirkt hat, eine Selbstverständlichkeit.

Im Buch „Tschikweiber haums uns g'nennt ..." und seiner Kollektivbiografie der Halleiner Zigarrenarbeiterinnen ist Agnes Primocic als Agnes P. präsent. In der Filmdokumentation „Nicht stillhalten, wenn Unrecht geschieht" von Uwe Bolius und Robert Angst steht die Betriebsrätin, Streikanführerin, Widerstandskämpferin im Zentrum, abermals als Erzählende – vor jungen Menschen und selbst nunmehr schon über 90 Jahre alt. Schon seit den 1980er Jahren hatte sie als Zeitzeugin Schulen besucht, um dort die Erfahrungen ihres Lebens weiterzugeben und damit politisches Bewusstsein zu wecken. Die Kamera fängt nicht nur den lebendigen, engagierten Erzählfluss von Primocic ein, sondern auch das große Interesse der zuhörenden Schülerinnen und Schüler, das sich in ihren aufmerksamen, nachdenklichen Gesichtern spiegelt.

Es ist eine Bereicherung, dass die 45-minütige Dokumentation, die 2002 fertiggestellt wurde, nun der Neuausgabe des Buches auf DVD beigelegt werden kann.[22] Ebenfalls auf dem Datenträger enthalten ist die private Videoaufnahme einer Festveranstaltung zum 100. Geburtstag von Agnes Primocic, ausgerichtet 2005 von „ihrer" Stadt Hallein, deren Ehrenbürgerin sie seit 1999 war.[23]

„Starke Frauen. Starke Geschichten"[24] – Schnittstellen zwischen Wissenschaft/Kultur und ein Theaterstück

Zu einem kommunikativen Verständnis von Wissenschaft, von dem die Studie über die Halleiner Zigarrenarbeiterinnen getragen ist, gehört auch der Transfer der Ergebnisse in eine breitere Öffentlichkeit – nicht zuletzt durch eine Darstellungsweise, die sich verständlich und anschaulich vermittelt. Daraus entstand eine produktive Schnittstelle zwischen Wissenschaft und Kunst, denn das Buch wurde zur Inspiration für eine Eigenproduktion des Halleiner Off-Theaters „bodi end sole", das mit seinen Projekten „einen zeitgemäßen Beitrag zu gesellschaftspolitisch relevanten Themen mit poetischen Mitteln"[25] leisten will. Ein Ensemble aus professionellen SchauspielerInnen der freien Szene und LaiendarstellerInnen griff, unter der Intendanz von Christa Hassfurther, die „starken Geschichten" der Zigarrenarbeiterinnen auf und machte sie zu einem erfolgreichen „Experiment" in Sachen sozialkritisches, innovatives Volkstheater. Für Text und Regie zeichnete Hassfurther gemeinsam mit dem Berliner Regisseur Gerd Hartmann verantwortlich.

Ähnlich wie schon in der wissenschaftlichen Studie, geht es auch im Theaterstück nur „an der Oberfläche um ein Stück regionale Geschichte", wie es im begleitenden Programmheft heißt: „Darunter liegt das Grundsätzliche, betrachtet mittels eines kleinen, klar umrissenen Mikrokosmos – wie durch ein Brennglas. Es geht um Leben und Überleben, um Liebe und Vernunft, den Kampf um das kleine Quäntchen Glück, worauf jeder ein Recht hat. Wir erzählen von den kleinen Sehnsüchten und dem großen Traum vom Ausbruch aus den vorgesehenen Mustern. Die Politik formt diese Leben genauso, wie die herrschenden Moralvorstellungen. Und die Repräsentanten der Macht können auch nur manchmal durch solidarisches Handeln in ihre Schranken gewiesen werden."[26]

Das Stück „Tschikweiber" stieß auf große Resonanz und wurde zwischen 1995 und 2001 insgesamt 45 Mal aufgeführt, an mehreren Orten und Spielstätten,

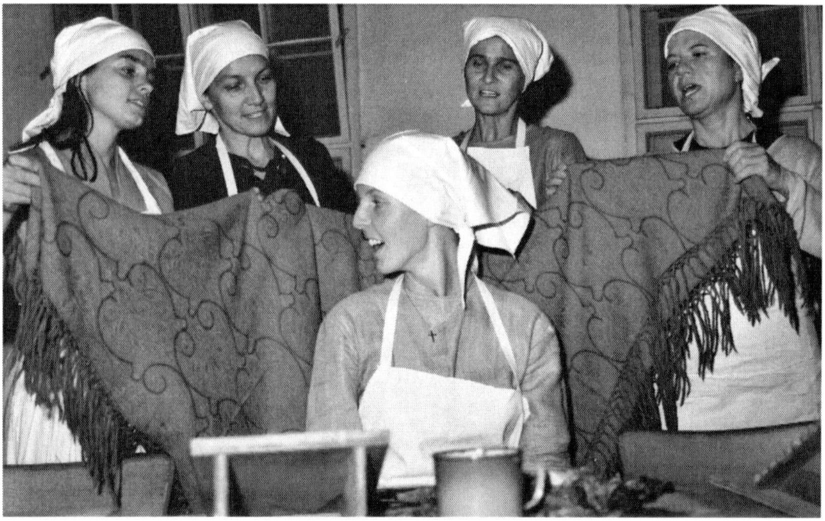

Theaterstück „Tschikweiber": Szenenfoto „Die Arbeiterinnen beschenken Magdalena am Vortag ihrer Hochzeit und singen ihr das Brautlied" © Winfried Kogelnik

Theaterstück „Tschikweiber": Schlussapplaus mit der ehemaligen Zigarrenarbeiterin und Betriebsrätin Agnes Primocic © Edith Zehentmayer

unter anderem auch in den Räumlichkeiten der ehemaligen Halleiner Zigarrenfabrik. Im Gesamtpaket der Neuausgabe der Studie „Tschikweiber haums uns g'nennt …" ist – auf der beigelegten DVD – auch das Textbuch zum Theaterstück enthalten, und die Videoaufnahme der Festveranstaltung zum 100. Geburtstag von Agnes Primocic schließt einige Szenen aus dem Stück mit ein, die in diesem Rahmen, als ehrendes Geburtstagsgeschenk an die ehemalige Zigarrenarbeiterin und Betriebsrätin, aufgeführt wurden.

Vielen ist zu danken …

Dass die Studie über die Halleiner Zigarrenfabriksarbeiterinnen nach beinahe drei Jahrzehnten eine erweiterte Neuausgabe* erfährt, geht zurück auf die nicht locker lassende Initiative von Dieter Braeg – Autor und Gewerkschafter, als solcher über Jahre in der Bildungsarbeit engagiert und ebenso lange als (stellvertretender) Betriebsratsobmann beim deutschen Automobilzulieferbetrieb Pierburg in Neuss tätig. Dort fand, wie Braeg jüngst mit einer Dokumentation in Erinnerung rief,[27] im Jahr 1973 ein erfolgreicher und großes Aufsehen auslösender Streik der weiblichen Beschäftigen statt – damals überwiegend griechische, portugiesische und türkische Gastarbeiterinnen. Dieser Hintergrund langjähriger engagierter gewerkschaftlicher Bildungsarbeit sowie der Betriebsarbeit mit Frauen, verbunden mit der Erfahrung, dass Frauenarbeit, bei der Bewertung und Betrachtung der Geschichte der Arbeiterbewegung viel zu oft zu kurz gekommen ist, brachte Braeg zu den „Tschikweibern", zunächst über das Theaterstück. Später stieß er auf meine wissenschaftliche Studie und bedauerte im ersten Telefongespräch, „dass eines der wirklich wichtigen Bücher zur Geschichte der Arbeiterinnen heute nicht einmal antiquarisch zu bekommen ist".

Von der aktuellen Aussagekraft überzeugt – in einem gesellschaftlichen Kontext, in dem es in vielen Bereichen neuer Formen von Solidarität, wachem Widerstandsgeist und konstruktiver Einsprüche bedarf –, konnte er auch mich als Autorin und Wissenschafterin sowie den Berliner Verlag „Die Buchmacherei" für das Vorhaben einer Neuausgabe des Buches gewinnen. Dieter Braeg gilt daher allen voran mein ganz besonderer Dank.

* Die vorliegende erweiterte Neuausgabe ist überarbeitet (Korrekturen und Übertragung des Textes in die neue Rechtschreibung), ergänzt (durch die ausführliche aktuelle Einleitung und zusätzliches historisches Bildmaterial) sowie hinsichtlich Satz und Umschlagdesign neu gestaltet. Dem Buch ist zudem eine DVD beigelegt, die das Textbuch und Szenenfotos zum Theaterstück „Tschikweiber" (Text und Regie: Gerd Hartmann/Christa Hassfurther, Fassung 2001), den Dokumentarfilm „Nicht stillhalten, wenn Unrecht geschieht" (Uwe Bolius/Robert Angst, Österreich 2002) sowie die Videoaufnahme einer Festveranstaltung zum 100. Geburtstag der Zigarrenarbeiterin, Betriebsrätin und Widerstandskämpferin Agnes Primocic enthält.

Bestärkend in der Entscheidung für eine Neuausgabe waren auch die Gespräche mit Waltraud Kannonier-Finster und Meinrad Ziegler, mit denen mich ein langjähriger freundschaftlich-kritischer intellektueller Austausch verbindet. Die Soziologin und der Soziologe haben zudem selbst 2012 ein Buch über „Arbeit und Leben in der Tabakfabrik Linz" veröffentlicht, das anknüpft an die letzte Etappe der österreichischen verstaatlichten Tabakindustrie, d. h. die Phase ihrer schrittweisen Privatisierung bzw. ihres gänzlichen Verkaufs zunächst an einen britischen, 2007 an einen japanischen Konzern. Dieser hatte, wie sich zeigen sollte, wenig Interesse an den Produktionskapazitäten vor Ort und schloss 2009 (Linz) und 2011 (Hainburg) die letzten beiden traditionsreichen österreichischen Tabakfabriken. Das Buch von Kannonier-Finster und Ziegler versucht, wie es in der Einleitung heißt, „jene Trümmer, die Privatisierung und Verkauf der Austria Tabak in Linz hinterlassen haben, zu sichten, zu ordnen und in Form einer Geschichte zu erzählen, die der Tabakfabrik und ihrer Belegschaft Bedeutung zuschreibt und Würdigung zuteil werden lässt".[28] Auch diese Forschungshaltung verbindet uns.

Für wichtige Anregungen und tatkräftigen Rat – die aktuelle Einleitung und Gestaltung des Buches betreffend – bedanke ich mich auch bei Media Solutions Jürgen Ehrmann sowie bei den Historikerinnen Christa Hämmerle (Wien), Susanne Höll (Salzburg) und Renate Huber (Bregenz). Mein Dank geht zudem an Rudolf Ardelt (Linz), in dessen von ihm und Helmut Konrad herausgegebener Reihe „Materialien des Ludwig Boltzmann-Instituts für Geschichte der Arbeiterbewegung" das Buch ursprünglich erschienen war.

Das Cover der Neuausgabe von „Tschikweiber haums uns g'nennt ..." hat der Grafikdesigner Gerhard Bauer gestaltet und dabei die Kooperation der Zigarrenfabriksarbeiterinnen an den großen Arbeitstischen zentral ins Bild gesetzt. Ihm verdankt das Buch auch die Gestaltung des Labels der beigelegten DVD sowie die professionelle Bearbeitung des historischen Bildmaterials, durch die sich seine Druckfähigkeit erheblich verbesserte.

Für Unterstützung und Entgegenkommen bei der Recherche zusätzlicher Fotos für die Neuausgabe des Buches danke ich der JTI Tobacco Collection Vienna, insbesondere Georg Thiel, dem Keltenmuseum Hallein, dem Stadtarchiv Salzburg, der Journalistin Christine Schweinöster sowie Christa Hassfurther, der Leiterin des Theaters „bodi end sole", die Szenenfotos von den Aufführungen des Theaterstücks zur Verfügung gestellt hat. Hassfurther sowie dem Filmproduzenten Robert Angst ist es zudem zu verdanken, dass aus dem Buch nunmehr das schon beschriebene Gesamtpaket aus Studie, Filmdokumentation und Textbuch des Theaterstücks geworden ist.

Ein zentraler Akteur bei der gelingenden Umsetzung dieses Gesamtpakets war der Berliner Verlag „Die Buchmacherei", der vom „Verein Arbeitswelt und Emanzipation" getragen wird. Hinter ihm steht – wie sich der Homepage entnehmen lässt – ein „Kreis von sozialen Akteuren, die sich seit Jahrzehnten in der Arbeiter- und Gewerkschaftsbewegung engagieren".[29] Ihre verlegerischen Anliegen, nämlich „die Verbreitung von Wissen über Ziele und Geschichte der modernen Arbeiter/innenbewegung", sind ein gutes inhaltliches Umfeld für ein Buch wie „Tschikweiber haums uns g'nennt ...". Auch die Buchproduktion selbst ist in allen Phasen erfreulich und kooperativ verlaufen. Dafür bedanke ich mich besonders bei Jochen Gester und Rainer Knirsch.

Weiterhin in Anerkennung und Wertschätzung verbunden fühle ich mich – auch jetzt, fast drei Jahrzehnte später – jenen Frauen und Männern, mit denen ich in den 1980er Jahren ausführliche Oral History-Gespräche führen konnte und deren Erfahrungen in diesem Buch wieder lebendig werden.

Salzburg, Wien im Juni 2015
Ingrid Bauer

Anmerkungen

1 Die als Dissertation an der Universität Salzburg eingereichte Studie wurde veröffentlicht als: Bauer Ingrid, „Tschikweiber haums uns g'nennt ..." Frauenleben und Frauenarbeit an der „Peripherie": Die Halleiner Zigarrenfabriksarbeiterinnen 1869 bis 1940. Eine historische Fallstudie auf der Basis lebensgeschichtlicher Interviews (= Materialien zur Arbeiterbewegung 50, hrsg. v. Ludwig Boltzmann Institut für Geschichte der Arbeiterbewegung), Wien: Europaverlag 1988.

2 Vgl. auch Bauer Ingrid, Zwischen „Katzenmusik", Doppelbelastung und Gewerkschaftsverein. Überlegungen zur gewerkschaftlichen Organisierung von Frauen. Oder: Der Sonderfall ‚Halleiner Zigarrenfabriksarbeiterinnen'. In: Bewegte Provinz. Arbeiterbewegung in mitteleuropäischen Regionen vor dem Ersten Weltkrieg. Hrsg. v. Rudolf G. Ardelt / Erika Thurner, Wien, Zürich 1992, 216-236.

3 „Salzburger Wacht. Sozialdemokratisches Organ für Salzburg", 2 (1900), 26, S. 3.

4 Vgl. Generaldirektion der Österreichischen Tabakregie, Hrsg., 1784-1959. Rückschau auf 175 Jahre österreichische Tabakregie und Tätigkeitsbericht über das Jubiläumsjahr 1959, [Wien] [1961]; siehe auch die entsprechenden Kapitel in der vorliegenden Publikation „Tschikweiber haums uns g'nennt ...".

5 Wien-Ottakring und Wien-Landstraße; Hainburg und Stein (beide im Bundesland Niederösterreich), Linz (Oberösterreich), Klagenfurt (Kärnten), Fürstenfeld (Steiermark), Hallein (Salzburg), Schwaz (Tirol).

6 Vgl. dazu Bauer, Zwischen „Katzenmusik", Doppelbelastung und Gewerkschaftsverein, S. 222-223.

7 Der Tabakarbeiter, 5 (1908), 1, S. 1; vgl. auch: Bauer, Zwischen „Katzenmusik", Doppelbelastung und Gewerkschaftsverein, S. 226-228.

8 Ziegler Meinrad, Sozialhistorische Einordnung der Tabakproduktion in Österreich. In: Ohne Filter. Arbeit und Kultur in der Tabakfabrik Linz. Hrsg. v. Waltraud Kannonier-Finster/ Meinrad Ziegler, Innsbruck, Wien, Bozen 2012, S. 27.

9 Ebd., S. 28.

10 Bauer Ingrid, „Die Zigarrenfabriksarbeiterinnen sind ja berühmt gewesen". Die Halleiner

Zigarrenfabrik und ihre Arbeiterinnen (1869-1939), Hallein 1986.
11 Zuletzt etwa: Schweinöster Christine, „Als in Hallein die ‚Tschikweiber' marschierten". In: Salzburger Nachrichten vom 10.1.2013, S.8-9 (Aus Stadt und Land).
12 Sieder Reinhard, Rezension zu Ingrid Bauer, „Tschikweiber haums uns g'nennt ..." Frauenleben und Frauenarbeit an der „Peripherie": Die Halleiner Zigarrenfabriksarbeiterinnen 1869 bis 1940. Eine historische Fallstudie auf der Basis lebensgeschichtlicher Interviews, Wien 1988. In: ÖZG Österreichische Zeitschrift für Geschichtswissenschaften 1 (1990), 2, S. 126.
13 Eigner Peter/Hämmerle Christa/Müller Günter (Hrsg.), Briefe – Tagebücher – Autobiographien. Studien und Quellen für den Unterricht, Innsbruck, Wien, Bozen 2006, S. 7.
14 Lichtenberger-Fenz Brigitte, Von den alltäglichen Lebensverhältnissen. In: Wiener Tagebuch. Zeitschrift ohne Zeitgeist, 3/1989, S. 36.
15 Sieder Reinhard, Bemerkungen zur Verwendung des „Narrativinterviews" für eine Geschichte des Alltags. In: Zeitgeschichte 9 (1981/82), 5, S. 169.
16 Fröschl Sigrid, Rezension des Buches in der von AK und ÖGB herausgegebenen Zeitschrift Arbeit & Wirtschaft 5/1989; siehe auch Schweighofer Annemarie, Frauenleben – Frauenarbeit. In: e.h. erziehung heute, 2/1989, S. 56.
17 Bauer Ingrid, Die „Tschikweiber". Über die Lebenszusammenhänge der Halleiner Zigarrenfabriksarbeiterinnen in der Zwischenkriegszeit. In: „Wir kriegen jetzt andere Zeiten" Auf der Suche nach den Erfahrungen des Volkes in nachfaschistischen Ländern. Hrsg. v. Lutz Niethammer/Alexander von Plato, Berlin, Bonn 1985, S. 53-71.
18 Émile Zola, Germinal, französische Erstveröffentlichung 1885; in deutscher Übersetzung liegen mehrere aktuelle Ausgaben vor, unter anderem im Europäischen Literaturverlag (2014). Der Roman von Zola wurde in die „ZEIT-Bibliothek der 100 Bücher" aufgenommen und der Stoff mehrfach verfilmt, zuletzt vom französischen Regisseur Claude Berri (Germinal, 1993).
19 Der Französische Revolutionskalender oder Republikanische Kalender war von 1792 bis 1805 gültig.
20 Vgl. Günter Wallraff, Germinal. In: DIE ZEIT, Ausgabe 20/1979, online abrufbar unter: http://www.zeit.de/1979/20/germinal (eingesehen am 10.5.2015).
21 Vgl. dazu auch „Küchengespräche mit Rebellinnen", Österreich 1984, Regie: Karin Berger, Elisabeth Holzinger, Lotte Podgornik, Lisbeth N. Trallori. In diesem mittlerweile zum Klassiker gewordenen Film erzählen vier Frauen, darunter Agnes Primocic, über ihr widerständiges Handeln gegen den Terror des NS-Regimes.
22 „Nicht stillhalten, wenn Unrecht geschieht", Dokumentarfilm von Uwe Bolius (Buch/Regie) und Robert Angst (Produktion/Kamera/Schnitt), Österreich 2002; siehe auch das Buch zum Film: Zehentner Michaela (Hrsg.), Nicht stillhalten, wenn Unrecht geschieht. Die Lebenserinnerungen von Agnes Primocic, Salzburg 2004.
23 Die offizielle Anerkennung und Ehrung kamen spät. Im Jahr 2000 erhielt Agnes Primocic den – nach der ersten Salzburger Frauenrechtlerin benannten – Irma-Troll-Borostyáni-Preis. 2005 wurde sie für ihren aktiven Widerstand gegen den Nationalsozialismus mit dem Goldenen Verdienstzeichen des Landes Salzburg ausgezeichnet. Die Republik Österreich würdigte Agnes Primocic, die 2007 verstarb, mit der Verleihung des silbernen Verdienstordens.
24 Untertitel des Programmheftes zum Theaterstück „Tschikweiber", das vom Theater „bodi end sole" für seine Aufführungen zusammengestellt wurde.
25 www.bodiendsole.at/wir-über-uns (eingesehen am 10.5.2015).
26 Hartmann Gerd, Tschikweiber sind immer überall. Gedanken zum Stück. In: Theater bodi end sole (Hrsg.), Programmheft Tschikweiber – Starke Frauen. Starke Geschichten, o. J., S. 5.
27 Braeg Dieter (Hrsg.), „Wilder Streik – das ist Revolution". Der Streik der Arbeiterinnen bei Pierburg in Neuss 1973, Berlin 2012.
28 Kannonier-Finster/ Ziegler (Hrsg.), Ohne Filter, wie Anm. 8, S. 10.
29 S. Website der Buchmacherei (www.diebuchmacherei.de).

1. Geschlecht: weiblich – besondere Kennzeichen: geschichtslos?

Allgemeine Überlegungen im Zusammenhang mit den Forschungsarbeiten über die Halleiner Zigarrenfabriksarbeiterinnen

1.1. Historisches Vergessen

Oder: Die ‚etablierte Historie' und die ausgeblendete Geschichte der Frauen

Wie Wissenschaft überhaupt kann auch Geschichte als Wissenschaft ihre gesellschaftliche Legitimation nur aus einer Bezogenheit „auf die Orientierungsbedürfnisse der (aktuellen) menschlichen Lebenspraxis"[1] gewinnen. Das heißt: Die historische Forschung hat Orientierungsfunktionen zu erfüllen. Ihr Ausgangspunkt liegt demnach – so zum Beispiel Jörn Rüsen in seinen Überlegungen über die spezifische Beschaffenheit wissenschaftlichen Denkens über Geschichte – bei den Bedürfnissen des Menschen nach einer „Orientierung seines Handelns (und Leidens) in der Zeit."[2] So weit, so gut.

Wer hat nun *welche* Orientierungsbedürfnisse? – drängt sich hier auf. Wessen Fragen wurden bisher durch die Geschichtswissenschaft beantwortet? Weiters: Ist Fragen haben und – über die Ergebnisse von Forschung – Antworten bekommen (oder nicht bekommen) nicht vor allem auch eine Frage gesellschaftlicher Machtverhältnisse? Ganz konkret: Welche gesellschaftlichen Gruppen konnten und können ihre Orientierungsbedürfnisse so massiv als Interessen formulieren, dass sie von der Geschichtswissenschaft überhaupt als mögliche Fragen an die Geschichte aufgegriffen werden? Wer fragt nach den Frauen in der Geschichte und nach der Geschichte der Frauen?

„Frauen hatten in der herkömmlichen Geschichtsschreibung keinen Platz: Geschichte war etwas, worüber Männer schrieben, was Männer machten, was Männer erlitten. Dies zeigt sich nicht nur in dem Kanon und den Werken der Historiographie, sondern auch in den Auseinandersetzungen darüber, was Geschichte sei und wie über sie zu schreiben sei",[3] ist der Befund der ‚neueren historischen Frauenforschung' über die systematische Verdrängung der Frauen aus der traditionellen Geschichtsschreibung.

‚(Große) Männer machen Geschichte', war Heinrich von Treitschke im 19. Jahrhundert überzeugt. Und mit ihm – weit über das 19. Jahrhundert hinaus!! –

Generationen einer staats- und politikfixierten, historische Einzelereignisse und Einzelpersönlichkeiten favorisierenden deutschsprachigen Geschichtsschreibung. Dass bei diesem simplen, für die Aufrechterhaltung bestehender gesellschaftlicher Machtverhältnisse aber umso wirksameren Erklärungsraster für vergangene gesellschaftliche Wirklichkeiten (nicht nur) Frauen durch den Rost der Geschichtsschreibung fielen, muss nicht extra betont werden.

Erste Gegenöffentlichkeit gegen bislang traditionelle Wertigkeiten der – dominant bürgerlichen – Geschichtsschreibung, die unfähig war, die neue Qualität, die mit der Industrialisierung, der Entstehung der ArbeiterInnenklasse und der Formierung der ArbeiterInnenbewegung in die soziale und politische Struktur der Gesellschaft gebracht wurde, adäquat zu beschreiben, war die Geschichtsschreibung der ArbeiterInnenbewegung.[4]

Doch wie jede andere Geschichte blieb auch die Geschichte der ArbeiterInnenklasse – aus der Sicht ihrer Chronisten – zunächst einmal „*große Geschichte*: Geschichte der Opposition, Geschichte einer sich emanzipierenden Klasse, Geschichte der anderen künftigen Macht, Geschichte der Theorien, der Ideen, der Organisation, immer repräsentativ geschrieben, in den großen Bewegungen und Gegenbewegungen, in den Schriften und Taten der Führer, in den bedeutenden Aktionen, Aufständen, Revolutionen, Niederlagen."[5]

Diejenigen, die als Betroffene diese Geschichte getragen und mitgestaltet haben, die Arbeiter und Arbeiterinnen und vor allem die ‚unspektakulären' Frauen der Arbeiter, kamen nicht oder nur als ‚Masse' ins Bild. In der Geschichte, die *über* sie geschrieben wurde, verstellten das Dogma vom ‚richtigen' oder ‚falschen' Bewusstsein, die Fixierung auf organisationsfähige Interessen und Handlungsimpulse der ArbeiterInnenschaft den Blick auf historisch-konkret vorhandene Potenziale, Bedürfnisse, Handlungsmuster und Strategien.

Wie Arbeiter und Arbeiterinnen lebten, arbeiteten, wohnten, ihre Kinder erzogen, wie sie liebten, ihre Freizeit verbrachten, was sie dachten, hofften, wünschten, taten, „wenn sie einmal keine Zeit hatten, Parteikongresse zu besuchen oder über das Problem des Revisionismus (...) nachzudenken",[6] waren noch keine ‚geschichtswürdigen' Fragen. Nicht ‚geschichtswürdig' waren damit natürlich auch gerade jene, die in geringerem Maße in das Organisationsnetz der ArbeiterInnenbewegung integriert waren: die proletarischen Frauen.

Erst seit den Sechzigerjahren war im deutschsprachigen Raum zunehmend das gesellschaftliche Klima gegeben für entscheidende „Revolten"[7] gegen eine staatsfixierte Ereignisgeschichtsschreibung, welche die zentralen Triebkräfte historischen Wandels unterschlägt. Aber auch gegen eine Geschichte der ArbeiterInnenbewegung, die gekennzeichnet war „von einem merkwürdigen Gegensatz zwischen dem Anspruch, fortschrittliche Inhalte zu vermitteln, und den konservativen Methoden, mit denen diese Inhalte erarbeitet wurden."[8]

Bis zu diesem Zeitpunkt hatten Faschismus und Unterdrückung der ArbeiterInnenbewegung sowie jene geistige Sterilität der Nachkriegszeit, die zwangsläufig entstehen muss, wenn Geschichte – hier die des Nationalsozialismus, seiner Träger und Mitläufer – verdrängt und nicht aufgearbeitet wird, jedes innovative Herangehen an die Geschichte unterbunden. Damit aber auch die Chance der Frauen, über einen möglichen Paradigmenwechsel vielleicht doch ins Blickfeld der meist männlichen Geschichtsschreiber zu rutschen. Nun versuchten junge Historiker – Historikerinnen gestand man Diskursfähigkeit nach wie vor kaum zu –, die traditionelle Geschichtsschreibung in Richtung Sozialgeschichte und empirischer Sozialforschung aufzubrechen. Angeknüpft haben sie an die Diskussionen innerhalb der linken Studentenbewegung und an den Impulsen, die aus der angelsächsischen Geschichtsforschung und aus den systematischen Sozialwissenschaften kamen.

Mit diesem ideologischen bzw. wissenschaftlich-methodischen Rüstzeug wurden nun vergangene gesellschaftliche Realitäten auf ihre strukturellen Momente, auf das Prozess- und Regelhafte hin analysiert.[9] Bei ihrer begrifflichen Analyse gesellschaftlicher Strukturen und Prozesse hatte sich diese neue Sozialgeschichte bis in die Siebzigerjahre von der „Ebene der Ideologien und der Apparate (...) durch Organisations-, Gruppen-, Lokal- und Betriebsanalysen bis zur Frage nach der Basis hindurchgefressen."[10]

Damit waren der ‚Mann von der Straße' und seine – natürlich schichtspezifisch zu differenzierenden – Lebenslagen ‚entdeckt': wenn auch zunächst als bloß soziologische Größen. Lebensstandard, Einkommens- und Wohnverhältnisse, Beschäftigten- und Arbeitslosenraten, das Wahlverhalten der Bevölkerung, usw. wurden über exakte statistische Werte zugänglich gemacht.

Statistisch beschrieben war damit meist wirklich nur der ‚kleine Mann'. Im Strudel der Anonymität und Abstraktion von Massendaten – als zentraler Quellenbasis – verloren sich die Frauen und mögliche Besonderheiten ihrer Lebensverhältnisse nur allzu leicht als vernachlässigenswerte Größen. Nicht zuletzt auch deshalb, weil wesentliche Bereiche ihres Lebenszusammenhanges (Haushalt, Sexualität, Kontrolle der Gebärfähigkeit, usw.) kaum mit jenen Verwaltungsapparaten in Berührung kommen, die als Abfallprodukte ihrer Tätigkeit jenes Zahlenmaterial liefern, auf das von Historikern und Historikerinnen auf der Suche nach Quellen zurückgegriffen wird.[11]

Trotzdem: Es wäre falsch, nicht auch den Zuwachs an analytischer Erklärungskraft zu sehen, der mit strukturgeschichtlichen Ansätzen in die Geschichtsforschung eingebracht wurde. Allerdings unter Verlusten an „Mitteilungsfähigkeit"[12] und damit an Breitenwirkung, was ein öffentliches Geschichtsbewusstsein betrifft. Wer konnte sich mit seinen Orientierungsbedürfnissen in der sterilen auf intellektuelle Rezeption reduzierten Wissenschaftssprache wiederfinden? Wer konnte eine auf aggregierte Zahlenreihen, Strukturdaten und statistische Tabellen reduzierte gesellschaftliche Wirklichkeit als *eigene* Geschichte erkennen? Auch „nach der Subjektivität derer (zu fragen), die wir als Opfer der Geschichte zu sehen gelernt haben, nach ihren Erfahrungen, ihren Wünschen, ihrer Widerstandskraft, ihrem schöpferischen Vermögen, ihren Leiden"[13] war überfällig. Statistische Werte zu konkretisieren, die Anonymität und Abstraktion aufzubrechen, stand an, um den Anspruch auf ‚Basisnähe' nicht weiterhin Leerformel bleiben zu lassen.

Unter dem vagen Sammelbegriff „Alltagsgeschichte" – eher „herausfordernde Parole" an die etablierte Historie, denn einheitliches und theoretisch durchdrungenes Konzept"[14] – wurde das Szenario der Geschichtsforschung meist von jungen Historikern und nun auch Historikerinnen erweitert um die Erklärungskategorie der ‚Erfahrung' und der ‚Subjektivität'.

Wie hat die ‚große Geschichte' die Männer und Frauen verschiedener Klassen, Regionen, usw. betroffen? Wie wurden gesellschaftliche Strukturen und Verhältnisse, „die gesellschaftliche Verteilung von Last und Lust"[15] von ihnen erlebt, wahrgenommen und verarbeitet? Mit welchen Strategien, schöpferischen Phantasie-, Denk- und Handlungsleistungen wurde von ihnen verändernd in den Status Quo bestehender Verhältnisse eingegriffen? Das sind die, über die bloße „Vermessung"[16] objektiver sozialer und wirtschaftlicher Lebensbedingungen hinausgehenden Erkenntnisinteressen.

Sie ‚reiben' sich natürlich mit einer Geschichtsschreibung ‚von oben', die sich den schriftlich fixierten „Ansichten eines schlecht informierten Diplomaten"[17] mit weit größerem Interesse näherte, als den Lebensbedingungen und Erfahrungen jener Bevölkerungs-Mehrheiten, die „nicht die Möglichkeit (haben), ihre Erfahrungen und Ansichten zu Papier zu bringen, auf dass sie im Archiv für neugierige Historiker überliefert werden können", und die in den Akten staatlicher Archive höchstens „mit ein paar nackten Daten oder mit Unbotmäßigkeiten auf(tauchen)."[18] Über die Anreicherung des methodischen Repertoires um die ‚Mündliche Geschichte', meist in Form lebensgeschichtlicher Interviews als möglicher Quelle für den sonst kaum zugänglichen Bereich der Erfahrungen, wird die Aufarbeitung von Geschichte zum – zumindest versuchten – Dialog zwischen Wissenschaft und ‚Betroffenen'.[19] Um genau zu sein: Zwischen bürgerlicher Wissenschaft und ‚Betroffenen', die zumeist anderen sozialen Klassen angehören.

Impulse von außen für diese Überschreitung bislang festgesteckter historiographischer Grenzen kamen sehr stark von den neuen sozialen Bewegungen – etwa der Umweltschützer und der Jugendlichen –, von der Autonomen Frauenbewegung und von lokalen Geschichtsinitiativen und deren aller Suche nach Traditionslinien von Widerständigkeit, Nichtanpassung und ‚Ungehorsam' als offensiven Antworten ‚von unten' auf obrigkeitliche Zumutungen. Eine Spurensuche, die mit der eigenen Geschichte zugleich ein Stück kultureller und politischer Identität

wiederzugewinnen suchte.
Über die mündliche Überlieferung als möglicher Quellenbasis und über bisher vernachlässigte Handlungsräume, zum Beispiel den – politisches Bewusstsein mitprägenden – Alltag mit seinen Bereichen des Wohnens, der Familie, der Freizeit, der Sexualität, usw., rückte die Frage nach der Geschichte weiblicher Lebenszusammenhänge ins Blickfeld der Geschichtsforschung.

1.2. Sichtbarmachen

Die historische Frauenforschung

In ein breiteres Bewusstsein geholt und damit greifbarer wurden die geschlechtsspezifischen Verzerrungen und Ausgrenzungen der traditionellen Geschichtsschreibung durch die feministische Kritik der in den späten Sechzigerjahren aufkommenden Neuen Frauenbewegung. Sie stellte in allen gesellschaftlichen Bereichen Mann-Frau-Hierarchien und die Ausblendung weiblicher Erfahrungen und Interessen massiv in Frage. Auch vor einer Geschichtswissenschaft machte sie nicht halt, in der „historische Ereignisse in einem Zusammenhang rekonstruiert (werden), der ein patriarchalisches Weltbild, männliche Gedanken, Vorstellungen und Werte und zum Teil auch verborgene Wünsche, Ängste und Phantasien widerspiegelt, dabei aber Geschlechtsneutralität und Allgemeingültigkeit beansprucht.“[20]

Der Wunsch, eigene lebensgeschichtliche Erfahrungen innerhalb der bestehenden gesellschaftlichen Machtstrukturen zu begreifen und die Suche nach einer Identität jenseits gesellschaftlich normierter Zuschreibungen von ‚Weiblichkeit‘ führten Frauen mit ihren Orientierungsbedürfnissen jedenfalls sehr schnell zum Tatbestand ihrer scheinbaren, von der Geschichtsschreibung produzierten ‚Geschichtslosigkeit‘.

Um die Geschichte der Frauen zu kämpfen, war und ist daher für alle Frauenbewegungen ein existentielles Thema. Es geht darum, über gezieltes – auch wissenschaftliches – Fragen nach der historischen Lebens-*Realität* von Frauen, nach ihren bisherigen Überlebensstrategien, nach ihrer historischen Gratwanderung zwischen Anpassung und Widerstand „die fehlenden historischen Wurzeln im Sinne einer Frauengeschichte zu entdecken.“[21] Nicht zuletzt deshalb, um über die Analyse von sexistischen Unterdrückungsstrukturen und Mann-Frau-Machtverhältnissen als Resultat von Geschichte die Mystifikation scheinbar naturgegebener und damit unveränderbarer gesellschaftlicher Ordnungen zu durchbrechen.[22]
Das tendenzielle Einsickern dieser feministischen Kritik in festgefügte akademische Wertigkeiten verbesserte auch innerhalb der Universitäten die Ausgangssitu-

ation für eine noch zu schreibende Geschichte der Frauen.

Es formierte sich eine – überwiegend von Frauen getragene – ‚Historische Frauenforschung', die nicht mehr bereit war, sich mit den Gnadengaben der herrschenden Historie zufriedenzugeben und Frauen in der Vielfalt ihrer sozialen und historischen Lebenszusammenhänge weiterhin bloß „in die leeren Zwischenräume patriarchaler Gedanken und Systeme (zu) stecken."[23]

Eines ihrer zentralen Erkenntnisinteressen ist, wenn auch unter verschiedenen theoretischen und methodischen Vorgangsweisen, das ‚Sichtbarmachen' von Frauen: in *allen* gesellschaftlichen Bereichen der Vergangenheit; auch an Orten – wie jene der Haushaltsarbeit, des Gebärens, usw. – die bisher negiert worden sind; in ihrer Beziehung zu Männern und zu anderen Frauen. Das heißt: In der ganzen Vielfalt ihrer historischen, von unterschiedlichen sozialen, ökonomischen, politischen, kulturellen, ethnischen und generationsbedingten Verhältnissen geprägten Lebensbezüge.

Nochmals: Aufzubrechen war dabei jenes – von Karin Hausen im als Zwischenbilanz der historischen Frauenforschung konzipierten Sammelband „Frauen suchen ihre Geschichte" diagnostizierte – allgemeine Verständnis von Geschichte, in dem „das historisch Bedeutende so abgesteckt (wurde), dass nur jene Räume und Zeiten des gesellschaftlichen Geschehens einbezogen waren, die für das Handeln und die Interessen von Männern entscheidende Bedeutung hatten oder haben. Zwischen dem Männerbereich des öffentlichen und dem Frauenbereich des Privaten wird eine Trennlinie angenommen, die das vermeintlich Relevante vom Nicht-Relevanten scheidet und Frauen mit ihrer typischen Lebenssituation in Haushalt und Familie aus der Geschichte ausgrenzt. Zur Geschichte zugelassen bleiben dann allenfalls solche Frauen, die ähnlich den Männern als hervorragende Persönlichkeiten öffentliches Ansehen erlangten, sich in Parteien, Verbänden und Vereinen organisierten oder außerhäusliche Erwerbsarbeit leisten. Doch zumeist galt das generell für Frauen übliche historische Vergessen auch diesen Frauen."[24]

Für eine ‚Allgemeine Geschichte', „deren Allgemeinheitsanspruch nicht mehr bloß angemaßt ist"[25], kann nur ein radikal veränderter – Frauen nicht mehr ausschließender – Blick auf die Geschichte die Basis sein.

2. Schrittweise Annäherung

Überlegungen und Eindrücke aus dem Forschungsprozess – erste theoretische und methodische Selbstverortung – Forschungsziele – Quellenbasis

2.1. Das Gedächtnis des Ortes

Kollektive Erinnerung

Meine Annäherung an die Lebenswirklichkeit der Halleiner Zigarrenfabriksarbeiterinnen, als Beitrag zum oben beschriebenen Sichtbarmachen von Frauen in der Geschichte, aber auch als versuchtes Öffentlichmachen der Sozialerfahrungen einer gesellschaftlichen Gruppe, deren Angehörige als *Arbeitende* und *Frauen* doppelt ausgeblendet werden, war eine schrittweise und zunächst sehr indirekte.

Wie kaum jemand wusste auch ich zunächst nichts von der Existenz dieser – seit 1940 stillgelegten – Fabrik. Im Rahmen eines Oral History-Projekts zur regionalen ArbeiterInnenbewegung und ArbeiterInnengeschichte in Salzburg[1] tauchten dann in Hallein, als einem der ausgewählten Schwerpunkte, in den Erinnerungen der bis zu diesem Zeitpunkt meist männlichen Gesprächspartner immer wieder diese Arbeiterinnen, die „Tschikweiber" auf: und zwar in Form verschiedenster Bilder und verschiedenster Mythen.

> „Die Zigarrenfabriklerinnen san jo berühmt gwen."
> „Berühmt? Warum?"
> „Jo, do – im Mundwerk guat und guat verdient haums. (...) Die Zigarrenfabriklerinnen san begehrte Ehefrauen gwen. Do (macht Handbewegung, die den Besitz von Geld andeuten soll), Geld – oba vorlaut."
> INTERVIEW MIT SEBASTIAN L., JG. 1905, SALINENARBEITER [2]

Immer wieder wurden sie beschrieben: als Frauen, die Geld gehabt haben. Als Frauen, ‚die etwas dargestellt haben'. Als Frauen, vor deren Resolutheit, deren ‚Mundwerk' man auch Angst gehabt hat.

> „Do bin i nia furtgaungan, um 11, waun in da Zigarrenfabrik Mittog woar: boid die Zigarrenfabriklerinnen über d'Stodtbrucken gaungan san, do samma oi auszogen."

> „Warum?"
> „Wei so goscherte dabei woarn."
> „Mia haum oiwei gsogt: jetzt kummt d'Lawine, waun's über die Brucken gaungan san."
> INTERVIEW MIT KATHARINA B., JG. 1907, UND FINI D., JG. 1905, ZELLULOSEFABRIKSARBEITERFRAUEN [3]

Erinnert wurde auch ihre starke gewerkschaftliche Organisierung, ihr geschlossenes Auftreten bei den Mai-Aufmärschen und Demonstrationen der sozialdemokratischen Hochburg Hallein, ihre gegenseitige Solidarität und ihr radikales öffentliches Auftreten gegen die katastrophale Ernährungslage und Lebensmittelteuerung in den letzten Jahren des Ersten Weltkrieges und in der ersten Nachkriegszeit.

> „Jo und de – Tschikweiber haums oiwei gsogt zu die Zigarrenfabriklerinnen. De sand oba so gwen (pfeifft anerkennend). (...) Durch dick und dünn san de gaungan. De haumd aunders zaumghoiten. De haumd den 1.Mai (klopft anerkennend auf den Tisch), haum de des ois organisiert. Die Aufmärsche und de Sochen hoit. Do hot's überhaupt nix geben! (...) Und waun irgend a Teuerung eintreten is, hot's scho Alarm geben, herst. Do is scho aufmaschiert worn mit Kind und Kegel!"
> JOSEF F., CHEMIEFABRIKSARBEITER, JG. 1910[4]

Das ist die eine Seite der Bilder und Mythen, die über diese Frauen in Hallein bestehen. Und dann ist da natürlich die andere Seite: Ihre Mehrfachbelastung als Arbeiterinnen, Hausfrauen und Mütter, die aufgrund der Beschwerlichkeit der damaligen Haushaltsführung noch größer gewesen ist und so offensichtlich, das heißt: öffentlich sichtbar, gewesen zu sein scheint, dass sie sich in das Gedächtnis des Ortes oder zumindest in ein Teilgedächtnis des Ortes eingegraben hat: „A ewiges Laufen haums g'hobt, die Zigarrenfabriklerinnen."

Sichtbar geworden zu sein scheint sie vor allem an den Knotenpunkten des Alltags dieser Frauen, so zum Beispiel in der Mittagspause, wenn die Rhythmen der unterschiedlichen Arbeitsfelder Familie und Fabrik, in die ihre Arbeitskraft eingeflossen ist, aufeinanderprallten.

So weit zu dem, was in Hallein tradiert wird, was im Gedächtnis dieser Stadt immer noch teilweise präsent ist. Zumindest in der ArbeiterInnenschaft, und hier ganz stark innerhalb bestimmter Jahrgänge, die selbst noch – vor der Schließung der Fabrik im Jahr 1940 – auf vielfältige Weise mit den Tabakarbeiterinnen in Berührung gekommen sind.

Die 1897 geborene Maria F. ist die einzige der interviewten Halleinerinnen und

Halleiner, die von ihrer sozialen Herkunft her nicht der ArbeiterInnenschaft zugehörig war. Der Erinnerung dieser aus der Familie eines Kanzleigehilfen und einer Hausfrau stammenden und später mit einem Lehrer verheirateten Gesprächspart-

Immer nach Arbeitsschluss in der Fabrik füllte sich die Halleiner Stadtbrücke – hier um 1912 – mit den nach Hause laufenden Zigarrenarbeiterinnen.

nerin hat sich vor allem der scharfe Kontrast und das Abgeschottetsein der eigenen sozialen Lebenswelt gegenüber jener der ‚Zigarrenfabriklerinnen' eingeprägt.

Nach der Fabrik und den dort beschäftigten Frauen befragt, spricht Frau F. sehr offen über die damaligen sozialen Berührungsängste und das Misstrauen, über die Unwissenheit und wohl auch soziale Arroganz ihrer Schicht gegenüber den sozial fremden, ungewohnten Verhaltensweisen und unverstandenen Problemen und Schwierigkeiten dieser Frauen. Die Fenster habe sie jedes Mal geschlossen, wenn die „Fabriklerinnen" nach Arbeitsschluss – durch die enge Gasse an ihrem Haus vorbei – nach Hause gegangen sind.

> „Bitte, heut' versteh ich's, dass diese Frauen *verbittert* und abgearbeitet gewesen sind, wenn's abends um fünf oder sechs Uhr von der Fabrik kommen sind und noch auf den Dürrnberg rauf gehn haben müssen. So Tücher, so große, selbstgehäkeite Tücher haben's umgehabt.
> Damals haben wir immer gesagt: ‚Über die Stadtbrücke geh'n wir lieber nicht, wenn die Fabriklerinnen kommen. Die sind so bös. Ja freilich, das glaub' ich

schon – sag ich mir heute –, die sind verbittert gewesen. Als Kind ist man dann vielleicht auch dumm gewesen und ist nicht richtig ausgewichen. Oft kommt einem das nachher erst zu Bewusstsein.
Ja, bei uns sind die Zigarrenfabriksarbeiterinnen gefürchtet gewesen. Aber heute versteh' ich ganz gut, dass die oft grantig gewesen sind. Mein Gott, wenn jemand den ganzen Tag arbeitet und dann die sieht, die nicht arbeiten – das ist ja ein *Kontrast.*
Ja, die Fabriklerinnen waren früher gefürchtet. Und warum? Weil sich der Mittelstand und auch die Geschäftsleute einfach nicht befasst haben mit ihnen und ihren Problemen. Diese Frauen waren eine Schicht für sich. Eine Schicht, die nicht gezählt hat. Ein gewisses Misstrauen war da. Da hat es geheißen: ‚eine Fabriklerin'. Und da ist die Nase gerümpft worden.
Damals bin ich noch jung gewesen, aber heut' seh' ich das anders. Mir imponieren die mehr, die arbeiten gehn, als die ‚Besseren', die daheim sind und sich alles kaufen können, weil sie vom Mann das Geld kriegen. Mir imponiert das nicht, wenn sich jemand nicht einmal ein Stückl Brot selber verdienen kann."

Maria F., Lehrersfrau, Jg. 1898 [5]

Ganz allgemein dünner wird das Wissen um die Lebenszusammenhänge der Zigarrenfabriksarbeiterinnen natürlich bei den jüngeren Generationen. Formelhaft verdichtete Spuren aus den noch kursierenden Mythen über die „Tschikweiber" *(„resolute Frauen")* finden sich jedoch auch hier. In den alteingesessenen Kernschichten der Halleiner ArbeiterInnenschaft scheint es ja auch heute noch kaum jemanden zu geben, der in der engeren oder weiteren Geschichte der eigenen Familie nicht auf eine – früher in der Zigarrenfabrik arbeitende – Verwandte stoßen würde.

Noch immer ist Hallein Industriestadt, aber es hat sich nach dem Zweiten Weltkrieg zum größten Einpendlerzentrum des Bezirks entwickelt. Das hat die frühere Geschlossenheit des ArbeiterInnen-Milieus und damit den Nährboden für das Tradieren kollektiver Erfahrungen und Erinnerungen natürlich aufgebrochen.

Trotzdem habe ich versucht, mit den Ergebnissen meiner geschichtlichen Spurensuche in Hallein, die ja wesentlich von der Gesprächsbereitschaft dort lebender Frauen und Männer unterstützt war, nicht lediglich innerhalb der ‚community of science' zu bleiben, sondern mit ihnen quasi nach Hallein zurückzugehen: über eine geschichtliche Fortsetzungsserie in der lokalen Zeitung, eine Ausstellung und eine broschürte, bebilderte Kurzfassung meiner Forschungsergebnisse.[6] Schließlich ist von vielen Gesprächspartnerinnen und -partnern, von ihren Familien und Nachbarn her berechtigterweise ein auch ihnen zugängliches ‚Endprodukt' jenes Dialogs zwischen Wissenschaft und Betroffenen sozusagen eingefordert worden, in den sie durch meine Forschungsarbeiten über die Halleiner Zigarrenfabriksarbeiterinnen ‚verwickelt' worden sind: „Waun kummt denn do endlich a Buach", hat es immer wieder geheißen.

Für das ‚offizielle Hallein' – Vertreter der Gemeinde und der Gewerkschaft – ist das von mir dokumentierte, von Frauen getragene Stück Halleiner Geschichte überraschenderweise zum Anstoß geworden, nun auch in der Stadt selbst zur Aufarbeitung und Dokumentation weiterer Bereiche aus der Sozial- und Industriegeschichte Halleins anzuregen und zu motivieren.

2.2. Theoretisch-methodische Selbstverortung

Mit diesen ersten Eindrücken – sozusagen im Gepäck – und vor dem Hintergrund eigener Abgrenzungsversuche von dem, was aus einer Mittelschichtoptik als ‚weibliche Normalbiografie' behauptet wird, begann dann die weitere Spurensuche nach der Lebenswirklichkeit dieser Arbeiterinnen.

Eine Spurensuche, die mehrfach inspiriert war von den beschriebenen Kurskorrekturen der Geschichtsforschung im allgemeinen und der ArbeiterInnengeschichtsschreibung im Besonderen:
– so von jenen Forschungsansätzen der ArbeiterInnengeschichte, die – entgegen bloß normativen Zuschreibungen – Arbeiter und Arbeiterinnen in „ihrer empirischen Vielfalt und historischen Konkretheit"[7] ernstnehmen;
– von einer geforderten Geschichtsschreibung ‚von unten', das heißt: aus dem Blickwinkel der Betroffenen und Beteiligten historischer Entwicklungen;[8]
– von der Integration des Alltags in die Aufarbeitung von Geschichte und in die Erklärung geschichtlicher Prozesse;
– von jenen Erklärungsansätzen, die die Bestimmungsmomente für historisch-gesellschaftswirksames Handeln oder Nicht-Handeln von Menschen, für vorhandene oder nicht vorhandene Widerstandspotentiale und Veränderungsimpulse gegen klassen- und geschlechtsspezifische Zumutungen der Gesellschaft im Geflecht aus objektiver Lage und subjektiver Interpretation dieses ‚Seins' suchen: unter Einschluss aller Hoffnungen, Illusionen und auch Irrtümer;
– und damit von einer Konzeption der gesellschaftlichen Wirklichkeit, die um die Dimension der Erfahrungen, der Wahrnehmungs- und Verarbeitungsweisen von Realität durch die Betroffenen erweitert ist; denn:

„Soziale Prozesse existieren nicht nur als ‚objektive' Abläufe. Für den Einzelnen und Gruppen sind sie sogar allein in den Formen vorhanden, in denen sie wahrgenommen, interpretiert, sowie verbal oder expressiv ausgedrückt – aber auch verdrängt werden. Es bedarf daher eines zweischichtigen Zugriffs, um diese ‚doppelte Konstitution' von Wirklichkeit angemessen nachzeichnen zu können."[9]

Methodisch angeregt wurde ich durch die Versuche, den Erfahrungen der

Menschen in und von der Geschichte und ihrem historischen Alltag über die ‚Mündliche Geschichte' (Oral History) näherzukommen: in Form lebensgeschichtlicher Interviews.

2.3. ‚Geschlecht' als soziale Kategorie gesellschaftlicher Realität und deren Analyse

Entscheidend für mein weiteres Vorgehen war dann jedoch vor allem jene zentrale und durch Forschungsergebnisse vielfach bestätigte Annahme der Historischen Frauenforschung, „dass für das Verständnis von Geschichte und Gesellschaft ‚Geschlecht' als soziale Kategorie unerlässlich ist."[10]

Ihre Forderung, historisches Erkenntnisinteresse um die „Konsequenzen von Geschlecht" auf die soziale Position, auf die Lebenschancen und die Erfahrungen von Frauen und Männern[11] zu erweitern, war auch eine Leitlinie in meinem Forschungsprozess.

Gemeint mit ‚Geschlecht', als Bestimmungsmoment gesellschaftlicher Realität und damit als grundlegende Kategorie ihrer Analyse, ist also ‚soziales Geschlecht': ‚gender' im nuancenreicheren Englisch. Jenes historisch-kulturelle Konstrukt ist gemeint, das für eine Gesellschaft festlegt, welchen Rollen, Verhaltenszuschreibungen, Funktionen und sozialen Chancen mit der physiologischen Geschlechtlichkeit, mit dem biologischen Geschlecht (englisch ‚sex') verbunden sind. Und zwar in seinen klassen- und schichtspezifischen, aber auch klassen-übergreifenden Ausprägungen.

Dabei ist auch für die neuzeitliche bürgerlich-kapitalistische Gesellschaft davon auszugehen, dass weibliche Lebenszusammenhänge und ihre rechtlichen, politischen, beruflichen und zwischenmenschlichen, ihre öffentlichen und privaten Spielräume also nicht nur durch soziale Hierarchien, sondern noch immer ganz stark durch patriarchale, durch sexistische Strukturen bestimmt sind: durch Machtdifferenzen zwischen männlicher und weiblicher Rolle. Für Frauen aus der ArbeiterInnenklasse ergibt das eine mehrfache Abhängigkeit. Zum einen verschärfen sich – wie bei allen sozial Unterdrückten: Kindern, Alten, Arbeitslosen, Unterprivilegierten, Fremden – die „Diskriminierungserfahrungen, wenn die Betroffenen weiblich sind".[12] Zum anderen wirken die Machtdifferenzen zwischen männlicher und weiblicher Rolle immer auch klassenintern, etwa zwischen Arbeitermännern und Arbeiterinnen/Arbeiterhausfrauen. Das heißt: Im Hierarchiegefüge unserer Gesellschaft sind die sexistischen Fallstricke sowohl horizontal als auch vertikal ‚ausgelegt'.

Was es etwa, um nur mit einem Beispiel von klasseninternen Mann-Frau-Hierarchien auf die Ergebnisse dieser Arbeit vorzugreifen, bedeutet hat, Kind einer

Halleiner ArbeiterInnenfamilie zu sein, war in vielfältiger Weise auch davon bestimmt, ob jemand Sohn oder Tochter in dieser Familie war.

Alle interviewten Frauen haben das zu spüren bekommen. Beim Wunsch nach dem Erwerb von Wissen und Ausbildung etwa oder bei der Wahl des späteren Berufes, wo die – für Kinder aus der ArbeiterInnenschaft ohnehin schon äußerst eingeschränkten – Spielräume bei Töchtern noch um vieles enger waren.

Maria E.'s Erinnerungen dokumentieren weitere – auch in anderen Interviews auftauchende – geschlechtsspezifische Beschneidungen. Viel massiver ist zum Beispiel – in den ArbeiterInnenfamilien selbst – auch über die Arbeitskraft der Töchter verfügt worden. „I hätt' hoit a spün (spielen) a oft megen", ist der rote Faden jener langen Erzählszene, in der sich Marie E. – in der Erinnerung – noch einmal in einen typischen Vorfall ihrer Kindheit hineinfallen lässt. Ob sie als Kind mithelfen musste zu Hause, hatte ich sie gefragt – und damit Erinnerungen an die starke, kindliche Spiel- und Bewegungsbedürfnisse beschränkende Beanspruchung ihres Arbeitsvermögens im Familienhaushalt ins Fließen gebracht.

> „Noch da Schui – i bin daun bei da Großmuatta in Hallein drinnan gwen, hob gschlofen dort, dass de (die Eltern) a bissl mehr Plotz haum, net – und noch da Schui hob i oba oiwei außigehn miassen (zu den Eltern) und Holz trogen, Wosser trogen, Kinder aufpassen und hoit oarbeiten, net. Nochand ausnahn – wissen's eh, friaha haums so Deckerl oben ghobt, bei die Wänd. Do hot d'Muatta so an Fummel ghobt. Hob i oiwei ausnähn miassen. Und auf d'Nocht bin i wieder hoamgaungan (zur Großmutter), net, hob i bei da Großmutter gschlofen nochand, net, in Hallein.
> Mei, i hätt' hoit a spün a oft megen. Und da Peppei – mia woarn ja, was ma glebt haum, vier Dirndln und oa Bua; und wissen'S eh, da *Bua*, wos der Wert gwen is. D'Muatta hot'n oiwei Schnozi-Peppei (Kosename) gnennt. Hob i gsogt: ‚Hear auf mit Deim Schnozi-Peppei, mit dem Plärrer, dem verdammten!'"

Während die Nachbar-Buben, mit denen sie aufwächst, draußen spielen, hat Maria E. den kleinen Bruder am Hals. Mit dem Holzstrick des Großvaters versucht sie dem eigenen ans Haus Gefesseltsein zu entkommen: den kleinen Bruder einfach mitnehmen und an einen Baum binden, ist die kindliche Strategie.

> „Do woar bei uns unten friaha a Schwimmschui und hand hoit Bäum enten (drüben) gwen und Stauden. Und do sand im Salinehaus a a Familie gwen, Buam, die haumd oiwei Vögel gfaungt und haums verkauft. Woaßt eh, um an jeden Groschen haums gschaut, waun's wos oana kriegt haum. Und de Buam – wia ma so aufgwochsen san miteinaund:

‚Jo, hidaun, tan ma Vögel faungan spün!' – ‚Jo, i mecht a mitspün. I mecht a.' Jo, waun i oiwei den Peppei mitnehmen muass!
Jetzt haums gsogt: ‚Host koan Strick net?' Hob i gsogt: ‚Jo, da Großvota hätt' scho so an Hoizstrick.' Haums gsogt: ‚Nimm ihn hoit mit.' Jetzt hob i'n mitgnumman. Hob ihn (den kleinen Bruder) am Baum aunghängt, net. Jo. Boid a si wieder eindraht ghobt hot, hob i'n wieder ausdraht, net. Und dawei muass mi wer verkauft (verraten) haum, net. Kimmt a meinige Schwester dauna: ‚Mariedi, da Vota hot gsogt, Du soitst zuawi gehn!' ‚Warum denn?' ‚I woass' net, warum!' Und i bin zuawigaungan."

Mit einer Ohrfeige des Vaters – „dass i vom Fenster bis zur Tür hintere gflogen bin"[13] – endet Maria E.'s Versuch, aus der unhinterfragt ihr aufgeladenen Pflicht auszubrechen und sich Spielräume anzueignen, die ihr nicht zugestanden wurden: Spiel-Räume im unmittelbaren Wortsinn.

ArbeiterInnen-*Tochter* zu sein, die Zugehörigkeit zum weiblichen Geschlecht, ist ein sehr realitätsmächtiges Bestimmungsmoment dieser von Maria E. in das lebensgeschichtliche Interview eingebrachten Kindheitserfahrungen.

Was hat der Tatbestand ‚Frau', ‚Mann', ‚weiblich', ‚männlich' zu verschiedenen Zeiten, in verschiedenen Klassen aktuell bedeutet: diese Frage mitzudenken, immer im Blickfeld zu haben, genau das sind die forschungspraktischen Konsequenzen des Anspruchs, ‚Geschlecht' als prägenden Faktor gesellschaftlicher und individueller Wirklichkeit und damit auch als Kategorie ihrer Analyse ernst zu nehmen.

2.4. Weitere Spurensuche

Briefliche Kontaktaufnahme mit ehemaligen Arbeiterinnen der Zigarrenfabrik

Parallel zu dieser ersten allgemeinen methodisch-theoretischen Selbstverortung lief die Suche nach ehemaligen Arbeiterinnen der Halleiner Zigarrenfabrik.

Es war die berichtete – in einem Teilgedächtnis des Ortes noch präsente – Widerständigkeit dieser Frauen, die mich zunächst interessierte. Nachspüren wollte ich ihr über lebensgeschichtliche Interviews. Ich halte sie für die beste Möglichkeit, mich Frauen anzunähern, die einer anderen Generation und einer anderen Sozialschicht angehören als jener, aus der ich – als Tochter aus der Familie eines kleinen Beamten und einer Hausfrau – komme.

Mit Hilfe der Gewerkschaft und durch persönliche Kontaktaufnahmen in den Personalbauten der ehemaligen Zigarrenfabrik, im Altersheim, im Stadtpark, usw. habe ich noch die Namen von 40 ehemaligen Zigarrenfabriksarbeiterinnen ausfindig gemacht.

Brieflich wurden dann alle 40 Frauen mit den Motiven meiner Spurensuche vertraut gemacht, das heißt: mit meinem persönlichen Interesse als junger – wenn auch in ganz anderen Zusammenhängen – erwerbstätiger Frau an den Erfahrungen und Lebenszusammenhängen dieser Arbeiterinnen, an ihren Versuchen und Formen als Frauen in dieser Gesellschaft zu leben; mit der Frage nach den Frauen in der Geschichte und mit der Frage nach der Geschichte der Frauen, nach den klassen- und geschlechtsspezifischen Erfahrungen von Frauen: also mit einer Geschichtsschreibung, in der nicht nur ‚die Großen' (Männer) Platz haben. Einer Geschichtsschreibung, die das traditionelle Verhältnis von „‚Geschichtswürdigem' und ‚Geschichtsunwürdigem'" zu verändern sucht.[14]

2.5. Geschichten des Lebens – Lebensgeschichten

Die Erinnerungsarbeit in den Interviews

Mit 12 ehemaligen Zigarrenfabriksarbeiterinnen sind dann auch Gespräche zustandegekommen. Den Weg von der ersten brieflichen Kontaktaufnahme bis zu diesem eigentlichen Forschungsgespräch möchte ich kurz darstellen. Vieles davon gilt nicht nur für die mit den Tabakarbeiterinnen, sondern auch für die mit anderen Halleiner Frauen für dieses Projekt geführten Gespräche.

Fast immer fand noch ein meist persönliches, in seltenen Fällen telefonisches, Vorgespräch statt, in dem es vor allem darum ging, nochmals Vertrauen und Interesse zu wecken. Erst jetzt wurde ein endgültiger Zeitpunkt für ein auf Tonband festzuhaltendes Interview vereinbart.

Gesprächsabsagen lagen, was die Tabakarbeiterinnen betrifft, vor allem in der schlechten Gesundheit vieler der angeschriebenen Frauen begründet. Sie gehören ja alle den Jahrgängen 1898 bis 1905 an.

Nicht selten schloss sich aber auch die Tür – oder drohte sich zu schließen – mit den Kommentaren:

> „I kaun ma net vorstön, wos i do erzöhn soll", „vü goarbeit' haumma, wos gibt's denn do no vü zum Erzöhn", „i woar dort nur Putzfrau."

Sie scheinen mir Umschreibungen für die Scheu zu sein, das Wort zu ergreifen und eigene lebensgeschichtliche Erfahrungen über einen bestimmten vertrauten Rahmen hinaus öffentlich zu machen. Umschreibungen auch für die Befürchtung, dass ihre Erzählungen missbraucht werden könnten. Die anfängliche Annahme der Bedeutungslosigkeit der eigenen Geschichte mag gleichfalls hinter diesen Schutzformeln verborgen sein.

Und: Ein Gefühl abwehrender Verwunderung dieser Frauen über ihre plötzliche ‚Forschungswürdigkeit', über das unerwartete Interesse der Wissenschaft am Leben der ‚einfachen Menschen'; einer Wissenschaft, die kaum bewusst wahrgenommene, in den eigenen Lebenszusammenhang hineinreichende Spuren hinterlassen hat und daher wenig Anreiz bietet, in ihr ‚vorkommen' zu wollen. Es sind daher nicht zuletzt auch Umschreibungen für eine lang gewachsene Kluft zwischen Wissenschaft und Gesellschaft (repräsentiert zum Beispiel durch diese Frauen), die vom einzelnen Forscher, von der einzelnen Forscherin nur teilweise durchbrochen werden kann.

Waren diese anfänglichen Bedenken aus dem Weg geräumt, stieß ich meist sehr schnell auf Interesse, Gesprächsbereitschaft und vor allem auf die Bereitschaft, mir bei meiner Arbeit weiterzuhelfen. Beim vereinbarten Interviewtermin ging dann die anfänglich lockere Unterhaltung – über den gegenwärtigen Alltag betreffende Dinge – ganz von selbst über ins eigentliche Forschungsgespräch. Jetzt wurde das Tonband eingeschaltet.

Das Forschungsgespräch selbst fand in Form relativ offener lebensgeschichtlicher Interviews statt. ‚Offen' bedeutet dabei ein schrittweises Annähern an den Forschungsbereich, ein allmähliches Herausfiltern der relevanten Fragestellungen. ‚Offen' bedeutet: die Lebenswirklichkeit der Arbeiterinnen nicht von vornherein – vom grünen Tisch her – durch streng fixierte Interviewerinnenfragen abzustecken, festzulegen und durch die Interviews nur mehr bereits feststehende Thesen zu überprüfen.[15] Schließlich war es ja eine vertraute und fremde Realität zugleich, die ich da begreifen wollte.

Ich fühlte mich meinen Gesprächspartnerinnen verbunden und trotzdem bestand die Gefahr, etwa aus einer Betriebsblindheit, die in meiner eigenen sozialen Herkunft und meinen aktuellen Lebenszusammenhängen gründen könnte, Erfahrungen, die für *diese* Frauen relevant sind, zu überhören und zu übersehen. ‚Offenheit' also auch deshalb, um Frauen nicht abermals lediglich zum verzerrten Objekt wissenschaftlicher Analyse zu machen.

Möglichst viel Freiraum sollten die Gesprächspartnerinnen zunächst haben für das Erzählen der Geschichte ihres bisherigen Lebens. Freiraum, was die Auswahl der erzählten Ereignisse, Episoden, Themen, Erfahrungen betrifft. Freiraum aber auch für die Art der Darstellung, für die Reihenfolge des Erzählten und für die eigene, vertraute, die lebensgeschichtlichen und schicht- bzw. geschlechtsspezifischen Erfahrungen widerspiegelnde Sprache.

Raum sollte also sein für breites, offenes, ausführliches Erzählen dessen, was den Frauen aus der Geschichte ihres eigenen Lebens, aus der Geschichte ihres Arbeitens, ihres Wohnens, ihrer zwischenmenschlichen Beziehungen, ihres Körpers und ihrer Gefühle, ihrer Lebenschancen, ihres politischen Denkens, ihrer Auseinandersetzung mit den Entwicklungen und Krisen der sie umgebenden sozialen Welt selbst wichtig und bedeutungsvoll erschien.

Eine so weit wie möglich an alltäglichen Kommunikationsgewohnheiten orientierte Gesprächssituation war notwendig, um so ein Erzählen in Fluss zu bringen.

Natürlich weichen lebensgeschichtliche Interviews immer ab von vertrauten Alltagssituationen.

Die Interviewerin/der Interviewer sind trotz der längeren Phase der Kontaktaufnahme Fremde, was – für alle – den Grad der Vertrautheit geringer und den der Ausnahmesituation größer macht. „Nicht der Erzähler (die Erzählerin, ergänzt durch die Autorin) sucht einen Zuhörer (eine Zuhörerin) für seine (ihre) Geschichten, vielmehr muss diese(r) erst jemanden gezielt finden, der (die) bereit ist, ihm (ihr) etwas zu erzählen“[16] schreibt Martin Osterland 1983 in seinen Überlegungen zur „Mytho-logisierung des Lebenslaufs“ und „Zur Problematik des Erinnerns“.

Diese ‚künstlich‘ herbeigeführte Begegnung muss erst zu einer sozialen Beziehung zwischen den Beteiligten wachsen. Muss an Spontaneität gewinnen, um als ‚geglückt‘ gelten zu können. Dabei gibt es zunächst keine klaren Rituale, auf die bei diesem kommunikativen Unterfangen zurückgegriffen werden könnte.

Auch im Forschungsalltag dieses Projekts machte das – für mich als offensive Zuhörerin und für die interviewten Frauen als Erzählerinnen – die Gespräche immer wieder zu keineswegs von vornherein gesicherten und daher die eigene soziale Flexibilität immer wieder herausfordernden Versuchen der Verständigung. Einer Verständigung zwischen Angehörigen verschiedener Altersgruppen, Lebenswelten und Klassen, die nicht immer gleichermaßen befriedigend zustandegekommen ist. In diesem Balanceakt gab es natürlich auch Niederlagen, gab es Berührungsängste, Missverständnisse und unsensible Fragen, unterschiedliche Erwartungen und Bedürfnisse, Gespräche, die einem entgleiten und Grenzen, die oft nur schwer zu akzeptieren waren.

Von der Normalsituation eines Alltagsgespräches weicht ein lebensgeschichtliches Forschungsgespräch auch durch seine größere Zielgerichtetheit und seine deutlichere instrumenteile Orientierung ab. Rückblickendes, auf die eigene Biografie bezogenes Erzählen war ja als Ziel der eigentlichen ‚Erhebungssituation‘ gemeinsam festgelegt worden.

Was das Erzählen an sich betrifft, und zwar Erzählen als „Form des Diskurses, in welchen der Sprecher (die Sprecherin, ergänzt durch die Autorin) in das Erlebnis eingeschlossen ist“[17], also die eigenen geschilderten Erfahrungen in Gedanken quasi noch einmal erlebt, konnte jedoch durchaus auf typische Kommunikationsgewohnheiten zurückgegriffen werden. Die Erzählforschung betont, dass gerade in der ArbeiterInnenschaft die Auseinandersetzung mit der eigenen – vergangenen und gegenwärtigen – persönlichen und gesellschaftlichen Wirklichkeit häufig in Form breiten, ausführlichen Erzählens geschieht.

Auch in den konkreten Gesprächen überraschte mich die – vom eigenen Mittelschicht-Kontext her nicht gewohnte – Lebhaftigkeit, Anschaulichkeit, Direktheit und Unmittelbarkeit, in die sich viele der interviewten Frauen immer wieder ‚hineinerzählten'. Das gilt vor allem für einzelne Episoden aus der Vielfalt des bisher gelebten Lebens, für den Alltag aufbrechende Ereignisse und Situationen besonderer Betroffenheit.

Eine Tradition des Erzählens lässt sich durchaus auch in die Herkunftsfamilien meiner Gesprächspartnerinnen zurückverfolgen. Immer wieder tauchten in den Interviews Erzähltraditionen über die Zigarrenfabrik, über die Geschichte Halleins, über die Geschichte der Großeltern und Eltern, ja der Halleiner ArbeiterInnenschaft überhaupt auf: als Bestandteil weitergegebener kollektiver Erinnerung.

Nun gibt es aber im Alltag kaum ‚natürliche' Gesprächssituationen, in denen einem Erzähler/einer Erzählerin über so lange Zeit das Rederecht eingeräumt wird, wie das in einem lebensgeschichtlichen Interview der Fall ist. Das ‚Soll ich noch weitererzählen?' der interviewten Frauen ist Ausdruck für das Ungewohnte einer solchen Situation. Denn sowohl inhaltlich als auch in sozialer Hinsicht sind Alltagsgespräche auf Wechselseitigkeit angelegt.[18] Die angestrebte Offenheit der Interviews konnte also nicht bedeuten, mich als Interviewerin völlig aus dem Gespräch herauszuhalten.

Immer wieder sind ja auch während der Gespräche bei vielen Frauen Gefühle des Unvermögens aufgetaucht, wenn bei der von ihnen erbetenen Gesamt-Darstellung des eigenen Lebens oft nur schwer ein roter Faden gefunden werden konnte. Die Geschichten aus dem Leben wurden nicht von selbst, sondern erst durch die gemeinsame Gesprächsarbeit zu mehr oder weniger kompakten Lebensgeschichten.

Die Angst der Frauen vor weitgehender Selbststrukturierung der lebensgeschichtlichen Gespräche hat einen sehr handfesten Grund. Sie ist Ausdruck von Lebensverläufen, die nicht als geschlossene, lineare Entwürfe, sondern viel eher als loses Nebeneinander von Vorfindlichkeiten, Zwängen, Zufällen und Ad-Hoc-Reaktionen darauf erlebt worden sind. Sie ist Ausdruck auch eines Lebens voll mit ständiger Wiederkehr des immer Gleichen, Bekannten, Alltäglichen, zeitlich nur schwer Einzuordnenden und oft kaum Erzählbaren.[19] Nur wenig hatte also ihr Leben zu tun mit jenem fiktiven bürgerlichen Biografiemodell, das wir vielfach im Kopf haben: Ein stets autonom handelndes (männliches) Subjekt schreitet von einem biografischen Anfangspunkt planend und zielgerichtet in die Zukunft aus und erzählt rückblickend, linear und chronologisch die ‚Highlights' seiner Lebensgeschichte.

In den Halleiner Interviews konnte oft nur über vielfältige Hilfestellungen durch die Interviewerin der Fluss des Erzählens angeregt und aufrechterhalten und der für lebensgeschichtliches Erzählen notwendige soziale Raum geschaffen werden, über möglichst situationsflexible, die Erzählfähigkeit und -bereitschaft der Gesprächspartnerinnen berücksichtigende Gesten und Impulse gelang es jedoch oft über weite Strecken des Gesprächs, das Tonband zwischen uns auf dem Tisch in Vergessenheit geraten zu lassen und in vertraute „Alltagsrollen"[20] zu schlüpfen: Gespräche unter Frauen.

Natürlich lässt der Umstand, dass zwei *Frauen* miteinander kommunizieren, nicht an sich schon Gemeinsamkeiten entstehen. Auch in diesen Interviews war „das gesellschaftliche Prinzip der Segregation – die Trennung der Gesellschaftsmitglieder nach Alter und Geschlecht, kulturellen Milieus und sozialen Klassen"[21] – eine spürbare Hypothek. Schließlich entfremdet sie uns von sozialen Wirklichkeiten, in denen wir nicht großgeworden sind, und produziert anfängliche Hemmschwellen, wenn wir uns auf diese uns nicht vertrauten sozialen Lebenswelten einlassen müssen und wollen.

Auch unter Frauen gibt es ein soziales Gefälle, was Privilegien und Diskriminierungen, Lebenschancen und -verhinderungen betrifft. Weibliche Lebenszusammenhänge und das in ihnen enthaltene Maß an frauenspezifischer Diskriminierung sind allemal klassenspezifisch vermittelt. Trotzdem: Unterhalb des Trennenden und sozial Fremden, unterhalb unserer unterschiedlichen Klassenzugehörigkeit und unseren verschiedenen sozialen Möglichkeiten, Spiel- und Freiräumen gab es auch in den ‚Halleiner Gesprächen' eine Ebene, wo wir als Frauen ähnlich betroffen waren.

Und genau das war es, worüber sich im Prozess der gemeinsamen Erinnerungsarbeit allmählich Vertrautheit herstellen ließ: Wir – die Halleiner Arbeiterin, die ihre Lebensgeschichte erinnert und erzählt, und ich als forschende, als aktive Zuhörerin – sind Teil eines umfassenderen gesellschaftlichen Zusammenhanges, in dem Diskriminierung von und Gewalt gegen Frauen alltäglich sind.

Die gesellschaftliche Ungleichbehandlung von Frauen hat neben ihrer klassenspezifischen Vermitteltheit immer auch einen universellen Aspekt, der aufgrund des gemeinsam davon Getroffenseins auch gemeinsame Betroffenheit erzeugen kann. Und diese gemeinsame Betroffenheit wurde als methodologische Chance benützt, um Wahrnehmungsbarrieren und Berührungsängste abzubauen, um ein sich Hineinversetzen in den Lebenszusammenhang der ‚anderen' Frau zu erleichtern, um eine möglichst alltagsnahe Kommunikationssituation herzustellen.

Mehrmals kam es auch in den Interviews zum – von den erzählenden Frauen ausgehenden – „Rollentausch"[22], der typisch ist für Alltagsgespräche und wohl auch für Situationen gemeinsamer Betroffenheit. So etwa im Gespräch mit der Tabakarbeiterin D.: 60 Jahre sei sie mittlerweile verheiratet, hatte Frau D. gerade erzählt. 22 Jahre sei sie gewesen bei der Hochzeit. Auf meine Frage, ob sie sich noch daran erinnern könne, ob und welche Erwartungen und Hoffnungen sie als junges Mädchen an den Mann gehabt habe, den sie einmal heiraten würde, meint sie lachend:

> „Mei, *bled* – wia ma doch *bled* is: i hob ma ..., i hob jo oft wos g'lesen, net. Wissen'S eh, so Liebesromane. Daun hob i amoi – der Name hot ma so guat gfoin: Franz Hartmann – hob i ma denkt, so muass mei Maun hoaßen. So wos *Blödes*, net, so wos Blödes – na, so wos Blödes! Na, so wos Verrücktes. Jo. Jo, so is' gwen auf da Wöt".

Und dann vertauscht sie die Rollen des Fragens und Antwortens, des Zuhörens und Erzählens.

> „Jo, jo, waunst verliebt bist, nochdem wünscht da a eh nix mehr, net. Do bist verliabt. Do bist jo bled, net. Do siachst a eh nix, net. Na! Jo, wia geht's *Ihna* do – haum *Se* den Traummann?"(lacht)[23]

So einen Rollentausch nicht abzuwehren, sondern die eigenen Erfahrungen einzubringen, wenn es sich – wie hier – so offensichtlich vom Gesprächsverlauf her aufdrängt, war kein geplantes methodisches Prinzip. Aus der Intensität des Aufeinanderbezogenseins in manchen Phasen des Gesprächs waren spontane Antworten auf solche Fragen für mich eine kommunikative Selbstverständlichkeit.

Diese, wie ich glaube, notwendige Situationsflexibilität ließ die Gespräche natürlich sehr unterschiedlich ausfallen. Schon die Gesprächsanfänge gleichen einander kaum. In manchen Interviews steuerten die ersten Sätze mitten in die Arbeitszusammenhänge der Fabrik hinein. Andere Frauen begannen mit den Beschwerlichkeiten ihrer jahrzehntelangen Doppelbelastung oder setzten ein Lebensresümee, andere einen Vergleich zwischen ‚früher' und ‚jetzt' an den Beginn ihres Erzählens. Dann gab es diejenigen, für die sich nach dem Geburtsdatum – als formalem Einstieg – zunächst Ereignisse und Eindrücke aus der Kindheit aufdrängten. Dieser Gesprächsbeginn wurde auch jenen Frauen angeboten, die um eine ‚Starthilfe' beim Erzählen baten.

Immer tauchte jedoch sehr schnell in irgendeiner Form das Thema ‚Arbeit' auf. Das jedoch nur kurz als erst später genauer ausgeführter Hinweis darauf, dass die Interviews trotz ihrer formalen Unterschiedlichkeit durchaus vergleichend auswertbar waren. Selbst in den Gesprächen, wo sehr viel gefragt und nachgefragt werden musste, weil es den interviewten Frauen so lieber war, kam es ja immer wieder zu ausführlichen freien Passagen. Trotz der nicht in jedem Interview gleichen Spannung zwischen stark dialogischen Gesprächsabschnitten und von den Frauen selbst strukturierten Erzählbögen waren gemeinsame ‚rote' Fäden, Leitlinien und Schwerpunkte zu erkennen: an der Intensität des Erzählten etwa, an der spürbar werdenden Betroffenheit, an der Dichte gemeinsamer sprachlicher Bilder und Symbole.

In der ersten Phase des Gesprächs waren die Interviewfragen außerdem meist ein lediglich dem Gesprächsverlauf folgendes Nachhaken. Ein Gefühl von der Wichtigkeit des Erzählten sollten die Fragen vermitteln und Sicherheit darin geben, dass viel mehr erzählenswert und ‚forschungswürdig' ist, als vielleicht angenommen.

Aber auch jene Räume des Erlebten, die im Bereich des Selbstverständlichen, im Alltäglichen, im Nicht-Reflektierten, im ‚das war einfach so' angesiedelt und daher nur schwer verbalisierbar sind, konnten oft nur durch ganz konkrete Interviewerfragen aus den Tiefenschichten vergangener Selbstverständlichkeiten herausgeholt und besprechbar gemacht werden. Das geschah meist in einer zweiten Phase des Interviews oder überhaupt erst in einem Folgegespräch.

Natürlich hat es auch einen schon vor Beginn der Erhebungsphase erstellten und nach den ersten Interviews modifizierten Themenbereichs-Katalog gegeben, der sozusagen im Hinterkopf parat war während der Forschungsgespräche. In allen Interviews wurden die einzelnen Bereiche – Erwerbsarbeit, Hausarbeit, Sexualität und Verhütung, Frauenrolle, Wohnen usw. – an passender Stelle durch Interviewerinnenimpulse angeschnitten, wenn das von den Frauen selbst noch nicht geschehen ist.

Auch das hat die Vergleichbarkeit der Interviews sicher erhöht. Dass diese gemeinsame Erinnerungsarbeit etwas durchaus Befriedigendes sein kann, wurde, besonders bei geglückten Gesprächen, mehrmals spontan ausgesprochen:

> „Es is eigentlich gaunz nett, waun ma so in der Erinnerung weiterforscht, wia's amoi woar. I man, wenn ma irgendwie gfrogt wird – und dass am daun momentan einfoit –: ‚Woaßt Du, domois, wia des gwesen is?' oder so. Des is eigentlich wirklich interessant, do kummt daun (dann) ..., oiwei wieder kummt a Breckerl außa."[24]

2.6. „I denk ma oft: Ma is einfoch z'friah auf d'Wöt kumman"

Dialog mit der ältesten noch lebenden Frauen-Generation

18 Halleiner Frauen haben – via Tonband – ihre Lebens- und Arbeitserfahrungen öffentlich gemacht. 12 pensionierte Arbeiterinnen der Zigarrenfabrik, in der sie bis zur Betriebsschließung im Jahre 1940 – über 20 Jahre lang – beschäftigt gewesen sind. Und: 6 Arbeiterhausfrauen, die – zunächst in bäuerlichen oder häuslichen Diensten arbeitend – nach der Heirat aus einem kontinuierlichen Erwerbsarbeitszusammenhang ausgeschieden sind.

Zwischen 1898 und 1905 (eine von ihnen 1912) sind sie geboren, diese Frauen, und vielfach zum Zeitpunkt des Gesprächs schon verwitwet gewesen. Trotzdem hat kaum eine der Gesprächspartnerinnen ganz alleine gelebt, denn sie wohnten entweder in engem räumlichen Kontakt mit den eigenen Kindern oder berichteten von funktionierenden nachbarschaftlichen Beziehungen. Das kleinstädtische Kommunikationsnetz hat ihnen fast allen die Erfahrung eines in sozialer Isolation Alt-werden-Müssens erspart.

Mit ihren 80 Jahren und mehr gehören sie zur ältesten heute noch lebenden Frauengeneration. Zu einer Generation von Frauen also, deren Lebensgeschichten verwoben sind mit den beiden Weltkriegen und der Zeit – des Hungers und der Trümmer – danach, mit Inflation, Weltwirtschaftskrise und Arbeitslosigkeit der Zwischenkriegszeit, mit der Herrschaft der Austrofaschisten und Nationalsozialisten und schließlich mit dem ‚Wirtschaftswunder' und der damals noch ungebrochenen Wachstumsideologie der 60er-Jahre. Für ihr eigenes Leben sind damit jedoch keine dramatischen Verbesserungen mehr verbunden gewesen.

> „Jo, i sog immer: da ane ziagt des große Los, da aundere die Niete bloß. Do höft's dir a nix, waunst dei gaunz' Leben laung oarbeitest. Mei, wos hob I goarbeit' – und ghobt hob i nia wos."[25]

Dieses Resümee stellte die Zigarrenfabriksarbeiterin Maria D. an den Beginn ihrer erzählten Lebensgeschichte.

Nicht für alle interviewten Frauen gestaltet sich der aktuelle materielle Spielraum so eng wie für Frau D. Der Sprung über die Grenze: „mia haum, wos ma brauchen, oba mehr trogt's net", die Teilhabe am gewachsenen gesellschaftlichen Reichtum scheint jedoch oft nur über die Kinder möglich gewesen zu sein.

So waren für die Tabakarbeiterinnen die Arbeitsjahre vor dem Eintritt in die Zigarrenfabrik als ‚Mädchen für alles' in den privaten Haushalten der ‚Besseren' und damit an den damals ungeschütztesten Arbeitsplätzen für die Einrechnung in die Pension und damit in ihre jetzige Existenzgrundlage einfach verloren. Nur wenige ihrer ArbeitgeberInnen hatten sie als offizielle Beschäftigte angemeldet und sie selbst hatten damals noch nichts von ihren Rechten gehört.

Das gilt natürlich – schärfer noch – auch für die anderen interviewten Frauen, die ja auch nach der Heirat bei ihrer ständigen Suche nach zumindest zeitweiligem Zuverdienst immer wieder auf arbeitsrechtlich überhaupt nicht abgesicherten Arbeitsplätzen gelandet sind. Sie haben sozusagen aus keiner ihrer Erwerbstätigkeiten – etwa über eine eigene Pension – Kapital fürs Alter schlagen können.

Auch beim Einsetzen einer staatlichen, die Reproduktion absichernden Unterstützungspolitik in den Fünfzigerjahren (Kindergeld, bezahltes Karenzjahr für Frauen, usw.) hat keine der Gesprächspartnerinnen mehr ‚zugreifen' können. Ihre Kinder sind schließlich schon längst erwachsen gewesen.

> „I denk ma oft: Ma is einfoch z'friah auf d'Wöt kumman. I hob mi ohne ois durchwurschteln miassen mit meim Buam."[26]

Nicht nur Maria D. hat – im unmittelbaren Vergleich mit aktuellen weiblichen Lebenszusammenhängen – die fehlenden Grundlagen und Chancen des eigenen Lebens so bitter kommentiert.

> „Mia san groß worn mit'n oarm sein und mit da Oarbeit."

Diese objektiven, in allen Interviews artikulierten lebensgeschichtlichen Prägungen – Produkt der Klassen- und Geschlechtszugehörigkeit dieser Frauen und des spezifischen Eingebettetseins ihres individuellen Lebens in den „Fluss der Geschichte"[27] – sind offenbar meinen Gesprächspartnerinnen unauslöschbar unter die Haut gegangen. Denn – auch psychisch verfestigt zur Haltung „oarbeiten und spoarn, damit's uns irgendwaun besser geht" – bestimmen sie selbst noch das Lebensgefühl im Alter ganz massiv mit.

> „Waunst dei gaunz' Leben so spoarn host miassen, daun kaunst nimma aus deiner Haut außa. Des is scho so drinnen in dir, dass'd goar nimma aunders kaunst."[28]

Zu schwer wiegt auch heute noch die einst verausgabte Arbeitskraft, um mit der Pension – der eigenen oder der des Mannes – anders als äußerst sparsam umzugehen, um das ‚gute Kleid', die ‚schöne Bluse' öfters als zu besonderen Anlässen aus dem Schrank zu holen.[29]

Auch in der lebensgeschichtlichen Gegenwart dieser Frauen waren also – unübersehbar und unüberhörbar – ganz markante Spuren jener vergangenen Lebenswirklichkeit abgelagert, der ich mich über die Interviews annähern wollte.

14 von diesen 18 interviewten Frauen sind in Hallein selbst aufgewachsen und haben dort – im soziokulturellen Kontext der ArbeiterInnenschaft – sozusagen gemeinsam das Kindesalter und die ersten Jugendjahre verbracht. Auch die ersten Erwerbsarbeitserfahrungen – meist ‚im Dienst' – sind für diese Frauen noch recht ähnlich. Die bis dahin so homogenen Lebensgeschichten der Gesprächspartnerinnen beginnen jedoch ab etwa 1920 in vielen Punkten erheblich voneinander abzuweichen. In dieses Jahr fallen nämlich Personalaufnahmen in die Halleiner Zigarrenfabrik. Und da gab es eben ‚die einen', die – so die Frauen selbst – ‚Glück' hatten und aufgenommen wurden, und ‚die anderen', denen die begehrten Arbeitsplätze versperrt geblieben sind.

In einem wesentlichen Punkt berühren sich die Lebensgeschichten dieser Frauen jedoch auch weiterhin: was aus einer Mittelschichtsoptik ideologisch als ‚natürlicher weiblicher Lebenszusammenhang' konzipiert ist, hat wenig zu tun mit der lebensgeschichtlichen Realität aller meiner Gesprächspartnerinnen. Keine von ihnen hat jedenfalls mit einem Mann als Ernährer und Versorger der Familie rechnen können. Im Gegenteil:

> „Wissen'S, in Hallein woar's a so: waunst ka Oarbeit ghobt host ois Frau, daun hot di kana woin."[30]

Das hat die Zigarrenfabriksarbeiterin Maria S. schon als junges Mädchen einkalkuliert – die Erfahrungen der Mutter vor Augen:

> „Und da Vota, der woar ..., der hot mei Mamma net gheirat', net – er *hätt's gheirat'*, oba da Opa, unser Großvota ..., do in Hallein woar eben da Brauch: wenn die Frau ka Oarbeit hot, dearfen's net heiraten. Er (der Großvater) hot's hoit net heiraten lossen! (...) Wird a gmoant hoben, er muass' erhoiten."[31]

Aber auch für jene Frauen, die nicht in der Zigarrenfabrik Arbeit und Verdienst gefunden haben, ist die ‚Haupternährerfunktion' des Mannes nur eine scheinbare gewesen. Kaum eine der Halleiner ArbeiterInnenfamilien wäre in den Zwanziger- und Dreißigerjahren über die Runden gekommen, wenn die Arbeiter-Ehefrauen nicht ständig geflickt, geputzt, Gemüse angebaut und eingeweckt, wenn sie nicht jeden Schilling umgedreht hätten.

Ohne ihre nicht-entlohnte, „der ökonomischen Wertbestimmung ‚Geld' entzogen(e)" Hausarbeit[32] wären die ArbeiterInnenhaushalte kaum ausreichend versorgt gewesen. Gleichzeitig war auch ihnen durch zeitweiligen ‚Zuverdienst' die Doppelbelastung vertraut.

Dass durch den Lohn des Mannes das zum Überleben der Familie notwendige Existenzminimum nicht garantiert gewesen ist, war jedenfalls für alle Gesprächspartnerinnen kein längst überwundenes Problem des 19. Jahrhunderts, sondern täglich zu bewältigende Realität.

Ich selbst bin bei meinem weiteren Annäherungsprozess an die Lebenswirklichkeit dieser Halleiner Frauen vor allem auf den Spuren der Tabakarbeiterinnen geblieben. Durch die Interviews mit den ‚Nicht-Fabriksarbeiterinnen' hoffte ich jedoch, meine Ergebnisse einerseits – was die Kindheits- und Jugendjahre betrifft – auf eine breitere Basis stellen zu können, andererseits – für die Zeit ab etwa 1920 – mögliche Kontrasterfahrungen einzufangen. Das heißt, die Ergebnisse dieser lebensgeschichtlichen Interviews sind bei verschiedenen Fragebereichen mehrmals als Vergleichsbasis zu den Lebenszusammenhängen der Zigarrenfabriksarbeiterinnen in Auswertung und Darstellung eingeflossen.

Das gilt auch für jene gleichfalls für dieses Projekt durchgeführten Interviews mit Töchtern, Söhnen, Ehemännern, sonstigen Verwandten, Nachbarn und Nachbarinnen von Zigarrenfabriksarbeiterinnen. Weitere 18 Gesprächspartnerinnen und -partner sind das gewesen, die entweder ihre Erinnerungen an die Kindheit in einer Zigarrenfabriksarbeiterinnenfamilie in die Interviews eingebracht haben oder sonstige persönliche Berührungspunkte und Erfahrungen mit der Zigarrenfabrik und den dort beschäftigten Frauen.

2.7. „Goarbeit' haumma viel"

Oder: Die zentrale Botschaft, der rote Faden in den lebensgeschichtlichen Selbstdarstellungen der Zigarrenfabriksarbeiterinnen

Bei meinem weiteren Annäherungsprozess an die Lebenszusammenhänge der Halleiner Zigarrenfabriksarbeiterinnen bin ich in den Interviews konfrontiert worden mit einer sehr deutlich gesetzten Grenzziehung hinsichtlich Bereichen, über die diese Frauen nicht – oder nicht so offen – sprechen wollten.

So waren jene wichtigen, die Lebenslage dieser Gesprächspartnerinnen – bzw. von Frauen überhaupt – mitbestimmenden Bereiche der Sexualität, der Verhütung, des Schwangerschaftsabbruches, des Nicht-Bescheid-Wissens über den eigenen Körper und die Kontrolle der eigenen Gebärfähigkeit, des Zusammenlebens in der Ehe, usw. oft nur nach längerem Zögern und mit großer Vorsicht – mit manchen Frauen gar nicht – besprechbar.

Das Öffentlichmachen von Erfahrungen, die sich im sogenannten Privaten, Intimen, oft Peinlichen oder Schmerzvollen abspielen, stößt schnell an die Grenzen gesellschaftlicher Tabus. Das öffentliche Bereden von Peinlichem und Leidvollem berührt aber auch die persönliche und soziale Identität beider Gesprächspartnerinnen. In einer kleinen Stadt wie Hallein vielleicht noch mehr als in großstädtischen Milieus, wo es viel eher eine in die Alltagskommunikation eingegangene Begrifflichkeit für diese Bereiche gibt.

Eigentlich auf der Suche nach den – in anderen Halleiner Interviews berichteten – Widerständigkeiten dieser Arbeiterinnen, nach Rollen- und Grenzüberschreitungen, konfrontierten ihre erzählten Lebensgeschichten dann zunächst einmal vor allem mit Zwängen und Abhängigkeiten: mit den geschlechts- und klassenspezifischen Festlegungen einer gesellschaftlichen Arbeitsorganisation, die die sozialen Kosten des Strukturwandels der Erwerbsarbeit von haushaltszentrierten zu industriell betrieblichen Arbeitsformen bei weiterhin privater Reproduktionsarbeit sehr einseitig und ungleichgewichtig verteilt hat.[33]

Das heißt, dass die interviewten Zigarrenfabriksarbeiterinnen – mit Ausnahme einer Frau, die Betriebsrätin und dann ab 1934 im kommunistischen Widerstand gegen das austrofaschistische und nationalsozialistische System gewesen ist und ihr Leben von da her geprägt gesehen hat – ihre Lebensgeschichten vor allem als stetige Abfolge verschiedenster Arbeitstätigkeiten erinnert haben. Als kontinuierliches Einfließen ihrer Arbeitskraft in alle möglichen Arbeitsbereiche. Als ständiges zur Verfügungstehen und -stellen ihres Arbeitsvermögens.

Während in der Verteilung der gesellschaftlich notwendigen Arbeit männliche Arbeitskraft, männliche Leistungsfähigkeit vor allem definiert ist als berufliche, vertraglich begrenzte, gerät weibliche Leistungsfähigkeit – bestimmt als Erwerbsarbeitsfähigkeit nach Bedarf, als Hausarbeitsfähigkeit und als Gebärfähigkeit – zur „Leistung rund um die Uhr – wo immer Not am Mann ist"[34]: gesellschaftlich gefordert und doch gleichzeitig negiert, nicht oder nur schlecht entlohnt. Doch die gesellschaftliche Nicht- und Minderbewertung der durch Frauen geleisteten Arbeit hatte offensichtlich nicht die Macht, das Bewusstsein von der tatsächlich geleisteten und abverlangten Arbeit in den Erinnerungen der interviewten Zigarrenfabriksarbeiterinnen zu retouschieren.

Zusammenhalt war alles: Die damalige Betriebsrätin Agnes Primocic – links vorne auf dem Foto aus den 1930er-Jahren – erzählte später im Interview von der großen Solidarität der Frauen in der Halleiner Fabrik.

Auf der Zeitachse der erzählten Lebensgeschichten nehmen der ‚Arbeitsschoch' bzw. das Bewusstsein von der eigenen Arbeitskraft als einzigem Kapital ebenso breiten Raum ein wie die Erinnerungen an Familienleben, Ehe, Beziehungen, usw. Dabei hat sich in den Erinnerungen gerade die Familie keineswegs nur als

Ort der Muße, der Entspannung, der Nicht-Arbeit, als Gegenpol zur Erwerbsarbeitswelt abgebildet, sondern vor allem auch als zweiter Arbeitsplatz: „Von da Fabrik außa, heim – und wieder oarbeiten, oarbeiten."[35]

Auch wenn höchst selten nach den Quellen eines Muße, Entspannung und Erhaltung der Arbeitskraft sichernden Familienlebens gefragt wird; auch wenn die hier konkret geleistete Arbeit mit weiblichen Wesenseigenschaften wie ‚Liebe', ‚Verstehen', ‚Emotionalität', ‚Empfindung' umschrieben wird[36]: für die meisten der interviewten Arbeiterinnen haben sich die vielfältigen in Haushalt und Kindererziehung anfallenden Tätigkeiten als das eingeprägt, was sie waren – nämlich Arbeit, klar erkennbare, an der eigenen Substanz zehrende Arbeitsleistung.

Sie bestehen in der Präsentation ihrer Lebensgeschichten „on ‚what they have done'"[37], auf dem, was sie *getan* haben, gearbeitet haben. Angefangen von Erinnerungen an Arbeitserfahrungen als Töchter im Haushalt ihrer Mütter, die ja zum Teil schon in der Zigarrenfabrik gearbeitet haben, an das Versorgen der jüngeren Geschwister, an das Holz Sammeln, Milch und Kartoffel Hamstern im Ersten Weltkrieg. Dann die Erfahrungen ‚im Dienst', der diese Mädchen schon mit 13, 14 Jahren als Küchenhilfen, Hausgehilfinnen, Herdmädchen, ‚Mädchen für Alles' in die Geschäfts- und Beamtenhaushalte, in die Gastwirtschaften, vereinzelt auch als Dienstmägde in die landwirtschaftlichen Betriebe des Ortes und der Umgebung geführt hat. Und schließlich, mit dem Eintritt in die Fabrik, die Erfahrungen industrieller Produktion in Form angelernter, händischer Akkordarbeit und die zusätzliche Arbeitsverantwortung für Haushalt und Familie.

„Goarbeit' haumma viel" ist also der rote Faden, ist die zentrale Botschaft in den lebensgeschichtlichen Interviews mit diesen Zigarrenfabriksarbeiterinnen gewesen.

2.8. Ich habe den roten Faden aufgenommen ...

Über die Erkenntnisinteressen und Fragestellungen dieses Forschungsprojekts

Auf der Suche nach den Widerständigkeiten dieser Frauen war ich, wie gesagt, zunächst nur gewesen. Doch nach den ersten Gesprächseindrücken und -erfahrungen haben sich die konkreten Zielsetzungen und Fragestellungen dieses Projekts erweitert.

Der zentralen Botschaft meiner Gesprächspartnerinnen wollte ich zunächst nachgehen und die objektiven Strukturen des Arbeitszusammenhanges dieser Zigarrenfabriksarbeiterinnen rekonstruieren. Sie hatten ihn ja selbst in den Mittelpunkt ihres lebensgeschichtlichen Erzählens gestellt. Nachgehen wollte ich jedoch auch der Frage, wie die Frauen mit diesen strukturellen Vorgaben, mit dem strukturellen Zusammenspiel aus gesellschaftlicher Arbeitsteilung, Klassen- und Geschlechtszugehörigkeit, regionalem Arbeitsmarkt, subkulturellen Arbeitstraditionen, den spezifischen Produktionsbedingungen im Betrieb und der jeweiligen Stellung innerhalb des Familienzyklus – denn das sind die Determinanten ihrer Arbeitsbedingungen – subjektiv zurechtgekommen sind.

Denn: Auch wenn durch eine Vielzahl von gesellschaftlich verordneten Sackgassen und Widersprüchen gerade die Lebensgeschichten von Frauen oft „Prozessen des Erleidens ähnlicher sind als Konzepten aktiver Selbststeuerung"[38], sind sie – so banal das klingen mag – doch etwas, das Tag für Tag aktiv gelebt und bewältigt werden muss. Lebensgeschichten bleiben also, auch wenn vieles darin ‚erlitten' wird, Auseinandersetzungen der Betroffenen mit der sie umgebenden – wie auch immer beschränkenden – gesellschaftlichen Realität.[39]

Davon ausgehend – vom Arbeitszusammenhang als individuellem und kollektivem Erfahrungsschub – stellte sich also erneut die Frage nach dem Spannungsverhältnis zwischen Anpassung an und Opposition gegen diese Arbeits- und Lebensverhältnisse in den Lebensgeschichten der Frauen. Nicht mehr so abgehoben jedoch, sondern verwobener mit den Gesamtbedingungen ihres physischen, psychischen und geistigen Überlebens.

Was mich besonders interessierte, war der Spielraum des Handelns im Leben dieser Frauen und mit welchen Strategien er aufgefüllt worden ist. Und: Die Frage nach individuellen Überlebensstrategien und kollektiven Ausbruchsversuchen – zum Beispiel in Form einer sehr dichten gewerkschaftlichen Organisierung, was immer das im Leben der einzelnen Arbeiterinnen bedeutet haben mag.

Noch eine Frage ist mir wichtig gewesen: jene nach der Fabrik als einem möglichen Ort, über den die Frauen zum Teil auch konfliktfähig organisierbar gewesen sind, nach der Fabrik auch als Markt für Informationen, die anderen Frauen des Ortes viel schwerer zugänglich gewesen sind. Ich denke da zum Beispiel an die Gespräche an den Arbeitstischen über Aufklärung, Verhütung und Sexualität, über die die Zigarrenfabriksarbeiterinnen berichtet haben.

Nachspüren wollte ich dann noch möglichen Aufweichungen von traditionellen innerfamiliären Machtverhältnissen, und zwar vor dem Hintergrund, dass gerade Ende der Zwanzigerjahre, Anfang der Dreißigerjahre mit der zunehmenden Arbeitslosigkeit und Kurzarbeit der Männer im Ort die Arbeiterinnen mit ihrem Verdienst die Familie immer wieder alleine erhalten haben.

Nicht zuletzt stellte sich für mich die Frage nach den Wünschen, Zielen und Träumen dieser Arbeiterinnen und was daraus wurde, wenn die subjektiven Pläne damit konfrontiert waren, was als Lebensmöglichkeit objektiv vorhanden war.

Dass Wünschen und Träumen sehr viel zu tun hat mit dem Wissen um und dem Zugang zu Alternativen, das hatte in einem der ersten Gespräche eine der Arbeiterinnen selbst formuliert: auf die Frage nach ihren Wünschen als jungem Mädchen.

> „Lernen hätt' i woin, studieren – oba des hot's net trogen. I wär no gern weiter in d'Schui gaungan. Oba net an speziellen Wunsch auf irgendetwas, sondern eben Lernen, mei Wissen erweitern und daun erst schaun, was draus wird."[40]

Ausgehend von Mündlicher Geschichte in Form der wissenschaftlichen Bearbeitung von lebensgeschichtlichen Interviews als zentraler, aber nicht ausschließlicher Quellenbasis, sollten also die Sozialerfahrungen einer gesellschaftlichen Gruppe in den öffentlichen Diskurs eingebracht werden, die doppelt – als Arbeitende und als Frauen – durch den Rost der Geschichtsschreibung gefallen ist.

Gegen das vorurteilsvolle Halbwissen über weite Lebensbereiche von Frauen, gegen die Gleichsetzung von Weiblichkeit mit Beschränkung auf das Private, gegen das den Frauen gesellschaftlich verordnete „konventionelle Küchenglück"[41] – als verselbständigten ideologischen Leitbildern – sind also die konkreten *alltäglichen* Lebenszusammenhänge einer relativ homogenen Gruppe von Frauen gesetzt: der Zigarrenfabriksarbeiterinnen im Hallein der Zwischenkriegszeit.

Normalerweise erscheint der Alltag, obwohl er das eigentliche Zentrum menschlicher Praxis ist, der Ort, die Reproduktionsbasis des materiellen Lebens der Menschen, als zu banal, um öffentlich besprochen und verhandelt zu werden. Ja, der Alltag hat – so Peter Alheit in seinem „Alltagsleben. Zur Bedeutung eines Restphänomens" – „die seltsame Eigenschaft, in seiner trivialen Totalität verdrängt zu werden. Trotz seiner Allgegenwart wird er als solcher nie Gegenstand der Reflexion. Sogar eine Erzählung über ihn wäre absurd. Am Alltag interessiert nur das scheinbar Nicht-Alltägliche, das Außergewöhnliche. Die ‚Norm' bleibt Folie, unartikuliert, verachtet, beiseite geschoben."[42]

Im Zusammenhang mit den Alltagsgeschichten, die von den Zigarrenfabriksarbeiterinnen und auch den anderen interviewten Frauen in die Gespräche eingebracht worden sind, drängte sich jedoch der Verdacht auf, dass das offizielle Verdrängen des Alltags durchaus nicht zufällig ist, ja, dass es Methode haben könnte. Schließlich erspart man sich vor Augen zu halten, wie gesellschaftliche Strukturvorgaben, Verhaltenszumutungen und Normentscheidungen, die den Gang des Systems profitabel und reibungslos ermöglichen und aufrechterhalten sollen, auf Kosten bestimmter gesellschaftlicher Gruppen gehen: der Frauen etwa.

Auch deshalb: dieses Forschungsprojekt über die *alltäglichen* Lebenszusammenhänge der Zigarrenfabriksarbeiterinnen.

Dabei bildet die von den meisten Frauen selbst immer wieder eingebrachte – über ihre eigenen Mütter und Großmütter tradierte – Geschichte der *Frauenarbeit* in diesem Ort einen von den Zwanziger- und Dreißigerjahren nach rückwärts verlaufenden Zeitfaden.

Aber *die zeitlichen Linien* verlaufen auch in die Gegenwart: zur aktuellen Alltagswirklichkeit lohnabhängiger Frauen bzw. zu den gegenwärtigen Lebenszusammenhängen von Arbeiterinnen, denen sich – unter nur wenig veränderten gesellschaftlichen Bedingungen – ähnliche Problemlagen aufdrängen.

Über die zeitliche Distanz – als einer Art Verfremdungseffekt – können und sollen also auch jene strukturell angelegten Widersprüche und Konflikte im Lebenszusammenhang lohnabhängiger Frauen präzisiert werden, die sich – damals wie heute – daraus ergeben, wie in industriellen Gesellschaften die gesellschaftlich notwendige Arbeit organisiert und geteilt wird.

Dass die bürgerliche Geschlechtsrollenideologie vom Mann als Ernährer der Familie auch heute an der Realität von Teilen der ArbeiterInnenschaft vorbeigeht, macht ein Bericht des Sozialministeriums über die soziale Lage in Österreich deutlich.

In Haushalten mit zwei Erwachsenen und einem Kind lägen – so die Berichtsergebnisse für das Jahr 1983 – 20 Prozent der ArbeiterInnenfamilien unter der Armutsgrenze (= Ausgleichszulagengrenze), wenn nur der Mann verdienen würde. In Haushalten mit zwei Erwachsenen und zwei Kindern sind es bereits ein Drittel und in ArbeiterInnenhaushalten mit drei und mehr Kindern würden – bei alleinigem Verdienst des Mannes – mehr als die Hälfte der Familien unter die Armutsgrenze fallen.

Die Existenzsicherung der Familie ist – so der Bericht – zumindest von der zeitweisen Erwerbstätigkeit der Frauen abhängig.[43] Ganz abgesehen von im Rahmen der Hausarbeit geleisteten Formen der Existenzsicherung, die gerade in ArbeiterInnenhaushalten immer wieder einen wenigstens „minimalen Schutz gegenüber Verelendungstendenzen der proletarischen Existenz"[44] darstellen. Die *untersuchte Region*, nämlich die industrialisierte Kleinstadt Hallein, interessiert also vor allem als eine Art *Mikrokosmos*, innerhalb dem den Charakteristika weiblicher Lebenszusammenhänge in der ArbeiterInnenschaft, den Strukturen von Frauenarbeit beziehungsweise wie diese von den Frauen erfahren werden für einen bestimmten historischen Zeitraum nachgegangen werden soll.

Studien, die sich – zum Beispiel über lebensgeschichtliche Interviews – nicht nur auf die Suche nach ‚Fakten' machen, sondern auch nach subjektiven Erlebnisweisen und kollektiven Mythen, die gleichfalls ihre Wirkung haben und hatten, Studien, die nicht nur ‚Strukturen' und ‚Verhältnisse' berücksichtigen, sondern auch Formen individueller und gruppenspezifischer Praxis einbeziehen, sind in ihren Fragestellungen derart subtil, dass ein großflächiges Vorgehen zunächst einmal kaum möglich ist.[45]

Nicht ein ‚heimatkundlich verengter Blick', sondern methodische Notwendigkeiten – etwa der große Zeit- und Arbeitsaufwand bei einer vorwiegend soziobiographischen Vorgehensweise – haben mich zur Selbstbeschränkung auf den Raum

Hallein gezwungen.

Gerade was das Leben von Frauen in seiner historischen Dimension betrifft, gibt es noch immer viel zu wenig grundlegende Informationen, Daten und Erkenntnisse. Was spricht dagegen, in einem arbeitsteiligen Forschungsprozess zunächst einmal möglichst viele kleinräumige Forschungsfelder anzulegen, möglichst viele Submilieus auf ihre Feinstrukturen hin zu untersuchen?

Es ist ein zweiter Schritt, dieses Mosaik von punktuellen Feinergebnissen miteinander zu vergleichen und gegeneinander abzuwägen, um so zu einem universelleren und trotzdem differenzierten Bild von der Bandbreite weiblicher Erfahrungen in der Geschichte zu kommen.

2.9. Der Versuch, die aufklärende Arroganz der Wissenschaft zu vermeiden und doch den Weg kritischer, theoriegeleiteter Analyse zu gehen

Oder: Über meinen interpretierenden Umgang mit den erzählten Lebensgeschichten und die Notwendigkeit, von einer breiten Quellenbasis auszugehen

Der quellenmäßige Zugang zu diesen Fragen ist breit angelegt. Quantitative Daten zum sozialen und beruflichen Profil der Zigarrenfabriksarbeiterinnen (Datenbestände der Heirats- und Taufbücher des Ortes, statistische Materialien der österreichischen Tabakregie zu den Arbeits-, Lohn- und Wohnverhältnissen der österreichischen Tabakarbeiterinnen), Arbeitsordnungen, Kollektivverträge, Gendarmeriechroniken, regionale Zeitungen, Gewerkschaftszeitungen, usw., sollen jene Ausschnitte der Wirklichkeit zugänglich machen, die über den Erfahrungshorizont der Erzählerinnen hinausgehen, das heißt: jene gesellschaftlichen Determinanten ihrer Lebenswirklichkeit erhellen, die sich hinter der bewussten Wahrnehmung verbergen.

Zentrale Materialgrundlage aber sind, neben themenzentrierten Interviews mit anderen Halleinerinnen und Halleinern, die ausführlichen lebensgeschichtlichen Interviews mit 18 Halleiner Frauen. Sie sind Produkt einer gemeinsamen Anstrengung: zwischen den Erzählerinnen und der Interviewerin.

Gerade im Zusammenhang mit der Erforschung von Frauengeschichte war für mich dieser methodische Zugang über lebensgeschichtliche Interviews von Bedeutung. Es war faszinierend und sehr naheliegend, das Schweigen, mit dem die traditionelle Geschichtsanalyse Frauenvergangenheiten weitgehend belegte, ganz unmittelbar aufzubrechen: über die kommunikativ arbeitende ‚Mündliche Geschichte'.[46]

Die lebensgeschichtlichen Erzählungen wurden mir zum wichtigen Wegweiser bei der ‚Durchforstung' des traditionellen – die tatsächliche Lebenswirklichkeit von Frauen oft verzerrenden – Quellenmaterials. Für bestimmte Lebensbereiche wie Hausarbeit oder Sexualität, für die es selbst diese traditionellen Quellen nur sehr unzureichend gibt, machten sie den forschenden Zugang überhaupt erst möglich.

Vor allem aber führten sie mich zu den Erfahrungen und Sichtweisen, also zur Subjektivität dieser Frauen: als komplexer, lebensgeschichtlich erworbener, gesellschaftlich mitgeprägter, aber auch *aktiver gesellschaftlicher* Größe. Das hat meinen Blick, die forschende Wahrnehmung dafür geschärft, dass diese Arbeiterinnen und Arbeiterhausfrauen nicht, wie das auch in der Frauengeschichtsforschung immer wieder geschieht, auf den Status des ‚Opfers' festgeschrieben werden dürfen. Lebensgeschichten sind von Interesse, „weil sich an ihnen Momente widersprüchlicher gesellschaftlicher Strukturen kristallisieren".[47] Doch: Im gesellschaftlichen Rahmen jener strukturellen Geschlechter- und Klassenungleichheit, mit der diese Frauen ein Leben lang konfrontiert waren, haben sie nicht nur ‚gelitten', sondern auch agiert: als Widerspenstige, Widerständige.

Vom Überleben sprechen die erzählten Lebensgeschichten und von jenen Strategien, mit deren Hilfe die Erzählerinnen dort ankamen, wo sie heute sind.[48] Dabei sind sie alles andere als Chronistinnen. Ihr Gedächtnis funktioniert „nicht nach dem Modell eines Registrierapparates". Vielmehr stehen ihre Erinnerungen, diese „ins ‚Gedächtnis' eingegrabenen Spuren des Erlebten", immer schon „unter dem Einfluss der Art und Weise, wie ein Moment, Situationen, Handlungsweisen, Ereignisse, das Leben selbst erlebt wurden".[49]

Wir haben es also, wie bei jedem anderen historischen Beleg auch, klarerweise nicht mit 1:1-Abbildungen vergangener Wirklichkeiten zu tun, sondern mit interpretierter Realität: mit den erzählerischen Versuchen der Biografieträgerinnen, „ihre tatsächlichen Lebensverläufe zu verarbeiten, zu interpretieren und sinnhaft zu verorten".[50] Wie andere historische Quellen auch, erfordern also diese Dokumente der ‚Mündlichen Geschichte' gleichfalls eine quellenkritische Herangehensweise.

Sich an den Gang des eigenen Lebens zu erinnern und darüber zu erzählen, ist jedoch keineswegs nur etwas Individuelles, Subjektives, Privates. Und: Der Standpunkt, den die Erzählerinnen dabei wählen, der Blickwinkel, unter dem Geschichten aus dem eigenen Leben erinnert und andere vergessen werden, ist nicht beliebig. Er ist durch die „Lebensweise" der erzählenden Frauen „in beträchtlichem Umfang festgelegt": hat klassen- und geschlechtsspezifische Konturen.[51]

Damit weisen die erzählten Geschichten „trotz ihrer denkbaren Vielfalt, Ähnlichkeiten mit Geschichten derer auf, die gezwungen sind, einen vergleichbaren Blickwinkel zu wählen. Sie haben neben den Besonderheiten immer auch einen kollektiven Aspekt."[52]

Auch bei den vorliegenden Interviews machte das unüberhörbare Ausmaß an thematischen Gemeinsamkeiten, an ähnlichen Schwerpunkten und sich durchziehenden Motiven, an Gleichförmigkeiten bis in die sprachlichen Bilder und einzelne Formulierungen hinein schon sehr früh einen gemeinsamen Bestand von Erfahrungen und Werthaltungen deutlich. Jede einzelne dieser erzählten Lebensgeschichten ist ein „‚Ausschnitt' aus dem ‚Ganzen'"[53] einer bestimmten Klassen- und Geschlechtslage, ein Ausschnitt aus dem Ganzen einer Gruppe von Frauen mit vergleichbaren Schicksalen. Sie sind also nicht nur auf das Persönliche, Einzigartige, Unverwechselbare hin zu interpretieren, sondern immer auch als exemplarische Dokumente „eines allgemeinen, kollektiven Erfahrungszusammenhanges."[54]

An diesem kollektiven Gehalt, an den milieu- und geschlechtstypischen Erfahrungen, an den über den Einzelfall hinausgehenden Konflikten und Problemlagen knüpft die vorliegende Analyse dieser lebensgeschichtlichen Interviews an.

Die Durchführung der Interviews und ihre Auswertung waren keine streng von einander abgehobenen Forschungsphasen. So entstand bereits unmittelbar nach einem Gespräch ein schriftliches Protokoll mit Angaben zur Gesprächsatmosphäre, zu den eigenen Gefühlen und Stimmungen während des Interviews. Auch ungeklärte Fragen sowie erste Eindrücke und Beobachtungen für die Auswertung habe ich hier festgehalten.

Neben den Tonbändern und Transkripten wurde auch dieses lose Interview-Tagebuch – als eine Art Korrektiv – bei der Auswertung herangezogen.

Die Transkription, die Verschriftlichung der Gespräche erfolgte gleichfalls, wenn möglich, im Anschluss an die Interviews. Dabei wurden die Gespräche mit den Zigarrenfabriksarbeiterinnen alle, jene mit anderen Halleiner Frauen nur zum Teil in die schriftliche Form übertragen. Bei allen Erstgesprächen geschah das vollständig sowie wort- und lautgetreu, um eine hochwertige, unverfälschte Ausgangsbasis für die Interpretation zu bekommen, die Zugänge zu möglichst vielen – auch sprachlichen, syntaktischen und semantischen – Bedeutungsschichten offenlässt. Alle weiteren Interviews mit derselben Gesprächspartnerin wurden aus arbeitstechnischen Gründen nur mehr auszugsweise transkribiert, der gesamte Gesprächsverlauf ist jedoch zusammenfassend festgehalten.

Zwei Stunden war die durchschnittliche Dauer eines Gesprächs. Das entspricht – in der Volltranskription – etwa 35 bis 40 einzeilig beschriebenen DIN-A4-Seiten. Da es mehrfach zu zwei, drei, mit einer Gesprächspartnerin zu sieben Interviewsitzungen kam, ergab das natürlich hunderte Seiten schriftlichen Materials, das analytisch erst in den Griff zu bekommen war.

Die zentralen Botschaften, die für die Frauen selbst am wichtigsten waren, habe ich, wie schon erwähnt, in den Darstellungen aufzuspüren versucht: und zwar über die Häufigkeit und Ausführlichkeit der Thematisierung eines Sachverhalts, über die Intensität des sprachlichen Ausdrucks, über den damit spürbar werdenden Grad der Betroffenheit. Es sind diese „Leitlinien"[55] ihres Erzählens, es ist die subjektive Ordnung, die sie beim Erzählen in die Fülle ihres gelebten Lebens gebracht haben, um sich und mir als Zuhörerin eine Orientierung zu ermöglichen, die auch zur Grundlage meiner Darstellung wurden.

Dabei konnte es jedoch nicht nur darum gehen, das in den Interviews Erkundete lediglich zu sichten, zu ordnen, zu sortieren und in möglichst genauer Beschreibung wiederzugeben. Auch diesem mit ‚Mündlicher Geschichte' arbeitenden Forschungsprojekt lag ja die Interaktion zwischen *zwei* Frauen zugrunde, wobei ich als Forscherin nicht nur Fragen stellte und zuhörte, sondern auf das Erfahrene auch reagierte.

So kamen gerade beim Hineinarbeiten in die Sinnzusammenhänge dieser Lebensgeschichten natürlich auch meine eigenen Positionen und Bewertungen ins Spiel. Und: Bedingungen und Zusammenhänge der Lebenswirklichkeit dieser Frauen, die ihrer alltäglichen Wahrnehmung vielleicht verborgen blieben, der wissenschaftlichen Analyse jedoch über zusätzliche Quellen zugänglich sind.

Es waren mitunter andere Fragen an das Leben dieser Frauen zu stellen, als diese sich selbst gestellt haben. Es waren die Leerstellen der Erinnerung zu benennen, das Vergessene, Verdrängte, Tabuisierte, mögliche Irrtümer und Fehleinschätzungen. Das heißt: Zu meiner Betroffenheit beim Erkunden der vergangenen Lebenszusammenhänge der interviewten Halleiner Frauen und zur Einfühlung in ihre Lebensschicksale trat notwendigerweise auch so etwas wie kritische, aber immer auch, so hoffe ich wenigstens, solidarische Distanz.[56]

Meinen Versuch, im interpretierenden Umgang mit diesen Lebensgeschichten die aufklärende Arroganz der Wissenschaft zu vermeiden und doch den Anspruch kritischer, theoriegeleiteter Analyse nicht aufzugeben, betrachte ich als – vielleicht nicht immer geglückte – Gratwanderung. Dabei kristallisierte es sich als gangbarster Weg heraus, in der konkreten Darstellung gerade auch dieses Spannungsverhältnis zwischen den lebensgeschichtlichen Selbstpräsentationen der Frauen und den von mir vorgelegten Interpretationsangeboten immer wieder zu thematisieren.

Bei der Auswertung der Interviews selbst waren mir jene „pragmatischen Schritte der Textanalyse"[57] anregendes Modell, die Reinhard Sieder in seinem Aufsatz „Geschichte erzählen und Wissenschaft treiben. Interviewtexte zum Arbeiteralltag. Erkenntnistheoretische Grundlagen, Quellenkritik, Interpretationsverfahren und Darstellungsprobleme" ausführlichst dargelegt und bei den gesamtösterreichischen Oral-History-Tagungen der letzten Jahre in die dort laufende Diskussion eingebracht hat.

3. Gesucht: Der Zusammenhang zwischen den Dingen im Großen und Ganzen und wie alltäglich gelebt und gearbeitet wird

3.1. Weibliche Lebenszusammenhänge

Über objektive Fragmentierungen und subjektive Balanceakte

Natürlich waren die Lebenszusammenhänge der Halleiner Zigarrenfabriksarbeiterinnen nicht auf bloßes ‚Arbeiten' reduziert. Auf eine Vielfalt zentraler, eng verzahnter und dabei doch sehr widersprüchlicher Lebensbereiche haben sie sich erstreckt, die unterschiedlichste Herangehens- und Umgangsweisen erforderten: auf Erwerbsarbeit und Produktion, Kindererziehung und Haushaltsführung, Sozialisation und Ausbildung, auf die Handlungsfelder Öffentlichkeit und Politik, auf die Erfahrungs- und Erlebnisräume Freizeit und Geselligkeit, Sexualität und Partnerbeziehungen und auf jenen täglich aufs Neue auszubalancierenden Bereich von Gesundheit und Grundbedürfnissen, von Selbstdefinition und Lebenssinn.

Von der Anatomie, von den objektiven Strukturen der industriellen Gesellschaft her, sind – seit der Auflösung der vorindustriellen Haushaltsverbände, die ja Wirtschafts- und Lebenseinheiten gewesen sind – die zentralen Lebenssektoren Produktion und Reproduktion, Wirtschaft und Haushalt, Erwerbsarbeit und Familie, Erwerbsarbeitsplatz und Wohnen, Arbeit und Liebe, Öffentlichkeit und Privatheit tendenziell voneinander getrennt. Wir nehmen diese verschiedenen Dimensionen des Lebens auch als getrennte Bereiche wahr, „haben über jeden arbeitsteilig getrennte Gedanken und Gefühle und doch leben wir die Trennung in einem zusammenhängenden Leben."[1]

Auch im vorliegenden Projekt musste der forschende Blick daher ein zweifacher sein. Er war einerseits auf alle Praxisfelder der Halleiner Tabakarbeiterinnen zu richten: auf Familie, Fabrik, politisches und gesellschaftliches Handeln in all ihren Aspekten und in ihrem vielfältig miteinander Verflochtensein. Gleichzeitig war der Blick zu richten auf die subjektiven Balanceakte, die anstehen, wenn im konkreten Alltag zwischen diesen verzahnten und doch widersprüchlichen Erfahrungsräumen gependelt wird. Als tendenziell fragmentierte gesellschaftliche Teilbereiche, die jeweils den ‚ganzen Menschen' erfordern und blind sind für die Anforderungen der anderen Lebenssektoren, prallen sie gerade in der Lebenswirklichkeit erwerbstätiger Frauen massiv aufeinander.

Auf keinen Fall durfte aber aus dem Blick geraten, dass die erzählten Alltagshandlungen dieser Frauen, wie eng oder wie widersprüchlich sie auch immer verbunden gewesen sein mögen, ein eindeutiges objektives und auch subjektiv so erlebtes „Dominanzgefälle"[2] hatten. Das Arbeitsleben, die Lebensarbeit der interviewten Frauen waren, wie gesagt, die zentrale – ihr Leben und die erzählten Lebensgeschichten strukturierende – Realität gewesen. Deswegen war es ja so naheliegend, mit meiner um so vieles weniger dem Zwangsmoment unterliegenden und vor allem auf intellektuellem Arbeitsvermögen beruhenden Arbeitstätigkeit der historischen Rekonstruktion und Darstellung der Lebenswirklichkeit dieser Frauen zunächst einmal genau hier anzusetzen: bei der praktischen Lebenstätigkeit der Gesprächspartnerinnen, bei ihrem „tätigen Lebensprozess".[3] Und: Bei den Bedingungen, unter denen er stattfindet und stattgefunden hat.

Obwohl für das Alltagsbewusstsein, obwohl innerhalb der unmittelbar vertrauten Lebenswelt, der „Welt der ‚Sorgen' und ‚Besorgungen'", der Welt der „Bewahrung der eigenen physischen und psychischen Unversehrtheit",[4] in der man täglich agiert, oft nur bruchstückhaft zu erkennen und daher nur genauso gebrochen in den lebensgeschichtlichen Erzählungen vermittelbar, müssen sie mitgedacht werden, diese ‚objektiven Arbeits- und Lebensbedingungen', wenn man die Lebenswirklichkeit dieser Arbeiterinnen voll erfassen will.

Denn ihr alltäglicher Zeitplan, ihr Tages- und Jahreslauf, ihre konkrete Lebensqualität war nicht nur davon bestimmt, dass sie ‚viel gearbeitet' haben, dass sie täglich ihre Arbeitskraft acht Stunden in der Fabrik und dann noch zwei, vier, sechs Stunden zu Hause, in der Familie, verausgabt haben. Die Qualität ihres Arbeitslebens war auch davon geprägt, dass die Arbeit in der Fabrik ‚Lohnarbeit' war und jene in der Familie isolierte, nicht-bezahlte Hausarbeit. Dass diese beiden Arbeitsformen von ihren Inhalten, Zielen und Zeitrhythmen her ausgesprochen widersprüchlich strukturiert sind und trotzdem wiederum eng zusammenhängen.

Über Frauenerwerbstätigkeit zu forschen, ohne die andere Seite der Lohnarbeit – nämlich die Hausarbeit – immer gleichzeitig im Blick zu haben, wäre jedenfalls ein sehr willkürliches Auseinanderreißen eines engen Zusammenhanges. Nicht nur, weil beides oft während *eines* Frauenarbeitstages bewältigt werden muss. Auch die – unter anderem über gewaltige Differenzen zwischen Männer- und Frauenlöhnen und über kaum vorhandene Aufstiegsmöglichkeiten für Frauen zum Ausdruck kommende – Geringschätzung weiblicher Erwerbsarbeit ist zunächst einmal nur über die soziale Zuständigkeit der Frauen für Haushalt und Familie zu erklären.

Besonders „die zu ihrem Nachteil organisierte, nicht nur biologische, sondern auch soziale Zuständigkeit für das Gebären" und Versorgen der Kinder „schwächt ihren Zugang und ihre Verhandlungsmacht auf dem Arbeitsmarkt".[5]

Geschwächte Verhandlungsmacht, das bedeutet, am Erwerbsarbeitsmarkt auf die unattraktivsten und unsichersten Erwerbsarbeitsplätze verwiesen zu werden. Es gibt genügend Langzeitstudien zum Erwerbssektor, die die scharfe Trennung von Männer- und Frauenerwerbsarbeit als „dauerhaftes Merkmal des Beschäftigungssystems“[6] belegen. In „dienenden Tätigkeiten“[7] des Dienstleistungssektors arbeiten Frauen vor allem – sozusagen als Verlängerung ihrer Haushaltsverantwortlichkeit –, in schrumpfenden Wirtschaftszweigen, die für die Männer an Attraktivität verloren haben, und als Arbeitskräftereserve für neu entstehende Branchen.

Geschwächte Verhandlungsmacht, das bedeutet also auch, dass „Frauen zu den Lückenbüßerinnen des Strukturwandels“[8] werden und zum einkalkulierten Puffer für den konjunkturell wechselnden Arbeitskräftebedarf. Sozusagen postwendend bedeutet es auch niedrigeren Lohn. Und natürlich größeren Profit für den ‚Arbeitgeber‘, den Käufer weiblicher Arbeitskraft. Denn je geringer der Lohn, umso größer der – bei gleicher Qualifikation und Leistung von Frau und Mann – durch die weibliche Arbeitskraft ihrem Käufer erarbeitete Gewinn. Nicht nur tendenziell an die ‚Absicherung Ehe‘ binden sollen niedrige Löhne die Frauen. Ihre Minderbezahlung hat auch wirtschaftliche Funktion und das kapitalistische System wenig Grund, daran zu rütteln. Alle den Lohn drückenden Momente „zu verewigen“, dazu tendiert es aus seinen fundamentalen Interessen heraus.[9]

In einer Gesellschaft, in der „Status und Lebenschancen so vorrangig durch das Erwerbssystem verteilt werden“,[10] muss es zu kollektiven Benachteiligungen führen, wenn Frauen lediglich als „Restgröße des jeweiligen Männerarbeitsmarktes in das Erwerbsleben einbezogen werden.“[11]

Aber nicht nur ins Erwerbsleben wurden Frauen stets nur als „‚halbe Kräfte‘, immer bezogen auch auf die Familie als Zentrum ihres Lebenszusammenhanges“,[12] integriert.

Mit der zwangsweisen Alleinverantwortung der Frauen für die ‚privaten‘ Arbeiten in Haushalt, Familie, Kindererziehung und Partnerschaft sind gleichzeitig massive strukturelle Ausschließungsmechanismen verbunden, was den Zugang zu Öffentlichkeit ganz allgemein betrifft: den Zugang zum öffentlichen Reden und öffentlich Gehörtwerden, zum öffentlich Wert-Setzen und öffentlich die eigenen Interessen vertreten, den Zugang zur Öffentlichkeit als dem Kreis jener, die sich aufeinander beziehen, wenn sie – für *alle* gültige – Gesetze, Normen, Maßstäbe festsetzen. Auch was die Organisation der gesellschaftlich notwendigen Arbeit betrifft. Auf die Kleinfamilie als primär zugestandenem Handlungs- und Erfahrungsraum verwiesen zu sein, bedeutet für Frauen ein „Leben im Windschatten der Gesellschaft.“[13] Oder es kulminiert zu einer psychischen und physischen Zerreißprobe und Gratwanderung, wenn Frauen – immer *zusätzlich* zu ihren primären Arbeitsverantwortlichkeiten – andere gesellschaftliche Räume und Orte der Erfahrung betreten müssen und wollen: Erwerbsarbeit etwa, Politik, Vereine, Öffentlichkeit ganz allgemein.

Solche Tiefenstrukturen des Alltagslebens von Frauen werden von den Betroffenen – und das gilt auch für die Halleiner Interviewpartnerinnen – nicht immer problematisiert. Denn: Gerade durch die Alltäglichkeit dieser Lebens- und Arbeitssituation, durch ihr ‚gang und gäbe', durch die damit verbundenen schon routinisierten Wiederholungen werden Widersprüche und Zumutungen zugedeckt und neutralisiert.

3.2. Arbeit ist notwendig – aber wieviel davon?

Überwältigt von der Beweiskraft des Alltags – und doch: einige lose Gegengedanken

Für das Alltagsdenken liegen die Dinge klar: Arbeit ist das, was getan werden muss. Brotverdienen! Für viele: auch Zwang! Verschleiß! Tag für Tag. Arbeit als das ganz andere von Leben. Kurz und bündig – genährt durch die Empirie der täglichen Erfahrung – beschreibt der „alltägliche Arbeitsbegriff, ... was Arbeit im Leben der (meisten, ergänzt durch die Autorin) Menschen *de facto* bedeutet."[14]

Brotverdienen? Um den Arbeitscharakter jener täglichen Praxis von Frauen in Haushalt und Familie betrügt offenbar aber auch das *alltägliche* Begreifen von Arbeit. Doch dazu später!

Gut: Arbeit ist das, was getan werden muss – zum Lebenserhalt. Um ihn zu sichern, um sich selbst zu erhalten, haben Menschen immer schon Arbeit verrichten müssen. Arbeit als das existenziell Naheliegende. Als das nicht weiter Hinterfragbare?

> „Du host as hoitgmocht, dei Oarbeit." „Wos wüst denn mochen, des is amoi so gwesen." „Oarbeiten? – Geht jo net aunders, muasst jo leben." „Is amoi kloar, dass ma goarbeit' haum, sonst kummst jo zu nix."

Blitzlichter aus den lebensgeschichtlichen Selbstdarstellungen der Halleiner Arbeiterinnen und Arbeiterhausfrauen. Ihre Pragmatik besticht und bedrückt gleichermaßen wie die atemberaubende, nicht nach den eigenen Grenzen fragende Arbeits-Belastbarkeit dieser Frauen.

Klar: In der Erfahrung, in der Sicherheit mit eigener Arbeitskraft einer defizitären Realität etwas abtrotzen zu können, will man sich und die Kinder versorgen, „stecken auch Momente der Selbstkonstitution: Selbstachtung, Selbstvertrauen, Selbstbewusstsein."[15]

Trotzdem: Ich habe Schwierigkeiten, mitzubauen an dem Wertbild: je mehr jemand rackert, umso mehr Anerkennung verdient er/sie.

Ich habe Schwierigkeiten, mitzudrehen an einer alle in sie gesetzten Erwartungen erfüllenden Spirale weiblicher Tüchtigkeit.

Ich habe Schwierigkeiten damit, ein Ausmaß an Arbeit zu akzeptieren, das mein ‚gesunder Menschenverstand' als nicht mehr gerecht anzusehen vermag.

Warum die grenzenlose Ausbeutung weiblicher Produktivität, das Rund-um-die-Uhr-in-Anspruch-Nehmen (und auch Zur-Verfügung-Stehen) weiblichen Arbeitsvermögens auch noch heroisieren?

Wie umgehen mit jenem – auch in den Lebensgeschichten der Halleiner Tabakarbeiterinnen und Arbeiterhausfrauen anklingenden – „des woar einfach so", mit jenem sich Abfinden mit so vielem, auch wenn es beengt: „Es wird schon so sein müssen ..." Und ich frage mich auch: Wie weit beschneiden von klein auf verinnerlichte Arbeitsnormen und -zwänge das Bewusstsein für Herrschaft und Gewalt in den alltäglichen Bedingungen des Arbeitens in unserer Gesellschaft.

Hier lag ein neuralgischer Punkt in meinem Dialog mit den Halleiner Zigarrenfabriksarbeiterinnen. Vor allem aus der Distanz, beim Durcharbeiten der verschriftlichten Interviewtexte spürbar geworden, prallte die routinisierte Arbeitstüchtigkeit dieser Frauen auf meine eigenen Utopien.

Sicher: Für mich ist es leicht – mit der Frauenbewegung als ideologischer Rückendeckung – Arbeitsverantwortlichkeiten in Haushalt und Familie einfach zurückzuweisen. Noch einen anderen breiter werdenden gesellschaftlichen Diskurs habe ich als Rückendeckung für meine Utopien im Kopf, während ich mich mit jener Arbeitslast auseinandersetze, die diese Zigarrenfabriksarbeiterinnen in erdrückender Weise zu übernehmen hatten und auch übernommen haben: jene in den letzten Jahren im Zusammenhang mit ökonomischer Krise und neuen Technologien einsetzende Diskussion über die ‚Zukunft der (Erwerbs)-Arbeitsgesellschaft', über die physischen und psychischen Negativkosten jener institutionellen Bedingungen, unter denen Erwerbsarbeit bisher stattgefunden hat, ja über den Stellenwert von Arbeit schlechthin.[16]

‚*Uns* geht die Arbeit aus!' – die im Zuge der technologischen Entwicklung anstehende drastische Abnahme der benötigten menschlichen Erwerbsarbeitskraft für die Erhaltung der Lebensgrundlagen dieser Gesellschaft schafft nicht nur die Bedrohung von struktureller Massenarbeitslosigkeit, sondern auch greifbare Utopien. Ich gehöre damit zu einer Generation von Frauen, für die sich die Frage nach neuen Inhalten menschlicher Lebenstätigkeit jenseits des bloßen Arbeitszwanges viel realistischer stellt. Und auch die Basis, das Recht auf Freizeit und Muße verstärkt einzufordern, ist eine andere geworden. Nicht jene pervertierte, weil reglementierte Freizeit meine ich, die ja doch nicht mehr ist als Regeneration für den nächsten Arbeitstag, sondern wirklich *freie* Zeit zum Erkunden neuer Erfahrungsräume; Freiräume „zum zweckfreien, spielerischen Vergeuden von Zeit und Energie".[17]

So wurde es im Laufe dieses Projekts für mich irgendwann auch notwendig, gegen jenes in den Interviews auftretende Bewusstsein anzuschreiben, für das sich Arbeit klarerweise als etwas Überlebensnotwendiges darstellt, das aber so selten fragt: Wieviel davon ist lebensnotwendig – physisch und psychisch? Wieviel ist dem Überlebensdruck geschuldet und wieviel daran ist Herrschaft?

Für die Generation der interviewten Frauen war jedenfalls die Erwerbs-Arbeitsgesellschaft ganz klar und ungebrochen jener objektive Handlungsrahmen, an dem sie sich abzuarbeiten gezwungen gewesen sind.

Alle Lebenssphären der Nicht-Erwerbsarbeit, auch die institutionalisierten Normen und Werte, sind auf die Berufsarbeit bezogen gewesen. Das Eigengewicht der Bereiche Bildung/Ausbildung, Feierabend, Freizeit, Urlaub und Ruhestand mag, langfristig gesehen, auf Kosten der Erwerbsarbeit im Zunehmen begriffen sein. Für die Zwanziger- und Dreißigerjahre, die die Erfahrungen der Frauen prägten, war Ausbildung – falls finanziell überhaupt bewerkstelligbar – ganz klar Sozialisierung für die Disziplin und die Fertigkeiten der Erwerbsarbeit. War Freizeit – falls die Notwendigkeiten der Organisierung des Überlebens so etwas überhaupt zuließen – ganz klar Erholung und Sammlung von Energien für neue Erwerbsarbeit. War der Ruhestand der wohlverdiente Lohn für ein erwerbsarbeitsreiches Leben – und nicht einmal das ist für weite Teile der LohnarbeiterInnenschaft damals gesichert gewesen.[18]

Durchhalten war für fast alle der interviewten Frauen die von ihren Lebensumständen her geforderte Devise. Zum Fragen – nach der Rechtmäßigkeit der zu bewältigenden Arbeitslast – blieb gar keine Zeit. Vielleicht wäre auch mit Fragen vieles nur schlimmer geworden.

> „No bitte, i hob ma momentan daun woahrscheinlich goar nix denkt, wei des hot sein müssen. Wei die Kinder haum wos braucht. (...) Es hot sein *müssen*!"
> „Is Ihna des nia z'vü worn, die viele Oarbeit?"
> „Bitte boidst jung bist, moanst nix. (...) Des geht so automatisch do dahin: Do gehst wieder in dei Oarbeit und gehst hoit und oarbeitst und daun dahoam oarbeitst und des."[19]

So Aloisia G.: Zigarrenfabriksarbeiterin, Hausfrau und fünffache Mutter.

> „Waun Sie sich zrückerinnern aun die Zeit, wie's scho goarbeit' haum in da Fabrik, verheirat' woarn und s'Kind ghobt haum: Wie hot do so a Tog aungfaungan für Sie in da Fruah?"
> „In der Fruah? – Um sechse in da Fruah: Na jo guat, aufstehn, einhoazen, waun's notwendig woar. Und sonst hot ma si a Frühstück auf so an Petroleumkocher gmocht, waun ma net einghoazt hot. Da Maun hot jo Schicht goarbeit', der is sowieso net so regelmäßig do gwesen zum Frühstück. Und

daun ois herrichten für'n Buam zum Schuigehn. Und daun host'n alloan lossen miassen, wei um 3/4 7 hot ma in d'Oarbeit gehn miassen. Und da Bua hot daun selbständig des ..., dass a in d'Schuigehn muass ..., selbständig sei Zeig hergricht ..."
„Mit wos für an Gefühl is ma do aufgstaunden in da Fruah? – Dass ma des schoffen kaun, wos am do am heutigen Tog ois erwoart'? Oder dass des sehr vü is, wos do auf an zuakummt? Oder ...?"
„Des is für die domolige Zeit so söbstverständlich gwesen. I glaub net, dass si a die aundern Frauen do Gedanken gmocht hätten, dass des net in Ordnung wär."[20]

Die Betriebsrätin Agnes P. spricht offen über jene Arbeitsüberlastung von Arbeiterinnen der damaligen Zeit, die zur doppelten und dreifachen wurde, wenn die Alleinverantwortung für Haushalt, Familie *und* Erwerbsarbeit Tag für Tag zu bewältigen ist. Entlastung von dieser Last zu fordern, ist auch in ihren Erinnerungen etwas, das klar jenseits dem Bereich des Möglichen, ja sogar des Denkbaren liegt. Sie hat zwar für das Zusammenleben mit ihrem Mann ein Modell der Gleichberechtigung vor Augen – „bei uns in da Ehe is' jo nochernd so gwesen, dass a jeder gleich bestimmend woar, a jeds des gleiche Recht ghobt hot, net. Do woar des net a so, dass da Maun auf'n Tisch ghaut hot, und gsogt hot oiso: ‚Her mit'n Zeig!' Oder: ‚S'Göd hob i!', net, und die Frau is da Mensch zweiter Güte und die Kinder kemman daun no hint noch. Des woar bei uns net so" [21] – aber die Erfahrung „er hot net obgwoschen, net Wäsch 'gwoschen und net putzt" verdichtete sich nicht zum Anspruch, „dass am do (bei diesen Hausarbeiten) da Maun irgendwie entlosten soite. (...) Des woar so selbstverständlich, wei des domois fost olle Frauen gmocht haum, dass ma aun des goar net gedocht hot."[22]

Nahezu ungebrochen war für die damalige Zeit der gesellschaftliche Konsens über die Zumutbarkeit jenes atemberaubenden – in den Lebensgeschichten der interviewten Frauen aufspürbaren – Ausmaßes an Arbeit.

Ob Menschen auf Überlastung und Stress mit Widerstand reagieren, ist auch von den ihnen zugestandenen Reaktionsformen beeinflusst. Das belegen Francis Fox Piven und Richard A. Cloward in ihren Forschungen zur „Steuerung der Innovationskraft und des Widerstandspotentials von Frauen".[23]

Das Fehlen ideologischer Traditionen, über die jene spezifischen Belastungen, die diese Arbeiterinnen zu tragen hatten, als ungerecht und veränderbar begriffen werden hätten können, machte es diesen Frauen schwer, Arbeitszumutungen in Frage zu stellen „und ihre Weitsicht auf der Grundlage ihrer besonderen Erfahrung und Wahrnehmung neu zu fassen."[24]

Für die vielfältigen Erfahrungen *sozialer* Zumutungen, Ausgrenzungen, Behinderungen und Beschneidungen von Lebenswünschen und -entwürfen hat es ihn im Leben dieser Frauen durchaus gegeben, jenen ideologischen „Kontext einer kollektiven Erfahrungsverarbeitung",[25] der mit auch Voraussetzung für eine selbstbewusste, fordernde Identität als Klasse ist.

Das Nahverhältnis der interviewten Zigarrenfabriksarbeiterinnen zur sozialdemokratischen Gewerkschaftsbewegung und ihr, wenn auch oft nur loses Eingebundensein in das schützende Geflecht des sozialdemokratischen Milieus der Kleinstadt Hallein, waren immer wieder mit Erfahrungen möglicher Selbstbehauptung und möglicher Aufhebung jenes Zustandes der Rechtlosigkeit und Ausbeutung verbunden, der im Bewusstsein dieser Frauen noch hautnah präsent war: durch die – in der Familie tradierten – lebensgeschichtlichen Erfahrungen der Großeltern- und Elterngeneration, durch das Erleben extremen Mangels und bedrohter Lebensmöglichkeiten in der eigenen Kindheit, durch jene Eigenerfahrungen an rechtloser Abhängigkeit, die sie als Küchen- oder Dienstmädchen jahrelang gemacht hatten.

Für Bedrohungen im Lohnarbeitsbereich haben ihnen die gewerkschaftliche Organisierung und die damit verbundenen Möglichkeiten der Solidarisierung geschichtlich erprobte Widerstands- und Kampfformen in die Hand gegeben. Zumindest innerhalb bestimmter Grenzen, denn gleichzeitig hat die ArbeiterInnenbewegung durch ihr Arbeitsethos und ihre Heroisierung der Arbeit selbst daran mitgewirkt, dass Muße in dieser Gesellschaft „keinerlei soziale Anerkennung (genießt)", dass sie „eher mit Faulheit und Schmarotzertum verknüpft (wird) als mit erfüllender produktiver Tätigkeit."[26]

Lediglich Paul Lafargue, „der unkonventionell denkende, praktisch engagierte Sozialist" ist in einer kleinen 1848 herausgegebenen Schrift erschrocken über „eine seltsame Sucht", die die ArbeiterInnenklasse beherrscht: „Es ist dies die Liebe zur Arbeit, die rasende, bis zur Erschöpfung der Individuen und ihrer Nachkommenschaft gehende Arbeitssucht."[27] Er hat dem „Recht auf Arbeit" ein „Recht auf Faulheit" beigestellt, doch sein radikaler „Angriff auf das Unterdrückungsmedium Arbeit"[28] ist – lange Zeit einfach unterschlagener – Einzelfall geblieben.

Weiterhin alleine geblieben waren diese Arbeiterinnen jedoch mit den Bedrohungen aus jener geschlechtsspezifischen Teilung der Arbeit, die Frauen – auch bei notwendiger oder gewollter Erwerbstätigkeit – den gesamten Haushaltsbereich und das Vorsorgen der Kinder alleinverantwortlich zuweist.

Gesamtgesellschaftlich und auch innerhalb der ArbeiterInnenbewegung finden sich für die damalige Zeit nur spärliche Ansätze, diese Rollen- und Arbeitsteilung zu problematisieren und zu hinterfragen. Und die spezifischen Probleme von Arbeiterinnen und Arbeiterhausfrauen, die Fragen nach Veränderungen in der Beziehung von Mann und Frau, nach Konfliktlagen zwischen Frauen und Männern auch innerhalb der ArbeiterInnenschaft blieben zugedeckt durch die verhängnisvolle Gleichung: Emanzipation des Proletariats = Emanzipation der Frau.[29]

Erst das punktuelle Aufbrechen des gesellschaftlichen Konsens über die Arbeits- und Rollenverteilung zwischen Männern und Frauen in den letzten zwei Jahrzehnten und der Vergleich des eigenen Lebens mit dem der Töchter und Enkeltöchter scheinen jene entscheidenden Kontrasterfahrungen gewesen zu sein, die auch bei den interviewten Frauen zumindest rückblickend leise Kritik aufkommen lassen:

> „Na, *heit* kaun ma si des ..., na *heit* gang des nimma! Tat jo kane mehr heit!" „Heit dearf i goar net draun denken, wos ma do goarbeit haum!" Und: „Waun i so zruckdenk, daun kaun i ma maunch Moi goar nimma vorstön, wia ma des gschofft haum."

Wie nun – von dieser in den erzählten Lebensgeschichten enthaltenen Empirie des Alltags aus-, aber auch über sie hinausgehend – gewaltsame Zumutungen und damit Herrschaft aufspüren und sichtbar machen, gerade was die Lebens- und Arbeitszusammenhänge dieser Halleiner Frauen betrifft?

Täglicher Kampf um die Minuten: Dieses Gedankenbild kommt hoch, wenn ich mir die eindringlichsten Gesprächseindrücke in Erinnerung rufe. Nie richtig *Zeit* haben – für nichts: nicht für die erwarteten Arbeitsleistungen und schon gar nicht für sich selbst. Beständige Hetze! Die eigene Zeit – begreifbar doch auch als notwendiger Raum für menschliche Entwicklung, als Raum für die Befriedigung sozialer und geistiger Bedürfnisse – in der Verfügung *anderer*. Akkord-Sätze in der Fabrik, der 8-Stunden-Fabriksarbeitstag, die Öffnungszeiten der Kinderbewahranstalt, die Mittagspause des Mannes, die Sperrzeiten des Lebensmittelladens, der vom Hausmeister zeitlich festgelegte Waschtag: damit sind jene Zeitkoordinaten nur angerissen, die festlegen, über welche Zeit diese Frauen selbst verfügen und wo die Verfügung in den Händen anderer liegt.

Herrschaft, schreibt Oskar Negt in seinem 1984 erschienenen Buch „Lebendige Arbeit, enteignete Zeit. Politische und kulturelle Dimensionen des Kampfes um Arbeitszeit" ist auch so zu definieren, „dass sie jederzeit imstande ist, die Regeln vorzugeben, nach denen die Menschen ihre Zeit aufzuteilen gezwungen sind und in welchen Räumen sie sich zu bewegen haben."[30] Herrschaft bestehe nicht nur in globalen Abhängigkeitsverhältnissen, sondern reiche bis in eine „*Detailorganisation von Raum- und Zeitteilen*, die den einzelnen Menschen in seiner Lebenswelt wie ein Korsett einspannen. (...) Herrschaftssysteme sind deshalb darum bemüht, die Eindeutigkeit der Orte und Zeiten festzulegen, die den Bewegungsspielraum des einzelnen Menschen definieren. So gibt es klar festgelegte Orte, wo und wann gearbeitet, wo Freizeit verbracht wird, wo Politik betrieben wird."[31]

Gerade was die Lebenszusammenhänge von Frauen betrifft und darin enthaltene Begrenzungen oder Spielräume des Wünschens, Experimentierens und

Klassische Arbeitsteilung: Für händisch zu verrichtende Arbeitsgänge in der Produktion wurden in den staatlichen österreichischen Tabakfabriken ausschließlich Frauen eingesetzt – auch hier in der Lösehalle des 1935 neu gebauten Fabriksgebäudes in Linz.

Handelns, scheint es fruchtbar, auszuloten, wie eng es geschnürt ist, jenes, die Lebensäußerungen der Frauen auch im „Parzellenbesitz des *unmittelbaren* Lebensumkreises"[32] mitbestimmende Zeit-Raum-Korsett einer Gesellschaft.

„Die Spielräume, die mir gegeben sind, um Raum und Zeit nach eigenem Ermessen aufzuteilen", die (nicht nur zeitlichen) Behinderungen und Chancen des Zugangs zu allen gesellschaftlichen Räumen und Orten der Erfahrung können also als ein *„substantieller Kern von Freiheit und Unfreiheit"*[33] verstanden werden.

Mir sind sie bei meiner Annäherung an die Lebensgeschichten der Halleiner Zigarrenfabriksarbeiterinnen zum Maßstab für die Lebenschancen dieser Frauen geworden.

Bedeutet Arbeit, so wie sie gegenwärtig gesellschaftlich geteilt und organisiert ist, ganz stark auch Zwang und Verschleiß – und die lebensgeschichtlichen Erinnerungen der Halleiner Zigarrenfabriksarbeiterinnen und auch Arbeiterhausfrauen sind ein beredtes Beispiel dafür –, ist die Trennung von Arbeit und Leben so stark ausgeprägt, wie es in der bürgerlich-industriellen Welt der Fall ist, dann ist es nämlich auch das Verhältnis von Arbeitszeit und Lebenszeit, das Verhältnis zwischen kontrollierter und unkontrollierter, zwischen ‚nutzbringend' anzuwendender und zweckungebundener Zeit, das ganz unmittelbar über das Maß von Herrschaft entscheidet, dem die einzelnen Frauen unterworfen sind.[34]

Die Unterscheidung zwischen „denen, die arbeiten (müssen)" und „denen, die nicht arbeiten (müssen)", also der Unterschied zwischen denen, die gezwungen sind, Dinge zu tun, und jenen, die sie aus freien Stücken tun oder frei wählen können, was sie tun, war über Jahrhunderte ein Schlüssel zur sozialen Klassenbildung.[35] Das entscheidend Neue an der Erwerbs-Arbeitsgesellschaft der Neuzeit ist, dass alle arbeiten oder zumindest vorgeben, es zu tun. Erwerbs-Arbeit gilt nicht mehr als sozialer Makel. Zum ersten Mal bezieht eine Oberschicht die Aufforderung: ‚Im Schweiße Deines Angesichts sollst Du Dein Brot essen!' zumindest ideologisch auch auf sich selbst.[36]

Arbeit und Nichtarbeit sind also nicht mehr nach Klassen geteilt. Nur: Wer hat die Chance, eine Arbeit zu verrichten, die mehr als das Existenznotwendige erbringt? Wer hat die Chance, Arbeitstätigkeiten zu verrichten, die auch Elemente wie Anregung, Herausforderung und Selbstverwirklichung enthalten. Und: Wer hat die Macht, anderen Arbeiten zuzumuten, die die Kräfte erschöpfen und doch die physische und psychische Existenz nur spärlich sichern.

Auch diese Fragen nach Herrschaft im Zusammenhang mit Arbeit waren für die Lebenszusammenhänge der Halleiner Zigarrenfabriksarbeiterinnen zu stellen.

3.3. Die geschickten und billigen Hände der Frauen

Fabriksarbeiterinnen an der ,Peripherie'

Über Fabriksarbeiterinnen in Salzburg zu forschen, bedeutet für den Zeitraum bis zum Zweiten Weltkrieg – und wohl auch darüber hinaus – über eine Minderheit zu forschen. Denn: In diesem damals noch überwiegend agrarisch strukturierten Raum ist die Zahl der in Industrie und Gewerbe Beschäftigten natürlich weit hinter den in der Land- und Forstwirtschaft Arbeitenden zurückgeblieben. In noch stärkerem Maße gilt das für die Frauen.

Nach der außerordentlichen Volks- und Berufszählung aus dem Jahr 1920 lag die Frauenerwerbsquote im Bundesland Salzburg bei 53 Prozent. Das hieße: Über die Hälfte der Frauen im erwerbsfähigen Alter ist auch tatsächlich erwerbstätig gewesen. Dieser Prozentsatz ist hoch, denn seit dem beginnenden 20. Jahrhundert hat sich die Frauenerwerbstätigkeit in den westlichen Industrieländern auf zwischen 30 und 40 Prozent einzupendeln begonnen.[37]

Die hohe Frauenerwerbsquote für das Bundesland Salzburg spiegelt jedoch den hier erst schwach vollzogenen Übergang von der agrarischen zur industriellen Gesellschaft. Die Mehrheit der Bevölkerung ist, wie gesagt, noch in der Landwirtschaft tätig gewesen und die am Hofe mitarbeitenden Ehefrauen und Töchter wurden von den Statistikern als erwerbstätig gezählt.

So sind sowohl bei den selbständig als auch bei den unselbständig weiblichen Beschäftigten die in der Land- und Forstwirtschaft arbeitenden Frauen mit 42 Prozent bzw. 42,9 Prozent mit großem Abstand führend gewesen. Schlüsseln wir die unselbständig beschäftigten Frauen noch weiter auf, so finden wir 34,8 Prozent, die gegen Lohn in Haushalten gearbeitet haben, 8,2 Prozent mit Arbeitsplätzen in Industrie und Gewerbe, 7,1 Prozent, die in Handel und Verkehr und 5,6 Prozent, die im öffentlichen Dienst erwerbstätig waren.

8,2 Prozent in Industrie und Gewerbe, das waren 2.901 Frauen im ganzen Bundesland Salzburg und nicht einmal ein Drittel der in diesem Bereich lohnarbeitenden männlichen Beschäftigten mit ihren doch 28,7 Prozent.[38]

Mit bis zu 600 Arbeiterinnen ist die Halleiner Zigarrenfabrik bis zum Zweiten Weltkrieg in Salzburg die einzig größere industrielle Arbeitsstätte für Frauen gewesen. Sie nahm 1869 ihre Produktion auf und wurde 1940 geschlossen bzw. in einen Rüstungsbetrieb umgewandelt.

Für weichende Bauerntöchter aus der ländlichen Umgebung Halleins, aber vor allem für viele Töchter und Ehefrauen aus Halleiner Saline-, Zellulosefabriks-, Brauerei- und Bauarbeiterfamilien ist sie über drei Generationen hinweg angestrebte, das eigene und das Auskommen der Familie sichernde Verdienstmöglichkeit gewesen. Die Lebens- und Arbeitszusammenhänge dieser Arbeiterinnen

Die Salzburger Salinenstadt Hallein: eine industrielle Insel, umgeben von Landgemeinden; im Vordergrund des Fotos um 1920 der Halleiner Holzrechen an der Salzach, eine Auffanganlage für Triftholz aus den Bergtälern.

vollzogen sich quasi an der Peripherie wirtschaftlicher Entwicklung. So hatte die Fabrik ihren Standort zwar in der industrialisierten Kleinstadt Hallein, lag aber trotzdem in einer eher infrastrukturschwachen Region: mit nur ungenügend und äußerst minderwertig vorhandenem Wohn- und damit auch Lebensraum, mit unsicheren Männerarbeitsplätzen und kaum vorhandenen Arbeitsplatzalternativen für erwerbsarbeitssuchende Frauen, mit allgemein niedrigem Lohnniveau und nur spärlich gesicherten Möglichkeiten, Versorgungspflichten gegenüber Kindern während der Arbeitszeit an öffentliche Institutionen zu delegieren.

Zigarrenfabriksarbeiterinnen und Peripherie: das ist kein zufälliger Zusammenhang. Die staatliche Tabakindustrie in Österreich hat für ihre im 19. Jahrhundert errichteten, heute nur mehr teilweise produzierenden Fabriken immer wieder ländliche Gebiete oder kleine Provinzstädte anvisiert. Die ortsüblichen Löhne waren hier geringer und niedrige Lohnkosten ließen den Arbeitgeber ‚Staat' auf ein sicheres Plus in seiner betrieblichen Kosten-Nutzen-Rechnung hoffen.

Das Monopol für die Verarbeitung von Tabak und den Verschleiß von Tabakwaren war 1784 in staatliche Eigenregie übernommen worden und auch den Monopolisten ‚Staat', der aus rein finanzpolitischen Erwägungen an seinen Tabakfabriken interessiert war, kennzeichnete das Bestreben, im Hinblick auf den Gewinn die Kosten maximal zu reduzieren.[39] Aufgrund der Eigenheiten der Zigarrenproduktion war jedoch der Kostenfaktor ‚Arbeit' sozusagen die einzige disponible Größe in der Kostenkalkulation.

Möglichkeiten, die Produktionstechnik durch Einführung von Maschinen zu verbessern, damit den Arbeitsprozess entscheidend zu intensivieren und so die Stückkosten zu reduzieren, hat es kaum gegeben. Lange Zeit hatten sich maschinelle Anlagen bei der Herstellung von Zigarren – als einem strengen Qualitätskriterien unterliegenden Luxusartikel – kaum bewährt. So hat in Österreich die Zigarrenherstellung bis zum Zweiten Weltkrieg kaum umwälzende Veränderungen erfahren und im Grunde genommen den Übergang zur maschinisierten Fabriksarbeit nur in Teilbereichen vollzogen.[40]

Damit galt es aus der Sicht des kalkulierenden Unternehmers ‚Staat', zumindest die anfallenden Lohnkosten möglichst gering zu halten: durch die Standortwahl eben und gleichzeitig durch das Umgehen der relativ teuren männlichen Arbeitskraft. Die Zigarrenherstellung in den österreichischen Tabakfabriken ist überwiegend Frauenarbeit gewesen.

Noch etwas kommt dazu: Die strukturschwache Region als Fabriksstandort, die wie im Falle von Hallein oder auch Schwaz in Tirol in der Fabriksgründungsphase noch dazu ein extremes wirtschaftliches Krisengebiet war, sollte nicht nur ein billiges weibliches Arbeitskräftereservoir sichern. Sondern: Ein – durch die Alternativlosigkeit bei der Arbeitsplatzsuche – auch williges, diszipliniertes, langfristig an den Betrieb zu bindendes.

Billig, willig und diszipliniert? Arbeiterinnen im Verpackungssaal der Zigarrenfabrik Schwaz in Tirol, 1926.

In der damaligen Diktion der Generaldirektion der österreichischen Tabakregie liest sich das folgendermaßen: Man habe größere Städte für die Zigarrenherstellung deswegen nicht für geeignet befunden, „da die Bevölkerung und insbesondere die jüngere weibliche Bevölkerung großer Städte leichtsinniger ist, mehr dem Genusse als der Arbeit nachgeht und verschiedene Wege eines leichteren Verdienstes findet, als auf dem Land."[41] Genau um dieses anvisierte Arbeitskräftepotential brauchte man sich bei der Fabriksgründung in Hallein sozusagen keine Sorgen machen.

Über Jahrhunderte war hier der Salzbergbau Lebensnerv der Stadt gewesen. Alle wirtschaftlichen Möglichkeiten der Region waren einheitlich auf Salzgewinnung und -verarbeitung ausgerichtet. Das staatliche Salinewesen beschäftigte im Bergwerk, in den Sudhäusern und an der Holztriftanlage einen Großteil der Menschen im um die Mitte des 19. Jahrhunderts knapp 4.000 Einwohner zählenden Hallein. Und dann hat es noch zahlreiche Handwerke, Gewerbe und Berufe gegeben, die mit dem Salzwesen eng verbunden gewesen sind.[42]

Das Angewiesensein der Halleiner ArbeiterInnenfamilien auf Arbeit und Verdienst der Frauen reicht in der Salinenstadt offenbar weit zurück. So sind – Quellen aus dem frühen 18. Jahrhundert belegen das bereits – im stark arbeitsteiligen

Prozess der Salzverarbeitung an zahlreichen Stellen auch Frauen eingesetzt gewesen.[43] Im Bergbau selbst finden sie sich lediglich als Essensträgerinnen, doch in den Pfannhäusern beim Salzsud und bei der Salzverarbeitung arbeiteten pro Schicht auch immer mindestens sechs bis acht Frauen. Vor der Modernisierung des Halleiner Salzwesens um die Mitte des 19. Jahrhunderts standen noch sechs Pfannhäuser in Betrieb und die Zahl der dort beschäftigten Arbeiterinnen dürfte mindestens 100 betragen haben.

Frauen produzieren, Beamte – als die staatlichen Befehlsträger vor Ort – kontrollieren: Erzeugung von Virginia-Zigarren in einem der Arbeitssäle der niederösterreichischen Tabakfabrik Stein an der Donau.

Direkt an der Sudpfanne als ‚Holzzieherinnen' haben sie gearbeitet. Und als ‚Radgeherinnen', die mit ihrer Körperkraft jenes Schöpfrad in Bewegung setzten, das die Sole aus dem Untergeschoss des Pfannhauses in die Sudpfanne heraufschöpfte. Auch ‚Salzhackerinnen' sind sie gewesen, die die großen Salzstöcke, die für die Schiffsladung vorgesehen waren, mit Hacken auf faustgroße Stücke zerkleinerten. Und beim Beladen der Salzschiffe selbst waren ebenfalls Frauen beteiligt: Je drei ‚Kufenheberinnen', also Salzfassheberinnen, haben den Trägern die Fässer auf die Schultern gehoben. Unzerhackte Salzstöcke wurden für den Transport in Schutzlatten eingeschlagen und mit Reifen zusammengehalten. Die sogenannten ‚Raiffantreiberinnen' waren es, die die aus Weidengerten gefertigten Reifen aufgesetzt und zusammengezogen haben. Frauen- und Kinderarbeit war auch das Betreuen, Pflegen und Schlagen der Gewächskulturen, in denen diese für die Salzfässer benötigten Weidengerten und Haselnussstecken kultiviert wurden: von sogenannten „Bandgewächs-Hauerinnen".[44]

Alle haben sie – als Töchter oder Ehefrauen – zusätzlichen Verdienst in ihre Familien gebracht.

Von hunderten 1860 arbeitslos gewordenen Salzarbeiterinnen haben viele dann ab 1869 in der Zigarrenfabrik wieder Arbeit gefunden. Für dieses Foto aus der Frühphase der Fabrik haben sich die Arbeiterinnen im Sonntagskleid vor dem Fabriksgebäude aufgestellt. Der Direktor, ein höherer Beamter und der Saalaufseher postierten mit.

Der Verlust von Absatzmärkten und veraltete Sudstätten haben die Saline jedoch seit dem 18. Jahrhundert um ihren Fortbestand kämpfen und weite Teile der von Salzbergbau und Salzverarbeitung lebenden Bevölkerung buchstäblich zum Bettelvolk verelenden lassen.

In einem Reisebericht des Domherrn Graf Friedrich von Spaur aus dem Jahr 1800 ist diese wirtschaftliche Krisensituation Halleins recht unmittelbar thematisiert:

„Hallein hat in jeder Hinsicht ein äußerst trauriges Aussehen. Der Dampf aus den Salzpfannen verfinstert das Tageslicht; die Gassen sind eng und die Häuser meist unansehnlich. Auf den blassen Gesichtern der Einwohner sind Armut und Kummer gezeichnet und bettelnde Weiber und Kinder verfolgen die Fremden. Die Quelle des Übels ist die geringe Bezahlung der Arbeiter. Von 137 im Jahre 1797 geborenen Kindern starben im gleichen Jahr 118."[45]

In der 1889 bis 1893 erbauten Zellulose- und Papierfabrik sind erstmals wieder in größerem Ausmaß Männerarbeitsplätze zur Verfügung gestanden. Das Foto zeigt die Fabrik um 1907.

In dieser wirtschaftlichen Notlage sollten die Strumpfwirkerei und abermals vor allem die geschickten Hände der Frauen eine zusätzliche Überlebensbasis für die Bergknappen- und SalinenarbeiterInnenfamilien schaffen.[46]

Schon im ersten Drittel des 17. Jahrhunderts hatte eine größere Zahl von ihnen das landesherrliche Privileg erhalten, Baumwollgarne zu kaufen, daraus Baumwollwaren herzustellen und diese auch in Eigenregie zu verkaufen: auf Jahrmärkten und Kirchtagen. Jetzt, an der Wende vom 18. zum 19. Jahrhundert, wird auch von bürgerlichen Baumwollwaren-Händlern und -Erzeugern die Herstellung von Baumwollprodukten in Heimarbeit vergeben. Schon zum Spinnen ging die Wolle quasi durch die Hände von Heimarbeiterinnen und wurde dann an Strickerinnen und Stricker weitergegeben. Auch für sie war die Herstellung von Männer- und Frauenstrümpfen, Beinkleidern, Schlafmützen, Unterhemden und Handschuhen ein zwar kleines, aber regelmäßiges zusätzliches Einkommen für ihre Familien.

Diesen Frühformen meist weiblicher Lohnarbeit im Rahmen heimindustrieller händischer Strumpfwirkerei – Reiseberichte erwähnen jedoch auch auf der Straße strickende Männer – wurde mit der Erfindung der Strickmaschine ein Ende gesetzt. Auch eine wichtige zusätzliche Einnahmequelle für die Halleiner Bergknappen- und SalzarbeiterInnenfamilien ist damit verloren gegangen.[47]

Am schwersten getroffen in ihrer wirtschaftlichen Existenz waren Hallein und seine Bevölkerung jedoch von den großen Rationalisierungsmaßnahmen der k. k. Saline um die Mitte des 19. Jahrhunderts. Die traditionelle Salzmanipulation ist aufgrund ihrer komplizierten und aufwendigen Arbeitsteilung äußerst arbeitskräfte-intensiv gewesen. Die Ersetzung der unwirtschaftlich gewordenen und zerstreut liegenden Pfannhäuser durch eine zentrale Salzerzeugungsanlage, die Straffung und Modernisierung der Arbeitsvorgänge, die Umstellung auf Jute-Säcke und der Übergang von der Holz- zur Kohlenfeuerung bei der Beheizung der Sudpfannen haben 700 bis 800 Salzarbeiter und Salzarbeiterinnen schlagartig arbeitslos gemacht. Wie in einer Kettenreaktion hat die Modernisierung der staatlichen Saline auch das Absterben zahlreicher anderer indirekt mit dem Salzwesen verbunden gewesener Berufszweige nach sich gezogen: der Salzach-Schiffer etwa, der Holzknechte an der Holztriftanlage, der Fassbinder, usw. Der wirtschaftliche Niedergang Halleins hatte seinen absoluten Höhepunkt erreicht.

Nicht nur die Stadtbevölkerung sei – so die Klage der damaligen Halleiner Gemeindevorstehung in einer Bittschrift an das k. k. Finanzministerium – von 6.000 im Jahre 1.800 auf kaum 4.000 im Jahr 1869 zurückgegangen, „in höherem Maße noch als die Bevölkerung hat hier der Wohlstand abgenommen, ja ist bereits gänzlich verschwunden und es ist wohl allgemein anerkannt, dass Hallein im hiesigen Kronlande verhältnismäßig zu der Einwohnerzahl die weitaus meisten armen Leute zählt.“[48]

Ein lebensweltlicher Indikator für diesen Verelendungsprozess ist die damals extrem hohe Kindersterblichkeit in Hallein. So haben jeweils 40 Prozent der den Geburtenjahrgängen 1870 bis 1872 zugehörigen Kinder das erste Lebensjahr nicht überlebt. Weitere 6 bis 10 Prozent sind noch vor dem Erreichen des Schulalters gestorben. Das heißt: Für die Hälfte der damals geborenen Kinder hat es so gut wie keine Überlebenschancen gegeben.[49]

In dieser und wegen dieser Notlage der verarmten Salinenstadt wurde Hallein in einer kaiserlichen Entschließung vom 14.9.1869 eine Zigarrenfabrik III.Klasse, also kleinerer Art, zugesprochen.[50]

Zumindest für die arbeitslosen Frauen konnte damit die Erwerbslücke weitgehend geschlossen werden. Mehrere hundert Arbeiterinnen sind ja schon nach kurzer Zeit in der Fabrik beschäftigt gewesen. Für die arbeitslos gewordenen männlichen Salzarbeiter und jene Männer, die indirekt mit ihren Berufen vom Halleiner Salzwesen gelebt hatten, sind erst viel später wieder Arbeitsplätze in größerem Ausmaß zur Verfügung gestanden: ab 1892 nämlich, mit der Produktionsaufnahme der Zellulosefabrik.

Das heißt: In Hallein hat sich von Anfang an ein Tabakarbeiterinnen-Milieu herausgebildet, in dem die Frauen ihre Familien immer wieder alleine mit ihrem Verdienst erhalten haben und in dem die Lohnarbeit der Frau zu einer überlebensnotwendigen Selbstverständlichkeit geworden ist. Das gilt bis in die letzte Generation der in der Zigarrenfabrik beschäftigten und heute, wie gesagt, schon über 80jährigen Arbeiterinnen. Denn: Die fortdauernde strukturbedingte Krisenanfälligkeit der ortsansässigen Industrie und die – die Gesamtgesellschaft erfassenden – Erschütterungen des Ersten Weltkrieges und der Weltwirtschaftskrise haben immer wieder das Gespenst von Arbeitslosigkeit, Kurzarbeit und Fabriksstillegungen über der Salinenstadt schweben lassen und die Frauen gezwungen, überall dort Erwerbsarbeit anzunehmen, wo sie Arbeit finden konnten.

4. Kindheitsjahre: von der Jahrhundertwende bis zum Ersten Weltkrieg

Zwölf Halleiner Tabakarbeiterinnen und sechs Arbeiterhausfrauen haben, wie gesagt, über Interviews ihre Lebens- und vor allem Arbeitserfahrungen öffentlich gemacht. Die Frage nach dem physischen und psychischen Arbeitsvermögen, auf das sie zur Bewältigung der Arbeitserfordernisse im Laufe ihres Lebens zurückgreifen konnten, die Frage nach den Gründen für ihre ungeheure Belastbarkeit verweist uns zurück auf die lebensgeschichtlichen Erfahrungen ihrer Kindheits- und Jugendjahre.

Denn eines wurde schon nach den ersten Gesprächen klar: Wie sich diese Frauen innerhalb der objektiven Arbeitserfordernisse und -strukturen bewegten, wie sie diese erfahren und bewältigt haben, ist von der jeweils aktuellen Arbeitssituation allein nicht ableitbar.

Diese aus den Interviews gewonnene Einsicht deckt sich mit der soziologischen Theoriebildung der letzten Jahre.[1] „Ohne Rückbezug auf die individuellen Erfahrungen ihrer zurückliegenden Lebensgeschichte ..."[2] kann das ‚Arbeits-Handeln' der Zigarrenarbeiterinnen und ‚dazuverdienenden' Arbeiterhausfrauen, können die subjektive Bewertung dieses Tuns und die Motive, die in die subjektive Bedeutung von Arbeit einfließen, nur unbefriedigend entschlüsselt werden.

Auch die – trotz Doppelbelastung – durchwegs auch positive Besetzung des Arbeits-Erfahrungsraumes ‚Fabrik' in den biografischen Erinnerungen der Tabakarbeiterinnen bliebe nur schwer nachvollziehbar. Die immergleichen, täglich hundertfach zu wiederholenden ‚Hand'griffe bei der Zigarrenherstellung lassen doch zunächst einmal vor allem ‚Negativ'-Vermutungen wie Monotonie, Hetze und Verschleiß aufkommen.

Folgen wir also jener Generation von Halleiner Arbeiterinnen und Arbeiterhausfrauen der Jahrgänge 1898 bis 1912 durch die lebensgeschichtlichen Phasen ihrer Kindheit und Jugend, deren intensive Eindrücke und Erfahrungen sich in der Bewertung und Bewältigung späterer Lebens- und Arbeitssituationen geltend machten.

Im dichten Gewebe von individueller Lebensgeschichte, gesellschaftlicher Entwicklung und einzelnen historischen Ereignissen sind sie aufzuspüren, die für diese Frauen typischen Prägungen.[3] Das jeweilige Lebensmilieu – meist der proletarische Lebenszusammenhang der Halleiner ArbeiterInnenfamilien – ist der soziokulturelle Raum, in dem diese prägenden Erfahrungen gemacht wurden.

Die ‚Ein-Blicke', die wir über den Blick zurück in die Kindheit dieser Frauen bekommen, sind vielfältig. Wir erfahren nicht nur, dass und wie in diesen Halleiner ArbeiterInnenfamilien ‚Arbeiten' von klein auf gelernt wurde, wir erfahren nicht nur von früher Arbeitsdisziplinierung und Verinnerlichung von Arbeitsnormen. An den Arbeitszwängen der Eltern werden – über die Mütter – auch die Arbeitsbedingungen einer weiteren Generation von Arbeiterfrauen erfahrbar. Unverstellt deutlich wird auch die Funktion jener fast ausschließlich von Frauen getragenen Haus- und Instandhaltungsarbeiten innerhalb des ArbeiterInnenhaushaltes: immer bezogen auf den nächsten Arbeitstag, die nächste Arbeitswoche, stellen sie sie wieder her, die dafür notwendige Arbeitskraft, und bilden gerade für die damalige Zeit oft das einzige Netz sozialer Sicherheit.

Noch etwas macht diesen Rückblick so wichtig: Heranwachsen, Aufwachsen ist mehr als Anpassung, Selbstbeschränkung auf die Möglichkeiten und Begrenzungen einer geschlechts- und klassenspezifischen Realität. Erfahrungen des Mangels und lebensgeschichtlicher Begrenztheiten stacheln auch zum Wünschen an. Sie sind Nährboden für die Hoffnung auf Veränderung jener Wirklichkeit, die einem so vieles vorenthält.[4] Was diese Frauen über ihre Kindheit und Jugend erzählen, ist darüber hinaus ein Stück verallgemeinerbarer Sozialgeschichte. Es ist das Festhalten eines Kapitels der allgemeinen Bedingungen von ArbeiterInnenkindheit und -jugend von der Jahrhundertwende bis zum Ende des Ersten Weltkrieges.

Vierzehn der insgesamt achtzehn Gesprächspartnerinnen sind – zumeist als Töchter aus Halleiner ArbeiterInnenfamilien – in Hallein geboren und hier aufgewachsen. Dabei kommen zwei Drittel dieser ArbeiterInnentöchter bereits aus dem Zigarrenfabriksarbeiterinnen-Milieu. Eine durch den Tod des Vaters verarmte Bäckersfamilie und die Familie eines unselbständigen Zimmermannes waren das Herkunftsmilieu der anderen beiden Frauen. Hineingeboren wurden sie alle in ein Gemeinwesen, das sozialpolitisch nur sehr zögernd auf die – mit der Industrialisierungswelle der vorangehenden Jahrzehnte – stark angewachsene arbeitende Bevölkerung und ihre Existenzbedürfnisse reagierte.

Anschluss an die Industrialisierung hatte Hallein in den 1870er Jahren mit dem Bau der Bahn gefunden. Als bald größter Umschlagplatz an der neuen Bahnlinie (Salzburg-Hallein-Bischofshofen-Wörgl-Innsbruck) und als Reservoir an Arbeitskräften, die durch die Traditionen des Salzbergbaus schon lange an Lohnarbeit gewöhnt waren, zog Hallein zahlreiche Industriebetriebe an. Seit 1870 traten neben die Saline, als traditionsreicher, aber in ihrem Bestand ständig bedrohter Lebensgrundlage der Stadt, und neben die vom staatlichen Forstärar verwaltete Holztriftanlage die ebenfalls staatliche Zigarrenfabrik sowie privatwirtschaftliche Betriebe der Zellulose- und Papierindustrie, der Marmor-, Brau- und Konsumgüterindustrie. Dieser Industrialisierungsschub brachte weitere Arbeitskräfte in die Stadt, deren Bevölkerung von 1869 (3.416 Einwohner) bis 1910 (7.018 Einwohner) durch Zuwanderung und Eingemeindungen fast um das doppelte angewachsen ist.[5]

Traditionsreiche, aber in ihrem Bestand ständig bedrohte Lebensgrundlage der Stadt: die Halleiner Saline mit ihrer Produktionsanlage auf der Pernerinsel, 1928.

Hallein – im augenscheinlichen Gegensatz zum Prunk der Regierungsstadt Salzburg damals oft als das „schwarze Hallein" apostrophiert – war zur „schaffenden Hand" des Landes geworden.[6] Vor allem was die Versorgung der ArbeiterInnenbevölkerung mit Wohnraum betrifft, sind diesem EinwohnerInnen-Zuwachs dringend notwendige infrastrukturelle Maßnahmen nur sehr langsam gefolgt. Der Halleiner Gemeinderat – er befand sich in den Händen bäuerlicher und bürgerlicher Honoratioren, die dem klerikalen bzw. deutschnationalen Lager angehörten – stand damals gerade der drastischen wohnungsmäßigen Unterversorgung eines Großteils der ArbeiterInnenbevölkerung recht teilnahmslos und unsensibel gegenüber.[7]

4.1. „Nix wia Küche und Zimmer ..."

Zu den Wohnerfahrungen im Hallein der Monarchie und den Spuren, welche die räumliche Enge in den Lebensgeschichten hinterlassen hat

Eines der infrastrukturellen Hauptprobleme in Hallein ist also der Mangel an verfügbaren und sanitär zumutbaren Wohnungen gewesen. Umgelegt auf die konkret lebensgeschichtliche Ebene bedeutet das, dass ‚Enge des Wohnraums' im

Hallein der Monarchie eine Determinante proletarischer Kindheit war.

„Seit Jahren besteht in Hallein eine für die gesamte Arbeiterschaft unerträgliche Wohnungsnot", heißt es 1908 in einer Eingabe der Halleiner TabakarbeiterInnen an die Generaldirektion der Tabakregie, „die bis jetzt noch von keiner Seite behoben wurde. Oft genug kommt es vor, dass Arbeiterfamilien infolge dieser entsetzlichen Wohnungsnot gezwungen sind, jeden nur denkbaren Raum, wenn auch auf die Gefahr hin, sofort zu erkranken, zu beziehen, um zu vermeiden, wegen Obdachlosigkeit den Arbeitsplatz zu verlassen. Wenn auch ab und zu die Gemeinde den Ärmsten der Armen Notwohnungen gibt, so nur auf kurze Dauer, weil deren zu viele sind, die Hilfe brauchen. Die Räume, welche die Gemeinde den Obdachsuchenden zur Verfügung stellt, sind gewöhnlich der Gemeindearrest oder ein Holzschupfen, in welchem alles andere nur keine Menschen wohnen sollen, weil sie Gefahr laufen, durch das Eindringen von Wind und Wetter schweren Krankheiten zum Opfer zu fallen. Sind die hilfesuchenden Arbeiterfamilien in der glücklichen Lage, bei anderen Unterschlupf zu finden, so kann dies nur gehen, wenn sich die Familie trennt und kann dieselbe erst dann wieder den gemeinsamen Haushalt aufnehmen, wenn es ihr glückt, nach langem Warten eine eigene Wohnung zu finden."[8]

Besonders für die Halleiner TabakarbeiterInnenschaft stehen genaue Daten über die Wohnverhältnisse zur Verfügung, die von den Gewerkschaften in Zusammenhang mit ihren zahlreichen Petitionen zur Errichtung von Wohnhäusern erhoben wurden.

„Sonstige Bemerkungen über frühere Verwendung des jetzt bewohnten Raumes, sonstige Angaben über die Beschaffenheit der Wohnung, zum Beispiel feuchte Wände, schlechte Fußböden, fensterlose Räume etc.", lautete Punkt 10 eines Fragebogens, den die Leitung des Christlichen Tabakarbeiterverbandes Österreichs – mit einer Halleiner Rücklaufquote von 10 Prozent – 1909 verschickt hatte. Hier nur einige ‚Halleiner Eintragungen' unter diesem Fragepunkt:

„Wohnung, aus 2 Räumen bestehend, 1 Raum 14 m^2, der andere etwas kleiner. 6 Personen. Tuberkulose. Sehr feucht, im Winter wachsen Schwämme an den Wänden. Zins 144 K.

Wohnung, aus einem Raum bestehend, 14 m^2. 7 Personen, davon 5 Kinder. Zins 96 K. Wände feucht.

Wohnung, aus 3 ‚sehr kleinen Zimmern' bestehend. 6 Personen. Zins 192 K. Wohnung feucht. Tuberkulose."[9]

Auch das ‚Österreichische Tabakmonopol' selbst führte statistische Erhebungen über die Familien- und Wohnverhältnisse seiner Arbeiterinnen und Arbeiter durch. Im Jahr 1900 lebten von den insgesamt 453 Halleiner TabakarbeiterInnen:

2,4 Prozent im eigenen Hause
27,8 Prozent im Haushalt der Eltern (95,2 Prozent davon sind ledig)

60,7 Prozent in Jahresmiete
6,4 Prozent in Aftermiete
2,6 Prozent als Bettgeher.

Obwohl fast drei Viertel der in Jahresmiete wohnenden TabakarbeiterInnenschaft verheiratet waren, konnten insgesamt nur 4 Prozent über eine aus 2 oder mehreren Wohnräumen und einer Küche bestehende Wohnung verfügen. 39 Prozent lebten in Küche-Zimmer-Wohnungen und weit mehr als die Hälfte – nämlich 57 Prozent – in Kleinstwohnungen: bestehend aus einem Wohnraum ohne Küche.[10]

Offensichtlich und auch öffentlich konstatiert – etwa in einem Bericht der k. k. Bezirkshauptmannschaft an den Landesausschuss – war die Unhaltbarkeit derartiger Wohnverhältnisse. Am Status Quo änderte sich jedoch bis in die Nachkriegsjahre hinein nur wenig. Lediglich die Zellulosefabrik und das k.k. Forstärar stellten Wohnraum zur Verfügung. Die Stadtgemeinde setzte ein Komitee zur Erhebung der ohnehin augenscheinlichen Wohnmissstände ein. Der ebenfalls ernannte Wohnungsinspektor machte die ArbeiterInnenschaft selbst für den gesundheitsschädlichen Zustand ihrer Wohnungen verantwortlich. Die Gesuche der ArbeiterInnenschaft wurden – weit hinten in der jeweiligen Tagesordnung – in der Bausektion des Halleiner Gemeinderates verhandelt. Die Angebote der Salzburger Allgemeinen Unfallversicherung, den Gemeinden unter günstigen Bedingungen und 24-jähriger Steuerfreiheit Gelder für den Bau von ArbeiterInnenwohnungen zur Verfügung zu stellen, stießen auf Ablehnung in der Halleiner Gemeindestube. Und die Generaldirektion des Tabakmonopols verschob eine Entscheidung über den Bau von Personalhäusern in Hallein Jahr für Jahr aufs Neue. Erst 1928 war das erste von mehreren Wohnhäusern der Tabakregie bezugsfertig.[11]

Während 1910 90 Prozent aller TabakfabriksarbeiterInnen – nicht nur in Hallein – in Wohnungen mit Größen zwischen 17 und 26 m² lebten, wurden den Fabriksbeamten und ihren Familien von der Generaldirektion 3 Wohnräume und verschiedene Nebenräume wie Vorzimmer, Küche, Bad, Dienstbotenzimmer und Speise zugestanden. Selbst die größte der im gleichen Zeitraum – von der Generaldirektion jedoch lediglich projektierten – ArbeiterInnenwohnungen kam mit ihren 2 Kabinetten, dem Wohnraum und der Küche nicht an den Beamten-Wohnstandard heran.[12]

Geringe oder nicht vorhandene Spielräume, um Zeit und Raum nach eigenem Ermessen aufzuteilen, waren für uns der Suchrahmen für gesellschaftliche Herrschaftsstrukturen in der unmittelbaren Lebenswelt der Halleiner ArbeiterInnenschaft. Sind so existentielle Lebens-und Entwicklungs-Räume wie Raum zum Wohnen nicht einmal oder nur äußerst reduziert vorhanden – von selbstbestimmter Aufteilung und Aneignung ganz zu schweigen –, dann ist die Behinderung der subjektiven Lebensgestaltung um ein Vielfaches potenziert.

Für die ArbeiterInnenschaft in Hallein war es, gerade was den zugestandenen Wohnraum betrifft, bis in die frühen Zwanzigerjahre dieses Jahrhunderts unerträglich eng geschnürt, das Zeit-Raum-Korsett der Gesellschaft.

Selbst dieser minimale Lebensraum scheint jedoch noch bedroht gewesen zu sein. So ging 1911 ein Schreiben des Halleiner Dechants und Stadtpfarrers an alle Halleiner Hausbesitzer, in dem – unter Berufung auf „christlich-sittliche Verantwortlichkeit" und den „Ruf der Gemeinde" – dazu aufgefordert wird, alle unverheiratet Zusammenlebenden sozusagen auf die Straße zu setzen: also Wohnungsverbot für alle, die nicht nach jenen kirchlichen und bürgerlichen Normsystem lebten, welches das Zusammenleben, Sexualität und Geburten rigid an die Ehe bindet.

„Es ist eine unleugbare Tatsache" – so der Stadtpfarrer – „dass sich die Konkubinate in unserer Gemeinde in geradezu erschreckender Weise vermehren. Sehr viele Hausbesitzer vermieten ihre Wohnungen an solche Parteien. Selbst Fälle, wo es sich zugleich um offenen Ehebruch handelt,(...) erregen keine Entrüstung und finden Obdach. Dadurch wird das Sittlichkeitsgefühl tief untergraben, die Jugend muss tiefen Schaden leiden (...). Die Umstände verpflichten mich als Seelsorger, diesen Weg einzuschlagen, um Euer Wohlgeboren zu bitten, den erwähnten Zuständen ihre vollste Aufmerksamkeit und Mithilfe zu ihrer Besserung zuzuwenden. Wollen Sie solche Personen, wenn schon eine Trennung aussichtslos und der Abschluss der Ehe angezeigter ist, aufmuntern, die Ehe einzugehen und dadurch etwa vorhandene Kinder zu legitimieren. (...) Ist aber bei solchen Personen das christlich-sittliche Empfinden so tief gesunken, dass sie die Ehe als etwas Unnötiges ansehen, oder ist eine Ehe unmöglich, weil eines oder beide verehelicht sind und vom Ehegatten getrennt leben, (...) so mögen die Hausbesitzer im Interesse der öffentlichen Sittlichkeit, im Interesse der Jugend, des Rufes der Gemeinde und weil sie nach christlich-sittlichen Begriffen für ihr Haus verantwortlich sind, solche Parteien im Hause nicht dulden. Nur das Interesse für das zeitliche und ewige Wohl meiner Pfarrgemeinde veranlasst mich, diese Zeilen an Euer Wohlgeboren zu richten."[13]

Dass gerade in ständig von Verelendung bedrohten Milieus viele aus ökonomischen Gründen daran gehindert waren, eine vor dem Gesetz gültige Ehe einzugehen, wird hier nicht reflektiert. Unausgesprochen bleibt damit auch der „Zusammenhang zwischen Armut der Brautleute und aufgeschobener oder überhaupt nie vollzogener Eheschließung."[14] Denn: Bei niedrigsten Löhnen und gleichzeitig hohen Ausgaben für den alltäglichen Lebensunterhalt konnten selbst die – bei Zugewanderten oft recht hohen – Kosten für die zur Eheschließung notwendigen Papiere und die Ausgaben für die feierliche Gestaltung der Hochzeit im Verwandten- und Bekanntenkreis zur finanziellen Hürde werden. Zudem ist bürgerliches

Eherecht zunächst einmal vor allem ein Rahmen zur Regelung von Besitz und Eigentum. Für die Besitzenden hat es demnach einen ganz anderen Stellenwert als für die eigentumslose Bevölkerung.

Michael Mitterauer verweist in seinen Forschungsarbeiten über „Ledige Mütter. Zur Geschichte unehelicher Geburten in Europa“[15] für die damalige Zeit auf das mögliche Vorhandensein schichtspezifischer, den realen Lebensumständen angepasster Normen des Zusammenlebens in den Unterschichten.

Was vom Standpunkt der Kirche ein Abstieg im „christlich-sittlichen Empfinden“ war, enthielt seine eigene schichtspezifische moralische Logik: Obwohl erst viel später durch eine formale Eheschließung ‚legalisiert‘, waren die in Zeiten der Pauperisierung sehr häufigen Konkubinate in den Unterschichten oft dauerhafte „auf dem Konsens der Partner basierende Lebensgemeinschaften.“[16]

> „Des rechen i meim Vota eigentlich oiwei aun: bei uns san 4 ledige Kinder do gwesen, 5 ledige Kinder hot mei Muatta ghobt oder goar 6. Und mia haumd oi oan Vota ghobt. Und im 11er-Joar haums daun gheirat.“
>
> Tochter aus einer Fabriksarbeiterfamilie, Jahrgang 1907[17]

Diese objektiven Beschneidungen und Begrenzungen primärer Lebens-Räume der Halleiner ArbeiterInnenschaft hinterließen markante Spuren in den lebensgeschichtlichen Erfahrungen der interviewten Frauen.

Die Zigarrenfabriksarbeiterin Maria S., Jahrgang 1905, ist eine der „Glücklichen“, die Ende der Zwanzigerjahre mit ihrer eigenen Familie in eines der Personalhäuser der Zigarrenfabrik einziehen kann. Die fünf Zwölffamilienhäuser sind auf kostenlos zur Verfügung gestellten Gemeindegründen errichtet. Der Zins ist erschwinglich: „Mia haums jo leicht zoit die 11 Schilling.“[18] Kinderreiche Familien werden bevorzugt bei der Wohnungsvergabe. In der erzählten Lebensgeschichte von Maria S. nehmen die Erinnerungen an die „schene Wohnung“, an das endlich Platz, Licht und Sonne Haben viel breiteren Raum ein als die großen politisch-historischen Ereignisse, die ihr Leben markieren.

Noch bis in die ersten Jahre ihrer Ehe hatte sich der seit der Kindheit vertraute klassenspezifische Erfahrungshintergrund ständig beengten Wohnens gezogen. Mit ihrem lungenkranken Mann und den kränklichen Kindern lebte sie in einem einzigen, schlecht zu heizenden, dunklen Raum.

> „No, und daun samma do außazogen 1928. (...) Da Direktor (der Zigarrenfabrik) hot gsogt: ‚Sie sind jung‘ – i bin 22 Joahr oit gwen –, Ihna gib i do in d'Höh auffa' (nach oben), hot a gsogt, net (in den 3.Stock des Personalhauses). Und daun haumma die schene Wohnung kriagt – durch'n Betriebsrot, gön'S, wei der hot mi guat kennt. Hob i glei gsogt, ‚Schaun'S, da Maun is oiwei kraunk,

d'Kinder ...' – die Poldi haumma a poar Moi auf d'Kinder-Hochalm geben missen. Die hot so an ausgschlogenen Kopf ghobt, so an aufbrochenen, net, und a aun da Lunge hot sie's a weng ghobt. Hob i oiwei Schmierseifenbäder gmocht und ois. Na jo ... Und nochand haumma die schen Wohnung kriagt und mei Maun woar *wia umdraht*, sog i Eahna, nochand. Gaunz kloar: die schene Wohnung, die Sunn haumma einebrenna lossen, net, ins Schlofzimmer, die Betten hand gwen obends wia *aungwärmt* – no, des hot eam guattaun."[19]

Der Erzählelan und die emotionale Intensität jener häufigen, die neue Wohnung und das damit verbundene Lebensgefühl betreffenden Gesprächspassagen lassen unschwer erkennen, dass das Hinter-sich-lassen-Können jener jahrelangen die Lebensmöglichkeiten beschneidenden räumlichen Begrenzungserfahrungen als ein lebensgeschichtlicher Wendepunkt erfahren wird.

„Da Doktor A. (Fabriksarzt) hot a oiwei gsogt: ‚Schaut's, dass do amoi außa kummt's aus dera Höhle."[20]

„Wia umdraht" ist nicht nur der Mann, als mit dem Einzug in die – aus Wohnküche mit fließendem Wasser, Zimmer, Kabinett, Vorzimmer, Keller, Dachboden und Holzhütte bzw. Bad und Waschküche für je sechs Parteien bestehende – Personalwohnung endlich das Ambiente materieller Armut verlassen wird: ständig drohende Krankheit, Enge und eine „auf das Notwendigste begrenzte häusliche Gegenstandswelt".[21]

Endlich steht – langfristig und gesichert – Raum zur Verfügung, der, wenn auch nur langsam und ansatzweise, nach eigenem Ermessen gestaltet werden kann.

„Jo, do haumma die Wohnung hoib leer ghobt, sog I Ihna, wia ma einzogen hand. I kaun ma net Schuiden mochen. Mit wos denn obzoin? Und schen laungsam und schen laungsam."[22]

Ausführlich beschreibt Frau S. die schrittweise Aneignung des neuen Lebensraumes, das sich Einrichten in den 70 Quadratmetern der neuen Wohnung. Mit großer Zähigkeit geht sie daran, die ‚Wohnkultur der Armut' endgültig hinter sich zu lassen. Eine Kredenz zuerst. Dann Tisch und Sessel. Noch lange bleiben die Kleider in Leintücher eingeschlagen. Viel später kommt erst ein Kasten – billig von einem Arbeitslosen hergestellt. Geschirr. Und vor allem: für jeden ein eigenes Bett. Ein in den Jahren der Kindheit nicht gekannter Luxus.

„Mia haum *gern* goarbeit' dafür, *gern*! (...) Mia haum jo so a *Freid* ghobt, wia

> ma die Wohnung gsehn haum. Wos glauben'S denn, der schöne Ofen ... Jetzt is a jo oit, jetzt dearfen'S ihn nimma aunschaun. Und daun woar a Speiskosten mit so am Luftloch drinn. Und die *schen* Fenster. Und ois hot uns a so *gfreit*, na, wos glauben'S.
> Wos moanan'S – mei Maun woar oarbeitslos, oba wia a no goarbeit' hot, wia i gsogt hob, er hot Maurern glernt mit 27 Joahr erst (...), und do hot eam da Meister z'vü obzogen, des hot a daun zruckkriagt – do haum uns mia in Tisch ..., zwa neie Betten haumma kauft, net, und a Kredenz (Schrank für die Küche), Tisch und Sesseln. (...) Und des haumma daun ghobt. Und i sog Ihna wos: I hob die Kleider eingschlogen in Leintiacha und vo meiner Mutter hob i no an Schublodenkosten ghobt mit Wäsch und untersi hoit wos einitaun. Es hot a Zeit braucht, bis ma amoi a Oarbeitsloser daun amoi an Kosten gmocht hot.
> Daun haumma, von da Schweiz haumd mia amoi Hilfe kriagt. Von der Schweiz haumma zwoa Betten kriagt, wissen'S, so mit Drahteinsatz, so gflochten scho. Und Decken. Und Gschirr haumma kriagt. Die Frau L. drent und i. Do haumma hoit a bissl so a Hilfe kriagt von da Schweiz außa. Des hob i daun hergricht ois die Kinderbetten drüben. Woar recht liab ... Jo, mia haum a Freid ghobt. Mia haum *gern* goarbeit dafür."[23]

In den folgenden Gesprächssequenzen wird die Wohnung zum Schnittpunkt zwischen der ‚großen Geschichte' und dem ‚Privaten'. Doch die politischen Dimensionen der auf den Wohnungseinzug folgenden Jahre – der Ausbruch des Krieges, das Einrücken des Mannes, die Judenvernichtung, Kriegsende und Besatzungszeit – verlieren sich im Sorgen um die Absicherung jener endlich erweiterten privaten Freiräume.

> „Und schen laungsaum und schen laungsaum – wia gsogt, daun hot a des Göd kriagt, daun haumma uns die Möbeln glei aungschofft. Und *de* Möbeln, die Zimmermöbeln (zeigt auf die Einrichtung der Stube, in der sie jetzt lebt), die hob i von *dem* Göd (von der Abfertigung nach der Schließung der Zigarrenfabrik 1940) glei mochen lossen.
> Do woar er (der Mann) in Krakau, do hot a ma scho an Leim gschickt, wei's scho nix mehr geben hot bei uns. Oa Kasterl hob i no oben. Waun der Fuaß do hoitert. Der hoit heit no net gscheit von dem Leim. Und i hob daun den Leim auffakriagt von meim Maun. Und a Daunen hot a ma auffagschickt. In Krakau woarn's dorten, net. Die hätten jo ois kriagt von die Juden, *alles* hätten's kriagt, oba er hot a net so vü Göd ghobt. Und do haumma sofort die Möbeln bestellt und mei Maun is grod hamkemman, wia da Tischlermeister ois aufgstöt hot. In Berchtesgaden hob i daun no schene Vorhäng'

kauft, wissen'S. Daun haum ma's wunderboar ghobt. Und daun kemman die Amerikaner und z'teifin ois (machen alles kaputt)."[24]

Die – vor dem Hintergrund einer möglichen Erfüllung lange ersehnter Erfahrungen – begonnene Arbeit, unter dem Einsatz aller Energien einen stabilen privaten Lebensraum aufzubauen, war abermals gefährdet. Alles, worauf die Tabakarbeiterin Maria S. in den vorangehenden Jahren gesetzt hatte, war schlagartig bedroht.

„Jo, de (die amerikanische Besatzung) hand jo sieben Monat in dera Wohnung gwen. Wos glauben'S, wia die umghaut haum. Do (von der Küche) haums gschossen ummi ins Zimmer. Die Nochbarin hot bleiben dearfen. Mia haumd jo do ummi ziagen miassen. Die Jungen (Töchter) hand furt. Hot a jede a Freindin ghobt, net. Grod zum Essen han's kemman. Jo, so is' zuagaungan.
Und waun i Ihna sog, der Boden woar schwoarz wia des Blech, wia ma einzogen hand wieder. Im Februar haumma wieder einadearfen.
Und de haum *ois* – schaun'S her, die Möbeln woarn dort neu – *ois* haums ma ruiniert. Wia des ausschaut ois. Da Schwiegersohn hot's eh hergricht, so vü a kenna hot, oba ... Jo, wos glauben'S: D'Fiaß haums am Tisch oben ghobt. Am Bett, im Bett han's drinn gwen. Grod dass i die Tuchenden darett' hob. Die haumd jo umgwirtschoft, na, na *furchtboar*. Jo ... Sieben Monat' woarn ma bei da Nochbarin, haumma hintern Tisch schlofen miassen auf zwa Diwan."[25]

Auch wenn es nicht offen ausgesprochen wird: Es ist nicht nur eine Wohnung, es ist ein ‚Lebens-Traum', der hier von der amerikanischen Besatzungsmacht enteignet wird: der Traum nicht mehr auf engstem Raum seinen Platz finden zu müssen – angestachelt durch jene intensive Erfahrung beschnittener und reglementierter Wohn- und Rückzugsmöglichkeiten in Kindheit und Jugend, denen eine ganze Generation von Halleiner Frauen aus dem ArbeiterInnenmilieu ausgesetzt gewesen war.

„Ma! Mein Gott na! Mia haumd a Küch und a Zimmer ghobt und des is nur durch so a Holzwaund obgetrennt gwen. Und daun no a kloans Zimmer. Und do woarn ma fünf Kinder und die Eltern. Gaunz schlimm woar des!
A Bad hot's net geben. Es hot a nix geben. Do is hoit so a Waun (Wanne) do gwesen: oans noch'm aundern hot si do hoit boden kennan. Bis ma des wieder ausgleert hot und s'Wosser auf da Herdplotten gwärmt hot! Jo, des woar scho ... Oiso, des kaun ma si goar net vorstön. Und die Böden a ois zum Reiben, die Holzböden. Jo, des kaun ma si goar net vorstön. (...)

> Jo, sehr eng, sehr eng woar's. I woaß, die Buam haum nur gaunz a kloans Zimmerl ghobt: kalt. Do haum die drei Buam gschlofen. Die haumd immer beim Schlofen obgwechselt: boid *de* zwoa beisommen, boid *de* zwoa. Es woar scho *schwierig* friaha."
> „Und wo haum Sie ihr Bett ghobt? Wo haum Sie gschlofen?"
> „In da *Küch*, jo. Meine Schwester bei *mir*. Woar jo koa Platz. Große Wohnungen hot ma überhaupt net kriagt und hätt sie's a net zoin kennan."[26]

Exkurs: „A Heisl, des woar so da Traum von domois"

Über die klassenspezifische Falle, die in diesem ‚Lebensprojekt' enthalten ist

Die Gleichförmigkeit der frühen Wohnerfahrungen und wohl auch die ganz allgemein durch materielle Armut und frühen Zwang zur Arbeit erlebte Enge stachelten die interviewten Frauen offenbar auch zu ähnlichen Träumen an.

> „I hob ma oiwei vorgstöt, zu am Haus möcht i's bringen. Des mecht i amoi, hob i ma vorgstöt. Na, es i uns daun a gelungen, net."[27]
> „A Eigenheim hob i scho *oiwei* im Sinn ghobt. Auf des hob i scho oiwei – mia haum eh oiwei so primitiv gwohnt und ois, net, und so knapp. (...) Und ois Mieter is ma eh oiwei so ‚übrig' gwesen. (...) Mein Gott, in ana Mietwohnung host di eh net mucksen dearfen domois. (...) Auf des hob i scho oiwei ..., des hob i scho oiwei im Sinn ghobt. Oba sunst host a koane Träume ghobt."[28]

Auf meine Frage nach ihren Wünschen und Träumen als jungen Mädchen oft di rekt ausgesprochen, manchmal nur an der Zielstrebigkeit der Verwirklichung als ein ‚Lebenstraum' erkennbar, zieht sich das Motiv Wohnung/eigenes Haus durch viele Gespräche.

Die Wohnungsfürsorgemaßnahmen der sozialdemokratischen Gemeinderats-Mehrheit nach 1918 haben für viele den Traum von ‚mehr Raum, mehr Platz haben' zum ersten Mal verwirklichbar gemacht.

In einem längst fälligen Nachziehverfahren entwickelte sich – gefördert durch die ‚rote Gemeinde' – in Hallein eine rege öffentliche und private Bautätigkeit, wie sie für die damalige Zeit „im Verhältnis zur Einwohnerzahl (7.500 Einwohner) wohl nur wenige Städte in Österreich werden aufzeigen können."[29] Durch Umbau alter, unbewohnter Objekte für Wohnzwecke sowie Neubauten wurden von der Stadtgemeinde zwischen 1919 und 1928 135 Wohnungen mit insgesamt 405 Wohnräumen – darunter 50 % Mittelwohnungen, der Rest Kleinwohnungen –

geschaffen. Grundschenkungen der Gemeinde, unter anderem an die Tabakregie und an die Zellulosearbeiter-Unterstützungskasse, ermöglichten die Errichtung mehrerer Personalbauten. Und in privater Bautätigkeit entstanden im gleichen Zeitraum – durch Gewährung von Wohnbaudarlehen und Überlassung sehr billiger Baugründe, ebenfalls durch die Gemeinde gefördert – 179 Wohnungen mit 537 Wohnräumen.[30]

Was statistisch lediglich als Zunahme privater Bautätigkeit und objektive Linderung der Wohnungsnot zum Ausdruck kommt, wird über die konkreten Lebensgeschichten um vieles plastischer. Auf der Ebene der individuellen Lebensgeschichte erscheint die Chance auf den Erwerb eines billigen Baugrundes zunächst als Möglichkeit, der klassenspezifischen Sackgasse der Eigentumslosigkeit ein Stück weit zu entkommen.

Denn „wer nicht viel mehr als seine Arbeitskraft besitzt, erfährt Eigentumslosigkeit (...) immer als doppelten Zwangszusammenhang: Als Zwang, seine Arbeitskraft ein Leben lang unter fremdgesetzten Bindungen (in der Fabrik) verkaufen zu müssen, um leben zu können; und als Zwang, auch im Wohnbereich Bedingungen akzeptieren zu müssen, die Besitzende diktieren."[31]

Selbst in den Gemeindebauten und vor allem in den Personalhäusern scheinen strenge Hausordnungen und Kontrollen abermals Reglementierung und Abhängigkeit geschaffen zu haben. Und vor allem: noch mehr Arbeit für die Frauen.

Mehrmals wurde jedenfalls in den Interviews Unmut wider die männlichen, das Leben dieser Arbeiterinnen regulierenden und kontrollierenden, Experten laut. Unmut wider den Hausmeister, der sich nicht sehr viel Mühe machte, die Benützung der gemeinsamen Waschküche nach den Zeitbedürfnissen der Frauen zu regeln. Unmut wider die „Herren", die „olle Augenblick do gstaunden hand", um die Wohnungen in den Tabakregie-Häusern zu kontrollieren. Noch heute, im Gespräch, ist Frau S. empört:

> „Jo, wia ma einzogen hand, wos glauben'S: oi sechs Wochen ..., da Hof hot kehrt werden miassen, in da Woschküch hot ois glaunzen (glänzen) miassen – da Kessel, da Kupferkessel hot glänzen miassen, waun a die aunder Partei einghoazt hot.
> Na, de haumd uns wos sekkiert (geärgert), des sog i Eana. Bis a kaputt woar. Nochher haums aufgheart mit die Tanz. Woar ois, gön'S, ois woar mit Messing beschlogen. Sehn'S eh, die Türen bei uns, des haum jo ..., mia haum jo scho ois neu – mia haum 16, 18 so Schnoina (Schnallen) ghobt, wos oi Wochen putzt werden hot miassen.
> Und olle Augenblick hand die Herren do gstaunden, Wohnung aunschaun."
> „Wöche Herren? – Von da Fabrik?"
> „Jo, freili. Und sogoar von da Kraunkenkassa is amoi da Hausmaster kem-

man. Hob i gsogt: ‚Meine Herren, geht's eini, schaut's engs aun. I hob koa Zeit. I muass beim Herd stehn. Muass kochen. Da Maun muass weg!" (Mit ärgerlicher Stimme.)
„Die san do kontrollieren kumman praktisch?"
„Jo freilich! Do haumma Oarbeit gnuag ghobt. Daun haumma von *do*, von da Wohnungstür weg ois obiputzen miassen olle sechs Wochen. Olle 14 Tog *de* Stiagn. Und olle sechs Wochen die große Hausordnung. Do haumma eh Oarbeit gnuag ghobt, des sog i Eana."
„Woar do so a strenge Hausordnung?"
„Jo, jo, do woar a strenge, jo."
„Und wos is passiert, wenn die kontrollieren kumman san?"
„Jo, jo ..., i hob koan Aunstaund ghobt. Oba schaun'S: Mein Schwiegersohn sei Mutter, die hot am Kasten so Zeig oben ghobt. Die hot's hoit net so genau gnumman. Hot's an Mords Aunstaund kriagt. Und der do drunter (ein Nachbar), der hot si a klane Schuastawerkstott gmocht in da Küch. Woar er in da Pension oder woar er überhaupt a Schuasta – er hot hoit oiwei ..., meine Schuach hot a a oiwei gmocht von die Kinder. (...) Der hot sofort die gerichtliche Kündigung ghobt, sofort haums ausziagen miassen."[32]

Die Tabakarbeiterin Anna L. gehört zu jenen interviewten Frauen, die mit aller (Arbeits-)Kraft versuchten, sich durch ein eigenes Haus eine zwanglosere Ausgangsbasis zumindest für ihren privaten Lebenzusammenhang zu schaffen. Dem Druck, den Einschränkungen und den ständig drohenden Kündigungen eines Mietsverhältnisses endgültig zu entkommen, das ist die offen ausgesprochene Hoffnung, die sich mit dem Bedürfnis nach dem ganz eigenen Heim verknüpft.

„A Heisl, des woar ..."
„Jo, des woar so da Traum von domois."
„Wos hot ma si von am Heisl erhofft?"
„Jo, dass ma unabhängig is, in erster Linie. Dass ma wo bleiben kaun und dass am niemand dreinreden kaun und so. Niemand kündigen kaun. Waun ma oiwei so im Mietverhältnis is, is ma jo so obhängig."[33]

Die Psychologin und Soziologin Beate Schmidt hat in ihren sozio-biografischen Forschungsarbeiten zu den Erfahrungen von Fabriksarbeiterinnen eine weitere psychosoziale Komponente aufgespürt, die „hinter dem Wunsch nach Anschaffungen – von der Wohnungseinrichtung bis zum Einfamilienhaus" stecken kann: „das Bemühen um Sichtbarmachung dessen, was man leistet, leisten kann, das Bemühen, geleisteter Arbeit habhaft zu werden."[34] Zu wissen, zu spüren, ganz handfest und konkret zu erleben, wofür man sein ganzes Leben lang gearbeitet hat.

Am häufigsten war in den Interviews mit *Tabakarbeiterinnen* die Rede vom Lebensprojekt: eigenes Haus. Innerhalb des proletarischen Lebenzusammenhanges in Hallein gehörten sie auch zu den wenigen, für die es einigermaßen planbar war, sich auf den Bau eines eigenen Hauses einzulassen. Genauer gesagt: Es waren die Doppelverdienerinnen unter ihnen, die so etwas wie eine realistische Chance hatten, das Bedürfnis nach dem eigenen Heim zu realisieren. Das eigene Eingebundensein in die – für damals – doch relativ privilegierte soziale Sicherheit der Zigarrenfabrik, ein Mann, der noch Arbeit hatte – vielleicht sogar bei der Bahn –, und die billigen Baugründe der Gemeinde waren sozusagen die Minimalvoraussetzungen dafür. Jahrelange Eigenarbeit, körperliche und psychische Anstrengungen, vielfältige Einschränkungen und weitgehender Konsumverzicht waren die unvermeidbaren Begleitumstände.

Wurden sie auch deshalb in Kauf genommen, weil das eigene Wunschdenken, die eigene Identität eines Gegenpols zur alltäglich in der Fabrik verausgabten und verschlissenen Arbeitskraft bedurften? Weil sie etwas zeitlich und räumlich Konstantes brauchten, das der Enteignung der eigenen Arbeitskraft in der Fabrik entgegengesetzt werden konnte?

Durch die Monotonie und Einseitigkeit ihrer reduzierten Arbeitsvorgänge wird ja gerade in der Fabriksarbeit – und hier kann noch einmal an den Forschungsergebnissen von Beate Schmidt angeknüpft werden – den Arbeitenden ein sinnhaftes, anschauliches Resultat der eigenen Arbeit vorenthalten. Das Produkt in der Fabrik „‚verschwindet', kaum dass der Arbeitsgang zu Ende gebracht ist. Was bleibt, ist die Erfahrung, dass mit dem Produkt langfristig auch ein Teil des eigenen Arbeitsvermögens enteignet wird; die Kräfte lassen nach, das Gefühl, viel zu schnell alt geworden zu sein, stellt sich ein."[35] Und irgendwann vorher der Wunsch nach Gegenerfahrung? Der Wunsch, die eigene Arbeitskraft für ein selbstbestimmtes Ziel einzusetzen?

Als die Tabakarbeiterin Anna L. mit 32 Jahren heiratet, gehört ihr „oans von die nettesten Heisln, am Riedl draußen".[36] Mehrere Jahre Arbeit investierte sie gemeinsam mit ihrem späteren Mann für die Verwirklichung dieses Traumes: unter Zurückstellung der Heirat und des Zusammenlebens.

> „Und bittschen, mei Maun ..., do woar i 28 Joahr (als sie ihn kennenlernte), do haumma *a net* heiraten kennan, wei do woarn ma unterm Haus baun. Do host da erst wos schoffen miassen. Des is net so wia heit, waun so Dirndl do mit 20 Joahr heiraten und no nia wos verdient – sich ois von dahoam ... Des hot's bei uns net geben. Do host da söba wos schoffen miassen. (...) Und so in die Not einiheiraten, ins Ungwisse – des woar *mei Foi* nia, gö."[37]

Im Gespräch mit Frau L. werden nicht nur die Hoffnungen spürbar, die mit dem Plan vom Eigenheim verknüpft sind. Was *auch* hervorsticht, sind die Kosten für dieses erhoffte Mehr an Autonomie, Stabilität und Lebensraum, für den Traum, sich selbst etwas geschaffen zu haben. Denn die Interviews zeugen „von den langfristigen Anstrengungen und Entbehrungen, die Eigentumsbildung im proletarischen Lebenszusammenhang erzwingt".[38] Auf der Basis jener minimalen Ressourcen, die in ArbeiterInnenfamilien vorhanden sind, „hält der Erwerb von Haus- und Grundbesitz auch Sorge, Unsicherheit und Fesselung bereit."[39]

Als die Tabakarbeiterin Maria E. 1921 heiratet, zieht sie mit ihrem Mann ins Haus der Schwiegermutter ein. Der Vater des Mannes war Holzrechen-Arbeiter gewesen. Nach seinem frühen Tod stand die Mutter mit vier Söhnen alleine da.

> „Und sie haum si des Heisl do kauft ghobt durten. Haums a bluatig obzoin miassen. Und do is' oi Tog in' Moarkt einigfoahrn: Von ihre Bekannten unten hot's des Grünzeug bezogen (stammt aus einer Bauernfamilie bei Salzburg), net, und drinn hot sa's verkauft. Und daun is' oba auf amoi so worn, dass sie mit'n Göd nimma zaumkumman is. Mia hand a ... – sie hot si uns nix z'sogen traut. Grod dem jüngsten Bruadern. Wei si hot 13 Kinder ghobt, mei Schwiegermutter. Und vier hand grod am Leben blieben. Jo, und s'Werden und Sterben hot a a Göd kost! Und ...
> Nochand hot's daun a Göd aufgnumman in Salzburg auf ana Bank. Do hot's daun die Zinsen nimma zoin kennan."[40]

Bei geringen finanziellen Mitteln kann jede ökonomische Krise – etwa durch Krankheit, Tod, Arbeitslosigkeit oder Lohnkürzungen – das ohnehin mühsam genug erworbene Eigentum gefährden. Mehrmals ist Frau E. damit konfrontiert: Zuerst die Schwiegermutter, die nach dem Tod des Mannes irgendwann den Kredit nicht mehr „packt", obwohl sie schon jahrelang „bluatig" abgezahlt hat. Dann das eigene jahrelange „fortwurschteln", nachdem sie mit ihrem Mann das Haus und damit auch die noch fälligen Zahlungen und die immer wieder anstehenden Reparaturarbeiten übernommen hat.

> „Mia haumd jo a – wos denn, wos mia ghobt haum – mia haumd jo a extra nix Erspoartes ghobt net. Jetzt haumma unten (in Salzburg) des Göd aufgnumman, haums do auf die Raiffeisenkassa überstellen lossen hoit und daun haum ma's obzoit. Des woarn dorten 20.000 Schilling. Des is vü Göd gwen, *vü* Göd is des gwen. Des haumma obzoin miassen. (...)
> Und daun, miassen'S sogen, jetzt a so a Heisl! Frog net – Sie soin ja des zerst gsehn haum, wia des Haus ausgschaut hot, net. Mia haumd jo *vü* Göd einataun."[41]

Als die Mutter des Mannes erkrankt, muss diese nicht nur jahrelang zu Hause gepflegt werden, Arzt und Medikamente für die nirgends krankenversicherte Frau gehen an die finanzielle Substanz der Familie.

> „So, jetzt haumma oiwei n' Doktor braucht. Medikamente – ois haumma zoin miassen a. Obzoin haumma miassen. Haumma uns a zaumschaun miassen. Haumma hoit a im Heisl extra goar net so vü toan kennan, net. Des is erst so schen laungsam gaungan. (…) Mei, mia haumd jo a nix ghobt net. I hob von dahoam mei Bett kriagt. Er – i hob scho an Federneinsatz drinn ghobt – oba er mit seim Strohsack … Mia haum si a ois so schen laungsaum …"[42]

Oft wäre ihnen lieber gewesen – erzählt Frau E. – wenn sie sich nie auf die Sache mit dem Haus eingelassen hätten.

Die Tabakarbeiterin J. geht den langwierigen ‚Weg' bis zum eigenen Haus ganz gezielt. Doch beim Nachvollziehen der Erzählung ihrer Lebensgeschichte drängt sich – mit Peter Brückner – ganz besonders stark die Frage auf, in welchem Maße gerade bei Lohnabhängigen die Anstrengungen beim Erwerb und bei der Absicherung von Eigentum den Eigentümer, die Eigentümerin unfrei machen: „… gerade das Eigentum der Lohnabhängigen (dient) gesellschaftlich dazu, den Eigentümer zu kontrollieren. Mittels seiner Habe, von der Wohnungseinrichtung bis zum Einfamilienhaus wird er abhängig gemacht; sein Leben gerinnt, Geschichte wird stationär."[43]

Selbst schon aus einer TabakarbeiterInnenfamilie kommt sie, die Zigarrenfabriksarbeiterin J. Die Mutter ging in die Fabrik. Der Vater war Briefträger. Sie ist eines von drei Kindern. Auch in dieser Lebensgeschichte waren räumliche Enge, entfremdetes Wohnen, verbunden mit einem Beengtsein durch Mangelerfahrungen ganz allgemein, der Nährboden für den Traum nach etwas ganz ‚*Eigenem*', das man sicher in Händen hält. Keine der anderen Lebensgeschichten zeigt jedoch so massiv die klassenspezifische Falle, die dieser privatbezogene Traum enthalten kann. Durch die massiven Anstrengungen beim Erwerb und bei der Sicherung von Eigentum verformt er sich vielfach zum Strick um den Hals der eigenen persönlichen und politischen Beweglichkeit.

„I hob ma a nia vorstön kennan, dass mia amoi überhaupt zu wos kemman", war die erste nüchterne lebensgeschichtliche Zwischenbilanz Franziska J.'s beim Erzählen der Jahre ihres Kindseins. Ihr „I hob ma denkt, des wird fost nicht zum Erreichen sein", drängt sich zwangsläufig auf nach den Erfahrungen stets knapper Mittel und Möglichkeiten, welche die Kindheit in einer Halleiner ArbeiterInnenfamilie für sie bereitgehalten hat. „Oba es is do gaungan",[44] berichtet sie weiter.

Doch: Zwischen ihrer Befürchtung, nie über die Grenzen von Kargheit, Mangel und Eigentumslosigkeit hinauszukommen, und der jetzt, im Interview, erzählten

Gewissheit, es doch geschafft zu haben, liegt – und das schälte sich für mich in der Konfrontation mit dieser Lebensgeschichte allmählich heraus – ein jahrelanger Rhythmus von Arbeit und Verzicht, sparen und abzahlen, sich einschränken und sich selbst enge Grenzen setzen. Ein Rhythmus, der seit der Kindheit Vertrautes noch weiter verlängert, weil er wiederum nicht Raum lässt für spontane Bedürfnisse, für freie Zeit, Großzügigkeit, Entspannung und Genuss.

Etwas erreichen, endlich und endgültig aus der Not herauskommen: *Eigentum*, als sinnfälliger, handgreiflicher Beweis, genau das geschafft zu haben – das formulierte Franziska J. als von ihr angestrebtes Lebensziel.

> „I bin jo wirklich a oarm aufgwochsen. Und drum schätzt ma's daun a, waun ma zu wos kummt und ma schaut ... Mi haums oiwei ois geizig erklärt. I hob oiwei gsogt: i bin net geizig, oba i woaß gaunz genau, dass i von dem net reich werd, waun i jetzt s'Göd ein nimm und morgen gib i's aus."[45]

Individuelle Strategien sind es, die sie einschlägt, um ihr Ziel zu erreichen: Sparen, arbeiten, sehr viel arbeiten und „anständig sein". Materielle Ausgangsbasis ihres ‚Aufstiegs' ist die Arbeit in der Fabrik. „Überglücklich" – „wei i gwusst hob, jetzt kaun i zu am Göd kumman, jetzt kaun i ma wos erspoarn ..."[46] – arbeitet sie sich vorwärts. Schritt für Schritt. Was sie hinter sich lassen will, ist offensichtlich, weil immer wieder im Gespräch artikuliert. Abgrenzen will sie sich vom Schicksal jener durch Kinder, Familie und Arbeit überlasteten Frauen, die „a gaunze Wochen nur oarbeiten – nur wieder, dass' Göd do woar zum Ausgeben für d'Familie."[47]

Sehen will sie, wofür sie arbeitet. Ihre Arbeit und den Lohn, als Ertrag ihrer Arbeit, nicht lediglich durch Bedürfnisse der Familie oder einen Mann, der trinkt, aufgesaugt wissen. Es habe ja viele gegeben im ihr vertrauten sozialen Umfeld, die trotz Arbeit und Sparen zu nichts gekommen sind. Viele hätten es damals nicht geschafft, dem Kreislauf der Armut zu entkommen: der vormittags ausgezahlte Lohn sei oft nachmittags schon weg gewesen, wenn Schulden da waren zum Abzahlen.

> „I bin oiwei da Krösus gwesen do drinnen (in der Zigarrenfabrik). Wei die wos bei mir so gsessen san, haum Männer ghobt, die wos trunken haum, und sie söba daun nochlässig worn san.
> Woarscheinlich haums gsehn, dass' trotzn spoarn zu nix kumman, jetzt is eana scho ois wurscht gwesen."[48]

Um nicht – wie etwa ihre Eltern – mit *Nichts* den Sprung in ein eigenes Leben machen zu müssen, wird jeder Groschen, der nicht als Kostgeld zu Hause abgeliefert werden muss, gespart. „S'Göd zum Vertändeln hätt' i net kriagt – dass i ma heit des kauf und morgen schmeiß i's weg, des hätt's net geben."[49]

Geld, als Symbol der potenziellen Erreichbarkeit dessen, was bisher unerreichbar geblieben ist. Viele kleine Verzichte, auf später vertagtes Leben, um auf „Größeres" zu sparen – auf ‚bleibende' Werte. Endziel: „A Haus woit i immer haum." Auf ein Schlafzimmer und eine Küche sparen, ist der erste Schritt. „Für an geregelten Aunfaung. Do is ma hoit scho, wia ma sogt, aungsehn gwen, waun ma des mitbrocht hot."[50] Auf die Jause habe sie dafür verzichtet, jeden Tag. Und: Um auch ganz sicher den Akkord zu schaffen, sei sie in der Früh immer schon „früher draun gwesen (in der Fabrik), damit i jo scho wieder die Zeit eina bring, in' Foi, dass i am Abort gehn miassert oder irgendwos woar. Des woar ois ... – Zeit is Göd, haum ma oiwei gsogt."[51]

Möglichst keine Fehler machen, alle Regeln einhalten, dem Inspektor nicht auffallen, nicht zu viel Zeit und damit auch Geld verlieren durch Gespräche mit Arbeitskolleginnen – sich nicht „muksen": das ist er Einsatz, den Franziska J. macht, um ihr Ziel – etwa durch den Verlust des Arbeitsplatzes – auf keinen Fall zu gefährden. Sich gegen Verbote, Strafen oder Disziplinierung am Arbeitsplatz aufzulehnen, sei für sie nicht in Frage gekommen: „Des woar einfoch so! Ma hot si eh kuscht vor lauter Aungst, dass ma vielleicht goar entlossen wurd'."[52]

Auch ihr Verhältnis zur Gewerkschaft, als möglicher Basis für eine kollektive Interessensartikulation, bleibt ein distanziertes. Obwohl Frau J. Gewerkschaftsmitglied war, setzte sie eigentlich auf andere, auf individuelle Strategien: Arbeiten, um zu überleben. Noch mehr arbeiten, sparen und sich fügen – für die Hoffnung auf ein bisschen mehr. Das scheint ihr der zielführendste Umgang mit ihrer klassenspezifischen Realität gewesen zu sein.

18 ist sie, als sie ihren späteren Mann – einen Handwerker – kennenlernt. Auch mit ihm sucht sie vor allem einen Arbeits- und Sparzusammenhang: „Wos nützt mir die große Liebe, waun i von dem Maun vielleicht nur a Fiasko erwoarten kaun." Gefallen habe er ihr, „weil a a spoarsam woar und nix graucht und nix trunken hot. Und fleißig goarbeit' hot a a, sehr fleißig. Und do hob i ma gsogt: mit *dem* Maun kaun i zu wos kumman."[53]

Als sie zwei Jahre später heiraten, kann Frau J. mit ihrem Mann bereits in ein selbstgebautes, aus Küche, Zimmer und Kabinett bestehendes Baracken-Häusl einziehen. Und fünf Jahre später ist die Realisierung des alten Traumes schon greifbar nahe: Sie beginnen mit dem Bau eines ‚richtigen' Hauses.

„I hob ma des scho zurechtglegt, wos i erreichen wü im Leben", [54] lässt Franziska J. irgendwann fallen im Gespräch. Hinter dieser Überzeugung, dass der Verlauf des eigenen Lebens ein selbstgestalteter war, verlieren sich die Kosten, die für die Tochter aus einer mittellosen ArbeiterInnenfamilie bzw. für die spätere Zigarrenfabriksarbeiterin – keineswegs nur selbstbestimmt – mit der Verfolgung ihres Lebenszieles verbunden sind. Kosten, die den Traum vom eigenen Besitz, vom Eigenheim und das, was an Hoffnungen dahintersteht – einen Kontrapunkt zu setzen zu den bisher erfahrenen, von Notwendigkeit diktierten Bedingungen der eigenen Reproduktion –, verformen und ihrer Lebendigkeit berauben. Denn weiterhin wird vor allem gespart, gearbeitet und verzichtet – für die ‚Zeit, wenn es fertig ist, das Haus'.

> „Mia haum *miassen* spoarn. Mia haum uns an Grund kauft und haum miassen obzoin und daun Haus baun. Do haumma miassen vorsparen, dass ma überhaupt an Kredit kriagt haum. Und daun haumma scho miassen söba den Rohbau herstelln, dass ma an Kredit kriagt haum zum Fertigbaun. Do is ka Göd do gwesen für wos aunders."[55]

Um 5 Uhr früh aufstehen und vor 11 Uhr abends nicht ins Bett – „des san ollerhaund Stunden, net, wos ma nur mit Oarbeit ausgfüllt hot".[56] Kein Urlaub, kein Fortgehen, manchmal – sonntags – ein kurzer Spaziergang.

> „Do hot's nix geben. Koa Zeit ghobt oder goar Göd zum Ausgeben. Mia haum uns net wo einitraut in a Gosthaus vielleicht a Halbe Bier kaufen – des hätt's net dalitten (das wäre unmöglich gewesen). Do hätt ma uns nix daspoart. Wei des woar ..., ois, a jeder Groschen hot miassen auf d'Seiten glegt wern. (...) Nur fürs Essen woar Geld do, oba für ois aundere nicht. Do hob i miassen glei obschoiten. Alles andere nicht!"[57]

Zehn Jahre sind die Zimmer leer gestanden, als das Haus dann endlich fertig war: „Bevor des aundere net obzoit is, haumma gsogt, tan ma's net einrichten. Do loss i's leer stehn."[58] Abermals muss ein wirklich in Besitz Nehmen des unter so viel Selbstbeschränkung Geschaffenen und Erarbeiteten verschoben werden. Nicht nur des für Möbel und sonstige Einrichtung fehlenden Geldes wegen. Nach so vielen Jahren des Verzichts, Jahren des Reduziertseins auf schwere Arbeit und auf ein Jeden-Groschen-auf-die-Seite-Legen, scheint es nur mehr schwer möglich zu sein, das eigene Haus „großzügig, d. h. lust- und genussbetont, ausgelassen und gastlich, spontan und eigensinnig zu benützen."[59] Zu lang ist die Geschichte der Belastungen und Zwänge, bis das Haus endlich fertig ist, als dass es leichtfiele, anders als äußerst vorsichtig und ‚sparsam' darin zu leben: Nichts abnützen, beschädigen und verunreinigen, denn das „droht alle zurückliegenden Anstrengungen und Entbehrungen zu negieren."[60] „Mei größte Freid woar", erzählt Franziska J.,

> „wenn i wieder die Wäsch im Kosten ghobt hob und ois in Ordnung woar. Waun ma kraunk wird, dass ma jederzeit den Oarzt hoin kaun. Dass ma jederzeit in a Spitoi gehn kaun. (...) Do woar ma glücklich, wenn ma gwusst hot, des hot ma ois in Ordnung." [61]

Alles in Ordnung haben, damit man jederzeit jemanden hereinführen *hätte können* … Ein sauberes Haus für den Fall, dass …?

So viel zur – in dieser, aber auch in anderen Lebensgeschichten der interviewten Tabakarbeiterinnen aufzuspürenden – Dialektik von Traum, konkretem, selbstgewähltem Einsatz der eigenen Arbeitskraft für das Eigenheim und der gerade im proletarischen Lebenszusammenhang vielfach damit verbundenen Steigerung von Selbstausbeutung und Zwang.

4.2. „Äußerst bescheiden …"

Zum Eingebundensein in eine Haushaltsökonomie der knappen Mittel

Nicht selten mildert der Blick zurück in die Kindheit erlebte Beschränkungen und Härten. Was die Halleiner Frauen in den Interviews über ihre Kindheitsjahre berichteten, war – verdichtet zum Topos „mia haum nix ghobt", „äußerst bescheiden" – jedoch recht massiv. Sehr verschiedene, aber diesen Kindheitsverläufen offenbar gemeinsame Mangelerfahrungen sind es, die in diese griffigen Formeln der rückblickenden Einschätzung eingegangen sind.

Da war eben auf der einen Seite die bereits dargestellte Enge des Wohnraumes als eine der wesentlichen Determinanten der Kindheit dieser Frauen. Aber da war zudem – als weitere Determinante – die von Reinhard Sieder auch für die Kindheit in Wiener ArbeiterInnenfamilien um 1900 beschriebene „Teilhabe der Kinder am Familienleben als einer Ökonomie der knappen Mittel"[62] für Nahrung, Kleidung, Brennstoff und Bildung.

Wir haben also eine Generation von Halleiner Arbeiterinnen und Arbeiterhausfrauen vor uns, deren Aufwachsen ganz stark auch geprägt war von der Erfahrung stets mangelhafter Ressourcen und damit von frühem Zwang zur Arbeit und Beschneidung elementarer Bedürfnisse ganz allgemein.

Auf der Suche nach der ‚objektiven' Seite dessen, was sich in diesen Kindheits-Geschichten an subjektiven Erfahrungen angesammelt hat, bin ich auf Daten und Zahlen und auch Beobachtungen von Zeitgenossen gestoßen, die vor allem die sozialen Lebensbedingungen der Tabakarbeiterinnen und ihrer Familien – über die Interviewberichte hinaus – noch zusätzlich präzisieren.

„Wer einmal Gelegenheit hat, unsere schöne Salinenstadt zu besuchen", schreibt ein Halleiner Berichterstatter im April des Jahres 1900 in der sozialdemokratischen ‚Salzburger Wacht', „der versäume nicht, zur Mittagszeit eine halbe Stunde auf der neuen Salzachbrücke zu verweilen. Der Besucher wird dort ein Stück sociales Elend an seinen Augen vorüberziehen sehen, wie er es selbst in den berüchtigtesten Industriebezirken Österreichs nicht wiederfindet.

Punkt zwölf Uhr öffnet sich das Gitterthor der nahen k. k Tabakfabrik und man sieht mehrere hundert Gestalten, Männer, Weiber und Mädchen herauskommen. Das Aussehen dieser Staatssclaven ist das denkbar elendeste, mit wenigen Ausnahmen tragen sie den Stempel der verschiedenen Proletarier-Krankheiten im Gesichte. Schlechte Ernährung, Tuberculose in allen ihren Stadien, chronische Magen- und Unterleibsleiden, alle diese von den Proletariern so gefürchteten Folgeerscheinungen der capitalistischen Ausbeutungswuth kann man von den Gesichtern dieser unglücklichen Geschöpfe herunterlesen. Der Großteil dieser Arbeiterinnen ist nach 20jähriger Thätigkeit in dieser Fabrik arbeitsunfähig, wenn sie nicht das Glück haben, früher zu sterben. Der gesundheitsschädliche Einfluss, welchen die Cigarrenfabrication auf die Frauen ausübt, ist heute nach einem dreißigjährigen Bestande der hiesigen Tabakfabrik an den Kindern dieser Arbeiterinnen deutlich sichtbar. Die Ursache der Unterernährung ist selbstverständlich in dem geringen Verdienste zu suchen. Die Accord- und Schichtlöhne haben sich seit dem Bestande der Fabrik nicht wesentlich verändert.“[63]

Selbst wenn man diesem ‚Augenzeugen-Bericht‘ das Pathos der sozialen Anklage ein wenig abschminkt, bleiben genügend gesicherte Informationen, die die Lebensbedingungen der Halleiner TabakarbeiterInnen-Familien einsichtig machen. Auch jenes „mia haum eigentlich nix ghobt, nix“ machen sie greifbar, das, wie gesagt, immer wieder auftauchte in den Interviews: als Summe der unter diesen Umständen möglichen Kindheitserinnerungen.

4.2.1. Begrenzte und bedrohte Kaufkraft

TabakarbeiterInnenlöhne und Lebenshaltungskosten in Hallein bis zum Ersten Weltkrieg

Ein Stück weiter in der Bemessung des Reproduktions-Druckes in Halleiner ArbeiterInnenfamilien und damit in den Herkunftsfamilien der meisten interviewten Frauen bringt uns das Ausloten der in diesen Haushalten vorhandenen Kaufkraft.

Damit lassen sich natürlich vor allem Aussagen machen über die finanzielle Erreichbarkeit nur über den Markt zu beschaffender Nahrungsmittel, Dienstleistungen und Produkte des täglichen Bedarfs. Was an Überlebensnotwendigem marktgängig nicht erworben, weil nicht bezahlt werden kann, macht andere Weisen der Beschaffung erforderlich. Begrenzte Kaufkraft erfordert praktische Bewältigung und verweist damit gerade für den angesprochenen historischen Zeitraum unausgesprochen immer auch auf die Kehrseite von Reproduktion in einer Haushaltsökonomie der knappen Mittel: verweist auf eine sich zwangsläufig „auf das mühselige Besorgen und Ausnutzen aller erreichbaren Reste und vor allem Ersatzstoffe"[64] konzentrierende Überlebensorganisation.

Bei konstant knappem Lohneinkommen waren Formen dieser Überlebensproduktion wenigstens minimaler Schutz gegenüber den Verelendungstendenzen proletarischer Existenz. Für die Zeiten von Krankheit und Arbeitslosigkeit, für das Konfrontiertsein mit Lohnverlusten und für den verschärften Reproduktionsdruck in kinderreichen Familien galt das in besonderem Maße.

Die Halleiner Interviews machen deutlich, dass bei der praktischen Bewältigung dieser „Ohnmachtssituationen des proletarischen Lebenslaufs"[65] in den betroffenen Familien dem (Arbeits-)Einsatz und der Findigkeit der Kinder eine große Bedeutung zukam. Bei allen interviewten Frauen war die aktive Teilhabe an der Organisierung des Überlebens für die Jahre ihres Kindseins lebensgeschichtlich konstitutiv. Doch hier sind wir schon bei den lebensgeschichtlichen Folgen eines konstanten Bedrohtseins der Kaufkraft in den Halleiner ArbeiterInnenfamilien in den Jahren bis zum Ersten Weltkrieg.

Am Verhältnis von Einkommen und Ausgaben für Wohnen und sonstigen Lebensunterhalt sollen jedoch zunächst die materiell greifbaren Rahmenbedingungen des Mangels nachgezeichnet werden. Von den vorhandenen Quellen her ist dieses Verhältnis, was Hallein betrifft, allerdings nur für die Löhne der TabakarbeiterInnen beziehungsweise für die Lebenshaltungskosten in ihren Familien eine gut messbare Größe. Empirisch ausgemacht ist damit ein ganz spezifisches Milieu innerhalb der Halleiner ArbeiterInnenschaft. Unter Rückgriff auf die Aussagen in den – über die lebensgeschichtlichen Interviews eingefangenen – Kindheitsgeschichten, die ja auch andere Teilschichten der Halleiner ArbeiterInnenschaft repräsentieren, ist es mehr als plausibel, bestimmte gesicherte Daten des Reproduktionsdruckes im TabakarbeiterInnen-Milieu auch für die anderen Herkunftsfamilien der interviewten Frauen anzunehmen.

Richtzahlen für die finanzielle Lebensbasis der TabakarbeiterInnen waren für mich die in den Statistischen Mitteilungen der Tabakregie beziehungsweise in den Gewerkschaftszeitungen veröffentlichten durchschnittlichen Wochenverdienste. Dabei wurde deutlich, dass die betriebswirtschaftlichen Überlegungen der Tabakregie, sich durch die Wahl dezentraler Fabriksstandorte vor allem billige Arbeitskräfte zu sichern, für die Beschäftigten der Halleiner Fabrik schwere Folgen hatte. Bis 1911 gab es in den staatlichen Tabakfabriken kein geregeltes oder überschaubares Lohnsystem. Je nach Standort überwies die Generaldirektion einen bestimmten Geldbetrag für die Arbeitslöhne, die durch diese willkürliche Festsetzung von Fabrik zu Fabrik erheblich differierten. Hallein rangierte jedenfalls als Kleinstadt in ländlichem Umfeld weit hinten, was das von oben her festgesetzte Verdienstniveau in der örtlichen Zigarrenfabrik betrifft.[66]

Mit diesen niedrigen ‚Kleinstadt'-Löhnen mussten in Hallein jedoch für viele lebensnotwendige Güter und Dienstleistungen Großstadtpreise bezahlt werden. 12,33 Kronen war im Jahr 1906 der wöchentliche Durchschnittsverdienst für eine Zigarrenarbeiterin der Halleiner Tabakfabrik. Für ein Paar Schnürschuhe waren im selben Jahr drei Viertel dieses Wochenlohnes (Kr 8,40) zu begleichen.[67]

TABELLE 1[68]

Durchschnittswochenverdienst, 1906, in Kronen							
		Gedinglöhner		*alle Arbeiter/innen*		
	Tabakfabrik	*weibl.*	*männl.*	*weibl.*	*männl.*	*jugendl.*
1	*Wien-Ottakring*	*17,09*	*23,00*	*17,04*	*23,29*	*10,71*
2	*Wien-Rennweg*	*16,75*	*28,07*	*16,55*	*23,87*	*9,98*
3	*Linz*	*14,15*	*21,40*	*14,15*	*19,53*	*8,33*
4	*Stein*	*14,16*	*19,19*	*14,14*	*16,61*	*5,66*
5	*Hainburg*	*13,05*	*21,48*	*12,94*	*19,39*	*7,78*
6	*Schwaz*	*12,45*	*17,62*	*12,42*	*16,65*	*6,47*
7	**Hallein**	**12,36**	**16,18**	**12,33**	**15,79**	**5,94**
8	*Klagenfurt*	*11,94*	*17,70*	*11,93*	*15,64*	*7,59*
9	*Fürstenfeld*	*10,92*	*18,44*	*10,95*	*15,66*	*5,60*

Besonders häufig finden sich in den Quellen Klagen über den Lebensmittelwucher in Hallein. Schon lange seien Wucherpreise nicht mehr nur auf die großen Städte beschränkt, bemerkt die sozialdemokratische TabakarbeiterInnengewerkschaft 1908 bei einer ihrer Erhebungen zu den Lebensverhältnissen ihrer Mitglieder. Auch in kleineren Orten seien die Bauern nicht mehr oder nur zu hohen Preisen bereit, direkt an die ArbeiterInnen als KonsumentInnen zu verkaufen. Auch hier würde die ArbeiterInnenschaft immer mehr durch Überprofite und Preiswucher lokaler Lebensmittelhändler in ihren unmittelbaren Lebensinteressen bedroht.[69]

Erfassen ließ die Gewerkschaft 1908 in den einzelnen Fabriksstandorten die Detailpreise der wichtigsten Lebensmittel und Lebenshaltungskosten. Dabei ging es nicht um die örtlichen Durchschnittspreise. Erhoben werden sollten vor allem jene Preise, zu denen die TabakarbeiterInnenschaft auch tatsächlich einkaufte: weil die Geschäfte am Weg in die Fabrik lagen und für die zeitlich kaum über Spielräume verfügenden Arbeiterinnen vor Geschäftsschluss noch am schnellsten zu erreichen waren; weil – wie in Hallein – so mancher Hausbesitzer auch „Krämer (ist) und seine Mieter (zwingt), ihren Einkauf bei ihm zu besorgen"[70]; oder weil es in einzelnen Orten bereits funktionierende genossenschaftliche Einkaufskomitees gab, über die sich Teile der ArbeiterInnenschaft – in Selbsthilfe – mit billigen Lebensmitteln versorgten.

Ich habe in Tabelle 2 (siehe Seite 105f.) die wichtigsten Detailpreise aus den Standorten jener Fabriken aufgelistet, die auch noch nach 1918 zur österreichischen Tabakregie gehörten. Die Reihung der Orte entspricht dem Gefälle im Niveau der 1906 in den einzelnen Fabriken ausbezahlten Durchschnittslöhne. Im Vergleich schaffen die von der Gewerkschaft veröffentlichten Tabellen – trotz möglicher Mängel in der Preiserfassung – ein doch recht anschauliches Bild.

Schon auf den ersten Blick ist ersichtlich, dass Hallein, obwohl von den Löhnen her nur siebtgereiht, bei den Preisen zahlreicher Lebensmittel mit im Spitzenfeld liegt.

Nur was den finanziellen Aufwand für das Wohnen betrifft, bleibt Hallein – sieht man von der katastrophalen Qualität des zur Verfügung stehenden Wohnraumes ab – hinter Wien und Linz, nicht unbedingt aber hinter den vom Lohnniveau ebenfalls vor Hallein gereihten Fabriksorten Stein und Hainburg zurück. Das gilt auch für jene Kosten, die für die Verpflegung und Beaufsichtigung der Säuglinge und Kleinkinder anfallen.

Legt man den Jahresdurchschnittsverdienst von 1908 (Kr 658,81)[72] in der Halleiner Tabakfabrik um auf die 52 Jahreswochen, so bleibt ein Wochenlohn von 12,67 Kronen. Mit ungefähr einem Wochenlohn musste eine Halleiner Tabakarbeiterin für die monatliche Miete rechnen. Mehr als 1 1/2 Wochenlöhne verschlangen die Kosten, die monatlich für einen Kinder-Pflegeplatz bei Zieheltern zu bezahlen waren. Selbst wenn ein Säugling nur während der Tagesstunden von einer Pflegefrau versorgt wurde, schlug sich das deutlich nieder im Familienbudget: auch in diesem Fall betrug die finanzielle Belastung beinahe den Lohn einer Woche (vgl. Tabelle 3).

Die hohen Kosten für einen Kinderpflegeplatz verweisen uns aufs Neue auf jenes Spannungsverhältnis zwischen den Erfordernissen der Reproduktion und der Notwendigkeit zur Erwerbsarbeit, das sich für jene Halleiner Arbeiterinnen, die zugleich auch Mütter waren, besonders scharf stellte.

Davon betroffen dürfte der größte Teil der Halleiner Tabakarbeiterinnen gewesen sein. 1910 waren 58,5 Prozent der in der Fabrik beschäftigten Arbeiterinnen verheiratete und 10,2 Prozent verwitwete Frauen und damit – gerade damals – üblicherweise auch Mütter.[74] Mehrfache Mütter meist, wie die Interviews belegen. Aber auch ein Teil der verbleibenden ledigen Arbeiterinnen dürfte dem Problem der Kinderversorgung nicht entkommen sein. Viele hatten ja aufgrund des ökonomisch bedingten hohen Heiratsalters bereits vor der formalen Eheschließung mehrere Kinder.

TABELLE 2[71]

Preise ausgewählter Lebensmittel						
Ort	*Weizenmehl*	*Brotmehl*	*Brot*	*Schweinefleisch II. Qualität*	*Selchfleisch II. Qualität*	*Bauernbutter*
Es kostet ein Kilo in Hellern						
Wien-Ottakring	*40*	*36*	*30*	*200*	*190*	*300*
Wien-Rennweg	*46*	*44*	-	*210*	*160*	*360*
Linz	*50*	*46-48*	*45*	*220*	*200*	*240-282*
Stein	*50*	*34-36*	-	*180*	*200*	*280*
Hainburg	*50*	*32*	*32*	*200*	*210*	*320*
Schwaz	*54*	*48-50*	*42*	-	*240*	*260*
Hallein	**56**	**52**	**25**	**184**	**200**	**288**
Klagenfurt	*50*	-	-	*160*	*196*	*280*
Fürstenfeld	*46*	*30*	*33*	*160*	*200*	*180*

Ort	*Erbsen*	*Linsen*	*Kartoffel*	*Gries*	*Reis*	*Kraut*
Es kostet ein Kilo in Hellern						
Wien-Ottakring	*46*	*36*	*10*	*46*	*52*	*20*
Wien-Rennweg	*32-48*	*40*	*10*	*48*	*56*	*20*
Linz	*56*	*72*	-	*50*	*48*	*24*
Stein	*48*	*56*	*10*	*50*	*56-96*	*40*
Hainburg	*40-44*	*72*	*8*	*52*	*56*	*20*
Schwaz	-	-	*14*	*56*	*60*	*28*
Hallein	**48-54**	**56-64**	**12**	**56**	**64**	-
Klagenfurt	*40-48*	*64*	*10-14*	*48-56*	*40-56*	*30*
Fürstenfeld	-	*60*	*8*	*48*	*40-60*	-

Ort	*1 Ei*	*1 Liter Milch*	*1 Kopf Kraut*	*1 Kopf Kohl*	*100 kg Steinkohle*	*100 kg Braunkohle*
Es kostet in Hellern					*in Kronen*	
Wien-Ottakring	*9*	*26*	-	-	*3,68*	-
Wien-Rennweg	*9*	*26*	*20-30*	*12-14*	*3,84*	-
Linz	*10*	*20*	*12*	*10*	*3,80*	*2,20*
Stein	*10*	*22*	*10*	*8*	*4,00*	*2,40*
Hainburg	*10*	*20*	*10*	*5*	*4,70*	-

Schwaz	*10*	*20*	*16-20*	*-*	*4,40*	*4,00*
Hallein	**10**	**20**	**28**	**12**	**4,00**	**3,40**
Klagenfurt	*10-20*	*24*	*8-20*	*6-20*	*3,48*	*-*
Fürstenfeld	*6-30*	*20*	*6*	*6*	*2,24*	*1,40*

TABELLE 3[73]

Ort	*Zimmer-Küche Wohnung*	*Wohung aus 1 Raum*	*Tagespflegeplatz für Säugling wöchentlich*	*Voller Kost- u. Pflegesatz bei Zieheltern monatlich*
Wien-Ottakring	*22-28*	*16-22*	*5*	*30*
Wien-Rennweg	*25-35*	*13-20*	*4,20-5*	*24-30*
Linz	*20-30*	*12-17*	*4*	*20*
Stein	*16-24*	*6-12*	*4-5*	*24*
Hainburg	*8,33-16,67*	*-*	*2,40-2,60*	*-*
Schwaz	*-*	*-*	*5*	*-*
Hallein	**12-16**	**9-11**	**3**	**22**
Klagenfurt	*20-28*	*12-20*	*1,60*	*16-20*
Fürstenfeld	*9-12*	*5-6*	*1,80*	*16*

In jedem Fall war das Einkommen dieser Frauen erforderlich, um das eigene Überleben und das ihrer Kinder und Familien mitzusichern. Gleichzeitig führte diese notwendige Erwerbstätigkeit jedoch auch zu höheren Familienausgaben.

Gerade was die Kinder betrifft, ließ der große Arbeitsdruck, dem diese Frauen ausgesetzt waren, kaum Raum für intensivere Betreuung oder ein intensiveres Maß an mütterlicher Zuwendung. Vielmehr musste die Versorgung und Verpflegung der Kinder gegen Bezahlung an Stellvertreterinnen delegiert werden. Die dafür anfallenden Kosten verminderten das Erwerbseinkommen phasenweise oft bis an die Grenzen der Rentabilität.[75]

Sieben Kinder hat die Tabakarbeiterin K., Jahrgang 1887, zur Welt gebracht. Zwei starben schon bei der Geburt. Die anderen Kinder, drei Söhne, zwei Töchter, trennen nur kleine Altersunterschiede. 1905, 1906, 1908, 1909 und 1911 sind sie geboren. Das bedeutet über Jahre fünf kleine Kinder, die zu betreuen und großzuziehen sind.

> „Mia woarn fünf Kinder, net, und die fünf Kinder san oisamt ausgstift' gwesen."
> „Ausgstift, des heißt, Sie san zu ..."

„... jo, bei Zieheltern, wia ma sogt, net. Die san do ausgstift' gwesen und do hot's jo zoin miassen (die Mutter). Und do hot's oft net amoi des verdient, wos' ausgmocht hot – wei die Leit haum jo wos *verlaungt*. Es san jo friaha in Hallein oarme Leit gwesen, jetzt haums Kinder aufzogen, net. Zum Beispü: I woar hoit bis vierzehn Joahr ausgstift, oba nochher hot's nimma zoin kennen, hot's mi hoamgnumman, net. Do woar i eh scho groß. Do woar ma scho mehr söbständig, wia ma sogt. Und die andern, meine Gschwistered, die san scho friaha hoamkemmen. Wia's hoit so Buam woarn mit zehn, zwölf Joahrn, han die hoamkumman, net. (...) I bin den zweiten Tog (nach der Geburt) scho wegkemman von dahoam, jo, wei sie hot jo in die Oarbeit gehn miassen. Zwoar, waun's daham blieben war, hätt's a net mehr ..., wei des Göd, wos sie verdient hot, hot's ois wegtoan miassen. Oba nur is des oane gwen, dass sie nocherd eine Pension ghobt hot, net, wia mia draußt woarn. Wei wia mia nocherd so woarn, so mit sechs, sieben Joahr is scho a Bua hoamkumman, a Dirndl. Oane woar in Dürrnberg ausgstift', net, mei Schwester, die jüngere. Die is a bis 14 Joahr droben gwesen. Und die aundern hot's nochher scho hoam. Oba es hot oiwei vü Göd kost' a."[76]

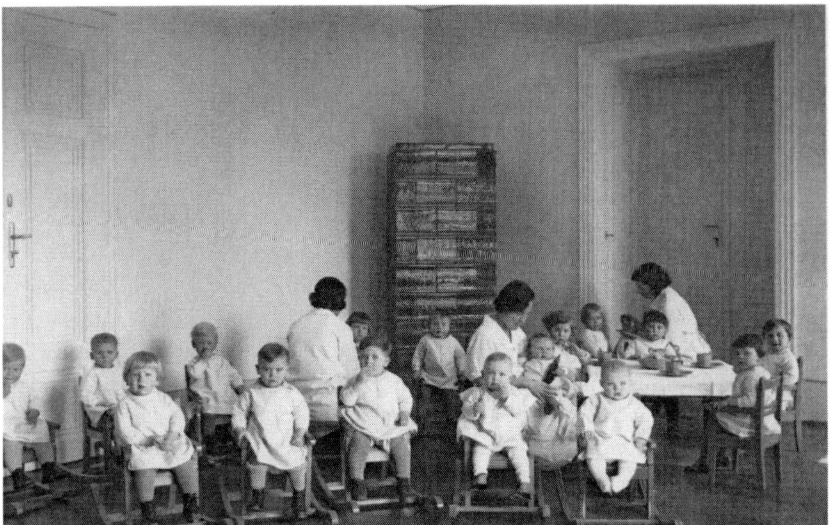

Kleinkinderzimmer in der Tabakfabrik Hainburg in Niederösterreich, 1932: In Hallein gab es für die Arbeiterinnen keine fabriksinterne Möglichkeit, ihre Kinder während der Arbeitszeit unterzubringen. Sie mussten teure Kost- und Pflegeplätze auftreiben.

Diese Kindheitserinnerungen thematisieren wichtige Phasen in jenem „charakteristischen Armutszyklus", den ArbeiterInnenfamilien sehr häufig durchliefen.

Mit der Existenz kleiner, noch nicht arbeitsfähiger Kinder schlug das unmittelbar nach der Eheschließung noch mögliche „bescheidene Auskommen"[77] um in offenen Existenzdruck: ein Armutsdruck, der auch durch das zusätzliche Einkommen der Frau nur bescheiden ausgeglichen werden konnte. Erst wenn die Kinder von ihren – das Familienbudget finanziell belastenden – Kostplätzen in die Familien zurückkamen, also alt genug waren, um nicht mehr unbedingt gegen Bezahlung betreut werden zu müssen, ja, selbst schon die kleineren Geschwister beaufsichtigen und durch eigene Arbeit zum Familienbudget beitragen konnten, wurde der materielle Spielraum wieder größer. Die in vielen ArbeiterInnenfamilien drohende neuerliche Verarmung, wenn alle mitarbeitenden Kinder den Haushalt verließen, war für die TabakarbeiterInnenschaft durch eine geregelte Altersversorgung gemildert.

Die bei Arbeitsunfähigkeit im Alter von der Generaldirektion – ohne Rechtsanspruch – gewährten Gnadengaben und Invalidenbezüge waren auf Druck der mittlerweile zentral organisierten Gewerkschaft der Tabakarbeiterinnen und -arbeiter allmählich ihres Almosencharakters entkleidet und bis zum Jahr 1910 in geregelte „Bestimmungen über die Alters- und Invalidenversorgung" übergeführt worden. Bereits nach 5 Dienstjahren bestand Anspruch auf eine Provision bei Arbeitsunfähigkeit. Mit 20 Prozent des Arbeitsverdienstes konnte man in diesem Fall jedoch nur rechnen. Dieser Versorgungsanspruch im Alter beziehungsweise bei Invalidität erhöhte sich nach 35 Dienstjahren auf 80 Prozent des letzten Arbeitsverdienstes. Da jedoch alle Verdienste, die über einen bestimmten jährlichen Höchstbetrag hinausgingen, nicht in die Berechnung miteinbezogen wurden, sank der Anspruch bei den höher qualifizierten und besser bezahlten Arbeiterinnen und Arbeitern bis auf 30 Prozent des tatsächlichen Lohnes herab.

Es war eine zwar ‚magere',[78] aber gesicherte Pension für die in der Tabakregie Arbeitenden, die sie gegenüber anderen Lohnarbeitern und -arbeiterinnen privilegierte. Denn: Gewerkschaftlich durchgesetzt wurde sie in einer Zeit sozialpolitischen Stillstands, was die Gesetzwerdung einer allgemeinen Alters- und Invaliditätsversicherung für alle Arbeiter und Arbeiterinnen betrifft. In „Abwehr möglicher sozialer Lasten" hatten sich Industrie, Handel und Gewerbe darauf eingeschossen, eine Lösung dieser für die ArbeiterInnenschaft existentiellen Fragen zu verzögern.[79]

Kontinuierlich bedroht scheint das Lebensniveau der TabakarbeiterInnenfamilien in diesen Jahren jedoch in allen ‚Phasen' gewesen zu sein. „Gegen das Jahr 1904 wurde eine Preissteigerung der Wohnungsmieten um 21 Prozent, der Lebensmittel um 15 Prozent, der Bekleidung um 12, der Beheizung um 23 Prozent festgestellt,"[80] heißt es – die Ergebnisse der schon erwähnten Erhebungen der Gewerkschaft über die Preise der Lebensmittel und wichtigsten Bedarfsartikel aus dem Jahr 1908 zusammenfassend – in einem Gesetzesantrag zur Neuregelung der Lohn- und Arbeitsverhältnisse in den Tabakfabriken. Die sozialdemokratischen Abgeordneten Glöckel, Nießer und Genossen hatten ihn im Frühsommer 1909 im Abgeordnetenhaus eingebracht.

Trotz Lohnerhöhungen war die Kaufkraft der damals ohnehin geringen TabakarbeiterInneneinkommen ständig gefährdet. Während sich aus dem Gesetzesantrag für die Jahre 1904 bis 1908 eine durchschnittliche Preissteigerung von 17,3 Prozent entnehmen lässt, ist das Jahresdurchschnittseinkommen in der Halleiner Fabrik im gleichen Zeitraum nur um 16,8 Prozent angewachsen.[81] Die Teuerung, vor allem auch die Verteuerung aller Lebensmittel, die im Jahrzehnt vor dem Ersten Weltkrieg in mehreren Wellen über die gesamte Bevölkerung hinwegging und wesentlich mit dem staatlichen Agrarprotektionismus und der damit verbundenen Schutzzollpolitik zusammenhing, ließ die Schere zwischen Löhnen und Preisen größer werden. Die Inlandspreise lagen oft weit über den Preisen des Weltmarktes – das heißt, dass „die Masse der Konsumenten den Preis der Schutzzollpolitik bezahlte."[82]

Zum Ausgleich der Reallohnverluste, wird in diesem die soziale Lage der TabakarbeiterInnenschaft betreffenden Antrag weiter argumentiert, seien Lohnerhöhungen und „eine Vereinheitlichung des Einkommens gemäß den durchschnittlichen Preisen der wichtigsten Lebensmittel und Bedarfsartikel (...) eine unabweisbare Notwendigkeit."[83] Erst 1911 kam jedoch ein fester, geregelter Lohnvertrag zustande, der langjährige Forderungen von ArbeiterInnenschaft und Gewerkschaft zumindest teilweise berücksichtigte. Die klare Festsetzung von Grundlöhnen (Minimallöhnen) sowie Dienstalterszulagen – sie beendeten die meist willkürlichen Vorrückungen an die besser bezahlten Arbeitsplätze – und vor allem die Erstellung von, für alle Fabriken gleichen, Lohnverdienststufen je nach Arbeitsqualifikation, waren ein erster Schritt heraus aus der Anarchie der staatlichen Besoldung der TabakarbeiterInnenschaft.[84] Basis für die Berechnung der Grundlöhne in den 18 Lohnverdienststufen sollten die örtlichen Lebenshaltungskosten sein. Nach ihnen wurden die Fabriken in 13 Ortsstufen mit weiterhin unterschiedlichem Lohnniveau eingereiht.

Was das Angepasstsein der TabakarbeiterInnenlöhne an die lokalen Preis- und Lohnverhältnisse betrifft, verließ man sich jedoch ausschließlich auf die von den Gemeinden gemachten Angaben. Eine „bequeme Methode ..., um die Arbeitslöhne (weiterhin) niedrig zu halten", kritisierte die Gewerkschaft. Denn die Anfragen der Generaldirektion würden von den Gemeindekanzleien, die über keinerlei Statistiken verfügten, meist nur ungenau und unvollständig, in manchen Fällen sogar falsch beantwortet. Mithilfe der Handelskammer habe sie, die Gewerkschaft, das mehrmals nachweisen können. Außerdem dürfe nicht vergessen werden, dass die Tabakfabriken meist in Kleinstädten und Gemeinden liegen, die infolge des die ArbeiterInnenschaft von der Mitsprache weitgehend ausschließenden Privilegienwahlrechtes „in den Händen von Interessenten niedriger Arbeitslöhne und sozialpolitisch einsichtsloser Personen"[85] seien.

Alle Fabriken – auch die Halleiner, sie wird von der Generaldirektion der Ortsstufe 9, von der Gewerkschaft jedoch der Ortsstufe 10 zugewiesen – seien aufgrund der „irreführenden Erhebungen"[86] in ihren Grundlöhnen zu niedrig eingestuft. Und insgesamt entsprächen die neuen Lohnsätze in keiner Fabrik der bestehenden Teuerung.

Durch die Lohnsteigerungen der Folgejahre kamen die TabakarbeiterInnenlöhne jedoch zumindest an „den Verdienst der unfallsversicherungspflichtigen Arbeiter"[87] heran oder überschritten ihn sogar. Mit den steigenden Kosten für die Lebenshaltung konnten sie trotzdem nicht in Einklang gebracht werden.

Der Ausbruch des Ersten Weltkrieges und die Kriegsjahre mit ihrer raschen Erhöhung der Lebenskosten „bis zum 13fachen des Vorkriegsniveaus"[88] führten zum offenen Verarmungprozess: Weder die Tabakarbeiterinnen und -arbeiter noch die ArbeiterInnenschaft anderer Berufsgruppen konnten mit den ihnen gewährten Teuerungszulagen die gewaltigen Reallohn-Verluste auch nur annähernd ausgleichen.

4.2.2. „Im Joahr amoi ..."

Über die alltägliche Routine der Kargheit und den langsamen Rhythmus der kleinen Freuden

Welche Spuren hinterließ nun dieses auch ‚objektiv' fassbare Eingebundensein in eine Haushaltsökonomie äußerst knapper Mittel in den Kindheitsgeschichten der interviewten Frauen? Was wurde von ihnen als spürbarer, behindernder Mangel empfunden? Wie sind sie mit diesen Mangelerfahrungen umgegangen? Wie wurde darüber erzählt?

> „Wie is des Leben in ihrer Kindheit gwesen? Sie sind jo selbst Tochter einer Zigarrenfabriksarbeiterin."
> „Jo, jo. Na jo, mein Gott, i hob nix aunders kennenglernt. I woaß net, is' a so oarm aufzogen worn (die Mutter)? – Bei uns is furchtboar gspoart worn: *alles!*
> Bei uns is auf d'Nocht net amoi a Liacht aunzunden worn, waun ma's net braucht haum. Do is' Ofentürl aufgmocht worn, wei's Feuer brennt hot sowieso – do hot da Vota einghoazt und do is' Ofentürl aufgmocht worn und do samma hoit a so ... G'essen, Nochtmoi g'essen – haumma koa Liacht aun-

> zunden. Mia hätten eh koa's ghobt, mia haum eh ka elektrisches net ghobt. Mia haum so a Petroleumlampen ghobt. Do hob i miassen oiwei erst in' Zylinder putzen, wei der oi Tog schwoarz woar.
> I kaum mi no guat erinnern, do is *sehr, sehr* gspoart worn."[89]

Dass in ihrer Familie nichts ausgegeben wurde, was nicht unbedingt sein hat müssen, das legt Franziska J. in der Darstellung ihrer Kindheit sehr bald klar. Die mangelhaften Ressourcen waren bis aufs Letzte eingeteilt. So auch das von der Mutter verwaltete Familienbudget. Wie überhaupt in jenen Milieus mit Löhnen, ‚die gerade ausreichten', also überall dort, wo nahezu alles aufging für Essen, Wohnung und Kleidung, war es auch hier die Frau, die das zur Verfügung stehende Einkommen kontrollierte. Eine Kontroll-‚Macht', die letztlich keine war, denn vor dem Hintergrund unzulänglicher Mittel und nicht vorhandener Spielräume ist es vor allem darum gegangen, den Mangel in irgendeiner Weise zu organisieren.[90]

> „S'Göd is so aufteilt worn: Waun da Vater in' Monatslohn hoambrocht hot – do hot die Mutter so a Wichsleiberl durt ghobt auf'n Kastl –: des Göd gheart für'n Zins, des aunder gheart für so außertourliche Ausgoben, waun's gwusst haum, dass' zoit wern muass. Jo, do san so 5 oder 6 Scheine drunter gwesen und des hot für des gheart und für des. Und waun daun der Tog herankumman is, wo des zum Zoin woar, is des weggnumman und is wegzoit worn. Da Monatsgehoit woar *so* aufgeteilt – bis zum letzten Schilling. (...) Vom ersten Tog aun bis zum 30. des Monats woar's Göd aufgeteilt."
> „Is do s' Göd vom Vota und von da Muatta zaumglegt worn?"
> „Zaumglegt worn, jo, beide: des hot zum Leben gheart, des hot zum Essen gheart, des hot für's Brot gheart – ols schen aufteilt gwesen."[91]

Es folgen sich mit fast allen anderen Interviews deckende Erinnerungsspuren an die bis zum Auseinanderfallen selbstgestopften Strümpfe, an die abgetragenen, von den älteren Geschwistern oder der Mutter übernommenen Kleider, an das Barfußlaufen bis zum ersten Schnee, an die Sorge um das rechtzeitige Beschaffen von Kohlen und Brennholz und an die dürftige, wenig abwechslungsreiche, wenn überhaupt, dann nur für den Vater oder für ganz besondere Anlässe Fleisch enthaltende Kost: „Hauptsächlich Suppen. Suppen, Kartoffel, Kraut, Knödel."[92] Spürbar verschärfte sich die Mangellage in der Ernährung mit der Anzahl der zu versorgenden Kinder. Hingegen finden sich spürbare Erleichterungen nur dort, wo der dürftige Speiseplan mit Erträgnissen aus dem eigenen Garten aufgebessert werden konnte. Nur zwei der unmittelbar in der Stadt Hallein aufgewachsenen Frauen berichten davon.

Fini D. etwa, 1905 geborene Tochter aus dem ZellulosefabriksarbeiterInnen–

Milieu. Die kinderreiche Familie wohnte in der Zellulose-Kolonie, wo offenbar große – Spielräume in der Ernährung verschaffende – Gärten zur Verfügung gestanden sind. Schon bald für die im Garten anfallende Arbeit verantwortlich, erinnert sich Fini D.:

> „Die Eltern san beide in die Fabrik, in die Zellulose gaungan. Früher is' jo net aunders gaungan, net. Mit oam Verdienst ... Die haum jo so wenig verdient. Oba bei uns woar's hoit leichter, wei mia haum große Gärten ghobt, dass ma hauptsächlich von Gemüse glebt haum. Und daun haumma auch Schweindl gfüttert, dass ma im Joahr zu Ostern und zu Weihnochten a Schweindl obgstochen haum. Daun haumma Gäns ghobt und Hendl ghobt – durch des is' uns auch besser gaungan."[93]

Auch die in den ersten Kinderjahren auf einem guten Kostplatz bei Bauern Ausgestifteten berichten davon, wenigstens in dieser Zeit genügend zu Essen gehabt zu haben. Ein ‚Luxus', der bei der Rückkehr ins Elternhaus mit seinen beschränkten Versorgungsmöglichkeiten schlagartig zunichte war.

> „Wir san sechs Geschwister und da Vater woar Brauoarbeiter in Kaltenhausen. Und die Mutter woar Näherin, oiso daheim in Hausarbeit. Des is natürlich a bissl a, domois a triste Kindheit gwesen. Bei sechs Kinder und nur einem Verdienst praktisch – die Näherei hot jo net vü hergeben – is' natürlich sehr knopp obagaungan.
> Und meine Eltern haum mi – mich und meine zwei Brüder – ausgstift' bei an Bauern und dort san ma sehr gern gwesen. In St. Jakob am Thurn, hoaßt des, do woarn ma, bis i vier, fünf Joahr oit woar. Mit fünf bin i daun wieder heimkemma und des is natürlich schlecht gwesen.
> Beim Bauern haum ma's so schen ghobt und so: gnuag z'Essen und gspüt mit die Bauernkinder. Oiso samma jo wie dahoam gwesen dort."[94]

Nicht direkt Hunger, aber recht knapp gesicherte, leicht erschütterbare Grundlagen des Lebens, das ist der sich auf die Kindheitsjahre vor dem Ersten Weltkrieg beziehende Tenor in den Interviews. Knapp gesichertes Leben, in dem alles über das Notwendige Hinausgehende zum nur selten mit beiden Händen greifbaren Luxus wird. „Im Joahr amoi ...", zu dieser Zeitformel geronnen, hat sich der langsame Rhythmus der kleinen – die alltägliche Routine der Kargheit durchbrechenden – Freuden in die Erinnerung der interviewten Frauen einprägt.

Im Jahr einmal: eine neue Schürze, ein besonderer Essensgenuss, ein außertourlicher Bleistift, ein geschmückter Christbaum – „do hot si die Mutter net lumpen lossen"[95] – oder ein Ausflug mit der ganzen Familie.

> „Im Joahr amoi – des woar da Rupertitog – do samma am Dürrnberg gaungan. Des woar da Landesfeiertag, da Rupertitog. Im Joahr amoi. Und am Fronleichnamstog – do hob i Würschteln kriagt vormittog. Do san meine Ötern schaun gaungan, Umzug schaun. Und do hob i daun Würschteln kriagt. Und da Vater hot si a Hoibe Bier kauft und d'Mutter hot a Achterl Wein kriagt.
> Des woar durchschnittlich so. Den Rupertitog haums net auslossen. Do hob i mi eh scho oiwei so gfreit."[96]

Und doch wurden jene Erinnerungsbilder, die um die gerade ausreichende Versorgung mit Essen und Kleidung kreisten, relativ gelassen angesprochen. Verglichen mit den Berichten über die Wohnerfahrungen der Kindheit etwa. Die Gleichförmigkeit der innerhalb eines – in der ArbeiterInnenstadt Hallein offensichtlich sehr einheitlichen und geschlossenen – proletarischen Lebenszusammenhanges gemachten Kindheitserfahrungen scheint die Wahrnehmung dieser Formen des Mangels geprägt zu haben.

> „Jo, mia haum uns goar nix denkt dabei, wei jo genau so vü aundere Kinder gaunz gleich woarn wie mia. Es is jo olle so gaungan. Do haumma uns goar nix denkt dabei. Mia san jo vor oim mit aundere Nochbarskinda zaumkemman, die a net mehr ghobt haum wie mia. Daher haumma do goar nie Unterschiede kennt eigentlich,"[97]

hieß es immer wieder, auch sprachlich fast gleichlautend, in den Interviews. Diese Verarbeitungsweise von Mangel trifft, wie gesagt, keineswegs auf alle Ebenen, Situationen und Orte des nur dürftigen Verfügens über Lebensressourcen gleichermaßen zu.

Als Kinder und Jugendliche über Jahre kein eigenes Bett gehabt zu haben und auf engsten Lebensraum verwiesen gewesen zu sein, drängt sich auch heute den interviewten Frauen noch dringlicher als lebensgeschichtlich belastende Mangellage ins Bewusstsein als der – von den akuten Hungerjahren im Ersten Weltkrieg und in der unmittelbaren Nachkriegszeit abgesehen – den Magen gerade füllende Mittagstisch. Die individuell kurzfristig nicht veränderbaren Vorfindlichkeiten äußerst beengten Wohnens und die damit zwangsläufig verbundenen physischen und psychischen Belastungen im Zusammenleben der Familien dürften von den Gefühlslagen her auch stark mit Momenten der Ohnmacht verbunden gewesen sein.

Was Auswege aus der mangelhaften Ernährung betrifft, gab es jedoch – und das wird die akute Hungersituation der folgenden Kriegsjahre noch zeigen – gerade auch von den Kindern aufgespürte und aufzuspürende Schleichwege des Überlebens. Hunger war in diesen Lebensgeschichten offenbar – von der Wahrnehmung her – immer auch mit Selbsttätigkeit, mit Aktivität, mit den Findigkeiten des Besorgens verschiedenster Formen von zusätzlicher Nahrung verbunden.

Massiver wahrgenommen als in der Familie oder im Rahmen des vertrauten Milieus wurde die zwangsläufige Bescheidenheit der eigenen Ess- und Kleidungsgewohnheiten dort, wo sie – in „Situationen sozialer Asymmetrie"[98] – auf ein offensichtliches ‚Mehr', eine offensichtliche Fülle der anderen stieß: im Erfahrungsraum Schule etwa, wo die Halleiner ArbeiterInnenkinder meist zum ersten Mal direkt mit anderen sozialen Schichten zusammenstießen.

4.2.3. „Mei Mutter is jo oiwei kränklich gwesen"

Zur Gefährdung des familiären Überlebensgefüges durch Krankheit und Tod

Recht knapp gesicherte und leicht erschütterbare Lebensgrundlagen: das war also die vorherrschende Erfahrungslage für die Kindheitsjahre jener Gesprächspartnerinnen gewesen, die – vorwiegend aus den Milieus der Zigarrenfabriks-, Zellulosefabriks-, der Saline-, der Brauerei- und MosaiksteinarbeiterInnenschaft beziehungsweise der Eisenbahner und unselbständigen Handwerker stammend – in Hallein selbst oder in unmittelbar benachbarten, vorübergehend immer wieder auch eingemeindeten Gebieten aufgewachsen sind.

Vierzehn der insgesamt achtzehn Gesprächspartnerinnen sind das, wie gesagt, gewesen und bei acht von diesen vierzehn scheint ein chronisches Kränklichsein der Mütter so eine – zumindest drohende – Erschütterung gewesen zu sein. In vier Fällen waren sie dem Kindes- oder Jugendalter noch nicht entwachsen, als die Mutter starb.

> „*Ah – na* , mia haumd nix ghobt: die gaunze Kindheit nix und goar nix. Mei Mutter is oiwei so kraunk gwen. Die woar *olle* Joahr jo *mindestens* sechs, sieben Wochen im Spitoi. (...)
> Sie woar jo a Kind vo *oarme* Leit und do hot's amoi wos erwischt. Unser Mutter is skrofulös gwen. Mit zwoa Joahr haums ihr scho – do hot's Löcher ghobt (zeigt die Körperstellen) und do und Zechen obgnummen und *do* hot's Löcher ghobt und do. Jo, und oiwei is ... Und daun is' lungenkraunk worn, net. Und mit 46 Joahr is' gstorben, net."[99]

Obwohl seit Kindheit mangelkrank, hatte die im kleinen Bäckereibetrieb des Mannes mitarbeitende Mutter Maria D.'s 15 Kinder auf die Welt gebracht, von denen fünf nicht überleben. Als ihr Mann im Ersten Weltkrieg fällt, bleiben zehn

Kinder, die sie mit einer geringen Unterstützung, aber vor allem mit Waschen und Putzen in fremden Haushalten durchzubringen hat. Maria D. ist knappe achtzehn Jahre, als die Mutter sechsundvierzigjährig an Tuberkulose stirbt.

Nirgends sonst war das familiäre Überlebensgefüge der Kindheit durch Krankheit oder Tod so massiv gefährdet wie in der Lebensgeschichte der Tabakarbeiterin Maria D. Auch über den Krankheitsweg der Mutter wusste kaum eine der anderen Gesprächspartnerinnen so genau Bescheid. Hier wie dort hat sich jedoch die wie auch immer gefährdete Gesundheit der Mutter der Erinnerung vor allem über die den Kindern daraus erwachsenden Belastungen eingeprägt.

In diesen Haushalten der knappen Mittel bedeutete Krankheit der Mutter immer auch das zumindest teilweise Ausfallen einer die knappen Mittel verwaltenden und den Reproduktionsdruck durch eigenen Verdienst ausgleichenden unerlässlichen Schutzinstanz. Vor allem für die Töchter war Krankheit der Mutter gleichbedeutend mit einem vermehrten Einspringen-Müssen in die Führung des Haushalts und die Versorgung der jüngeren Geschwister. Mit folgenreichen Konsequenzen – nicht nur, aber unter anderem auch für den Zugang zu Ressourcen wie etwa ‚Wissen'.

> „Bei mir woar's a so: Mei Mutter is oiwei kraunk gwen, jetzt hob i oft von da Schui dahoam bleiben miassen.
> So: Jetzt bist nimma nochkemman. Bist a nimma nochkemman."[100]

Als mögliche Krankheitsursachen für das gesamte Milieu lassen sich zunächst einmal unschwer das ungesunde Wohnen und die mangelhafte, weil zum Großteil aus minderwertigen Nährstoffen bestehende Ernährung benennen.

Für die TabakarbeiterInnenfamilien finden sich zudem Klagen der Fabriksärzte, dass – aufgrund des Arbeitsdruckes der überbelasteten Frauen – die Speisen häufig unzweckmäßig zubereitet, ja oft kalt gegessen werden.[101] „Die Magen- und Darmkrankheiten unter den Tabakarbeiterinnen greifen erschreckend um sich und die Ursache ist die ungenügende Ernährung der Arbeiterinnen", heißt es außerdem im Gewerbeinspektoren-Bericht aus dem Jahre 1902.[102]

Für die Generation der Mütter der interviewten Frauen scheinen ganz allgemein noch einige Krankheitsrisiken verschärfend hinzugekommen zu sein. Zum einen der körperliche Verschleiß durch häufige Schwangerschaften, Geburten und wohl auch medizinisch nicht fachgerecht durchgeführte Schwangerschaftsunterbrechungen. Zum anderen der so hautnahe, weil beim ‚Zusammenkratzen' des Mietzinses und beim Auftreiben der notwendigen Lebensmittel ganz unmittelbar spürbare Verantwortungsdruck für das Durchkommen der Familie und die erhöhte Arbeitsbeanspruchung, wenn die Frauen ‚nebenbei' noch in irgendeiner Form ‚Geldverdienen' gegangen sind.

Nur knapp gesicherte Lebensgrundlagen: Agnes Primocic (links im Bild), Tochter einer Näherin und eines Brauereiarbeiters, mit ihrer Mutter und ihrer Schwester, Aufnahme um 1917.

Auch Agnes P., Tochter einer Näherin und eines Brauereiarbeiters, weiß nicht so genau, was der stets blassen Mutter nun wirklich gefehlt hat. Als Heimarbeiterin nirgends versichert, sei die Mutter natürlich nicht zum Arzt gegangen, wenn es nicht unbedingt sein hat müssen.

> „I weiß hoit, a poar Moi is' ohnmächtig gwesen. Oba ma muass si vorstön: Sie hot jo sehr vü Nähoarbeiten ghobt, laung in die Nocht hinein. Daun hot's jo früher für die Frau keine Erholung geben. So vü oarbeiten und acht Kinder. Jeds Joahr eines.
> Daun muass ma sogen: die Ernährung woar jo im Verhältnis net so gsund wia heute. Guat, mia haum vü Gebackenes ghobt: Krapfen, Hasenöhrl. Oba de san jo nur mit Rindstalg aussabocken worn. Net amoi Schweinefett! Des kaun da Körper daun a net so veroarbeiten."[103]

„So vü oarbeiten und acht Kinder" – dieser verhängnisvolle Zusammenfall destruktiver lebensgeschichtlicher Bestimmungsmomente ist wohl fast allen Müttern der Halleiner Gesprächspartnerinnen an die Substanz gegangen.

> „I bin 1901 geboren"– so Maria E., Tochter einer Zigarrenfabriksarbeiterin – „und hinter mir hot d'Mutter daun an Zwilling ghobt und von do aun is' daun überhaupt nimma so richtig gsund gwesen. Do is oa Kind tot gwesen und oans hot glebt, wie's entbunden hot. Und do hot's no a Glück ghobt, dass net oi drei tot gwen san. Und von dort aun is sie nimma gaunz gsund gwen."[104]

Was die Zigarrenfabriksarbeiterinnen unter diesen Müttern betrifft, dürften neben den oben genannten Körper und Gesundheit belastenden Faktoren auch noch berufsspezifische Krankheitsanfälligkeiten eine Rolle gespielt haben. Den bei der Tabakverarbeitung auftretenden Staub mit einem Nikotingehalt zwischen 0,56 und 0,76 Prozent konnte man nur durch gute Ventilation, Absaugvorrichtungen und entsprechende Reinigungsmöglichkeiten in den Griff bekommen. Waren die Arbeitsräume schlecht ventiliert – und das scheint in kleineren, mangelhaft ausgestatteten Fabriken durchaus vorgekommen zu sein – [105], dann disponierte das Einatmen des Tabakstaubes zu „nervösen Erscheinungen, wie Schläfrigkeit, Mattigkeit, Kopfschmerzen, Ohrensausen, ferner bedrückte(n) Gemütsstimmungen sowie Übelkeit und Verdauungsstörungen."[106]

Auch Atemorgane, Schleim- und Bindehaut scheinen besonders gefährdet gewesen zu sein. So werden in zeitgenössischen medizinischen Untersuchungen entzündliche Erkrankungen der Nase, des Rachens, des Kehlkopfes, der Luftröhre, der Augenbindehaut und entzündliche Lungenkrankheiten als mögliche Folgen einer übermäßigen Reizung durch den feinen Tabakstaub genannt.[107]

Als Folge des stundenlangen Sitzens in ungeeigneter Sitzhaltung wurden auch „Stauungserscheinungen im Magen und Darm"[108] beobachtet, die sich in häufigen Störungen dieses Bereichs und vor allem in Appetitlosigkeit äußerten.

Für das tatsächliche Ausmaß der Auswirkungen dieser in medizinischen Gutachten konstatierten berufsspezifischen Krankheitsrisiken auf die Gesundheit der TabakarbeiterInnenschaft stand mir für Österreich jedoch kein schlüssiges Zahlenmaterial zur Verfügung. Eines war jedoch klar: die oben genannten Risiken galten besonders für die unmittelbar mit der Tabakverarbeitung Beschäftigten, das heisst innerhalb des österreichischen Tabakmonopols: vor allem für die Frauen.

Unter dem Hinweis, „d'Leit sogen", „es wird hoit so verzöht", sind in den Halleiner Interviews mehrmals Vermutungen aufgetaucht, die für die damalige Zeit auch Tot- und Fehlgeburten, Unterleibserkrankungen, Unfruchtbarkeit und Stillschwierigkeiten von Tabakarbeiterinnen mit einer übermäßigen Nikotinbelastung bei der Tabakverarbeitung in Verbindung brachten. Am häufigsten waren Erzählungen darüber, dass Säuglinge von Tabakarbeiterinnen das Trinken an der Brust der Mütter verweigert hätten.

> „I bin allane aufgwochsen", erzählt Elsa L., Tochter einer Zigarrenfabriksarbeiterin. „Mei Mutter hätt, jo ..., ich war das sechste Kind, oba die aundern san olle gstorben. Mei älteste Schwester, die wär jetzt 78 Joahr (Jg. 1904) und daun mei Bruder, der is 1911 kumman. 1911, 1912, 1913, 1914 – und 1915 bin i geboren. I woar s'Zaumgscherat (das, was übrig geblieben ist), s'Überbleibsel. Jo, so bin i gaunz allan aufgwochsen.
> Und a Verwaundte, wenn die kumman ist, und d'Mutter, die haum ma daun immer verzöht, dass i nimma trinken woit, weil die Müch voi Nikotin woar. Do war's boid narrisch worn d'Mutter. A Brust her ghobt bis auffa! (prall gefüllt mit Milch, Milchstau).
> Und zur Verwaundten, ana Cousine vom Vota, hot d'Mutter oft gsogt: ‚Du woarst mei Rettung domois.' Sie is jo domois scho beim Ofen gsessen mit ana gaunz schweren Brust und die hot ihr daun Tücher aufglegt, dass die Müch rinnert wird."[109]

Ganz anders lesen sich diese Probleme in den Veröffentlichungen des österreichischen Tabakmonopols. Hier wird – nur zum Teil statistisch belegt – im Zusammenhang mit den Tabakarbeiterinnen von einer „konstant niedrige(n) Zahl von Früh- und Fehlgeburten, sowie (...) äußerst selten tödlich verlaufenden Schwangerschafts-, Geburts- und Wochenbettanomalien" gesprochen. Das sei der „Beweis, dass die Beschäftigungsweise der Tabakarbeiterinnen (...) den normalen Entwicklungsgang der Frucht und den Gebärakt selbst in keinerleiweise ungünstig beeinflussen."[110]

Etwa zur selben Zeit, nämlich 1903, berichtete wiederum Adelheid Popp unter dem Beratungspunkt „Arbeiterschutz“ an die Zweite Konferenz der Sozialdemokratischen Frauen in Österreich: „Die Tabakarbeiterinnen sind in ihrer großen Mehrheit nicht imstande, lebensfähige Kinder zur Welt zu bringen, das bestätigt uns auch ein Arzt, und wenn sie das Kind selbst säugen, so wird das Kind vergiftet durch das Nikotin, womit der Körper der Mutter durchtränkt ist.“[111]

Ihre aus Erfahrungsberichten österreichischer Tabakarbeiterinnen gewonnene Einschätzung kann Adelheid Popp jedoch nur unter Rückgriff auf Untersuchungsergebnisse aus dem Raum Mainz erhärten: dort lag die Säuglingssterblichkeit bei Kindern von Tabakarbeiterinnen mit 30 Prozent um sehr viel höher als bei anderen Fabriksarbeiterinnen mit einer durchschnittlichen Säuglingssterblichkeit von 17 Prozent.[112]

Noch für das Jahr 1924 verdeutlichen jedoch die Daten, die der österreichische Gewerkschaftsvertreter an den Internationalen Tabakarbeiterkongress – 1927 – in München berichtete, auch für die österreichischen Tabakarbeiterinnen eine ausgesprochen hohe Rate von Fehlgeburten. So sind, so der österreichische Gewerkschaftsvertreter, von den in der Krankheitsstatistik für das Jahr 1924 verzeichneten 409 Entbindungen 106, das heisst: 25,9 Prozent, als Fehlgeburten verlaufen.[113]

Ganz allgemein wird auch in den Gewerkschaftszeitungen der Tabakarbeiterinnen und -arbeiter in Berichten über die Gesundheitsverhältnisse der TabakarbeiterInnenschaft von einem plausiblen Zusammenhang zwischen dem tagtäglich stundenlangen Aufenthalt der Tabakarbeiterinnen in Arbeitsräumen mit nikotinhaltigem Staub und verstärkten Unterleibsleiden bzw. erhöhter Säuglingssterblichkeit ausgegangen.[114]

Trotzdem lässt sich das tatsächliche Gesundheitsrisiko durch die Arbeit in der österreichischen Tabakfabrikation rückblickend nur schwer erschließen. Ein in der Halleiner ‚Gerüchtebildung‘ zum Ausdruck kommender Beunruhigungsfaktor scheint diese Ungewissheit über mögliche Gesundheitsfolgen auf jeden Fall gewesen zu sein.

4.2.4. „Tat's as wieder hin, wos as her hobt's, wei die geht Eich sonst ein!“

Über Ausstiftkinder, Pflegemütter, frühkindliche Trennungserlebnisse und den Mangel an emotionalen Schutzräumen ganz allgemein

In der Gesellschaft des 19. Jahrhunderts habe es zwei sehr konträre Schicksalslagen des Kindseins gegeben, stellt Birgit Bolognese-Leuchtenmüller in ihrem Aufsatz über „Unterversorgung und mangelnde Betreuung der Kleinkinder in den

Unterschichtenfamilien" fest. Denn „der Gegensatz zwischen mittelständischen Lebensformen und Daseinsbedingungen der Unterschichtenfamilien" trete wohl „nirgends derart schroff zutage wie gerade in der Gestaltung der frühkindlichen Lebensphase." Von zwei Kategorien von Kindern müsse man ganz offensichtlich sprechen, nämlich von Kindern „aus jenen Schichten, in denen die wirtschaftlichen und sozialen Verhältnisse ihre Betreuung und Erziehung zumindest während der ersten Lebensjahre ausschließlich im Familienverband erlaubten, und den Kindern der Unterschicht, die praktisch von Geburt an zeitweilig oder auch zur Gänze auf die Betreuung durch außerfamiliäre Instanzen angewiesen waren."[115]

Nicht nur die – die zentrale Quellenbasis bildenden – lebensgeschichtlichen Erinnerungen jener 14 in Hallein aufgewachsenen Frauen, sondern das gesamte Halleiner Interviewmaterial, das die Kindheitserinnerungen zahlreicher anderer Töchter und Söhne aus Halleiner ArbeiterInnenfamilien umfasst, weisen den größten Teil dieser Gesprächspartnerinnen und -partner ganz augenscheinlich als in diese zweite Kategorie von Kindheitsschicksal gehörig aus.

Die schon nachgezeichnete wirtschaftliche Unmöglichkeit in vielen Halleiner ArbeiterInnen- und verarmten Handwerksfamilien, die Arbeitskraft der Frau allein dem Haushalt, der Pflege und Erziehung der Kinder zufließen zu lassen, hat in diesen Schichten nicht nur die Probleme der Kinderversorgung, sondern auch die mit mangelnder Betreuung verbundene psychosoziale Unterprivilegierung der Kinder über die Jahrhundertwende hinaus verlängert.

Am akutesten war die Betreuungs-Notlage in jenen Familien, wo beide Elternteile einem fixen außerhäuslichen Erwerb nachgegangen sind, denn hier mussten zumindest für die Arbeitszeit der Mutter die Betreuungsaufgaben an ‚Stellvertreterinnen' weitergegeben werden.

Um in die einzige in Hallein vorhandene Institution zur Beaufsichtigung von Kindern arbeitender Mütter, in die von Ordensschwestern geführte Kinder-*Bewahr*-Anstalt aufgenommen zu werden, mussten die Kinder jedoch zumindest das Laufalter erreicht haben. Meist wurden sie hier aber erst zwischen dem zweiten und dritten Lebensjahr in die Betreuung übernommen.[116]

Auch im Zusammenhang mit der Halleiner Tabakfabrik selbst gab es – trotz des fast ausschließlichen Frauenanteils – keine etwa über das Tabakmonopol organisierten und zur Verfügung gestellten Einrichtungen zur Säuglingsfürsorge.

Noch 1913 konnte von den später auf dem Boden der österreichischen Republik verbleibenden neun Tabakfabriken nur jene in Hainburg den dort beschäftigten Arbeiterinnen ein – 56 Plätze aufweisendes – Säuglingsheim anbieten.

Trocken konstatiert das Gewerkschaftsorgen „Der Tabakarbeiter" dieses infrastrukturelle Defizit, das die in der Fabrik erwerbstätigen Frauen bei einer finanziell notwendigen oder einfach gewollten Arbeitswiederaufnahme nach der Entbindung in eine beträchtliche Zwangslage brachte: „Die Tabakregie kann zwar die

Betriebs-Kindergarten in der Tabakfabrik Stein in Niederösterreich, 1940er-Jahre. Die Halleiner Zigarrenarbeiterinnen konnten nur auf eine kirchliche Kinder-„Bewahr"-Anstalt zurückgreifen.

Arbeitskraft der Eltern brauchen, aber das Kind ist erst dann für sie vorhanden, wenn es in den Fabriken Mehrwert erzeugt."[117]

Etwas besser gesichert als andere lohnabhängig arbeitende Frauen waren die Tabakarbeiterinnen und damit auch ihre Säuglinge in der Zeit unmittelbar nach der Entbindung. Denn: Zumindest der „Tatsache, dass Frauen gebären und sich daraus gesundheitliche Notwendigkeiten zu ihrem Schutz ergeben",[118] hat der Staat als Arbeitgeber in seinen Tabakfabriken schon Rechnung getragen, noch bevor gesetzliche Wöchnerinnen-Schutzbestimmungen auch für private Arbeitgeber bindend werden konnten. So finden sich für die Tabakfabriken schon seit 1812 in den Statuten ihrer Krankeninstitute Bestimmungen, nach denen Wöchnerinnen während der ersten sechs Wochen nach der Entbindung ein Fernbleiben von der Arbeit und der Erhalt des halben Taglohnes zugestanden wurde.[119]

Für in der Privatindustrie beschäftigte Arbeiterinnen sind solche Schutzbestimmungen erst 1885, erlassen in der zweiten Gewerbenovelle, in Kraft getreten: über ein vierwöchiges Arbeitsverbot für Wöchnerinnen.

Ganz abgesehen davon, dass durch seinen beschränkten – nur fabrikmäßige, nicht aber gewerbliche Betriebe umfassenden – Geltungsbereich nur ein geringer Prozentsatz aller beschäftigten Frauen auch tatsächlich nach einer Entbindung unter diese Schutzfrist gefallen sind, dürfte sie auch für die davon Betroffenen erst später realiter wirksam geworden sein. Zunächst mit einem Lohnentgang verbunden, ist den versicherten Arbeitnehmerinnen erst im Krankenversicherungsgesetz 1888 für diese Schutzzeit – neben der freien ärztlichen Behandlung – ein Entgelt in der Höhe von 60 bis 75 Prozent des ortsüblichen Lohnes und damit eine bescheidene finanzielle Chance zugebilligt worden, ihre Rechte überhaupt in Anspruch zu nehmen.[120]

Auch zu diesem Zeitpunkt dürften die Tabakarbeiterinnen besser gestellt gewesen sein, denn in den Tabakfabriken war für die in brancheneigenen Krankeninstituten versicherten Frauen eine mögliche Verlängerung des Krankengeldbezuges bis zu sechs Wochen nach der Geburt vorgesehen und scheint – so zumindest die Diktion des Tabakmonopols als Arbeitgeber – sehr „liberal" gehandhabt worden zu sein.[121] Zudem war seit 1897 der „geburtshilfliche Beistand" gesichert, da die Entlohnung der Hebammen nicht mehr den Arbeiterinnen überlassen wurde, sondern durch die Krankeninstitute erfolgte. Ganz sicher nicht nur um der Frauen willen.

Wie Gerda Neyer in ihrem Aufsatz „Sozialpolitik von, für und gegen Frauen. Am Beispiel der historischen Entwicklung der Mutterschutzgesetzgebung in Österreich" überzeugend nachweist, reift(e) nämlich „die Einsicht in die Notwendigkeit sozialpolitischer Maßnahmen für Frauen erst dann (...), wenn (den Männern) nutzdienliche staatliche, wirtschaftliche und private Interessen damit verknüpft sind."[122]

Was sich der Staat, so Gerda Neyer weiter, als „‚Hilfstruppe' für das ökonomische System"[123] über solche – mit dem Einsetzen einer staatlichen Sozialpolitik dann allgemein bindend werdenden – Schutzmaßnahmen zu sichern beginnt, ist ganz einfach auch die Kontrolle über Zahl und Qualität des von Frauen geborenen und zu gebärenden Nachschubes für Arbeitsmarkt und Militär.

Trotzdem blieben im uns interessierenden Zeitraum diesbezügliche Schutzmaßnahmen – aus heutiger Sicht – ganz allgemein noch recht dürftig. Lediglich auf die Zeit nach der Entbindung bezogen, ‚schützten' sie nur die Wöchnerin, nicht aber die schwangere Frau und stellten damit keineswegs einen umfassenden Mutter- und Kindschutz dar.

Wiederum zuerst in den staatlichen Tabakfabriken wurde 1909 – nach gezielten Forderungen und Vorsprachen der Gewerkschaften – probeweise ein vollbezahlter zwölftägiger Erholungsurlaub eingeführt, den sowohl Wöchnerinnen nach Ablauf der vierwöchigen Schutzfrist nach der Entbindung als auch – und das ist das Novum – schwangere, vor der Entbindung „erholungsbedürftige" Frauen in Anspruch nehmen konnten.

Nur: Die auf Kosten der betroffenen Frauen gehende Krux lag darin, dass der Urlaub von den jeweiligen Fabriksärzten „gewährt" werden musste, und die scheinen ihre Entscheidungsmacht über den erweiterten Schutz der Mütter und damit auch der Neugeborenen mit sehr unterschiedlichem sozialpolitischen Verständnis gehandhabt zu haben. „Wir können Fälle anführen, wo Fabriksärzte den Urlaub verweigert haben, ohne überhaupt Mutter und Kind gesehen zu haben“[124]: so wird von Gewerkschaftsseite die ärztliche Willkür im Zusammenhang mit der Gewährung oder Nicht-Gewährung dieses möglichen bezahlten Erholungs-Urlaubes vor und nach der Entbindung skizziert.

Das österreichische Tabakmonopol war groß, Wien und die Generaldirektion als mögliche Instanz der Kontrolle über die Durchführung der von ihr beschlossenen sozialen Maßnahmen waren weit und für das Einfühlungsvermögen des jeweiligen Fabriksarztes in die konflikthafte Lage der – im Falle von Schwangerschaft, Geburt und Wochenbett ja ohnehin nur minimal geschützten – Arbeiterinnen gab es keine Garantien.

Unter anderem scheinen gerade die Arbeiterinnen der Tabakfabrik in Hallein von einer diesbezüglichen ärztlichen Willkür und Einsichtslosigkeit besonders betroffen gewesen zu sein. Nicht nur einmal machten sie in diesen Jahren ihre Empörung darüber öffentlich. So findet sich im Dezember 1909 im „Tabakarbeiter“ unter „aus Hallein wird uns geschrieben“ folgende Notiz:

„Bei uns ist es unmöglich, dass eine Wöchnerin vor oder nach der Entbindung einen vollbezahlten Wöchnerinnenurlaub bekommt. Es klingt wie Hohn mit dem Zugeständnisse desselben. Bei uns ist noch jede Arbeiterin abgewiesen worden, welche darum angesucht hat. (...) Wöchnerinnenurlaub könne er (der Arzt) nicht gewähren, wenn er ihn gewährt, so verlangt ihn jede. Er glaube, so eine kleine Fabrik wie Hallein kommt nicht in Betracht, in größeren ist dies was anderes. Eine nette Anschauung eines Arztes! (...)

Einen Fall wollen wir noch herausgreifen. Die Arbeiterin Maria *Thaler* ist jetzt in dieser Lage. Sie kann nicht mehr sitzen und gehen. Auch sie ersuchte den Arzt um Wöchnerinnenurlaub. Er sagte ihr, es ist unmöglich, ihn zu gewähren, da es genau 14 Tage sein müssen vor der Entbindung und das kann er nicht konstatieren.“[125]

Reichlich zynisch muss es auch anmuten, wenn sich derselbe Fabriksarzt in der Jahresversammlung des Krankeninstituts darüber beklagt, dass bei den Tabakarbeiterinnen „das Stillen der Kinder beinahe ganz aufgehört hat, was zur Folge hat, dass so viele Kinder im ersten Lebensjahr sterben“.[126]

Bereits das bisher Festgestellte offenbart mütterliche Aufmerksamkeit als Luxus, den sich diese Frauen buchstäblich nicht leisten konnten.

Denn welche Handlungsmöglichkeiten in Richtung mütterlicher Fürsorge sind der Generation der Mütter jener von mir interviewten Halleiner Frauen geblieben, wenn sie ihre Arbeit in einer der Fabriken des Ortes wieder aufnehmen wollten? Vier gesetzlich zugestandene Wochen hatten sie, wie gesagt – und wenn sie in der Tabakfabrik beschäftigt waren und zudem noch Glück hatten, bisweilen auch sechs –, um ihre Säuglinge meist gegen Entgelt irgendwo unterzubringen.

Wie die Interviews belegen, dürfte nicht einmal diese ohnehin minimale und an sich obligatorische Schutzfrist eingehalten worden sein, um das Familienbudget durch den Bezug des ja nur einen Teil des Lohnes betragenden Krankengeldes nicht weiter zu belasten.

> „Und früaha woar des hoit a so, sog ma, waun's entbunden hot a Frau ... – mei Muatta is nie länger daham blieben ois wia 8 Tog, wei des is jo net zoit worn, net."[127]

Um Kinder als etwas besonders Schutz- und Zuwendungsbedürftiges zu sehen und intensiver auf ihre Kontaktbedürfnisse einzugehen, dafür fehlten also – von den Ambitionen der Mütter her – ganz eindeutig die zeitlichen und wohl auch die psychischen Möglichkeiten. Wo die Geburt eines Kindes oft so gar nichts mit freier Wahl zu tun hat, sondern vor allem als eine – massive Betreuungsprobleme mit sich bringende und die Bedrängnisse der Lebenshaltung noch verschärfende – Unausweichlichkeit erlebt wird, ist eine gewisse Unempfindlichkeit und Sachlichkeit, ja Ablehnung gegenüber der Ankunft eines weiteren Essers oder einer weiteren Esserin mehr am Tisch nichts Überraschendes.[128]

Der objektive Zwang, mütterliche Fürsorge- und Versorgungspflichten gegenüber Kindern an Stellvertreterinnen delegieren zu müssen, kann vom – durch jede weitere ungewollte Geburt bedrohten – physischen und psychischen Energiehaushalt der Mütter her auf der subjektiven Ebene durchaus auch als gewollte Erleichterung empfunden worden sein.

Die Töchter dieser Frauen haben jedoch in ihren lebensgeschichtlichen Erzählungen dieses frühkindliche Verwiesensein auf immer neue Pflegemütter und Versorgungsplätze als weitere, oft sehr konfliktgeladene Erfahrung des Mangels an gesicherten kindlichen Schutzräumen artikuliert.

In so kleinen Fabriksorten wie Hallein war das Fehlen eines öffentlichen Säuglingsheimes oder einer Säuglings-Krippe, in der die Kinder während der Arbeitszeit gestillt hätten werden können, durch ein privates Kinderhalte- und Ausstiftwesen kompensiert.

Am flexibelsten ließ sich das Problem der Kleinkinderbetreuung dort lösen, wo in der Familie oder in räumlicher Nähe wohnende weibliche Verwandte diese Versorgungstätigkeiten übernehmen konnten. Gerade in bereits seit mehreren Frauen-Generationen in der Fabrik beschäftigten TabakarbeiterInnen-Familien hat – meist über die Person der schon pensionierten Großmutter – so ein, die Unterbringung und Versorgung der kleinen Kinder erleichternder Mehrgenerationen-Zusammenhalt noch existiert.

> „Mia haum unser Großmuatta ghobt – s'Nadei (Eigenname) haumma im-

> mer gsogt. (...) Mei Muatta is a lediges Dirndl gwen und ihr Muatta is a scho in d'Fabrik gaungan und *de* hot daun uns aufzogen.
> Hätt' ma de net ghobt, war's uns schlecht gaungan."[129]

Auch für die davon betroffenen Kinder scheint diese familieninterne Versorgungs-Lösung weniger konflikthaft und spannungsgeladen gewesen zu sein als das – die Bindung zur Herkunftsfamilie oft für längere Zeit völlig unterbrechende – Ausgestiftetwerden an einen ganz fremden Kost- und Pflegeplatz.

In der Regel waren es nämlich bezahlte Ziehmütter, die oft fünf oder sechs Ausstift-Kinder aufgezogen haben: entweder bis zum möglichen Eintritt der Ziehkinder in die klerikale Kinder-Bewahr-Anstalt oder bis ins schulpflichtige Alter. Manches Mal auch darüber hinaus. In Hallein selbst und in der näheren Umgebung dürften nicht wenige Frauen von der bezahlten Aufnahme und Versorgung von Kindern von Tabakarbeiterinnen und anderen Fabriksarbeiterinnen gelebt haben. Und so manche finanziell sehr schlecht gestellte Alt-Pensionistin der Zigarrenfabrik hat sich gleichfalls als bezahlte Ziehmutter die eigenen Lebensgrundlagen zumindest verbessert.

Dabei hing die Möglichkeit, mit den Kindern in kontinuierlichem Konkakt zu bleiben – abgesehen von der Bereitschaft der Eltern – von der Entfernung des jeweiligen Pflegeplatzes ab und diese wiederum vom finanziellen Spielraum der ausstiftenden Familie. Je geringer die in einen Pflegeplatz investierten Mittel – aus Zwangsmomenten aber auch aus Nachlässigkeit heraus – waren, umso weiter waren die Kinder von ihren Eltern entfernt. Denn: In Hallein selbst und in der unmittelbaren Umgebung sind die Ausstiftkosten, wenn es sich nicht gerade um einen für die Kinder oft recht unsicheren Platz bei einer sehr alten Ziehmutter handelte, am höchsten gewesen.

„I hob a Pflegefrau ghobt, zu der i gehn hob kennen", beginnt die Tochter einer Tabakarbeiterin ihr lebensgeschichtliches Erzählen über jene Phase des Ausgestiftetseins, die ihr noch bewusst in Erinnerung ist.

> „Des woar a oite Fabriklerin a, die wos in d'Fabrik gaungan is und in da Pension woar. Die hot mi daun gnumman. Die is hoit mit mir – noch da Schui hob i Aufgob mochen miassen – und daun is' mit mir a weng spazieren gaungan. Oder mia san in' Woid gaungan, Hoiz sammeln oder Beeren pflücken in der Gegend ummanaunda, wo hoit wos woar. Hauptsächlich hoit Hoiz sammeln. Wei die haum domois – die oiten Pensionisten haum jo net vü Pension ghobt, gaunz wenig. De hot – wos i mi so erinnern kaun – die

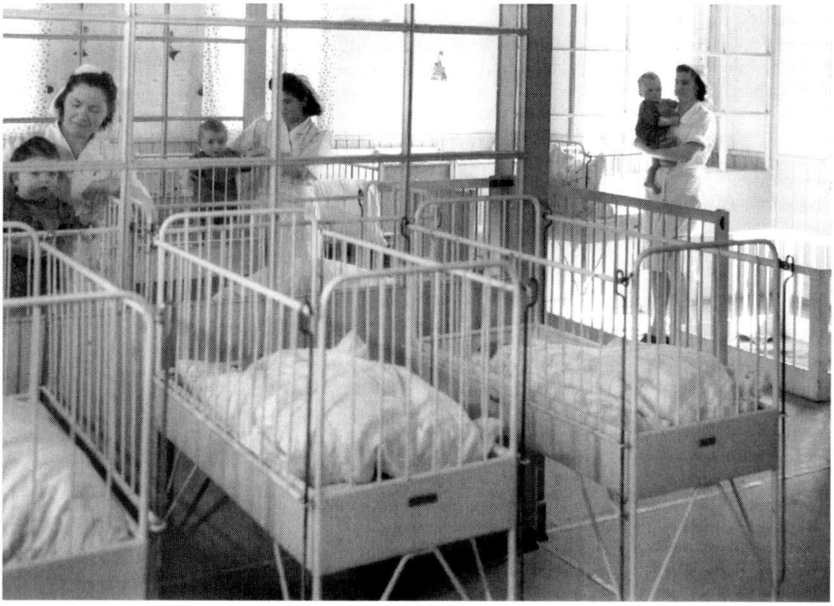

In der Tabakfabrik Linz gab es, wie dieses Foto aus dem Jahr 1954 zeigt, ein fabrikseigenes Säuglingsheim, das während der Arbeitszeit Kleinkinder von Beschäftigten betreute. Die Halleiner Zigarrenarbeiterinnen mussten ihre Kinder schon wenige Wochen nach der Geburt ausstiften: meist in Bauernfamilien der Umgebung oder bei alten Frauen.

> hot in' Tog oa Weckerl sich kauft und an 1/4 Liter Müch. Des woaß i no guat. Und zum Metzger is' daun gaungan um a Wurstsuppen z'Mittog. Wos' die Würst kocht haumd, des hot's ois Suppen g'essen und a Brot eine. Die hot net mehr Pension ghobt."[130]

Durch das Alter der Pflegemutter, bei der sie zudem nur während des Tages ausgestiftet war, ist Franziska J. als Kind immer wieder Gefühle der Schutzlosigkeit auslösenden Betreuungs-Engpässen ausgesetzt gewesen.

> „Die Mutter is oft scho um vier in da Fruah aufgstaunden, weil's no Wäsch' gwoschen hot vor da Oarbeit. Und um dreiviertel sieben is' weg. I hob daun allan dahoam gwoart' bis i zu der oiten Frau gehn hob kennan, die auf mi aufpasst hot. Die hot immer a bissl länger gschlofen, wei's eben scho öter woar. Schlimm woar's daun, wia i in d'Schui gaungan bin – und vor oim im Winter. Do hob i net gwusst, wos i in da Fruah in der Zeit bis zum Schuigehn tuan soll: d'Mutter is jo scho so boid weg und koit (kalt) woar's a

> fürchterlich in da Wohnung.
> Do hot d'Mutter gsogt: ‚Am besten is', Du gehst in d'Kirchen, do is' wenigstens woarm.' Jo, und do hob i mi hoit in die Kirchen einigsetzt und hob ma so durch'n Kopf gehn lossen, wos ois sein wird heit in da Schui."[131]

Wirklich gerade nur mit dem Notdürftigsten versorgt worden zu sein, aber sonst „nix Guats" gehabt zu haben, weil die Ausstift-Mutter – „a gaunz a oits Weibl" – mit den drei, vier bei ihr lebenden Pflegekindern ganz einfach überfordert war – das findet sich in den Interviews als häufige Erinnerungsspur an jene Erfahrungen des Ausgestiftetseins. Einen Kost- und Pflegeplatz für die Kinder gefunden zu haben, bedeutete für diese zudem nicht immer das Vorhandensein eines längerfristig gesicherten minimalen Schutzraumes.

Die Tabakarbeiterinnentochter Walpurga K. etwa – und sie war nicht die einzige – hatte schon zwei Pflegeplätze hinter sich, als sie mit fünf Jahren dann endgültig in den Haushalt des verwitweten Großvaters auf den unmittelbar bei Hallein gelegenen Dürrnberg kam: aber auch er, ein pensionierter Salzberg-Knappe, bedeutet zunächst nur abermals neue, verunsichernde Fremdheit, der die Fünfjährige in mehreren Ausbruchsversuchen zu entkommen sucht.

> „Jo, eh im 1901er-Joahr, glei ois kloans Kind scho, mit sechs Wochen, fünf, sechs Wochen bin i scho auffi kemman. Do bin i oba zerst in zwoa aundere Platz gwen. Zerst hot mi glei a oite Frau gnumman und dera bin i nochher scho z'stoark worn mit zwoa Joahr, wei's scho oit woar. Daun hot mi a Verwaundte vo meim Votern gnumman: Bauern – Holzenbauer – am Dürrnberg. Do bin i gwen bis fünf Joahr. Und mit fünf Joahr hot mi daun da Großvota aungnumman. Die Verwaundte hot söba no a Kind kriagt, jetzat hob i *gehn* miassen. Jo, freili!
> Do bin i daun zum Großvota kemman. Da Großvota woar 40 Joahr im Berg. I hob zwoar zerst schiach taun (war verzagt), wia i zu eam miassen hob, wei ma hübsch nemanaund gwen san (die früheren Zieheltern und das Lehen des Großvaters), gö, und do bin i eam hoit a wieder oft davon: *hoam ummi.* Jo, i hob a weng länger braucht, jo, mit fünf Joahr, gö ... Drent (drüben) han jo do die Kinder no kleana gwen – die haumd a söba drei ghobt: zwei Dirndl san do gwen und a Bua und i."[132]

Später sei sie dann sehr „am Großvotern ghängt", da sie außer ihm ja eigentlich niemanden gehabt habe. Nur äußerst lose und unregelmäßig hätten die Eltern eine Verbindung aufrecht gehalten: „Herunt bei meine Leit bin i goar net vü kümmert gwen. Na, wei i hob's weniger gsehn."[133] Der Vater, ein Bäckergehilfe, sei „öfter kemman und hot ma wos brocht". An einen Besuch der Mutter könne sie sich jedoch überhaupt nicht erinnern. Die sei ja in die Fabrik gegangen und habe in der Stadt noch drei Kinder gehabt.

> „Oba die aundern Gschwistered san a zerst ausgstift' gwen. Die woarn amoi in da Stodt, ane woar no am Dürrnberg oben, oba net laung. Die öter, mei Schwester, die haums daun hoam taun.
> *Daun* is die Großmuatta in die Pension kemman. Daun hot sie die drei Kinder ghobt."[134]

Walpurga K. selbst ist auf dem Knappen-Lehen des Großvaters geblieben, bis sie mit 16 Jahren als Arbeiterin in die Zigarrenfabrik aufgenommen wird und in Hallein einen Schlafplatz bei Bauern findet. Damit hat sie sich die oft so konflikthafte Rückkehr in die ja wiederum fremde ‚eigene' Familie erspart.

Die für heutige Familienbeziehungen nur schwer vorstellbaren Trennungserlebnisse des Ausgestiftetseins werden, zumindest im lebensgeschichtlichen Rückblick, zwar vielfach mit der – durch nicht vorhandene Alternativen bedingten – ‚Selbstverständlichkeit' des Ausgestiftetwerdens kompensiert. Doch gerade in den Erinnerungen an das Erlebnis der Rückkehr in die Herkunftsfamilie wird unübersehbar, wie schockhaft und an die Überlebenssubstanz gehend die fortwährende Störung und Zerstörung der ohnehin nur mangelhaften kindlichen Schutzräume für die betroffenen Kinder vielfach gewesen sein muss.

Die ‚Heim-Kehr', die nicht immer eine war, weil sie – war der Pflegeplatz halbwegs gut und schon vertraut und ein Bezug zu den eigenen Eltern und Geschwistern nicht gewachsen – eher als ‚Heim-Müssen' empfunden wird, erfolgte zudem meist in einem Alter, in dem jene Erinnerungssperren, die die ganz frühe Kindheit dem Bewusstsein verdunkeln, schon aufgebrochen sind: damit wird wohl auch die, mit dem Ausgestiftetwerden verbundene psychosoziale Diskriminierung erst griffig erzählbar.

Auch Maria E., älteste Tochter einer Tabakarbeiterin und eines Salinearbeiters, kommt schon als vierwöchiger Säugling in Vollpflege zu bäuerlichen Verwandten ins 10 Kilometer entfernte St. Jakob. Als die Eltern jedoch bemerken, dass sie dort mit Schnaps nur ‚ruhig gehalten' wird, muss bereits nach wenigen Monaten ein neuer Pflegeplatz gesucht werden.

> „Daun haums mi am Dürrnberg auffi. Am Dürrnberg bin i daun aufgwochsen. So hob i's jo guat ghobt. Die haund grod oan Buam ghobt, der woar jünger wia i.
> Sie hätten mi eh oiwei ghoiten, haums gsogt: sie nehmaten mia aun. Wei daun is scho d'Muatta zum zweiten Moi in der Hoffnung gwesen."[135]

Maria E. gehört zu jenen Ausstiftkindern, die diesen Pflegeplatz in der Familie eines Dürrnberger Bergknappen und einer frühzeitig aus der Fabrik ausgeschiedenen Zigarrenfabriksarbeiterin als positiv besetzten Lebensraum in Erinnerung hatten. Die bis zum Tod der Zieheltern aufrechterhaltene emotionale Bindung an diese Schutzzone ihrer ersten sechs Lebensjahre steht in konfliktgeladenem Kontrast zu den massiven Fremdheits- und Entfremdungserfahrungen gegenüber der „Halleiner Muatta" und dem „Halleiner Vota". Bereits bei den sporadischen Besuchen der Eltern in den ersten Jahren der Ausstiftzeit werden diese in aller Schärfe sichtbar.

> „Jetzand: waun's kemman hand ... Mei Ziachmuatter oben hot oiwei gsogt: ‚Mariedi, Dei Halleiner Muatta und Dei Halleiner Vota, die miassen zoin für Dich, wei sonst ghoit ma Di jo net.'
> Hob i gsogt: ‚Na! Es ghoitat's mi eh a *so a*, waun's a nix zoierten' (zahlen würden). Und daun haums so a Eckbank ghobt. Und waun's gsogt hot, ‚Du, jetzt kimmt d'Halleiner-Muatta und da Halleiner Vota', bin i ins Eck hing hockt. Haums mi bei die Fiaß außaziagen miassen.
> Jo, *ihr* (der Ziehmutter) is' a z'blöd gwesen. ‚Jo', hot's gsogt, i sog ihr's *eh oiwei* und es *höft* einfoch nix. Es höft nix.' Jo!"[136]

Als die Mutter, die aus gesundheitlichen Gründen die Arbeit in der Zigarrenfabrik aufgegeben hat, die mittlerweile Viereinhalbjährige nach Hause nehmen will, verteidigt diese ihren Weiterverbleib bei den Zieheltern mit der schärfsten ihr damals als Kind zur Verfügung stehenden Waffe: mit der konsequenten Verweigerung jeglicher Essensaufnahme.

> „Do hob i d'Zähnd zaumbissen, dass' grod gscharrt hot. Die haumd ma nix einibrocht. Und do is da oite Mittermayer no gwen, da gaunz oite Mittermayer, von Hallein da Oarzt, der hot gsogt: ‚Tat's as wieder hin, wo's as her hobt's, wei die geht Eich sonst ein. Die *geht* Eich *ein*.'
> Wei d'Muatta hot ma's jo daun oiwei erzöht. Hot's gsogt: ‚A so a Mistluada bist gwen', hot's gsogt."[137]

Es war nicht das einzige Mal, dass der damalige Halleiner Arzt den Kampf eines Ausstiftkindes um sein gefühlsmäßiges ‚Zuhause' – „irgendwo siacht ma des hoit ois Eltern a, wo ma groß wird, wo ma's Essen kriagt ..."[138] – durch sein ärztliches Urteil zumindest für einige weitere Jahre zugunsten der kindlichen Bedürfnisse entschieden hat.

Eine Frist des sich langsam ans „hoam miassen" Gewöhnens war Maria E. damit zumindest noch gewährt. Als der Eintritt in die Volksschule sie endgültig zurück zwingt in die Halleiner Familie, kann jetzt das bedrohliche Trennungserlebnis über vielfältig weiterlaufende Kontakte zur Ziehfamilie doch bewältigt werden.

> „Und daun, wia i daun herunten gwen bin, wia i daun Schui gaungan bin a – am Samstag bin i scho wieder auffiblitzt (zu den Zieheltern). Übern Sonntog bin i scho wieder oben gwen. Am Montog oba in d'Schui nocha, net.
> D'Ferien hob i a oiwei oben bleiben dearfen – die ganzen Ferien. Jetzt san eigentlich i und mei Ziachbruada wia d'Kinder aufgwochsen, net. Jo, wia waun ma Gschwistered warn, so samma aufgwochsen. (...)
> Bitte, i hob scho mei Muatta und mein Vota a gern ghobt, oba ... Bitte, ois Kind hob i des net so *gmoant*, net. Oba wia i's daun verstaunden hob ..., net, i hob's scho gern ghobt. Oba meine obern Ötern hob i hoit no liaba ghobt, ehrlich woahr. Des is scho woahr, gö. Wei wia mei Ziachmuatta gstorben is, hob i gmoant, do reißt's ma s'Herz aussa. Und mei Ziachvota a. Bei ea hob i's wirklich guat ghobt, net.
> Oba dahoam haumma daun *nix* ghobt, gö."[139]

Nur in wenigen der erzählten Lebensgeschichten bedeutete das Aufwachsen in einer Pflegefamilie – so wie bei Maria E. – eine intensivere emotionale Bindung. Aber auch sonst brachte vor allem das ‚Heimgeholtwerden' von Pflegeplätzen in bäuerlichen oder halbbäuerlichen Lebenzusammenhängen, wie jenen der über ein Lehen verfügenden Dürrnberger Bergknappen etwa, für die Kinder ganz sinnfällig spürbare Verluste mit sich: die geforderte Umstellung auf die Lebensmöglichkeiten im dicht verbauten und ernährungsmäßig viel schlechter gestellten Industrieort Hallein brachte einen schmerzlichen Erfahrungsbruch zu den weitläufigen Kindheitsschauplätzen und Erfahrungsfeldern der ersten Lebensjahre mit ihren Möglichkeiten des unkontrollierten Herumziehens in den umliegenden Wäldern und Feldern.

> „Und daun samma in die Stodt obakomman, in a Haus, wos scho im vierzehnten Joahrhunden baut' gwesen is und in ana engen Gossen, oiso sehr ... Do hot ma natürlich vermisst den Woid und die Wiesen, des Essen und des ois. (...) Mit fünf bin i wieder heimkemman und des is natürlich schlecht gwesen."[140]

So thematisierte eine andere, gleichfalls bis ins Schulalter bei Bauern ausgestiftete Halleiner ArbeiterInnentochter ihre damalige Verlusterfahrung.

Bei sechs Arbeitstagen pro Woche und einer neun- und mehrstündigen täglichen Erwerbs-Arbeitszeit beider Elternteile, deren körperliche und psychische

Kräfte damit schon durch den Arbeitsdruck weitgehend absorbiert waren, und unter den Bedingungen jenes schon beschriebenen Reproduktionsdruckes stets knapper Mittel und beengender, bedrohliche Nähe erzwingender Wohnverhältnisse wurde in den folgenden Kindheitsjahren auch die Herkunftsfamilie sehr viel eher als ein aufeinander angewiesenes soziales Überlebensgefüge erlebt, denn als „gefühlsmäßig motivierte personale Gemeinschaft."[141] Auch hier blieb für jene Entsachlichung, Sentimentalisierung und Intimisierung der Eltern-Kind-Beziehung, welche – so Philippe Ariès in seiner „Geschichte der Kindheit" – die moderne Familie kennzeichnen, weder Zeit noch Raum.

Das gilt auch für jene Familien, wo die Mütter nicht in einer der Halleiner Fabriken erwerbstätig waren. Aber auch diese Frauen haben alle – um den Überlebensdruck in ihren Familien durch eigenen Verdienst auszugleichen – in Heimarbeit genäht oder gestrickt, eine Ausschank in der eigenen Wohnung geführt oder stundenweise gegen Geld geputzt, gewaschen oder bei Bauern ausgeholfen. Das hat sie zwar flexibler darin gemacht, je nach Bedarf Teile ihrer Arbeitskraft für die Führung des Haushalts, für die Versorgung der Kinder oder für das Geldverdienen einzusetzen, doch auch ihnen blieben nur wenig Spielräume, mütterlichen Funktionen intensiver nachzukommen.[142]

Dass die Kindheitsfamilie nur in sehr bescheidenen Ansätzen ein vertrauter, Schutz und emotionale Nähe garantierender Raum sein konnte, das gehörte sehr bald zum klassenspezifischen Wissen der über ihre Kindheit erzählenden Frauen. Die notwendige Einsicht in die objektiven Sachzwänge der Eltern hat jedoch im lebensgeschichtlichen Rückblick die Bitterkeit über die damit verbundenen kindlichen Defizite und Ohnmachtserfahrungen keineswegs verdeckt.

Sehr laut und unmittelbar wird die Kritik dann in jenen Erinnerungszusammenhängen, denen die lebensgeschichtliche Erfahrung zugrundeliegt, dass die möglichst reibungslose Einsicht der Kinder in die elterlichen und familiären Sachzwänge durchaus auch gewaltsam eingefordert worden ist.

„Kochen und Kinder, des is Frauensache. D'Schläg gibt da Maun",[143] erinnert Maria D. jene innerfamiliäre Rollenteilung, in der – über die Person des Vaters – eine diskussionslose Unterordnung und Anpassung der Kinder sichergestellt wurde.

> „Mei, mia san vü gschlogen worn!"
> „Warum?"
> „Haumma hoit net imma ois taun, wia se megen haum. Mei, daun hot a wieder pfiffen: ‚Wirst Di umdrahn ...!'"[144]

Durch vielfältige Rückbindungen zum agrarischen Bereich der bäuerlich-patriarchalischen Gewalt noch sehr nahe und gleichzeitig schon den bürgerlichen

Patriarchalismus als alt-neu dominantes gesellschaftliches Wertmuster aktuell im Rücken, beanspruchten die Väter dieser Kinder wortlosen Respekt.

> „Er woar, jo, streng und nebenbei woar a sehr religiös. Des is a sicher von seiner Abstammung her ois Bauernsohn. Wei des dahoam jo so Sitte woar. (...)"
> „Und haum Sie Schwierigkeiten mit ihm dadurch ghobt, dass a oft so streng woar?"
> „Schwierigkeiten? – Ois Kinder haumma *jo* Schwierigkeiten ghobt, weil a uns fest ghaut hot. Weil ma vü Schläg kriagt haum, wenn ma wos aungstöt haum. Und so a ziemlich streng erzogen worn. Net fortgehn dearfen und so: oiso, des hot's bei eam net geben. (...)
> Und waun a hoamkemman is um Zwölfe Mittag – a Pfiff und mia haum beim Tisch sein miassen. Waun ma net do gwen san, haumma nix z'essen kriagt. Do samma natürlich grennt glei."[145]

Solche Erinnerungsbilder an das autoritäre, oft gewaltsame Auftreten der Väter ihren Kindern gegenüber sprechen aber nicht allein von patriarchaler Unterdrückung. Zu Ende gedacht, lässt sich über sie auch das Elend, die physische und psychische Notlage jener Arbeiterväter erahnen, die – gar nicht immer nur über Prügel – an die Kinder jenen sie verschleißenden und aussaugenden Druck weitergegeben haben, dem sie selbst am Arbeitsplatz täglich ausgesetzt gewesen sind.

> „Können Sie sich noch erinnern, wie des woar, waun da Vota von da Oarbeit hamkumman is am Obend daun?"
> „Wie des woar? Jo mei: Do haumma uns eh nimma vü mucksen dearfen. Do hot's nix geben. Der hot sei Ruah haum woin, waun a hamkumman is, von da Fabrik, net. Da *Vota* woar domois die Hauptperson, die *Respektsperson*. I hätt' ma mit mein Vota nia so richtig – i woaß net, wia i sogen soit – ois Kind so richtig woarm worn, dass i ma do so ..., wia unsere Enkel, dass' do so auf ean Vota ummanaund hupfen und ois.
> Des hot's bei uns nia geben! Er woar immer so die Respektsperson. Do haumma uns net so richtig herauntraut. (...)
> Jo, er hot uns eigentlich *nia* wos taun. Oba mia haum uns a *eh net* mucksen traut auf d'Nocht, so richtig, dass a Lärm oder wos gwesen war."[146]

4.2.5. „Von da Schui ham, d'Schuitoschen weg und zum Herd: kochen!"

Wie Arbeiten von klein auf gelernt wurde

Werden für das Vorschulalter durchaus – auch die Mädchen mit Nachbarskindern zusammenbringende und sie in die umliegenden Straßen und Höfe bringende – Spiel-Zeiten erinnert, so setzte offensichtlich mit dem Schuleintritt sehr rasch ein ganz spezifischer – kindliche Spiel-Räume drastisch reduzierender – innerfamiliärer Interessensausgleich ein.: „Du pass auf, zerst hob *i* di gfuattert, jetzt hoitst *Du* her."[147]

Über diese Beziehungslogik in jenen ja bereits als Überlebensgemeinschaften beschriebenen Kindheitsfamilien der interviewten Frauen wurden die Kinder schon sehr früh in die Pflicht genommen. Dabei hatten vor allem die Töchter in umfassender Weise familiäre Pflichten und Arbeitsverantwortlichkeiten zu übernehmen. Frühzeitige Ausnutzung der kindlichen Arbeitskraft, das galt natürlich nicht nur für die innerhalb der ArbeiterInnenschaft angesiedelten Familien der in Hallein aufgewachsenen Frauen. Auch jene in bäuerlichen Familienwirtschaften – wo Kinder ja vor allem Arbeitskräfte waren – groß gewordenen Gesprächspartnerinnen sind schon sehr frühzeitig in den bäuerlichen Arbeitsprozess einbezogen gewesen. Bleibt noch Katharina B., die – einer zu diesem Zeitpunkt noch nicht ehelichen Beziehung einer Sennerin und eines Lender Aluminiumfabrikarbeiters entstammend und früh Halbwaise geworden – im Salzburger Waisenhaus durch vielfältige Arbeitstätigkeiten und von dort während des Sommers als billige Arbeitskraft zu Bauern ausgestiftet der öffentlichen Kinderfürsorge Verpflegungskosten eingespart hat.

1908 wurden in einer – in Zusammenarbeit mit den Lehrern durchgeführten – großangelegten Erhebung des k. k. Arbeitsstatistischen Amtes über Kinderarbeit deren Ausmaß und Formen für alle österreichischen Kronländer erfasst: „die häuslichen Arbeiten ebenso wie jene in der Land- und Forstwirtschaft, in der Industrie, in der Heimarbeit, die Verwendung von Kindern im Gast- und Schankgewerbe, Austrägerdienste von Kindern u.s.f.", und zwar „sowohl ihre Erwerbsarbeit bei fremden Arbeitgebern als auch ihre Tätigkeit im Betrieb oder Haushalt der eigenen Eltern."[148]

Im Kronland Salzburg waren 50 aller 184 Volks- und Bürgerschulklassen und damit 3.318 von insgesamt 8.700 diese Schulen besuchenden Kindern in die Erhebung einbezogen. Mehr als ein Drittel von ihnen, nämlich 1.106 oder 33,3 Prozent, waren in irgendeiner Form – zum größten Teil bei den Eltern oder bei Verwandten, zum kleineren Teil bei Fremden – in Arbeitsprozesse einbezogen. Und zwar waren sie beschäftigt zu

11,7 %	in der Landwirtschaft
34,2 %	mit häuslichen Arbeiten
3,7 %	in der Industrie einschließlich Heimindustrie
0,8 %	als Austräger
0,4 %	mit anderen Beschäftigungen
36,7 %	mit häuslicher und landwirtschaftlicher Arbeit
11,1 %	in sonstigen Kombinationen der obenstehenden Beschäftigungen
1,4 %	Art der Beschäftigung nicht angegeben.

Dabei ist mit dem Alter und der steigenden ‚Verwendbarkeit' der Prozentsatz der arbeitenden Kinder sprunghaft angestiegen. Er ist am niedrigsten bei den jüngsten, das sind die 6-8jährigen Kinder (15,7 %). Von den 9-10jährigen Kindern arbeiten schon beinahe doppelt so viele (30,1 %), von den 11-12jährigen arbeiten schon über die Hälfte (53 %) und von den 13-14jährigen sind es 61,4 Prozent.[149]

Im Zusammenhang mit den Lebensgeschichten meiner Halleiner Gesprächspartnerinnen ist es vor allem die Beschäftigung mit häuslichen Arbeiten, die hier interessiert. Die diesbezüglichen Ergebnisse in der genannten Erhebung über Kinderarbeit dürften dabei eher tief gegriffen sein. Denn nach den begleitenden Mitteilungen der Lehrer wurden von ihnen vor allem solche Schulkinder als ‚arbeitende' gezählt, „die durchwegs tatsächlich ‚Arbeiten' im Sinne des allgemeinen Sprachgebrauchs verrichten."[150]

Das prekäre Verhältnis von allgemeinem Sprachgebrauch und den durch ihn als Arbeit geleugneten Hausarbeits-Verrichtungen ist jedoch bekannt und wurde bereits angesprochen. Es kann also durchaus davon ausgegangen werden, dass sich über eine solcherart selektive Wahrnehmung der Lehrer vielfach eine zu enge Definition des ‚arbeitenden Kindes' eingeschlichen hat.

Trotzdem sind die veröffentlichten Ergebnisse von gewichtigem Interesse. „Von den zahlreichen häuslichen Arbeiten, zu denen Kinder herangezogen werden" – heißt es da – „sind die wichtigsten das Beaufsichtigen und Warten kleiner Kinder (meist jüngerer Geschwister), das Aufräumen und Reinigen der Wohnräume sowie Hilfeleistungen beim Kochen und bei der Hauswäsche: viele Kinder müssen Kleider und Schuhe putzen, Wasser und Heizmaterialien zutragen, Brennholz zerkleinern, Einkäufe für das Haus besorgen und dem Vater, eventuell auch der Mutter das Essen auf den Arbeitsplatz (auf das Feld, in die Fabrik etc.) tragen; Mädchen fertigen insbesondere verschiedene weibliche Handarbeiten für den Hausgebrauch an."[151]

Mit einem starken Übergewicht bei den Mädchen, die über zwei Drittel der im Haushalt beschäftigten Kinder ausmachen, erstreckt sich die Arbeitstätigkeit bei fast allen (96,8 %) über das ganze Jahr. Dabei steigen die täglichen Arbeitszeiten während der Hauptferien beträchtlich an. Zudem finden sich bei den im Haushalt beschäftigten Kindern besonders viele noch sehr kleine: „mehr als die Hälfte der Kinder, und zwar eine größere Quote als in irgendeinem anderen Arbeitszweige, ist höchstens 10 Jahre alt.“[152]

Die sich aus der Summe von Schul- und Arbeitsstunden ergebende Gesamtbelastung der zu häuslichen Arbeiten verwendeten Kinder ist zwar – laut den Ergebnissen dieser Studie – geringer als in anderen die Heranziehung von Kindern aufweisenden Arbeitszweigen, aber im Winterhalbjahr betrug sie noch immer für ein Zwanzigstel und im Sommerhalbjahr für ein Zehntel der befragten SchülerInnen über 60 Stunden pro Woche und damit 10 Stunden pro Wochentag.[153]

Mit größerer statistischer Reichweite verdeutlichen diese Erhebungsergebnisse für das Kronland Salzburg auf einer allgemeineren Ebene jenes auch in den Interviews aufgespürte Ausmaß an Kinderarbeit innerhalb bestimmter Schichten.

> „Oarbeiten, oarbeiten! – Des hob i scho ois Kind glernt. Oft woar's a so: von da Schui ham, d'Schuitoschen weg und zum Herd: kochen. Do woar i a ocht-, zehnjähriges Dirndl.
> Do hot die Nochbarin (eine Bäuerin) oft gsogt: ‚Frau H., i brauchert jemand zum Höfen (für die Feldarbeit)'. Jo, do is daun mei Mutter gaungan und zu mir hot's gsogt: ‚Dirndl, muasst hoit Du ... ' (den Haushalt versorgen)“[154]

So präsentieren sich die nackten Daten der Erhebung über Kinderarbeit innerhalb eines jener konkreten Lebenszusammenhänge, aus denen sie – über die Befragung von Schülerinnen und Schülern – herausgefiltert worden sind.

Die sich in diesem Beispiel manifestierende Form des notwendigen Zuverdienstes durch landwirtschaftliche Aushilfsarbeiten führt die Mutter Katharina A.'s – Frau eines unselbständig arbeitenden Zimmermannes – zwar oft recht unvorhersehbar, aber dafür nur stunden- und tageweise von zu Hause fort. Zwar mussten die Töchter unter solchen Umständen immer mit der geforderten Übernahme von anstehenden Hausarbeiten rechnen, die prinzipielle Verantwortung für den Haushalt verblieb jedoch bei der Mutter.

Anders war jedoch die Situation in TabakarbeiterInnen-Familien oder anderen familiären Zusammenhängen, wo beide Elternteile ganztägig erwerbstätig waren. Hier formierten sich die Kinder oft zu richtiggehenden ‚Arbeits-Teams', die, mit der jeweils ältesten Schwester oder dem ältesten Bruder an der Spitze, bestimmte – oft sehr weitreichende – Verantwortlichkeiten für Haushaltsangelegenheiten kontinuierlich und eigenständig übernommen haben.

> „Jo, die Toni, die Öteste, die hot oiso zerst herhoiten miassen. Daun is de noch Grödig, wia i gsogt hob, zu am Schneidermoasta kumman. Daun woar d'Fini die Öteste – die woar dorten 12 Joahr. No, daun is d'Fini 14, 15 Joahr

> oit woarn, is de wegkumman. Daun woarn ma nur mehr drei. Woar da Reli daun da öteste. Der woar daun dort 11 Joahr, net. Daun is da Reli im 33er-Joahr zum Oarbeitsdienst kumman, woar i 12 Joahr: bin i do gwesen.
> Ofen putzen do bei uns und ... Mia haum des gaunze Hoiz für'n Winter zuawaklauben miassen in die Wälder. Weit auffi kumman samma. Jeden Kniddel haum ma zaumklaubt. Ois, wos ma gfunden haum.
> Mittwoch und Samstog woar schuifrei – nochmittog. Haumma net spün dearfen. Haum *mia* s'Wagerl gnumman. San ma auffi gfoahrn in' Woid. Haumma Hoiz gsuacht, dass ma übern Winter wos zum Hoazen ghobt haum. (...) Des meist wos ma ghoazt haum, woar Hoiz. Und des haum *mia* Kinder herbringan miassen."[155]

Das zeitaufwendige, Ausdauer und beim Transport Geschicklichkeit und Kraft erforderliche Beschaffen des Brennholzes in den umliegenden Wäldern war in allen sich auf Hallein beziehenden Kindheitsgeschichten so eine fast ausschließlich von den Kindern getragene Verantwortlichkeit.

> „Hamkumman, s'Schuigwaund auszogen – wei für d'Schui haumma a bessers Gwaund ghobt – und in' Woid auffi. D'Ötern haum s'gaunze Joahr koa Hoiz und kane Kohlen kauft. Des hätt's net trogen.
> Des haum ois mia Kinder klaubt: für's gaunze Joahr",[156]

erinnert sich etwa auch Katharina M., Tochter eines Mosaiksteinarbeiters und einer durch stundenweises Waschen und Bügeln in fremden Haushalten ‚dazu'verdienenden Hausfrau.

Das Netz jener Arbeitsverrichtungen für den Haushalt, die in Abwesenheit der Mutter bzw. vor ihrer Rückkehr aus der Fabrik von den Kindern gemeinsam ausgeführt worden sind, war jedoch ein viel dichteres. Maria Str., Tochter aus einer TabakarbeiterInnen-Familie, erzählte von diesem täglichen zwingenden Arbeitszusammenhang der fünf Geschwister. Dabei sind nicht nur in den diesbezüglichen Erinnerungen als solchen, sondern auch in der sie transportierenden Sprache und Begrifflichkeit jene für die Acht-, Zehn-, Zwölfjährigen mit diesem zugewiesenen Arbeitsausmaß verbundenen Destruktivkräfte – Disziplinierung nämlich, Überforderung und Zwang – eingefangen.

Es ist die Dimension des ‚Müssens' und des ‚zur Arbeit obgricht worden sein', innerhalb der sich der folgende Interviewausschnitt bewegt.

> „Jetzt, noch da Schui: *olle* haumd oarbeiten miassen. Ma hot jo jeden Tog s'Hoiz so weit vom Schuppen auffabringen miassen, wo mia gwohnt haum. Und daun: s' Wosser woar dreißig Meter zum Hoin. Es hot a *jedes* Kind,

> wia's kennan hot, mithöfen miassen. (...) Oiso, die Kinder woarn scho guat obgricht' domois! Sie haumd Hoiz hocken miassen, Hoiz schneiden. Sie haumd a – in an Mittwoch nochmittog woar schulfrei – han's a in' Woid gaungan: do haums des dürre Zeig zaumtaun. (...)
> Jo, do hot a jeds eigentlich ... Mia hand einkaufen gaungan, bevor d'Mutter hamkumman is. I hob oiwei trogen höfen miassen. Und die Buam haum in der Zeit s'Hoiz und die Kohlen her. Da Vater hot a gschaut, dass ois gstimmt hot und hot hoit mehr *aungschofft*. Daun is eingheizt worn.
> Und waun d'Mutter hoamkumman is, daun haumma unsern Malzkaffee ghobt und unser Schweinefettenbrot. (...)
> Und daun woar jo a so vü zum Woschen. Mia haum scho fest mithöfen miassen. Wosser trogen, Gschirr obwoschen, Boden putzen. Mia haum scho fest *mithöfen* miassen. I hob ma denkt, mein Gott na, hoben tuat ma goar nix."[157]

Etwas muss jedoch – gerade in Bezug auf weibliche Biografien – noch schärfer herausgestellt werden, weil es in den bisherigen Interviewbelegen wenn überhaupt, dann nur sehr indirekt sinnfällig wird: jene bei der Existenzsicherung anfallenden und früh von den Kindern übernommenen Arbeitsverrichtungen wurden innerhalb einer ganz klar patriarchalischen Arbeitsorganisation erbracht. Das familiäre Zusammenleben in diesen Kindheitsgeschichten war nicht nur vor allem unverschleierte, nackte Reproduktion der verbrauchten Arbeitskraft, sondern es verwies so gut wie alles, was damit zu tun hatte, ganz eindeutig in den Verantwortungsbereich der Frau.

Nicht nur im vorigen Erzählausschnitt profilierte sich der Vater innerhalb dieses familiären Reproduktionsgefüges, in dem nur die Töchter und Söhne, kaum jemals aber der Mann, Arbeiten aus dem Kompetenzbereich der Mutter übernahmen, vor allem als einer, der – selbst untätig – Befehle verteilt, Ansprüche deponiert und *schaut*, „dass ois gstimmt hot", während die anderen dafür *arbeiten*. Oft wurde dabei in den Familien der erwerbsarbeitsfreie Sonntag zum größten Arbeitstag.

> „Ach Gott, waun d'Oarbeit erledigt woar, waun des erledigt woar, wos ma toan hot miassen, dass ma nächsten Tog wieder oarbeiten kennen, daun is ma totmiad ins Bett gaungan.
> I woaß: Samstog, Sonntog woar nur Hauptaufgabe meiner Mutter, dass ma olle am Montog wieder frisch aunzogen san, dass ma wieder a frisches Oarbeitsgwaund haum und a frische Wäsch' haum. Des is ois hergricht worn für Montag, dass ma wieder olle frisch gwesen san zum Oarbeiten gehn.
> Des woar ihr Hauptaufgabe Samstag, Sonntag. Bügeln hot a da Vater ghoifen."[158]

Franziska J. ist eine der ganz wenigen, die sich an einen im Haushalt nicht nur die Kinder zur Arbeit antreibenden, sondern selbst mittätigen Vater erinnern kann.

> „Jo, i kaun mi guat erinnern: er hot a beim Bodenreiben ghoifen oder s'Wosser trogen, wei des Wosser hot miassen g'leiert werden. (...) Daun hot as Wosser gwarmt, hot a einghazt, dass ma a woarms Wosser ghobt haum. Er hot scho fleissig mitghoifen.
> Schua putzt hot a a immer in da Fruah für uns: d'Mutter hot oiwei klass putzte Schuach ghobt – des waß i no (lacht) – mit da Wichs: do hot a einigspuckt ins Schachterl."
> „Und hot a des von sich aus taun oder hot ma ihm des aunschoffen miassen?"
> „Na, des hot a scho gwisst. Des wirds eam scho beibrocht haum – do woar i no goar net auf da Wöt. Des wirds eam scho beibrocht haum, dass a mitarbeiten muass.
> Waun beide oarbeiten gengan, net ..."[159]

Dass *alle* Mütter in den über die Interviews erfassten Halleiner Arbeiterinnenfamilien durch verschiedenste Formen eigener Erwerbsarbeit genauso wie die Väter „sicht- und essbar"[160] zum Familieneinkommen beigetragen haben, hat in den anderen Familien jedoch kein Aufbrechen der starren Arbeitsrollenverteilung zwischen den Eltern bewirken können. Gartenarbeit wurde in zwei Fällen noch als Bereich möglicher väterlicher Mithilfe erinnert und ein – die alltägliche Haushaltsroutine kaum tangierendes – ausnahmsweises Einspringen des Vaters: etwa wenn die Mutter im Wochenbett gelegen ist.[161]

Noch bevor die Töchter also alt genug gewesen waren, um selbst Arbeitsaufgaben übernehmen zu können, veranschaulichte sich ihnen schon am Beispiel der Mutter, was Arbeiten – für Frauen – heißt. Die stets unverstellt sichtbaren geschlechtsspezifischen Arbeitsverantwortlichkeiten der Mutter waren somit der erste Nährboden für das Hineinwachsen in jene zweifachen Arbeitszumutungen an Mädchen, die das spezifische Herkunftsmilieu für sie bereitgehalten hat.

Selbst der für den Haushalt Wassereimer tragende, im Garten arbeitende, den Ofen einheizende und die Schuhe der Familie putzende Vater Franziska J.'s blieb mit diesen Tätigkeiten – abgesehen von seiner Mithilfe bei den Bügelarbeiten – exakt innerhalb jener Rollenverteilung, die durchwegs auch die häusliche Arbeitsinteraktion unter den Kindern bestimmte.

Während die Buben offenbar hauptsächlich Hausarbeitsaufgaben außerhalb des Hauses – Wasser holen eben, Holz zerkleinern, Brennholz beschaffen, usw. – und oft auch das Heizen des Ofens zu übernehmen hatten, blieben an den Mädchen alle von der Mutter delegierten Aufgaben innerhalb des Hauses hängen und vor allem alles, was mit der Beaufsichtigung und Versorgung der jüngeren Geschwister zu tun gehabt hat. Aber eben nicht nur das! Für sie hatte diese scharfe Abgrenzung der Tätigkeitsbereiche keine Gültigkeit, weil sie nicht nur ‚drinnen', sondern immer wieder auch ‚draußen' einzuspringen hatten: „und noch da Schui hob i oiwei außigehn miassen und Hoiz trogen, Wosser trogen, Kinder auf passen und hoit oarbeitn."[162] Auch beim Brennholz sammeln sind ja die Mädchen – wie schon belegt – mitgegangen.

Das den Mädchen über diese doppelten Verantwortlichkeiten bereits im Schulalter angelegte Zeitkorsett war also äußerst knapp. Und knapp wurden mit dem Mangel an frei verfügbarer, also an nicht auf Notwendigkeiten bezogener Zeit auch die Möglichkeiten, umfassendere Lebensbedürfnisse einigermaßen ausgewogen zu verwirklichen. Das wäre nämlich an das Vorhandensein freier, noch unbesetzter Zeit- und Energieräume gebunden gewesen.

Genau das aber ist (strukturelle) Unterdrückung: bringt die deutsche Philosophin Heide Göttner-Abendroth die quasi-objektiven Behinderungen, erzwungenen Vereinseitigungen und Verzichtsleistungen bei der Realisierung des zentralen individuellen Bedürfnisses, sowohl physisch als auch psychisch und geistig zu überleben, auf den Begriff.[163]

Die erzählten kindlichen Arbeitserfahrungen waren jedoch nicht nur unmittelbar auf den Haushalt bezogen. Die Töchter heimarbeitender Arbeiterhausfrauen berichten davon, schon als acht-, zehnjährige Schulkinder ganze Nachmittage gemeinsam mit der Mutter an der Nähmaschine gesessen zu sein oder gemeinsam mit ihr Termin-Strickarbeiten ausgeführt zu haben.

Und eine vielfach geübte Praxis scheint es auch gewesen zu sein, die Kinder über die Ferien als Arbeitskräfte zu den Bauern zu geben, damit sie „daheim aus der Kost gewesen sind. Des is daun billiger kumman. Mia haum goarbeit' bei die Bauern und dafür haumma holt s'Essen kriagt."[164]

Es ist ein „doppeltes Ausbeutungsreservoir", schreibt die am Psychologischen Institut der Universität Hannover als Professorin lehrende Regina Becker-Schmidt, das durch die in der weiblichen Sozialisation zur Lohnarbeit angelegte „zweiwertige Beanspruchung – Arbeit innerhalb des Zuhauses, Arbeit außerhalb des Hauses" geschaffen wird. Denn das in ihm enthaltene Arbeitsvermögen könne auch später für die Arbeit in der Familie *und* für die industrielle Produktion oder andere Formen der Lohnarbeit enteignet werden.[165]

Solcherart mit Alltagsempirie aufgefüllt, erweist sich jedenfalls jenes die Interviews durchziehende – „oarbeiten, des haumma glernt von Kindheit aun"– als keineswegs leere, die Härte der Kindheit lediglich stilisierende Phrase. Was hier vielmehr zur griffigen Formel geronnen ist, sind jene massiven lebensgeschichtlichen Prägungen durch frühzeitige Einübung in Arbeitsverrichtungen und frühe Disziplinierung in Richtung Arbeitspflicht. Beides ist aus den Notwendigkeiten der familiären Existenzsicherung erwachsen, hat aber durch seine patriarchalische

Organisierung die Arbeitszumutungen an die Mädchen noch zusätzlich verschärft.

„Mia san groß worn mit'm Oarbeiten", wird in den Interviews von den Frauen nüchtern argumentiert, um mir – als der Zuhörerin – etwas in der unmittelbaren Konfrontation mit ihren Lebensgeschichten so schwer Fassliches begreifbarer zu machen: dass für sie nämlich irgendwann in jenem – in so frühe Kindheitsjahre zurückreichenden – Prozess der notwendigen Anpassung an Arbeitspflichten der lebenslange Arbeitszwang ‚das Schockhafte' verloren hat.[166] Denn worauf diese Frauen in allen späteren Arbeitsprozessen – ‚im Dienst' etwa, in der Fabrik oder bei der arbeitsreichen Versorgung der eigenen Familie – zurückgreifen konnten, war eine seit langem eingeübte und vielfach erprobte Arbeitsbelastbarkeit.

Konfliktlos dürfte dieser Weg der Notwendigkeit jedoch keineswegs verlaufen sein. „I hob ma oiwei denkt, i mecht net verheirat' sein", formulierte etwa die Tochter einer Tabakarbeiterin, vor Augen den täglichen Arbeitsdruck der Mutter und so schon als junges Mädchen die eigenen Zukunfts‚perspektiven' erahnend:

> „Waun i do so vü Oarbeit hätt', hob i ma oiwei denkt, mecht i goar net verheirat' sein. Wei waun i daun so vü oarbeiten miassat daham ... Sie hot jo doch fürn Vater, für mi die Oarbeit ghobt. (...)
> Jo, i hob ma oiwei denkt, des kunnt i goar net dapocken!"[167]

An einer jüngeren, noch im Erwerbsarbeitsprozess stehenden Generation von Fabriksarbeiterinnen hat die schon genannte Regina Becker-Schmidt – über sozialpsychologisch angelegte biografische *Tiefen*interviews – jedoch aufgezeigt, dass sich der Prozess des Arbeiten-Lernens selbst innerhalb massiver ökonomischer Zwangslagen nie nur in den „Dimensionen von ‚sollen' und ‚müssen'" [168] vollzieht, sondern immer auch etwas zu tun hat mit „können" und „fähig sein". Denn: In der Sozialisation zur Arbeitsfähigkeit entdecke das Ich nicht nur die ihm durch frühen Arbeitszwang „objektiv gesetzten Schranken der Selbstentfaltung", sondern gleichzeitig vergewissere es sich immer auch seiner Fähigkeiten.[169] Äußerer Zwang durch die Eltern *und* innere Einsicht in die objektiven Notwendigkeiten der Lebensverhältnisse, Überforderung, Mühsal *und* Anerkennung durch emotional wichtige Bezugspersonen, Einschränkung kindlicher Freizügigkeiten *und* Aneignung von Kompetenz, verbunden mit einem klaren Selbst-Gefühl davon, was man zu leisten vermag: eingesponnen in dieses emotional so ambivalent aufgeladene Netz von Erfahrungen, die den Prozess des Arbeiten-Lernens begleiten, entstünden – so Becker-Schmidt – lebensgeschichtliche Bedeutungsgehalte von Arbeit, die über ein aufoktroyiertes „stummes Akzeptieren des Zwangsmomentes hinaus gehen."[170]

So fein ausdifferenzieren lässt sich die psychische Innenseite des Prozesses

'Arbeiten-Lernen' für die Halleiner Arbeiterinnen und Arbeiterhausfrauen nicht. Den Erinnerungsinterviews mit dieser heute vielfach achtzig und mehr Jahre alten Frauengeneration fehlt es für so verfeinerte Analysen einfach an Tiefenschärfe.

Das „mia san groß worn mit'm Oarbeiten" der Halleiner Frauen enthält sie jedoch auch, diese beiden Pole des individuellen Verhältnisses zur Arbeit, unabhängig davon, wie die konkreten Arbeitsinhalte und -bedingungen auch ausgesehen haben: arbeiten *müssen* als unumgängliche Konsequenz einer objektiven Notwendigkeit und arbeiten *können* als selbstbewusste Gewissheit, durch das eigene Arbeitsvermögen sich und anderen das Leben zu garantieren. Diese selbstbewusste Gewissheit manifestierte sich schon in den Kindheits- und Jugendjahren, etwa in der findigen und umfassenden Teilhabe der damals Neun- bis Fünfzehnjährigen an der Organisierung des Überlebens, wie sie mit dem Ausbruch des Ersten Weltkrieges und seiner akuten Hungersituation notwendig geworden ist.

4.2.6. „Des is jo s'reinste Facklfuatta gwesen"

Von den Hungerjahren des Ersten Weltkriegs und der abnehmenden Bereitschaft, dem Leben weiterhin so bescheiden gegenüber zu stehen

Neun Jahre alt waren die jüngsten, 16 Jahre die ältesten Gesprächspartnerinnen, als der Ausbruch des Ersten Weltkrieges die ohnehin beschränkten Lebenschancen und nur spärlich vorhandenen Möglichkeiten der Lebensentfaltung bis zur akuten Existenzbedrohung verringerte.

„Kaum" bis „nichts" zum Essen gehabt zu haben und vielfach Lebensmittel, die eher an Schweinefutter denn an menschenwürdige Nahrung erinnerten, das gehörte zu ihren zentralsten lebensgeschichtlichen Erfahrungen dieser Jahre. Ein noch stärkeres sich auf das Mögliche Reduzieren war notwendig. Die geforderte Beherrschung – der eigenen Bedürfnisse – verlieren, der Regeln des Überlebens nicht eingedenk sein, wurde als Katastrophe erlebt. „Um Gottes Willen, dearf i goar net draun denken!"[171], erschrickt Franziska J. selbst noch in der Erinnerung. Seit vier Uhr früh war sie um – nur mehr auf Lebensmittelkarten erhältliches – Brot angestanden und erst Stunden später ist sie an der Reihe. Und dann:

> „Mein Gott na, aun des dearf i goar net denken – hob i den Strutzen zaumgessen. Bis i hamkumman bin, woar der Strutzen (längliches Brot) weg. Vor lauter Hunger. I hob mi einfoch nimma beherrschen kennan. I hob ma a Scherzerl obabrochen und daun hob i nimma aufhearn kennen zum Essen. Des woar – waß i – wia waun i nimma gaunz do gwesen war. Bis i hoamkum-

man bin, woar's Brot weg. Hob i's g'essen ghobt. Hob i Schläg kriagt. Des hot so guat g'rochen. So frisch woar's no – Weißbrot. A so a Striezel woar des. Um Gottes Willen, dearf i goar net draun denken!"[172]

Schon im Frühjahr 1915 wurden Brot und Mehl – wie später auch andere Lebensmittel – rationiert und nur mehr auf Bezugskarten ausgegeben. Ab 1916 hat sich dann durch die kriegsbedingte Produktions- und Verteilungskrise im Nahrungsmittelbereich die Ernährungslage rapide verschlechtert. Bereits damals wurde in einer Genossenschaftsversammlung kritisiert, dass die Brot- und Mehlnot in Hallein zu „Unerträglichkeiten geführt (habe), welche eine Steigerung nicht mehr ertragen."[173] In der Ministerialverordnung vom 12. Mai 1917 wurde jedoch die Mehlration abermals gekürzt: von 200 g täglich auf 175 g pro Person. Auch beim Bezug von Zucker und anderen Lebensmitteln wurden weitere Einschränkungen vorgenommen.

Der Alltag ist auf Fotos nur selten eingefangen: Auch diese Halleiner Zigarrenfabriksarbeiterlnnen-Familie stellt sich – während des Ersten Weltkrieges – dem Fotografen im Sonntagsgewand.

Niemand hätte mit diesen „niedrigen offiziellen und noch niedrigeren tatsächlichen Lebensmittelquoten" leben können, schreibt Göftfried Köfner in „Hunger, Not und Korruption. Der Übergang Österreichs von der Monarchie zur Republik am Beispiel Salzburgs“ über die damalige Ernährungssituation.[174] Auch in Hallein waren die dann *tatsächlich* auf Karten ausgegebenen Lebensmittelmengen noch stärker geschrumpft: auf drei Kilo Kartoffel etwa – für den achteinhalbmonatigen Zeitraum von Februar bis Mitte Oktober 1917. Zusammengeschmolzen war auch die auf Karten beziehbare Butterration: auf fünf Deka pro Kopf und Woche. Und in der Chronik des k. k. Gendarmeriepostens wurde für den Monat April des Jahres 1917 „Brotmangel in Hallein“ registriert: über mehrere Tage.[175]

Brot und vor allem Kartoffel, das waren – so ein Vertrauensmann in der Halleiner Zigarrenfabrik und so auch die Erinnerungen in den Interviews – aber gerade jene Fixposten in der Ernährung gewesen, für die in den Halleiner ArbeiterInnenfamilien das Wochenbudget noch so halbwegs gereicht hatte. Mehrmals von den Vertrauensleuten der Fabrik zu stark ermäßigten Preisen verteiltes Notschlacht-Fleisch ist jedoch nur mehr von den wenigsten in Anspruch genommen worden. Die massiven – durch Teuerungszulagen nur unzureichend ausgeglichenen – Preissteigerungen hatten schon seit Kriegsbeginn Einbußen im Realeinkommen nach sich gezogen und einen Verarmungsprozess in der ArbeiterInnenschaft eingeleitet. Waren die Männer eingerückt, bedeutete das natürlich noch zusätzliche Einkommensverluste.[176]

„I kaun mi erinnern, dass i vü g'hungert hob“; „ois' wenig, ois z'wenig“; „do is jo daun die Not kumman, wo ma praktisch s'Gros gfressen haum“[177] – so sind jene mit 1916 einsetzenden und bis in die Nachkriegszeit anhaltenden Hungerjahre von den aus Halleiner Familien kommenden Frauen erinnert worden.

> „Und do kaun i mia no erinnern, do haumma d'Mutter bitt', ob ma uns amoi, *amoi* so vü Kartoffeln kochen dearfen, ois ma gern mechten.
> Und daun hot's gsogt, jo, oiso wei ma gnuag hoam haum (beim Hamstern), losst's *uns* amoi die Kartoffeln kochen. Haumma uns so a große gusseiserne Rein voll Kartoffeln kocht, net. Zerst haum ma's im ersten Hoaßhunger mit samt da Schoin g'essen und daun samma scho satter g'wesen, daun haum ma's obgschöt, net, und daun samma no satter g'wesen (lacht) und daun haum ma uns as pikant herg'richt: ois wia an Kartoffelsalat haumma Soiz und Essig draun geben. Des waß i no guat. Oiso, des woar für uns a Festessen.“[178]

Wo die Ökonomie des Überlebens so auf die Spitze getrieben ist, wie das auch in der Herkunftsfamilie von Agnes P. während des Krieges der Fall war, bleiben solche – die Routine des Hungerns durchbrechende – Geschichten des sich endlich einmal verschwenderisch und maßlos Satt-essen-Könnens sehr plastisch und gefühlsbeladen in Erinnerung.

Hinter dieser ‚Geschichte‘ steht – hier in den nur kleinen Nebensatz: „oiso wei ma gnuag hoam haum" abgedrängt – die umsichtige, ausdauernde und schlaue Überlebens-Arbeit, die Agnes P. zusammen mit ihren Geschwistern in diesen Jahren geleistet hat. Bei den Bauern Milch, Brot und Kartoffel hamstern, Fallobst klauben, Abfälle, Brennessel und Kräuter sammeln und verwerten, Kohlen und Kartoffel transportierenden Lastwägen hinterherlaufen, um herabfallende Stücke aufzusammeln, auf den abgeernteten Feldern Ähren lesen, um aus den mit der Kaffeemühle oder einem Stein geriebenen Körnern einen Schmarrn oder die Einbrenn für eine Suppe zu machen, Zapfen und Reisig suchen, usw.: diese aktive Teilnahme der Kinder an der Organisierung des Überlebens machte hier wie auch in anderen Halleiner ArbeiterInnenfamilien im täglich zu führenden Kampf um Nahrung und Brennstoff oft den Unterschied zwischen gerade noch erreichtem Existenzminimum beziehungsweise Hunger und Frieren aus.

Auf vielfältigen Schleichwegen und in Form von Ersatzstoffen suchten sie herbeizuschaffen, was aufgrund der mangelhaften staatlichen Lebensmittelaufbringung und -verteilung durch die Gemeinden über den offiziellen Markt nicht erhältlich war oder von den Eltern einfach nicht bezahlt werden konnte.

> „1914 is da Kriag aungaungan und i bin 1905 geboren – olso bin i ungefähr ochtahoib Joahr oit gwesen, net.
> Und do is' jo a so gwesen – oiso, sog ma, noch an Joahr daun, wia die Lebensmittelversorgung recht schlecht gwesen is –, daun bin i mit meine Brüada a auf's Laund außi gaungan zu die Bauern, schaun, ob ma wos zum Essen kriagen. A Müch wenigstens, net, und vielleicht a a bissl a Brot oder so wos. Wei vü host jo net kriagt und, sog ma, des is hoit a Zubesserung für daheim gwesen."
> „Und haum die Bauern leicht wos hergeben?"
> „Na (entschieden). Net leicht, na. Wer wos ghobt hot zum Tauschen, oiso zum Einhandeln, der hot leichter etwos kriagt, net. *Oba so wie mia, wo ma koa Göd ghobt haum und* nix zum Tauschen, mia haums *betteln* miassen. So is des gwesen! Und do host natürlich net vü kriagt.
> Und außerdem san jo so vü Leit hamstern gaungan, dass jo die Bauern a so überlaufen woarn, dass nocherd etwas, wos näher gelegen woar ..., do host überhaupt nix mehr kriagt. Waunst a Möglichkeit ghobt host, weit dauni (?) z'kemman, daun is' leichter gaungan, net."[179]

Bis nach Oberösterreich hat Agnes P. die gemeinsamen Hamsterfahrten mit den Geschwistern ausgedehnt, um auch ganz sicher „mit Brot oder a bissl Mehl oder vielleicht amoi a poar Eier" heimzukommen. Und selbst jetzt bestand noch eine Gefahr, mit leeren Händen – ohne die mühsam erbettelte Nahrungs-Zubesserung – nach Hause zurückzukehren: „oft haums im Zug daun a Razzia gmocht und daun haums da wieder ois obgnumman, wos'd ghobt host, net."

Was in diesem Interview-Ausschnitt wie auch in zahlreichen anderen Erinnerungsbelegen durchkommt, ist ein Bewusstsein, das den Krieg nicht nur als allgemeine gesellschaftliche Mangelsituation, die er auch war, erinnert. Ein Bewusstsein, in das die Kriegsjahre nicht als ‚damals ist es allen schlecht gegangen', sondern als Klassenerfahrung eingegangen sind. Gerade in der selbstorganisierten Beschaffung der notwendigsten täglichen Bedarfsgüter wurde es offensichtlich, wie massiv sich Verteilungsungerechtigkeiten auch in die Kriegsjahre hinein fortgesetzt hatten. Da gab es die einen, die Geldreserven und höhere Konsumgüter bei den Bauern und am Schwarzmarkt zum Eintauschen hatten, und jene eben, die – wie Agnes P. und ihre Geschwister – alle für die Familie zum Überleben notwendigen Nahrungsmittel buchstäblich erbetteln mussten. Und auch da sind es – so die gängige Erfahrung – nicht die großen Bauern, sondern „eh a wieder die kloan" [180] gewesen, die am ehesten etwas hergegeben haben.

Die Hungerjahre des Krieges produzierten also nicht nur den Wunsch, sich endlich wieder einmal satt essen zu können, und jene produktive Schlauheit der Mittellosen, mit der sie auf Schleichwegen gegen den Hunger angegangen sind. Gleichzeitig wird die Wahrnehmung des eigenen Mangels aggressiver, empörter, zorniger und die Bereitschaft sinkt, dem Leben weiterhin so anspruchslos gegenüberzustehen.

Für Maria E., der bei Ausbruch des Krieges zwölf Jahre alten Tochter einer Tabakarbeiterin und eines Salinearbeiters, war der „Saufraß" in der Halleiner Kriegsküche so eine vom eigenen Selbst-Bewusstsein gezogene Grenze des Zumutbaren.

> „Dafür dass *i des* gfressen hätt', hob i Hunger g'litten. D'Knödeln, waunst de übers Dach ummighaut host, do war ka Bröckerl dauna gfoin, so hoart san's gwesen.
> Meine aundern Gschwister haum ois zaumg'fressen. Hob i gsogt: ‚Es seit's jo wie d'Fackln!' Net? Jo!"[181]

Die unerträgliche Ernährungssituation vor allem der ärmeren Bevölkerung sollte die staatliche Kriegsküchenaktion durch die Ausgabe von billigem Essen mildern. Indem sie lieber hungert, als „wia d'Fackln" kommentarlos alles zu fressen, was ihr in dieser Kriegsküche als ‚Essen' auf den Tisch gestellt wird, fordert Maria E. – defensiv zwar – nicht nur ausreichende, sondern auch einem menschlichen Mindestanspruch an Qualität genügende Nahrung ein.

Hunger ist „genau besehen eine soziale Situation"[182], denn er wurde in diesen Lebensgeschichten gerade dort besonders ‚nagend' erlebt, wo vorhandenes Essen verweigert wurde oder wo man die Abfallprodukte der anderen als ‚Essen' zugeschoben bekam. Das zeigte sich ganz stark bei jenen Frauen, die als Vierzehn-,

Fünfzehn-, Sechzehnjährige während des Krieges schon ihre ersten Arbeitserfahrungen ‚im Dienst' gemacht hatten. Sie alle haben ihre ArbeitgeberInnen vor allem an der moralischen Auflage gemessen, ob sie von ihnen für die ja kaum bezahlte Arbeit wenigstens genug zu essen erhielten oder ob sie „der Hund im Haus (woarn), der nur eben des zum Fressen kriagt, wos übrigbleibt."[183]

„Essen haumma gnuag ghobt, wirklich wahr. Und woar *koa* so a guate Zeit", ist das anerkennende Urteil Maria E.'s über ihren ersten Posten als Küchenmädchen in einem großen Reichenhaller Hotel. Nur ungern ist sie von dort weggegangen, obwohl sie wegen der „verwanzten" Dienstmädchenzimmer oft nächtelang nicht geschlafen hat.

> „Da Kuchl-Chef do von dem Hotel (in Reichenhall) hot gsogt: ‚Bleib do Mariedl. Wirst sehn, Di reit's!' Net? Hob i gsogt: ‚Waun i net schlofen kaun. Waun i net schlofen kaun.'
> Und do oben (in München) hob i oft draundenkt auf des. Hob i denkt: gscheiter war, i hätt' net schlofen kennan ois wia do. So wenig z'Essen net."[184]

Im Haushalt und Privatpensionsbetrieb einer alten Münchner Witwe habe sie damals gearbeitet und sei „bis auf's letzte ausgschunden worn." Heimlich muss sie sich die Rüben aus dem Keller stehlen: „*Die* hätt' ma jo net amoi a Rundel-Ruaben geben. Und die hob i bei da Nocht unter da Tuchend drinn zaumgnaugelt (zusammengegessen) – vor lauter Hunger." [185] Als ihr dann auch noch wochenlang jeglicher Zucker verweigert wird, beginnt sich Maria E. – bestärkt durch andere Halleinerinnen ihres Alters, die gleichfalls nach München ‚in Dienst' gegangen sind und regelmäßig Kontakt zueinander halten – zu wehren.

> „Und die aundern nochand – die aundern Halleinerinnen –, die haum gsogt: ‚Frog's amoi, ob *Sie* (die Hausfrau) koa Zuckerkoarten für Di kriagt.'
> Mei, des hob i ma laung net traut. Des hob i ma laung net traut. Nochand hob i's *der* amoi gsogt. *De* soin's *gsehn* haum: wie eine Furie woar des Weiberleit', gö. Jo! Daun hot's mein' Votern einagschrieben noch Hallein, wia waun i waß Gott wos für a freches Mensch war, net. I bin oba eh daun nimma blieben. I bin *nimma* blieben.
> I bin daun weg. I hob gsogt: i foahr ham."[186]

Von zu Hause war sie jedoch gerade mit der notwendigen innerfamiliären Kalkulation „mia san froh, waun oane dahin is, dass oa Fresserin *dahin* is!"[187] als Vierzehnjährige direkt von der Schule weg ‚in Dienst' geschickt worden. Das machte es ja diesen privaten Dienstgeberinnen so leicht, aus der Notlage jener aus einem familiären Mindestschutz entlassenen Mädchen ungeniert Profit zu ziehen. Doch selbst für die karge Überlebenslogik der Herkunftsfamilie Maria E.'s scheint angesichts dieser Arbeitserfahrungen der Tochter die Grenze des noch hinnehmbaren Ausgenutztwerdens überschritten worden zu sein.

„Mei Großmutter hot a no g'lebt und mei Großvota. Die haum gsogt: Mariedl foahr hoam. Hungerleiden kaunst eh dahoam a. Do brauchst net in München do draußt hucken."[188] Das arbeitsorganisatorische Modell des Dienens in fremden Haushalten war noch eine vorindustrielle – nun vor allem frauenspezifische – Form *persönlich* abhängiger Arbeit. Die Arbeitsbeziehungen ließen sich daher keineswegs auf den Erhalt von Lohn reduzieren. Damit könnten aber so schwere Verstöße gegen elementare Fürsorgepflichten wie im Fall der Dienst-Herrin Maria E.'s von den Betroffenen an ganz spezifischen moralischen Grundannahmen gemessen worden sein.

Wie E. P. Thompson für das England des 18. Jahrhunderts und mit dem Verweis auf bis ins 19. Jahrhundert und weiter reichende tendenzielle Kontinuitäten im Gedächtnis des Volkes gezeigt hat, gab es in den vorindustriellen Unterschichten eine spezifische soziale Logik. Sie enthielt gewisse moralische Auflagen der Mittellosen an die Besitzenden: hinsichtlich gewisser Mindestsolidaritätspflichten vor allem in Notzeiten und hinsichtlich einer ‚fairen' und ‚gerechten' Erreichbarkeit so elementarer Güter wie Nahrung. Bei steigenden Lebensmittelpreisen, in Hungerjahren, bei manipulierter Nahrungsknappheit durch Lebensmittelwucher und Spekulation sowie bei persönlichem Fehlverhalten aller, die mit der Herstellung, Vermarktung, Verteilung und Gewährung von Nahrung zu tun hatten, wurde diese – Normen nicht-ökonomischer Art enthaltende – „moral economy" des Volkes zur Legitimationsinstanz für verschiedenste Formen des Widerstandes.[189]

Maria E. bleibt nur die individuelle Strategie, den Münchner Arbeitsplatz so schnell wie möglich zu verlassen. Doch damit ist im erzählenden Bewusstsein Frau E.'s die durch den Verstoß der Dienstgeberin gegen minimalste Fürsorgepflichten so empfindlich gestörte soziale Ordnung noch nicht wiederhergestellt. Einer alten, selbst kaum über Überlebens-Mittel verfügenden Frau – „die hot mit ihra Schwester so a kloans Bauernsacherl ghobt" – überträgt die Erinnerung Maria E.'s innerhalb der Logik der lebensgeschichtlichen Erzählung quasi die Funktion, die gestörte Ordnung gemäß dem eigenen Werthorizont wieder ins Lot zu bringen. Denn diese handelt – im scharfen Kontrast zur vorangegangenen Unrechtssituation – im Wertrahmen solidarischer Mindestpflichten, als unvollständig ausgefüllte Arbeitspapiere die damals siebzehnjährige Maria E. tagelang unvorhergesehen an der deutsch-österreichischen Grenze festhalten.

> „So, jetzt hob i net ummadearfen. Mei Koffer ist in Salzburg in' Bahnhof drinn gstaunden. So. Und daun hob i mi olle Tog melden miassen bei da Grenzpolizei.

> Jetzt hob i zerst in so am gewöhnlichen Gosthaus gschlofen. Mei, i hob jo a net vü ghobt, net. Und do bin i wieder amoi hin (zur Grenzbehörde): ‚Na, es is no nix do.'
> Und do is da Weg so schräg obagaungan, wo de gwesen san, und do hob i greart do heroben, gö. I bin jo a so a Dirndl gwen, net.
> Und do kimmt a so a oite Frau daher. Daun sogt's: ‚Jo Dirndl, wos rearst denn?' Daun hob i ihr's erzöht. Daun hot's gsogt: ‚Geh weiter, geh mit mir! Auf des bissei Essen geht's uns net zaum. Höfst uns a bissei.' (...) Jetzt haumd mi *de* ghoiten bis ... Über ocht Tog bin i bei ea gwen."[190]

Was in allen Interviews spürbar wird, ist die Radikalisierung der Hunger- und Mangelerfahrungen, die sich in diesen Kriegsjahren immer stärker mit der Einsicht in Macht- und Herrschaftsverhältnisse ganz allgemein verbinden.

Das gilt nicht nur für jene damals bereits in den ‚Ernst des Erwerbsarbeitslebens' entlassenen Gesprächspartnerinnen wie Maria E., sondern auch für die damals noch jüngeren, für die noch im Halleiner Haushalt der Eltern lebenden.

Hier, in den ArbeiterInnen-Familien, hatte der Krieg die eingespielte Rollenverteilung zwischen dem patriarchalen Arbeitermann und der Arbeiterhausfrau aufgebrochen. Die Männer waren eingerückt. Die Frauen hatten den steigenden Überlebensdruck alleine aufzufangen. Auch der Mythos vom Mann als Familienerhalter konnte ihre Rolle als Organisatorinnen des Überlebens nicht länger verstellen. Es war offensichtlich, dass die Frauen innerhalb jener Konfliktzonen, die sich im ‚Hinterland' aufgrund der prekären Ernährungssituation eröffneten, die wesentlichen Positionen einnahmen. Das konfrontierte sie mit einem veränderten Handlungsbedarf und mobilisierte ihr öffentliches Durchsetzungsvermögen. Radikal wenden sie sich gegen jene, die sie für den Hunger verantwortlich machten.

Exkurs: „Und daun haums gschrian, da Bezirkshauptmann soi außakemman"

Der lautstarke Kampf der Halleiner Arbeiterinnen und Arbeiterhausfrauen um das „Recht des Volkes auf das tägliche Brot"

Mit der sich rapide verschlechternden Versorgung der Bevölkerung mit Lebensmitteln ist – wie im übrigen Österreich auch – in Hallein selbst das existentielle Recht auf Nahrung immer wieder öffentlich eingefordert worden. Für Agnes P., die spätere Betriebsrätin in der Halleiner Zigarrenfabrik, wird so ein öffentlicher Lebensmittelmarsch – hier der Zigarrenfabriksarbeiterinnen – zum ersten bewusster wahrgenommenen Funken einer existentielle Überlebensrechte lautstark einfordernden politischen Aktion.

> „Des woar unterm Ersten Weltkrieg und do haum die Frauen in da Zigarrenfabrik, die haum in da Fruah scho in d'Oarbeit gehn müssen, wia die Geschäfte no net offen woarn. Und auf d'Nocht, waun's um sechs – domois woar jo no bis sechs Oarbeitszeit – hoamkemman san, daun han die Geschäfte scho wieder zua gwesen. Daun haums nix kriagt.
> Die Nahrungsmittel woarn sowieso knapp. Und jetzt haums an Marsch organisiert, a Demonstration. Und do san's von da Zigarrenfabrik geschlossen einamaschiert – auffi do zu da Bezirkshauptmannschaft. Die woar do oben auf dem Hügel, wo heit's Gymnasium is.
> Und in da Stodt herin san mia Kinder gstaunden und do haums gsogt: ‚Gehts nur mit! Schreit's mit a!' Ocht Joahr bin i domois gwesen.
> ‚Schreit's mit a!', haums gsogt, net. Daun samma olle – und a die Kinder von die Fabriksoarbeiterinnen, de san do mitgaungan – und do samma auffi auf die Bezirkshauptmannschaft.
> Und daun haums hoit gschrian, net, da Bezirkshauptmann soi außakemmen, er soi veraunlossen, dass sie eanare Waren kriegen. Lebenmitteikoarten hot ma jo ghobt – und do haums net amoi des kriagt, wos auf die Koarten eana Aunteil gwesen war.
> Oiso: Er soi veraunlossen, dass' des kriagen. Sie kriagen kan Zucker, sie kriagen ka Mehl, fost ka Brot, net. Oiso: Er soi hoit des veraunlossen.
> Oba er is net außagaungan. Er hot si gfiacht (lacht) und is hinten außigschlichen.
> Und do san mia Kinder grod auf'n Gros gsessen, oiso a gaunze Gruppen von Kinder, und do hot a gsogt: ‚Und wos woit's denn *ihr* do?' Net.
> ‚Mia megen a an Zucker' haumma gsogt, wei ma gheart haum, wia die Frauen gschrian haum: ‚Mia woin an Zucker! Mia woin unser Brot haum!' San jo im gaunzen 300 Oarbeiterinnen do auffa zogen, net. Haumma gsogt: ‚Mia mechten a an Zucker!' (...) Des woar eigentlich die *erste* Demonstration, politische Demonstration, die i ois Kind erlebt hob, net. Und des hot mi *sehr* beeindruckt."[191]

Vieles an diesen erregten Demonstrationsaufmärschen der Halleiner ArbeiterInnen-Bevölkerung hin zur Bezirkshauptmannschaft – als der während des Krieges mit der Ernährungsfrage befassten lokalen Behörde – erinnert an das klassische Szenario der vorindustriellen Hunger- und Brotunruhen. In Zeiten von Nahrungsknappheit, Wucherpreisen und Lebensmittelspekulation durch spontane Volksrevolten gegen Bauern, Händler, Bäcker, usw. einen „moralischen Preis" und die

Herausgabe zurückgehaltener Lebensmittel zu diktieren, gehörte zu den häufigsten Protestformen der damaligen Unterschichten.[192]

Auch in den Halleiner Hungeraufmärschen der letzten Kriegsjahre werden die für die Lebensmittelversorgung zuständigen Behördenvertreter sehr unmittelbar, direkt, massiv und hautnah öffentlich zur Rede gestellt und zur Herausgabe zumindest kleiner Mengen von zurückgehaltenen Nahrungsmitteln gezwungen. Mit leeren Versprechungen ab*speisen* ließ sich die demonstrierende Menge jedenfalls nicht. Schließlich hatte der Staat in den Kriegsjahren eine Vielzahl von Agenden an sich gezogen. Wenn er sich schon so absolutistisch verhält, scheint es in den Köpfen der Demonstrierenden vorgegangen zu sein, dann soll *er* zumindest auch das Überleben sicherstellen.

Und wieder waren es ganz stark die Frauen, die gegenüber den Behörden das „Recht des Volkes auf das tägliche Brot"[193] einforderten, als diese – auch aufgrund organisatorischer Unzulänglichkeiten – Preistreibereien und Vorratsverheimlichungen nicht mehr entschieden verhindern und damit eine tägliche Mindestversorgung nicht mehr garantieren konnten.

Im Kampf ums Brot als klassischem Aktionsfeld der Frauen[194] vermischte sich jedoch in diesen letzten Jahren des Ersten Weltkriegs in Hallein die spontane, tumultartige Aktion mit gezieltem gewerkschaftlichem und politischem Kampf, vermischten sich alte Protestformen der öffentlichen Rüge und Verhöhnung der an Prestige verlierenden Behörden mit organisierter, schriftlicher, verhandelnder Darlegung der erhobenen Forderungen. Die Halleiner Zigarrenfabriksarbeiterinnen und ihr fabriksinternes Kommunikationsnetz spielten bei den Halleiner Hungeraufmärschen eine besondere Rolle.

Bereits im November 1915 marschierten die Arbeiterinnen nach Arbeitsschluss vor das Gemeindeamt und ließen durch eine Deputation dem Bürgermeister ihre Beschwerden bezüglich der Versorgung mit Butter, Milch und Fettstoffen überreichen.[195] Ein Jahr später, im November 1916, ließen längere Stockungen in der Zuckerversorgung 200 Halleiner Arbeiterinnen und Arbeiterhausfrauen laut protestierend zur Bezirkshauptmannschaft ziehen.[196]

Auf gewerkschaftlichem Weg – durch eine Eingabe bei der politischen Behörde – hatten die von der Fabriksleitung nicht als ‚Schwerarbeiter' eingestuften Zigarrenfabriksarbeiterinnen den Erhalt der ursprünglich nur für Männer vorgesehenen erhöhten Brot- und Mehlkarte erreicht. Ganz entgegen den gesellschaftlichen Denk-Gewohnheiten wurde bei der Bemessung des von den Tabakarbeiterinnen zu erbringenden Arbeitsausmaßes von Gewerkschaftsseite her nicht nur mit der Arbeit in der Fabrik, sondern auch mit den für die Frauen in Familie und Haushalt anfallenden Arbeiten argumentiert. Denn: „Es müsse auch beachtet werden, dass die Tabakarbeiterinnen mindestens drei Stunden täglich der häuslichen Arbeit widmen müssen, an Waschtagen ist diese häusliche Arbeitszeit noch länger und am Samstagnachmittag werden allgemein die gewiss schweren Reinigungsarbeiten verrichtet.“[197]

Als den Arbeiterinnen im Juli 1917 ohne weitere Mitteilung die ‚Schwerarbeiter‘-Karte entzogen werden sollte, rief das „großen Unwillen“[198] bei diesen Frauen hervor. Spontan „ließen sie die Arbeit stehen“ und strömten protestierend zur Direktion. Die Arbeiterinnen wählten aus ihrer Mitte eine Deputation, die ihre Interessen dem Ernährungsamt in Salzburg vortragen sollte. Bei der nächsten Brotkartenausgabe ist den Tabakarbeiterinnen die ‚Schwerarbeiter‘-Karte wieder zugestanden worden.

Gegen Kriegsende nahm die existentielle Erregung über den verschärften Hunger zu. Auch unter den Arbeiterinnen der Zigarrenfabrik.

Anfang Juni 1918 hatten sie spontan die Arbeit eingestellt und wollten geschlossen vor die Bezirkshauptmannschaft ziehen. Durch das Herbeirufen des Ernährungsreferenten versuchte der Fabriksleiter eine öffentliche Demonstration zu verhindern. Der Betriebsleiter wurde jedoch – wie Gottfried Köfner in seiner schon erwähnten historischen Forschungsarbeit recherchierte – „mit lebhaften Pfuirufen empfangen, als er den Abmarsch verhindern wollte. Als der Ernährungsreferent (Dr. Rittinger) bekannt gab, es seien einfach keine Lieferungen vorhanden, brach ein Proteststurm los, der kaum zu beruhigen war. Zurückgehaltene Mehlreserven der Tabakfabrik konnten das Ärgste verhindern. Die Vertrauensmänner der Arbeiterschaft hatten Schwierigkeiten, 50 bis 60 Frauen von Gewalttätigkeiten gegenüber Dr. Rittinger abzuhalten.“[199]

Auch kollektive Aktionen der Halleiner ArbeiterInnenschaft sind von den Zigarrenfabriksarbeiterinnen mitgetragen worden. Als etwa Ende Juli 1918 um 9 Uhr 30 ca. 800 bis 1.000 Arbeiterinnen und Arbeiter vor dem Gebäude der Bezirkshauptmannschaft erschienen, waren es wieder vor allem die Beschäftigten der Tabakfabrik, dann der Seifenfabrik, des Mamorwerkes und der Dachpappenfabrik, die ihre Arbeit niedergelegt hatten, um für ausreichende Lebensmittelversorgung zu demonstrieren. Mit Versprechungen, dass Lebensmitteltransporte bereits unterwegs seien, ließen sich auch diesmal die Demonstrantinnen und Demonstranten nicht abfertigen. „Erst nach Herbeischaffung und Ausgabe von wenigstens geringen Lebensmittelmengen wurde die Arbeit wieder aufgenommen.“[200] Und als es im September desselben Jahres in der Stadt Salzburg bei einer großen Hungerdemonstration zu Ausschreitungen und Plünderungsaktionen kam, konnte – so der Monatsbericht der Bezirkshauptmannschaft Hallein „über staatspolizeilich relevante Vorfälle im Monat September 1918“ – ein Übergreifen der Unruhe auf Hallein nur durch verstärkte militärische Bereitschaft verhindert werden. Besonders in der Tabakfabrik hätten sich Anzeichen bemerkbar gemacht, dass die Arbeiterinnen „das in Salzburg gegebene Beispiel nachahmen wollten.“[201]

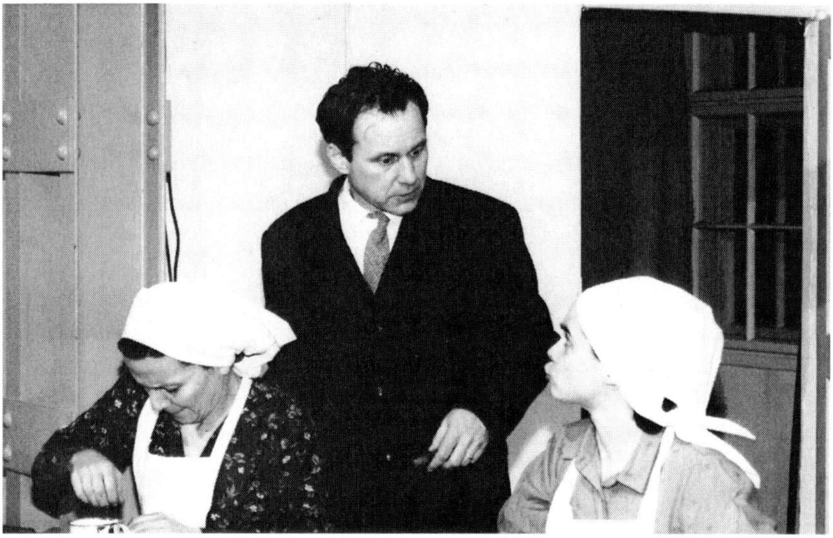

Theaterstück „Tschikweiber": Szenenfoto „Die Arbeiterinnen beginnen sich gegen Übergriffe des Fabrikinspektors zu wehren" © *Edith Zehentmayer*

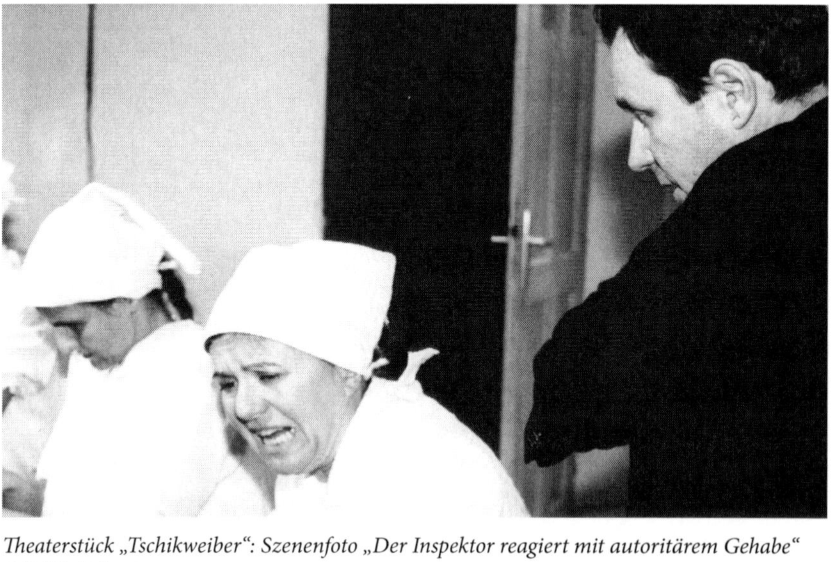

Theaterstück „Tschikweiber": Szenenfoto „Der Inspektor reagiert mit autoritärem Gehabe" © *Edith Zehentmayer*

Die letzte für Hallein dokumentierte Hungerdemonstration reicht ins erste Nachkriegsjahr hinein. Noch immer war die „*gesamte* Lebensmittelversorgung auf einem geradezu katastrophalen Niveau."[202] Schwere Unruhen, im Dezember 1919, waren hier wie auch in einigen anderen österreichischen Städten die Folge. Der Hunger, die „unter den Augen der Behörden ihr Unwesen treibenden Schieber und Wucherer" und das Gerücht, der Ernährungsreferent habe durch eine Fehlentscheidung 40 für den Bezirk Hallein zur Verfügung stehende Waggons Mais ausgeschlagen, mobilisierten eine „zirka 2.000-köpfige Menschenmenge aus sämtlichen Industriebetrieben Halleins."[203] Nach einer öffentlich abgehaltenen äußerst erregten Kundgebung wurde eine Resolution, in der sofortige Maßnahmen gegen die herrschenden Missstände in der Lebensmittel-Versorgung gefordert wurden, zum Beschluss erhoben und „eine aus allen Parteien bestehende 12köpfige Deputation gewählt."[204] Auf dem Weg zur Bezirkshauptmannschaft geriet der geordnete Kundgebungsrahmen aus den Fugen. Als die mit dem Bezirkshauptmann verhandelnde Deputation „lange nicht herunterkam, ging die Menge selbst hinauf."[205]

Die aufgebrachte Menge der Demonstrantinnen und Demonstranten drang – so der spätere Bericht des Bezirkshauptmannes an die Staatsanwaltschaft Salzburg – in die Räumlichkeiten des Amtsgebäudes ein, „wo sie sich, den Mahnungen der Führer nicht mehr gehorchend, wütend gebärdete, die Kanzleieinrichtung zertrümmerte" und schließlich auch den anwesenden Amtsleiter „tätlich insultierte."[206] Die Demonstranten, „Männer und Weiber", hatten es jedoch „in erster Linie auf den Lebensmittelreferenten abgesehen, welcher nicht anwesend war. Sie stürmten in alle Amtsräume der Bezirkshauptmannschaft und der Steuerbehörde, durchsuchten alle Kästen nach dem Genannten, erbrachen die Tür zum Dachboden und durchsuchten denselben in gleicher Weise. Im Kanzleizimmer Dr. Rittingers (Ernährungsreferent) wurden die Akten auf den Fußboden geworfen und zertreten, ein auf dem Gange befindlicher Tisch und 2 Sessel wurden aus dem Fenster geworfen und dann gestohlen, Fensterscheiben zertrümmert und dergleichen mehr. Die Demonstranten hatten Stöcke, Regenschirme, Steine, die Salinenarbeiter die massiven Grubenlampen und einige Eisenstücke in Bereitschaft."[207]

Die Sekretärin des Ernährungsreferenten brachte zur Anzeige, dass eine „in die Kanzlei Dr. Rittingers eingedrungene Rotte, darunter insbesondere Frauen sie aus dem Fenster zu werfen versuchten."[208]

Eine große Familie versorgen zu müssen, kein Brot im Haus zu haben, dafür aber, zumindest gerüchtehalber, nützliche Lebensmittel – in Form der 40 Mais-Waggons – zum Greifen nahe: das mobilisierte in der letzten großen Halleiner Hungerdemonstration dieser Jahre zur radikalen Aktion.

Ob es Nahrung in den Lebensmittelläden gab oder nicht: das wurde nicht nur zum entscheidenden Beurteilungsmaßstab der hungernden Bevölkerung über die Absichten und Fähigkeiten der staatlichen Autoritäten, sondern auch zum Hauptmobilisierungsfaktor kollektiven Protests.

Öffentlich, kollektiv, kompromisslos und unter Führung der Frauen ist das existentielle Recht auf das tägliche Brot im Hallein der Weltkriegsjahre eingefordert worden.

5. Die Destruktion von Wünschen und Illusionen auf dem Weg vom Elternhaus in die Erwerbssphäre

5.1. „I hätt gern nähn g'lernt"

Zum Einstieg ins Erwerbsleben: Wünsche und Verhinderungen

Für diese zwischen 1898 und 1905 geborenen Frauen wurden in den Jahren des Ersten Weltkrieges beziehungsweise spätestens in der Zeit unmittelbar danach noch in einer anderen Hinsicht entscheidende lebensgeschichtliche Weichen gestellt. Unmittelbar nach dem Herausfallen aus der Schulpflicht fanden sie sich nämlich – oft noch während des Schuljahres – übergangslos auf eigene Beine gestellt.

„Von da Schui außa und dauni" ist die sprachliche Kurzformel für den qualitativen lebensgeschichtlichen Wandel, der mit dem Ende der Schulzeit verbunden gewesen ist. Das Verlassen des Elternhauses, ein Herausgehen aus vertrauten Sozialbeziehungen war nun gefordert von diesen Mädchen. Und: Ein selbständiges Fußfassen an fremden, oft feindlichen Arbeitsorten und unter nicht vorhersehbaren Verhaltenszumutungen. Oft schon am Nachmittag der Schulentlassung, spätestens am nächsten Tag, waren sie auf dem Weg zur ersten – bereits in den Wochen davor von den Eltern ermittelten – Station ihrer ‚Laufbahn' in der Erwerbssphäre.

> „Dass' mi hoit von da Schüssel wegbrocht haum – auf Deutsch gsogt. Hot jo domois in da Oarbeiterfamilie *überhaupt* nix aunders geben: außa aus da Schui – und in die Fabrik oder in an Posten."[1]

Was Anna L., 1902 geborene Tochter einer Zigarrenfabriksarbeiterin und eines Zellulosefabriksarbeiters, hier als klassenspezifische Weichenstellung für die von den Vierzehnjährigen nun erwartete selbständige Sicherung des eigenen Lebensunterhalts formuliert, war im Grunde genommen die frauenspezifische Berufseinstiegs-Variante im Halleiner ArbeiterInnenmilieu.

Auch wenn man ganz allgemein bis ins 20. Jahrhundert bei der überwiegenden Mehrheit der Bevölkerung „wohl kaum von einer Berufswahl im heutigen Sinne des Wortes sprechen kann", weil die übernommenen Erwerbsarbeitsrollen ganz stark an das Herkunftsmilieu gebunden waren, so gilt das in noch stärkerem Maße für die erwerbstätigen Frauen.[2]

„I hätt gern nähn g'lernt" – Selbst dieser von den Halleiner Schulschwestern organisierte Mädchen-Weißnähkurs – das Foto stammt aus dem Jahr 1919 – blieb für viele Interviewpartnerinnen nur Utopie.

„‚Bei die Buam', hot da Vota gsogt, ‚is' wichtig, dass' wos lernan.' ‚Und die Dirndln', hot d'Mutter gsogt, ‚miassen hoit schaun, dass' wo unterkumman'",[3] ist jene unterschiedliche Basis für den Berufsbeginn, die in den Halleiner ArbeiterInnenfamilien im Rahmen des dort vorhandenen Entscheidungsspielraumes für die Söhne und Töchter anvisiert worden ist.

„Und die Dirndln miassen hoit schaun, dass' wo unterkumman" bedeutete – mit einer einzigen Ausnahme – zunächst einmal das alternativlose Hineinrutschen dieser Mädchen in die „quasifeudalen Abhängigkeitsverhältnisse"[4] des häuslichen Dienstes. Die verschiedenen Spielarten des Dienens in fremden Haushalten waren es, die der lokale und regionale Arbeitsmarkt diesen oft erst knapp Vierzehnjährigen vorerst bot. Als Hausgehilfinnen, Herdmädchen oder einfach als ‚Mädchen für alles' konnten die Halleiner ArbeiterInnentöchter arbeiten – auf traditionellen haushalts- und familienbezogenen Arbeitsplätzen.

Moderne, aus dem familiären Kontext ausgegliederte Arbeitsplätze gab es vor allem in der Industrie. In Handel, Gewerbe und öffentlichem Dienst standen sie jedoch nur in äußerst beschränktem Ausmaß zur Verfügung. Nur eine einzige der Interviewten hatte die Möglichkeit eine – kaufmännische – Lehre zu absolvieren. Die industriellen Arbeitsplätze konzentrierten sich hauptsächlich auf die Zigarrenfabrik. Die wenigen Arbeitsplätze in der kleinen Halleiner Textilfabrik sind ebenfalls mit Frauen besetzt gewesen. Und dann gab es noch Frauenarbeitsplätze in sonst männerdominierten Industriebetrieben. So sind vor allem für die Sortierarbeiten im Papiersaal der Zellulose- und Papierfabrik Frauen eingestellt worden. Und die Bierflaschen-Reinigung in der Kaltenhausener Brauerei war gleichfalls ein mit Frauen besetzter Hilfsarbeits-Bereich.

Doch selbst jene interviewten ArbeiterInnentöchter, die oder für die man schon sehr bald die Zigarrenfabrik als möglichen Arbeitsplatz im Auge hatte, war die Arbeitsrolle des in fremden Haushalten dienenden ‚Mädchen für alles' ein Durchgangsstadium, dem nicht zu entkommen war.

> „Schaun's, i bin jo a *oarms* Dirndl gwesen. Wos hätt' i denn taun (...) *Na, na*, mia haum überhaupt auf des auntrogen (darauf abgezielt), dass' mi in d'Fabrik bringan. Und vorher hob i a poar Dienstplätz ghobt."[5]

Das Mindestalter von 16 Jahren musste man nämlich erreicht gehabt haben, um in die Zigarrenfabrik aufgenommen zu werden, und die Aufnahmen selbst fanden nur unregelmäßig statt. Vielfach hat sich daraus eine Wartefrist ergeben, die auf verschiedenen Dienstplätzen überbrückt worden ist.

Auch die Gesprächspartnerinnen, die aus ländlichem Herkunftsmilieu stammen oder dort groß geworden sind, hatten – mit einer Ausnahme – vor dem Eintritt in die Zigarrenfabrik schon die Erfahrungen des Dienstes hinter sich. Der Tod oder die Hofübergabe des Vaters hatte sie als Dienst-Mägde auf fremde Landwirtschaften geführt.

So weit zur in den Interviews erzählten Realität rund um den Einstieg dieser Frauen in die Notwendigkeiten des selbständigen Broterwerbs. Ihre Hoffnungen wären jedoch ganz woanders gelegen. Denn was sich in den eigenen bescheiden aufkeimenden beruflichen Lebensentwürfen – und solche finden sich bei fast allen Gesprächspartnerinnen – sozusagen zum heimlichen Berufswunsch verdichtet hat, liegt quer zu den eben beschriebenen Fakten der Erwerbsarbeits-Realität dieser Frauen.

> „Wia i daun aus da Schui gwen bin, hätt' i's nähn so gern glernt. Do woar sogoar in Hallein a Nähschui, net. Oba do hot ma zoin miassen für's Lernen. Jo, do hot's ghoaßen: ‚Mia san froh, waun oane dahin ist!' Nix. *Nix* lernen."[6]

Nähen lernen, Schneiderin werden – das wurde als häufigster Berufswunsch formuliert. Eine Stelle im Büro, eine Lehrstelle als Köchin, die Möglichkeit, eine Haushaltsschule zu besuchen, der Wunsch, Lehrerin zu werden, der Traum, zu studieren, die Ausbildung zur Rot-Kreuz-Schwester: das sind die ‚Unmöglichkeiten', um die die Berufswünsche der anderen Frauen gekreist sind. Bis auf den einmal geäußerten Wunsch, zu studieren, hat sich keine der Gesprächspartnerinnen mit ihren beruflichen Hoffnungen über jene magische Grenze hinausgewagt, unterhalb der am Arbeitsmarkt ohnehin jene Stellen angesiedelt sind, die als ‚typische Frauenarbeitsplätze' gelten. Trotzdem sind all diese Berufshoffnungen schon im frühen Wunschstadium steckengeblieben. Trotzdem ließ sich für diese ArbeiterInnen- und weichenden Bauerntöchter nichts davon auch nur ein Stück weit realisieren.

> „Dass'd ois junges Mädchen domois in am Büro oder, sog ma, auf da Gemeinde a Oarbeit kriagt hättst – des war, wia waun a blindes Hendl a hoartes Köndl findet. So selten is des vurkumman."[7]

Auf der einen Seite war da also das Diktat eines äußerst beschränkten, nicht sehr ausdifferenzierten lokalen und regionalen Arbeitsmarktes. Auf der anderen Seite beschränkten sich auch die Strategien in den Halleiner ArbeiterInnenfamilien selbst vor allem darauf, die Töchter so früh wie möglich vom eigenen Essenstisch wegzubekommen und sie durch ‚erarbeitete' Zugehörigkeit zu einem fremden Haushalt anderswo in Kost und Verpflegung zu wissen. Besonders in den Hungerjahren des Ersten Weltkriegs und kurz danach.

Von diesen Dienststellen haben sie jedoch ihre Töchter immer wieder nach Hause zurückgeholt, wenn etwa die Erkrankung der Mutter, die Pflegebedürftigkeit naher Verwandter oder die Geburt eines weiteren Kindes es für die Familieninteressen nützlicher erscheinen ließen, sich die töchterliche Arbeitskraft in der Herkunftsfamilie selbst anzueignen. Je nachdem, wie der Existenzsicherung der Gesamtfamilie also am besten gedient war, wurden die Töchter entweder in Dienst *geschickt*, bei Bedarf nach Hause *geholt* oder später in der Zigarrenfabrik *untergebracht*, falls das irgendwie möglich war.

Nicht nur vom Arbeitsmarkt her, sondern auch von der Logik der noch ganz stark als Überlebens-Einheit handelnden Herkunftsfamilien her haben also die geheimen Berufswünsche der Töchter, haben ihre Hoffnungen, über den Einsatz der eigenen Arbeitskraft selbst mitbestimmen zu können, niemals auch nur zur Debatte stehen können.

> „Uns haums a net *gfrogt*, net. Bist a net gfrogt worn! Beruf? – Host hoit dauni miassen."[8]

Einzig bei der Bauerntochter Anna R. und bei Walpurga K., die als Tochter einer Zigarrenfabriksarbeiterin auf dem bäuerlichen Knappenlehen des Großvaters aufgewachsen ist, gab es realistische Hoffnungen, wenigstens nähen lernen zu dürfen. Walpurga R. hatte damit ihren eigentlichen Wunsch, Lehrerin zu werden, ohnehin schon auf das klassenspezifisch mögliche Maß zurechtgestutzt. Doch mit dem Ausbruch des Ersten Weltkriegs galt es für sie – wie auch für Anna R. – in den Landwirtschaften der Verwandten überall dort zuzugreifen, wo durch das Einrücken der Männer im buchstäblichen Wortsinn ‚Not am Mann' war.

> „Ois Wunsch hätt' i eh oiwei Lehrerin werden megen, weil i leicht glernt hob, gö, oba do is da Wötkriag kemman, jezt is des ois ...
> Do hob i nähn a nimma gehn dearfen, wei i dahoam sein hob miassen, gö."[9]

Im Erwerbsleben Fuß fassen, hieß für diese Frauen also nicht, einen Beruf ergreifen, in dem man nach Maßgabe der eigenen Fähigkeiten, Begabungen und Bedürfnisse einen Sinn sieht. Es bedeutete vor allem durch eigene Erwerbsarbeit dem Familienverband nicht mehr selbst zur Last zu fallen, sondern diesen in seinem Überlebensdruck zu entlasten: durch verstärkte Übernahme ökonomischer Verantwortung für das Gesamtwohl der Familie, aus dessen Erfordernissen gerade die Töchter nicht selten erst durch die Gründung einer eigenen Familie entlassen worden sind.

Unter all diesen Bedingungen überhaupt keine Ausbildungs- und Arbeitsplatzchancen zu haben, sich selbst daher – und zwar unbesehen der eigenen Begabungen – abstimmen und einrichten zu müssen auf die tatsächlichen Möglichkeiten, nämlich auf die zur ‚Wahl' zwischen Fabrik und in den ‚Dienst gehen' reduzierten Möglichkeiten für ein Fuß fassen im Erwerbsbereich: Diese lebensgeschichtliche Einsicht hat ihre Basis schon in den Erfahrungen rund um die Jahre der Schulzeit.[10]

Exkurs: „In der Sechst-Klass' haumma bleiben miassen, bis ma von der Schui ausgstaunden san"

An sich selbst entdeckte Potenziale und der ‚mögliche' Werdegang: Notizen zu einem sich früh abzeichnenden Missverhältnis

Schule, das war für alle interviewten Frauen der erste bewusste Lernort außerhalb des vertrauten, des eigenen sehr geschlossenen sozialen Milieus.

In Hallein selbst konnte dabei, was den Schulbesuch betrifft, kein Mädchen an den Halleiner Schulschwestern vorbeikommen. Bis nach 1918 oblag nämlich hier das gesamte Mädchen-Schulwesen diesem weiblichen Orden: von der Volksschule über die Bürgerschulklassen bis zum Haushaltungs- und Weißnählehrgang als einziger über den Pflichtschulbereich hinausgehenden schulischen Ausbildungsmöglichkeit für Mädchen.[11]

Elf der achtzehn interviewten Frauen sind bei diesen Schulschwestern in die

Schule gegangen. Drei in unmittelbar benachbarten Gemeinden. Bleiben noch diejenigen, die erst in späteren Jahren nach Hallein gekommen sind. Zwei von ihnen haben die Schule in ihrer ländlichen Herkunftsregion besucht (Steiermark, Salzburg/Flachgau). Eine Gesprächspartnerin war als Tochter einer in Hallein arbeitenden Zigarrenfabriksarbeiterin zu ihrer Großmutter nach Niederösterreich ‚ausgestiftet' worden und hat dort – ebenfalls im ländlichen Raum – die Schule absolviert. Und eine letzte der achtzehn Gesprächspartnerinnen sah sich als von der Mutter ausgestiftete Halbwaise auf die Schule des Waisenhauses in Salzburg verwiesen.

Viel wurde in den lebensgeschichtlichen Interviews über die Jahre der Schulzeit nicht erzählt. Kaum jemals wurde ausführlicher von Lehrern oder Mitschülerinnen, von einzelnen Fächern oder Inhalten des Unterrichts, von eigenen fachlichen Vorlieben oder der allgemeinen Atmosphäre in der Klasse gesprochen.

Und doch wird aus dem knapp Erzählten klar, dass die Schule ein Erfahrungsraum gewesen sein muss, wo die Folgewirkungen sozialer Ungleichheit für viele eine schmerzlicher spürbare Relevanz bekamen als zuvor.

Um offene Diskriminierungen durch LehrerInnen oder Mitschülerinnen scheint es dabei gar nicht so sehr gegangen zu sein. Angesprochen werden solche Erlebnisse in den Interviews zumindest nicht. Was den Frauen – offenbar als Bodensatz der innerhalb der Schule gemachten Erfahrungen – im Gedächtnis haften blieb, war etwas viel Substanzielleres. Nämlich: Sehr schnell ‚angestanden' zu sein mit den eigenen Potenzialen und Begabungen, sich kaum aufgerichtet zu haben und doch schon an die Grenzen des für sie Möglichen gekommen zu sein.

Schon von seiner prinzipiellen Zugänglichkeit und Erreichbarkeit her – noch jenseits eines täglich zu bewältigenden schulischen Alltags – zeigte sich ihnen das Schulsystem als unübersehbar klassenspezifisch strukturierter sozialer Ort. Die Interviews offenbaren für das Leben dieser Frauengeneration aus der ArbeiterInnenschaft, aus dem Milieu der kleinen Handwerker und aus dem ländlichen Raum ein krasses gesellschaftsbedingtes Defizit an schulischer Ausbildung.

Fünf Jahre Volksschule und dann drei Jahre warten bis zum Schulausstand: in einer sechsten Volkschulklasse, wo drei Altersstufen von Schülerinnen gesammelt und in zwei Abteilungen gleichzeitig unterrichtet wurden: „Do is ma daun nimma weiterkumman ..." Das war die schulische Realität von vierzehn der achtzehn interviewten Frauen.

Schule, das war tägliche Grenzüberschreitung – weg vom vertrauten sozialen Milieu, um dort doch sehr schnell mit dem eigenen und in den Interviews für die damalige lebensgeschichtliche Phase offensiv formulierten Wunsch nach einem Mehr an Wissen, an Information und schulisch vermittelter Fertigkeit hinter die eigenen sozialen Schranken zurückverwiesen zu werden. Eine Erfahrung, die abgesehen von den drei Frauen, die in ländlichen Lebens- und Arbeitszusammenhängen aufgewachsen sind, in allen Interviews als sehr schmerzlich erlebt angesprochen wird.

„I bin jo in Hallein in d'Schui gaungan, net. Mei, in *d' Bürgerschui* hätt i gehn megen. Hob net *gehn* kennan! – Wei d'Ötern die *Biachln* net kaufen haum kennan", bricht es aus Maria E., der Tochter aus einer – mit den Kindern – siebenköpfigen Familie einer Zigarrenfabriksarbeiterin und eines Salinearbeiters im Laufe des Gesprächs heraus. In ihrem weiteren Erzählen formiert sich die Schule durch ihre Erinnerungen hindurch noch einmal zu jenem ambivalenten, damals für sie gleichzeitig Erfahrungen der Bestätigung und der klassenspezifischen Begrenzung bereithaltenden Ort.[12]

> „I hätt's damocht (die Bürgerschule), wei die haumd eh gsogt, i lern guat. Oba haumma in da Sechst-Klass bleiben miassen – in da Oberabteilung halt –, bis ma ausgstaunden han.
> So *oarm* san's gwen d'Ötern, dass' am net amoi die Biachln ... Des haum ois grod *die Besseren* gehn kennan, oba koa Oarbeiterkind net leicht. Höchstens amoi oane, wos eppa grod oa Kind ghobt haum, dass as daruadert (geschafft) haum. Oba sunst is nix gaungan! Jo. Na, nix, nix. I hätt' wirklich gehn megen – *na*, nix, nix!"[13]

Fast wie eine Beschwörungsformel, welche die notwendige Einsicht in eine kaum Wahlmöglichkeiten enthaltende Realität erleichtern soll, wirkt das hastig gesprochene „*na*, nix, nix!", das die heute 83jährige ehemalige Zigarrenfabriksarbeiterin ihrem damaligen, im Interview nochmals formulierten Wunsch „I hätt' wirklich gehn megen" selbst entgegensetzt.

Für sie wie für die anderen Frauen war die Schule ein wichtiger Erfahrungsraum, um Fähigkeiten und Begabungen an sich zu entdecken und auch durch andere bestätigt zu bekommen: „I hätt's damocht, wei die haumd eh gsogt, i lern guat." Kaum eine der Frauen vergisst im Erzählen ihrer damaligen Erfahrungen auf diese Selbstbestätigungen durch ein gutes Zeugnis oder durch ein positives LehrerInnen-Urteil zu verweisen.

Fähigkeiten und Begabungen sind da öffentlich bestätigt worden, die jedoch bei den meisten dieser Frauen über eine minimale Pflichtschulbildung hinaus keinen Raum gewinnen durften. Denn selbst der Besuch der – mit der heutigen Hauptschule vergleichbaren – Bürgerschule war in ihren Herkunftsfamilien – wegen der Ausgaben für die dafür notwendigen Bücher – ein nicht zu bewältigender oder zum Teil auch einfach den Töchtern im Familienbudget nicht zugestandener Kostenfaktor. Frau J., Tochter aus der Familie einer Zigarrenfabriksarbeiterin und eines Briefträgers, erzählte sehr ausführlich vom nur schwer zu brechenden Widerstand, mit dem die Mutter einem – durch geschenkte Bücher unerwartet in den Bereich des Möglichen gerückten – Bürgerschul-Besuch der Tochter entgegentrat.

> „Er (ein Arbeitskollege des Vaters) schenkat mir's, hot a gsogt. Er überlosst mir's (die Bücher von seinem Sohn). Nur den Atlas miass ma kaufen.
> Jo, jetzt hot die Mutter do a Bahö aungfaungan: ‚Atlas kaufen, jo wos moanst denn, wos des Göd kost!' Jo des geht net, des geht net!
> (...) Des hot's einfoch net verstaunden. Zu dem woar sie zu ..., zu oarm aufgwochsen. Sie hot des ois Luxus aufgefasst."[14]

Aber selbst innerhalb der achtjährigen Volksschulzeit als absolutem schulischem Minimum gab es noch zusätzliche geschlechtsspezifische Verhinderungen: denn es waren die Töchter, die dem Unterricht ferngeblieben sind, um etwa für die erkrankte Mutter im Haushalt einzuspringen. Und auch jene während des Unterrichts gestrickten Kinderjacken, mit denen Agnes F. den Arbeitsdruck ihrer in Heimarbeit strickenden Mutter zu erleichtern suchte, gehören wohl hierher: „I hob jo in da Schui a immer g'strickt. Und so hob i scho ois Kind a Jackerl in da Wochen zaumbrocht."[15]

Vier Frauen unter den Halleiner Gesprächspartnerinnen bleiben schließlich, denen als ArbeiterInnentöchter die soziale Grenzüberschreitung in Richtung Bürger-Schule durch Starthilfen von außen möglich geworden ist. Doch auch geschenkte oder in Ausnahmefällen durch die Gemeinde zur Verfügung gestellte Bücher konnten in diesen Lebensgeschichten jenen weiterhin bestehenden Mangel an materiellen Ressourcen wie Geld, Einfluss, Verbindung, Auftreten, usw. nicht verdecken, der es dann im konkreten schulischen Alltag eigentlich nicht möglich machte, den zweifach fremden sozialen Erfahrungsraum ‚Bürger-Schule' nach dem ersten Betreten auch wirklich selbstbewusst und selbstverständlich zu erobern.

Mehr als „bei die Lehrpersonen gaunz guat gstaunden" zu sein, war nicht drinnen für eine – aus einer TabakarbeiterInnenfamilie kommende – ‚Bürger-Schülerin' wie Anna L. Und mehr wagt sie sich offenbar auch gar nicht zu erwarten.

> „Bitte: die Bürgerstöchter, de han scho aunders behaundelt worn, net, die han *nia* sitzen blieben, waun's a nix kennan haum. Oba sunst – i persönlich, i kennt gegen die Schwestern nix sogen.
> Die (die Bürgerstöchter) haum natürlich mehr golten. Die haum wieder wos brocht – waun Naumenstog woar –, die haum wieder wos spendiert. Wos mia ois Oarbeiterkinder net haum kennan, net.
> Des woar scho so. Des host hoit – in da domoligen Zeit – ois söbstverständlich hingnummen, wei ma's net aunderst kennt hot. (...) Wei du bist oiwei *hinter* de gstaunden. Des is amoi kloar, dass ma hinter denen gstaunden is."[16]

Nur gestundet war für diese ‚Bürger'-Schülerinnen aus dem ArbeiterInnen-Milieu also jene bereits beschriebene, die Mehrzahl der Gesprächspartnerinnen je doch schon nach den ersten fünf Volksschuljahren treffende Erfahrung, einfach angestanden zu sein mit den eigenen Begabungen und Fähigkeiten. Denn trotz Bürgerschulbesuch konnte keine dieser ArbeiterInnentöchter berufliches Kapital schlagen aus diesem ‚Mehr' an schulischer Ausbildung.

Mädchenklasse der – über die Volksschulstufe hinausführenden – Halleiner „Bürger"schule, 1918/19: Sie zu besuchen war mit einer sozialen Grenzüberschreitung verbunden, die nur den allerwenigsten Töchtern aus Arbeiterfamilien möglich war. Die gesamte Mädchenschulbildung vor Ort hatten die Halleiner Schulschwestern in der Hand.

Was sich über die Erfahrungen mit der Schule also für alle diese Frauen bereits damals abzuzeichnen begann, das war die langsame Destruktion von Wünschen und Erwartungen, durch die ihr Weg vom Elternhaus in jene ihnen letztlich offenstehenden Bereiche der Erwerbssphäre gekennzeichnet war.

5.2. „Do hot's eh ghoaßen von in da Fruah bis auf d'Nocht: ‚Durt muasst hin, des muasst mochen'"

Zur Last des Dienens. Die frauenspezifische Variante persönlich abhängiger Arbeit

Hier an der ‚Peripherie', im wirtschaftlich rückständigen Salzburg, hat sich ein Charakteristikum in der Geschichte der Frauenarbeit bis weit ins 20. Jahrhundert hinein erhalten: der lange Verbleib der Frauen in den haushalts- und familienzentrierten Arbeitsplätzen der mithelfenden Familienangehörigen, der Mägde und der Dienenden im fremden Haus.

Die Männer hingegen hatten sich selbst in dieser noch stark agrarischen Region bereits erkennbar auf die außerhäusliche, aus familialen Kontexten ausgegliederte Berufsarbeit zu konzentrieren begonnen. Ganz allgemein sind ja die Männer seit der beginnenden Industrialisierung, Differenzierung und Spezialisierung der Arbeitswelt viel „geradliniger"[17] aus den traditionellen haushaltszentrierten Arbeitsplätzen ausgeschieden.

Die Ergebnisse der außerordentlichen Volks- und Berufszählung von 1920 weisen 19,9 Prozent (Frauen: 8,2 Prozent – Männer: 26,4 Prozent) selbständig Beschäftigte und 80,1 Prozent (Frauen: 91,8 Prozent – Männer: 73,6 Prozent) unselbständig Beschäftigte aus.

Von den unselbständig Beschäftigten finden sich bei den Männern bereits 56,8 Prozent auf modernen, haushaltsfernen Arbeitsplätzen in Industrie und Gewerbe, Handel und Verkehr bzw. öffentlichem Dienst. Nur mehr 41,2 Prozent arbeiteten entweder im stark familiären Kontext der Land- und Forstwirtschaft (39,8 Prozent) oder im privaten Haushalt (1,4 Prozent). Bei den unselbständig beschäftigten Frauen liegen die Dinge noch anders. 42,9 Prozent haben ihre Arbeitsplätze noch im familienwirtschaflich dominierten Bereich der Land- und Forstwirtschaft bzw. sind – zu 34,4 Prozent – Dienende in privaten Haushalten. Das heißt: Sie finden sich zu mehr als zwei Drittel – nämlich zu 77,3 Prozent – im Bereich eher haushaltszentrierter Arbeitsplätze. Nur 21 Prozent arbeiteten im Bereich: Industrie und Gewerbe, Handel und Verkehr, bzw. öffentlicher Dienst.[18]

Für den Raum Hallein selbst fehlt es an Strukturdaten zu Arbeitsmarkt und Beschäftigung. Lediglich die Heiratsmatriken der Pfarre Hallein ermöglichen – neben den Informationen aus den Interviews – eine wenigstens indirekte Annäherung an die lokale Beschäftigungssituation. Und zwar über die Berufsangaben aller jener Frauen, die in der Pfarre Hallein geheiratet haben. Mit der Überlegung, dass das tatsächliche Erwerbsarbeitsverhalten dieser Frauen in einem zwingenden Nahverhältnis steht zu den vorhandenen Erwerbs-Arbeitsmöglichkeiten, habe ich für den zehnjährigen Zeitraum von 1919 bis 1928 die von ihnen vor der Eheschließung ausgeübte Berufs- bzw. Arbeitstätigkeit systematisch erhoben. Dabei wurden klarerweise nur jene Frauen berücksichtigt, die bereits vor der Heirat ihren Wohnsitz in Hallein gehabt haben. In den Halleiner Heiratsmatriken sind zudem zahlreiche Frauen vermerkt, die sowohl vor als auch nach der Eheschließung im Pfarrbereich Hallein gelebt haben, für die kirchliche Hochzeitszeremonien jedoch in die Stadt Salzburg – etwa in den dortigen Dom – ausgewichen sind. Besonders bei den Zigarrenfabriksarbeiterinnen scheint diese Gestaltung des Hochzeitstages beliebt gewesen zu sein. Auch diese Fälle sind in der folgenden

Statistik berücksichtigt worden.

Für die industrialisierte ArbeiterInnenstadt Hallein stechen die 24,8 Prozent der vor der Eheschließung in der Industrie Arbeitenden ins Auge – und zwar immer bezogen auf *alle* 682 aus den Heiratsmatriken berücksichtigten Frauen und nicht nur auf die Erwerbstätigen unter ihnen. Die Zahl der in der Landwirtschaft, in Privathaushalten bzw. im Gastgewerbe nach traditionellem Arbeitsmuster Dienenden liegt jedoch mit insgesamt 26,5 Prozent sogar leicht darüber.

TABELLE 4[19]

Pfarre Hallein / Heiratsmatriken 1919-1928 ***Vor der Eheschließung ausgeübte Berufs- oder Arbeitstätigkeit*** ***(682 Frauen = 100%)***		
Von insgesamt 682 Frauen deklarieren sich als:		*in %*
Private, Witwen, Hausbesitzerinnen		*10,3*
Selbständig Arbeitende:		
in der Landwirtschaft (Bäuerinnen)		*1,2*
in Handel und Gewerbe, davon		*3,4*
Schneiderinnen	*69,6*	
Geschäftsfrauen	*17,4*	
Wirtinnen	*13,0*	
Unselbständig Arbeitende:		
im Haushalt der Eltern lebend und arbeitend, davon		*21,6*
in Haushalten familienwirtschaftlicher Geschäfts-, Handwerks-, Gasthaus und sonstiger Betriebe	*34,7*	
in bäuerlichen Familienwirtschaften	*23,1*	
in ArbeiterInnenhaushalten	*22,4*	
in bürgerlichen (Lehrer-, Baumeister-, Beamten-, Angestellten-) Haushalten	*19,7*	
im ländlichen Dienst (Mägde usw.)		*6,6*
im Dienst in Privathaushalten, Gast- und Hotelbetrieben, davon		*19,9*
Dienstmädchen / Hausgehilfinnen / Kindermädchen / Haustöchter	*50,7*	
Köchinnen	*22,1*	
Wirtschafterinnen	*15,4*	
Stubenmädchen / Herdmädchen	*11,8*	
Näherinnen, Bedienerinnen, Wäscherinnen (in der Grauzone zwischen Dienst- und Lohnarbeit)		*2,3*

Pfarre Hallein / Heiratsmatriken 1919-1928 *Vor der Eheschließung ausgeübte Berufs- oder Arbeitstätigkeit* *(682 Frauen = 100%)*		
lohnarbeitend im Gastgewerbe (Kellnerinnen, Kassiererinnen)		*1,2*
lohnarbeitend in Handel, Verwaltung, öffentlichem Dienst, Dienstleistung, davon		*8,8*
Verkäuferinnen, Handelsangestellte, Büroangestellte, Kontoristinnen	*48,3*	
Buchalterinnen, Telefonistinnen	*23,3*	
Beamtinnen	*16,7*	
Lehrerinnen / Erzieherinnen	*6,7*	
Krankenpflegerinnen	*5,0*	
lohnarbeitend auf industriellen Arbeitsplätzen, davon		*24,8*
Zigarrenfabriksarbeiterinnen	*62,1*	
Hilfsarbeiterinnen (u. a. in der Brauerei Kaltenhausen)	*15,4*	
sonstige Fabriksarbeiterinnen (meist Zellulosefabrik)	*14,8*	
Textilweberinnen	*7,7*	

„Außa aus da Schui – und in die Fabrik oder in Dienstposten" – diese sich schon in den lebensgeschichtlichen Interviews herauskristallisierende ‚Alternative' findet sich damit auch hier bestätigt. Denn nur 8,8 Prozent aller 682 Frauen haben vor der Eheschließung auf Lohnarbeitsplätzen in Handel, Verwaltung, öffentlichem Dienst bzw. im Dienstleistungssektor gearbeitet: als Verkäuferinnen, Büroangestellte, Buchhalterinnen, Kontoristinnen, Telefonistinnen, Beamtinnen, Lehrerinnen, Erzieherinnen und Krankenpflegerinnen. Weitere 1,2 Prozent finden sich als Kellnerinnen und Kassiererinnen im Gastgewerbe.

Irgendwo zwischen Lohnarbeit und Dienst, zwischen offiziellem Arbeitsmarkt und Familie sind die – häufig verwitweten – 2,3 Prozent Näherinnen, Bedienerinnen und Wäscherinnen anzusiedeln.

Auffallend ist zudem, dass bei mehr als einem Fünftel aller Frauen – nämlich bei 21,6 Prozent – die Arbeitskraft noch in der Herkunftsfamilie beansprucht wird: im Rahmen der gemeinsamen Existenzsicherung. Für die Töchter aus bürgerlichen Herkunftsfamilien muss hier ein großes Fragezeichen bleiben. Die Töchter aus bäuerlichen Familienwirtschaften bzw. aus Familienbetrieben in Handel, Gewerbe und Gastgewerbe sind offiziell als mithelfende Familienangehörige anerkannt.

Die Interviews haben jedoch ergeben, dass die Halleiner ArbeiterInnenfamilien gleichfalls als ökonomische Einheiten – sozusagen als ‚Familienbetriebe' – agiert und die Gesamtarbeitskraft ihrer Mitglieder je nach den wirtschaftlichen

Überlebensbedürfnissen der Familie am außerhäuslichen Arbeitsmarkt oder in der Familie selbst eingesetzt haben. Nicht selten sicherten, wie schon erwähnt, nach der Geburt eines weiteren Kindes oder bei Krankheitsfällen in der Familie aus ‚dem Dienst' heimgeholte Töchter den Weiterverbleib der Mutter in der Fabrik. Und als es 1923 in der Zigarrenfabrik zum großen Personalabbau kam, haben sich die Mütter frühzeitig in Pension schicken lassen, um nun ihrerseits den Arbeitsplatz der Töchter zu sichern.

Unübersehbar ist jedenfalls – und damit schließt sich der Bogen hin zum Schwerpunkt dieses Kapitels –, dass die als Hauptmuster der vorindustriellen Arbeitsorganisation Männer und Frauen gleichermaßen betreffende Last des Dienens in fremden Haushalten zu einer klar „frauenspezifischen Form persönlich abhängiger Arbeit"[20] geworden ist. Dabei verweisen die auf ein erstes „I bin in Dienst gaungan" oder „bevor i in d'Fabrik kumman bin, hob i a poar Dienstplätz ghobt" folgenden Erfahrungen zunächst einmal auf scheinbar recht unterschiedliche Arbeitsschicksale.

Die dreizehneinhalbjährige Agnes P. machte ihre ersten ‚Dienst'-Erfahrungen jenseits der Grenze: als Küchenmädchen in einer Reichenhaller Fremdenpension. „Küchenmädchen, des is eben a Oarbeit, wos an aungschofft worn is, und des hot ma hoit daun a taun."[21]

Sophie E., der Tochter einer Zigarrenfabriksarbeiterin, hat eine Arbeitskollegin der Mutter in Linz einen „Posten bei da Gräfin verschafft." „So a ‚Mädchen für alles'" habe die gebraucht und das sei sie dann auch – neun Monate lang – bis zur Aufnahme in die Zigarrenfabrik gewesen.

Auch Maria D. hat vor dem Eintritt in die Zigarrenfabrik – in der Umgebung Halleins, in Wien und Kitzbühel – zum umfangreichen, persönlichen Dienstpersonal ‚adeliger Herrschaften' gehört: „Mei, i sog eh, oa Person – die woar alloan (die Gräfin) – hot a Kammerfrau ghobt, hot a Stubenmädel ghobt, hot a Köchin ghobt und i ..."[22]

Anna L. arbeitet die Frist zwischen Schulentlassung und Aufnahme in die Zigarrenfabrik gleichfalls an mehreren Dienstplätzen ab: „beim Baron und bei da Baroness, mei do hob i hoit die Zimmer gmocht und des olles"; für einen Salzburger Geschäftshaushalt – „des san so hochnoserte Emporkömmlinge gwen" – versorgte sie Haushalt und Kinder. Als Hausgehilfin in einer Forstratsfamilie macht sie zwar die Erfahrung, „wia die Tochter im Haus" gewesen zu sein, doch dass das grundsätzliche Verhältnis zwischen Dienstbotin und Herrschaft ein anderes ist, wurde ihr schon auf ihrer ersten Dienststelle klar gemacht. Fraglose Unterordnung unter dienstherrschaftliche Befehle, Bedürfnisse und Launen erwarten sich die beiden alleinstehenden alten „Damen aus ana Toskanafamilie", bei denen Anna L. gleich nach dem Ende der Schulzeit in Salzburg als Dienstmädchen in persönlicher ‚Verwendung' gestanden ist.

> „In mein ersten Posten, do hob i frei ghobt von nochmittog – do bin i um a zwei weggakummen – bis um halb sechs auf d'Nocht. Do hob i hoam gehn miassen, weil i für die *Funsen* (Schimpfwort), muass i scho sogen, a Bier hoin hob miassen. Wegen *dem* Bierhoin!
> Und auf d'Nocht hob i aufbleiben miassen bis um neun, wei i die zwa Bierglasln auswoschen hob miassen. (...) Ois waun die zwa Glasln net stehn kennten bis in da Fruah. So *kleinlich* woarn hoit die Leit."[23]

Fini D., die Tochter aus dem ZellulosefabriksarbeiterInnen-Milieu, diente beim Vorstand einer kleinen Pongauer Bahnstation. Nicht nur die Versorgung des Familienhaushaltes erwartete der Dienstherr von ihr, sondern auch die vollständige Bahnhofsreinigung: die Büros waren täglich zu putzen, die Stellwerke ein Mal im Monat und vierteljährlich die Bahnsteige. Aber nicht nur die maßlose – kaum bezahlte – Aneignung ihrer Arbeitskraft erinnert Fini D., sondern auch immer wieder Momente sie zusätzlich treffender Launenhaftigkeit des Dienstherrn und Erfahrungen der Demütigung.

In eine Wirtsstube muss die vierzehnjährige Maria S. – ohne Lohn – „bedienen gehen."

> „Glei noch da Schui is so a Wirt kemman, der hot mi noch St. Johann mitgnumman. Do war's jo guat gwen mit'n Essen, wissen'S, oba die Wirtin hot ma jo nix geben – koan Lohn. (...) Wissen'S, wos' ma geben hot, wia I (nach Monaten) hoamgfoahrn bin: a Sackerl Öpfi. Sonst nix. Die hätt' jo aunzoagt gheart, *de* ..."[24]

Katharina B. kam direkt vom Waisenhaus zu Bauern in Dienst und galt dort – gegen Verpflegung und Unterkunft – gleichfalls „ois billige Oarbeitskroft" für alle anfallenden Stall-, Feld- und Hausarbeiten: „I man, mia haum fünf (Schilling) ghobt bei die Bauern oi Monat und hoit s'Gwaund, dass'd hoit net nockert ..."[25]

Mehrmals wechselte sie den Dienstplatz, wurde von der bäuerlichen Dienstmagd zum städtischen Dienstmädchen einer Salzburger Fleischhauereibesitzerin. Billige Arbeitskraft ist sie jedoch bis zu ihrer Heirat geblieben. Genau genommen darüber hinaus: denn vom schlecht bezahlten häuslichen Dienst wechselte sie nun zur *un*-bezahlten Hausarbeit.

„Du bist hoit nia a richtiger Mensch gwesen für sie", bringt die weichende Bauerntochter Johanna K. ihre ‚Dienst'-Erfahrungen auf den Begriff.

> „Bist oiwei mehr obseits gstaunden. Bist weggstöt worn. Waunst net goarbeit host, do bist ka Mensch gwesen. So wos haums net braucht. Da fremde Mensch is immer weggschoben worn,"[26]

beschreibt sie die nicht zu überwindende Distanz und Fremdheit zwischen sich und jenen Bauern- und Gastwirtsfamilien, denen sie, im Haushalt mitlebend, vom zwölften Lebensjahr an bis zur Heirat mit ihrer Arbeitskraft dienstbar war. „Und waun ma sich beschwert hot, hot's ghoaßen, ‚Du kaunst gehn!'" Franziska J., die Tochter einer Halleiner Zigarrenfabriksarbeiterin, fand als Dreizehnjährige ihren ersten Dienstplatz in einem Berchtesgadener Geschäftshaushalt.

> „Jo, beim K., im größten Modengschäft, im Haushoit woar i."
> „Könnten Sie a bissl beschreiben, wos' dort mochen haum miassen?"
> „Jo mein Gott, in da Fruah hoit *gaunz* boid aufstehn und daun scho Müch (Milch) hoin ois erstes, net, wei die gaunzen Aungstöten (Angestellten) haum a dort g'essen.
> Müch hoin – *mia* haum eh ka Müch kriagt. Mia haum nur an schwoarzen Kaffee kriagt, ka Müch net. Für die Herrschoft hoit, net, hob i Müch hoin miassen.
> Und daun hob i den gaunzen Haushoit putzen und hoit ois so die letzte Oarbeit, die niedersten Dienste, wos' gibt, domois mochen miassen.
> No, und oi 14 Tog haumma an Ausgang ghobt. Do bin i hoam gaungan, umma von Berchtesgaden. *Gaungan*. Do hot's kan Bus oder so wos net geben. Gehn miassen haumma. No, do bin i eh gegen Mittog erst herkumman und daun um 4 bin i do scho wieder weg. Bin i scho wieder ummigaungan. Und jeden zweiten Sonntog eingsperrt worn. Nix zum Essen kriagt. Überhaupt nix. Nur zum Frühstück, sonst an gaunzen Tog nix, wei ka Köchin, neamt do woar. "[27]

Natürlich hatten diese Mädchen manchmal auch ‚Glück' und bekamen Dienstposten vermittelt, von denen sich zumindest sagen ließ: „Do is' ma net schlecht gaungan." Nicht alle Dienst-Erfahrungen sind also durchgängig negativ. Trotzdem scheint ihnen allen sehr bald klar gewesen zu sein, dass sie viel eher damit rechnen mussten, als Dienende in ein persönliches, ein sehr umfassendes Abhängigkeits- und Ausbeutungsverhältnis zu geraten. „Bei die Posten kaunst jo an schlechten erwischen, wost nix zoit kriagst und ausgnutzt wirst,"[28] war der immer präsente lebensgeschichtliche Merksatz zu dieser mit zahlreichen Erfahrungen gesättigten Einsicht.

Ausgenützt zu werden war jedoch nicht nur eine Frage persönlichen Fehlverhaltens eines Dienstgebers oder einer Dienstgeberin. Die noch aus der Mitte des 19. Jahrhunderts stammenden und erst 1920, in der Periode der Sozialgesetzgebung nach dem Ersten Weltkrieg, durch ein allgemeines ‚Hausgehilfengesetz' abgelösten reaktionären Dienstbotenordnungen haben den ‚Häuslichen Dienst' als sehr einseitiges Kräfte- und Machtverhältnis zwischen der Dienst ‚gebenden' Familie und einer meist isolierten Dienstbotin (oder einem Dienstboten) durchaus legitimiert.

Die Erfahrungsberichte aus den verschiedenen oben schon benannten Dienstverhältnissen verdichten sich dabei zu einem grundsätzlichen Unrechtskern: Den Mädchen und jungen Frauen war jegliches Bestimmungsrecht über sich selbst, über die eigene Zeit, die eigenen Kräfte und Energien fast vollständig genommen.[29]

Vor allem durch das Wohnen beim Arbeitgeber/bei der Arbeitgeberin gerieten sie – ohne Rückzugs- und Schutzmöglichkeiten – in eine zeitliche und räumliche Kontrolle rund um die Uhr. Unbegrenzte Arbeitszeit und ständige Arbeitsbereitschaft konnten ihnen aufgenötigt werden, denn Arbeitsbeginn und Arbeitsende „lagen ganz in der herrschaftlichen Willkür."[30] So enthält die auf das Jahr 1856 zurückgehende und bis 1920 gültige „Provisorische Dienstbotenordnung für das Herzogtum Salzburg" keinerlei die Dienstherrschaft bindenden Vorschriften über Ruhepausen, Freizeit und Dauer der täglichen Maximalarbeitszeit.[31] „Von in da Friah bis auf d'Nocht host ..., dass'd ois a hundsmiada ins Bett gfoin bist"[32] – thematisieren die Frauen selbst die dadurch möglich gewordene totale Aneignung ihrer Kräfte und Energien. Nur an das Gewohnheitsrecht des vierzehntägigen Sonntagsausganges erinnern sich die meisten von ihnen. Einige an zeitliche Spielräume durch jene Pausen, die sich in der Abfolge der Hausarbeiten bisweilen ergeben. In einer Studie der Wiener Arbeiterkammer wurde zudem erhoben, dass selbst nach der gesetzlichen Einführung geregelter Ruhezeiten und freier Nachmittage nur ein Drittel der DienstgeberInnen ihren Hausgehilfinnen – und nur für sie haben diese Bestimmungen ja gegolten – diese neuen Rechte auch tatsächlich „gewährten".[33]

Am unausweichlichsten auf das bloße Arbeitstier reduziert fühlten sich jedoch Anna R., Katharina B. und Johanna K., die ehemaligen Mägde im bäuerlichen Dienst. Sie erinnern die konkreten, täglich abverlangten Arbeitsverrichtungen als oft kaum mehr bewältigbare Bedrohung der eigenen Kräfte, der eigenen Substanz, als Bedrohung der Unversehrtheit des eigenen Körpers.

„Mein Gott na, do hob i oft so vü ..., hob i oiwei denkt, waun i nimma munter wurdt', war ma am liabsten", setzt Anna R. an das Ende der Beschreibung jenes „Tschochs", den vor allem saisonale Arbeitsspitzen wie Mahd und Getreideernte mit sich gebracht haben.

> „Wia's so schen Wetter gwen is amoi im Summer, do samma *ocht* Tog, oi Tog um zwei in da Fruah aufstehn – mahn. (...) So vü Schlof hob i ghobt, dass i ..., waun ma ..., beim Umkehrn (des Heus) und bei oim, do bin i scho oiwei eingschlofen. Do bin i oft woaß Gott wo hinkemman vor lauter Schlof. Do woar's scho stoark. A stoarke Oarbeit. (...) Und s'Fuatta – des is jo a a Tschoch (Mühe) , wenn's Fuatta, des Getreide, aufgloden worn is, net. Waun's des auffischmeißen, daun schnoizen's da die Goarben ums Gsicht und d'Fiaß – ois bloßfiaßig gaungan. S'Bluat rinnt da direkt in die Wadln obi vor lauter stechen – die Ähren do vom Getreide."[34]

Für die in kleinstädtischen und städtischen Mittel- und Oberschichthaushalten als Hausgehilfinnen und ‚Mädchen für alles' Arbeitenden lagen die belastendsten und am heftigsten kritisierten Momente des ‚Häuslichen Dienstes' nicht so sehr in der zugewiesenen Arbeits-Last, sondern in der gleichzeitig geforderten persönlichen Unterordnung unter den Willen, die Kritik, oft auch die Willkür der Dienstherrschaft. Die veralteten Dienstbotenordnungen haben ja die im fremden Hause Dienenden nicht nur „zum Gehorsam, zum Fleiße, zur Treue, Ehrerbietung, Aufmerksamkeit und Wahrhaftigkeit" verpflichtet, sondern auch zur Schuldigkeit, „alle Dienste (...) nach Anordnung des Dienstherrn (natürlich auch der Dienstherrin, Ergänzung durch die Autorin) pünktlich und unverdrossen zu leisten" und deren „Befehle, Ermahnungen und Verweise (...) mit Bescheidenheit an(zu) nehmen."[35] Das scheint auch die durchaus noch selbst erfahrene Dienst-Arbeitsrealität der Halleiner Gesprächspartnerinnen gewesen zu sein.

Glücklich, in der Zigarrenfabrik untergekommen zu sein: Auch die Wege dieser beiden Bauernmägde, die sich im Interview an den „Tschoch" der Landarbeit erinnerten, führten später in die Fabrik. Das Foto aus dem Jahr 1919 zeigt sie in bäuerlicher Festtagskleidung.

Sicher ist in manchen Fällen diese im Dienstverhältnis prinzipiell enthaltene Hierarchie durch mildernde Momente der Fürsorglichkeit – „die haum si recht aungnumman um mi" – von oben her aufgebrochen worden. In vielen Fällen haben jedoch die soziale Fremdheit und Unvertrautheit zwischen diesen Familien und den dort dienenden Töchtern aus dem ArbeiterInnen- und dem bäuerlichen Milieu die massive Distanz, die Berührungsängste, die peniblen sozialen Abgrenzungen und Ausgrenzungen noch verschärft. In der alltäglichen Interaktion zwischen Dienst-Herrschaft und Dienst-Mädchen haben sie sich immer wieder in konfliktgeladenen, oft durch unbegründete Verdächtigungen und misstrauische Beschuldigungen ausgelösten Szenen entladen.

„I woaß no guat, dass ma s'Ritschert – wissen'S scho: Bohnen und Gersten

> und a Gsöchts drinnen, des gibt's auf d'Nocht.
> Und die Tochter, recht boshaftig woar's ..., und dawei i auf's Klo gaungan bin, hot's as hingschoben aufs Loch (auf die offene Herdflamme). Natürlich is' aunbrennt. Jetzt hot die Frau gsogt – s'Dirndl hot's weggstritten, i hob gsogt, i hob's net taun – i muass die Suppen essen, bis' goar is. Und se san zum Metzger gaungan und haum a Kalbfleisch kauft. Haum so Kalbfleisch g'essen.
> Und i hob *eine Wut* ghobt, hob die Rein pockt und bin obi gaungan in Hühnerstoi und hob's die Hehna geben zum Fressen. Hob i gsogt, ‚do' fresst's Eich aun' – vor lauter Wut!
> Sog i eh: interessant, unseroans oarbeit' von in da Fruah bis spät auf d'Nocht und host nix z'essen und *de* essen s'Kalbfleisch fürs Nixtoan."[36]

So wie hier Fini D. stellten sich auch die anderen interviewten Frauen in den Geschichten über die Jahre des Dienstes durchaus nicht nur als sich lautlos unterordnende Opfer dienstgeberischer Willkür dar. Vor allem mit zunehmendem Alter und zunehmenden Arbeitserfahrungen haben die Abhängigkeitsverhältnisse im Dienst auch Widerstandsgeist und Widerspenstigkeit mobilisiert: eine Opposition also, die nicht nur in einem recht häufigen Stellenwechsel zum Ausdruck kommt, sondern vor allem auch im ganz bewussten Abwandern eines Großteils dieser damals jungen Mädchen auf industrielle Arbeitsplätze.

Gerade die Zuweisung der sozialen Position am unteren Ende der Dienst-Hierarchie, gerade die Erfahrung, Tag für Tag jemandem sehr persönlich dienstbar und trotzdem oder deswegen „sozusagen der Hund im Haus"[37] gewesen zu sein – das ist mit dem angestrebten Eintritt in die Fabrik ganz entschieden zurückgewiesen worden: „Mia haumd oiwei gsogt: ‚Die *Gnädigen* soin si ea Oarbeit söba tuan!'"[38]

Zurückgewiesen wurde durch die angepeilte Aufnahme in die Fabrik auch die finanzielle Nichtbewertung der im Dienst geleisteten Arbeiten. Lediglich für Unterkunft, Verpflegung und ein Paar Schuhe im Jahr gearbeitet zu haben, war eine häufig von den Frauen in die Interviews eingebrachte Erfahrung gewesen.

„In da Fabrik, do host wenigstens a Göd kriagt für dei Oarbeit", ist in ihrem Bewusstsein ein weiterer gewichtiger Pluspunkt gewesen im spekulierenden Vergleich zwischen Dienstarbeit und Fabriksarbeit.

5.3. „I war jo a gern gaungan in d'Fabrik"

Die staatliche Zigarrenfabrik als Rest-‚Utopie'

Bis auf Katharina B. und Johanna K., die erst in den Dreißigerjahren nach Hallein gekommen sind, haben sonst alle interviewten Frauen versucht, in der Zigarrenfabrik – eine von ihnen in der Zellulosefabrik – Arbeit zu finden. Sie wird diesen Frauen nun zum wünschenswerten Zielpunkt ihrer jedoch vorher Schritt für Schritt destruierten und beschnittenen beruflichen Begehrlichkeit. Denn der nunmehrige ‚Berufswunsch Zigarrenfabrik' steht am Ende einer langen Reihe von Erfahrungen, in denen, wie gesagt, Wünsche nach Bildung und Ausbildung beschnitten wurden und diesbezügliche Träume nicht einmal laut formuliert werden konnten. Gleichzeitig ist er Folge jener ersten – ernüchternden – Erfahrungen frauenspezifischer Arbeitsrealität in den quasifeudalen, die enteignete Arbeitskraft kaum entlohnenden Abhängigkeitsverhältnissen des häuslichen und bäuerlichen Dienstes.

„I woar jo überglücklich, wia i in die Zigarrenfabrik kumman bin. Sonst hätt' i weiter in' Dienst gehn miassen"[39]: nicht nur Franziska J. fühlte sich am Ziel ihres mittlerweile auf das Mögliche, auf das Erreichbare abgestimmten beruflichen Wunsch-Programms. Denn geträumt hatte sie eigentlich davon, irgendwo Arbeit als Büroangestellte zu finden.

Jetzt ist es die Aufnahme in diesen Staatsbetrieb, die von den Frauen mit der Hoffnung besetzt wird, endlich einmal zu jenen zu gehören, denen es besser geht. Die eigene Arbeitskraft endlich einmal unter Bedingungen einzusetzen, deren mögliche ‚Erträge' mehr versprechen als das bloße Überleben – auch das gehörte zu ihren Hoffnungen.

> „Und die haumd a des Göd fest umgsetzt, net. Die haum si eher was leisten kennen, die Zigarrenfabriklerinnen, ois wia a aunders, net.
> I war jo a gern in d'Zigarrenfabrik gaungan und bin beim Doktor gwesen und hiernoch nochand hob i daun no auf d'Wog auffisteigen miassen. Dabei hob i grod 46 Kilo ghobt. Und des is z'wenig gwesen. Bin i nimma draunkummen. (...) Jo, i hätt' mi beworben a drum, net. (...) Ois war gern hingaungan, net. Und wei eben d'Schwägerin durt gwesen is a und die hätt' mi a einibrocht gern, damit i wos verdien. Und dabei is' net gaungan."[40]

Katharina H. war bereits verheiratet und hatte eine Tochter, als sie sich um einen der begehrten Arbeitsplätze in der Zigarrenfabrik bewarb. Wie alle anderen abgewiesenen Frauen erinnert sie ihre Nicht-Aufnahme als verpasste Lebenschance. In diesen Staatsbetrieb aufgenommen worden zu sein oder nicht, schuf, ihren Erfahrungen nach, innerhalb der Halleiner ArbeiterInnenschaft sozusagen zwei Klassen von Frauen.

> „Jo, die (Zigarrenfabriksarbeiterinnen) haumd hoit ois goiten. ‚Jo, die geht in *d'Zigarrenfabrik*. Des is wos aunders', hots daun ghoaßen, waun vielleicht

> wer net so vü einkauft hot. Jo, die kennan si's leisten. D'Zigarrenfabrikler haum si's leisten kennan. *Wir*, bei *uns* hot's des net geben."[41]

Auch Katharina A., die Frau eines Halleiner Bäckergehilfen, fühlte sich durch ihre Nichtaufnahme in die Fabrik auf den höchst schwierigen täglichen Balanceakt jener Halleiner Arbeiterhausfrauen festgelegt, die ihre Familien mit dem schmalen Verdienst des Mannes über die Runden bringen mussten. Ja, dieses unzureichende Einkommen des eigentlichen ‚Familienerhalters' selbst immer wieder aufgebessert haben, jedoch an Arbeitsplätzen in jenen Grauzonen zwischen Familie und offiziellem Arbeitsmarkt, die arbeitsrechtlich überhaupt nicht abgesichert waren. Beim Bauern aushelfen, wenn man die Milch, die man von ihm bezieht, nicht mehr bezahlen kann, Kostkinder aufnehmen, Wäsche ausbessern, Wäsche waschen und putzen in den Beamten- und Geschäftshaushalten des Ortes, bei denen, die sich's leisten können': das waren die ihnen – als Nicht-Fabriksarbeiterinnen – verbleibenden Strategien.

Auf meine Frage, wie man denn in diesen wirtschaftlich so schwierigen Zwanziger- und Dreißigerjahren gelebt habe, wie denn ihr damaliger Alltag ausgeschaut habe, skizziert sie fast schlagwortartig die Rahmenbedingungen *ihres* Arbeiterhausfrauen-Alltags und setzt ihn gleichfalls ganz entschieden von den erlebten und vermuteten Spielräumen der Zigarrenfabriksarbeiterinnen ab.

> „Schlechte Zeiten haumma ghobt. Nix Guats. Oarbeitslosigkeit. Da Maun sechs Joahr oarbeitslos. Ocht Schilling im Monat, wia a oarbeitslos woar. Na, schene Zeiten hob i nia ghobt.
> I bin Woschen und Putzen gaungan. Von dem haumma glebt, bis da Maun wieder a Oarbeit ghobt hot. (...)
> Oba es hot a *domois* scho wöche geben, die hoit a Göd ghobt haum. Die si's richten haum kennan. Die Bessern. Waun ana a Oarbeit ghobt hot. Oder waun d'Frau in d'Fabrik gaungan is. Mia haum jo a Zigarrenfabrik ghobt. Do haum jo daun oft olle zwoa verdient. Denan is' scho besser gaungan. Die haum scho ea Soch ghobt.
> I hätt' eh a poar Moi versuacht, in die Fabrik einiz'kumman, oba host jo ka Chance mehr ghobt."[42]

Kein Verdienst in der Fabrik, dafür aber ein arbeitsloser Mann, das bedeutete für Katharina A. die Notwendigkeit, „denen ihrn Dreck wegzuputzen, die's Göd ghobt haum." Zum Tierarzt, zum Arzt ging sie tageweise bedienen.

> „Von in da Friah um sechs bis am Obend woschen und putzen – und daun host fünf Schilling kriagt. Net amoi s'Brot host da oft leisten kennan. Und

waun d'Tochter von da Schui hamkumman is und gsogt hot: ‚I brauch zwanzig Groschen für des oder des', daun hob i ihr's net geben kennen. Da Maun woar eh oft traurig. Er hot oft gsogt zu mir: ‚Schau, i sitz daham und tua Koarten spün und Du muasst Di den gaunzen Tog obrackern.'
Na, es woarn schiache Zeiten."[43]

Zwischen Kindern und Akkord: Die Frauen dieser Bergknappenfamilie vom Halleiner Dürrnberg waren alle Arbeiterinnen in der Zigarrenfabrik, Foto um 1917.

Die für die Kindheits- und Jugendjahre so einheitlichen lebensgeschichtlichen Erfahrungen der im Halleiner ArbeiterInnenmilieu geborenen Gesprächspartnerinnen laufen quasi seit 1920 auseinander. Für diese Generation von Frauen war dies nämlich das erste und gleichzeitig letzte Jahr einer möglichen beruflichen Weichenstellung in Richtung Zigarrenfabrik. Denn damals hat es zum ersten Mal nach dem Ersten Weltkrieg und zum letzten Mal vor der Fabriksschließung im Jahr 1940 wieder eine größere Personalaufnahmewelle gegeben. Näher rücken jedoch die bisher immer nur kurz eingeflochtenen lebensgeschichtlichen Erfahrungen jener Frauen, die, gleichfalls 1920, aus ländlichem Milieu nach Hallein in die Fabrik gekommen sind. Insgesamt zwölf der achtzehn interviewten Halleiner Gesprächspartnerinnen sind letztlich aufgenommen worden in die Fabrik. Im Kampf um die begehrten Arbeitsplätze hatten sie als Töchter, Schwestern, Schwiegertöchter und Schwägerinnen bereits in der Fabrik beschäftigter Frauen die besseren Ausgangsbedingungen gehabt. Zur Sicherung eines homogenen Arbeitskräftepotentials hat die Fabriksleitung selbst bei der Neueinstellung von Beschäftigten vor allem die weiblichen Verwandten schon länger als Arbeiterinnen in der Fabrik tätiger Frauen bevorzugt.

Diese Unternehmenspolitik und das Interesse der TabakarbeiterInnen-Familien selbst, zumindest einen Teil der weiblichen Familienmitglieder in der Fabrik unterzubringen, haben zur Herausbildung von richtiggehenden Tabakarbeiterinnen-Generationen mit langfristiger Bindung an die Fabrik geführt.

Auch die im nachstehenden Interviewausschnitt zum Ausdruck kommende Geschlossenheit des TabakarbeiterInnen-Milieus dürfte bei den anderen Halleiner Arbeiterhausfrauen zum oben von ihnen artikulierten ‚Zwei-Klassen-Gefühl' beigetragen haben.

> „Mei Großmutter woar scho in da Zigarrenfabrik, wissen'S. Des woar a Böhmin. Die is von Kuttenberg kumman ois junges Mädchen mit 25 Joahr. Net allan, mit am Schwung aundere Mädchen. Sie hot in Kuttenberg scho in da Zigarrenfabrik goarbeit' und is daun do herkumman, weil die jungen Oarbeiterinnen in Hallein do eingeschult worden san. Und do is' hoit hängen blieben und hot mein ‚Großvota gheirat' – an Salineoarbeiter ... Jo, und mei Großmutter hot vier Kinder ghobt und zwa davon san wieder in die Fabrik oarbeiten gaungan – zwei Töchter. Und mei Mutter woar ane davon. Und von die acht Kinder, die mia woarn, san wieder a poar – des hoaßt zwei, mei Schwester und i – in die Zigarrenfabrik kumman. I bin einikumman in die Fabrik im 20er Joahr. Und do woar i froh, wei i woit jo gern in die Fabrik."[44]

Die Fabriksjahre der letzten Generation dieser Halleiner Zigarrenfabriksarbeiterinnen sollen im Zentrum der folgenden Kapitel stehen.

6. Fabriksjahre: von 1920 bis zum Zweiten Weltkrieg

6.1. ‚Zigarren der feinen Sorte'

Die Fabrik und ihre Geschichte

Im Jahr 1920, als die von mir interviewten Zigarrenfabriksarbeiterinnen in die Fabrik aufgenommen worden sind, hatte diese bereits eine mehr als fünfzigjährige Geschichte hinter sich.

Eine Geschichte, in der sich weder das Produkt noch die Art und Weise seiner Herstellung entscheidend verändert haben.

Eine Geschichte, deren betriebliche Auf- und Abwärtsbewegungen eng an die jeweilige Bedeutung des Tabaks als Genussmittel und an die sich verändernden Rauchgewohnheiten gebunden waren.

Halleiner Zigarrenarbeiterinnen vor dem Fabriksgebäude, rechts im Foto aus dem Jahr 1929 Inspektoren der Fabriksleitung.

6.1.1. Über Rauchgewohnheiten, Produktionsziffern und die Zahl der beschäftigten Frauen

Neben einer kleinen Produktionsabteilung für Tiroler Kautabak und für zu Strängen gedrehte Tabakblätter, sogenannte Trocken-Gespunste, war die Halleiner Fabrik von Anfang an vor allem auf Zigarren der ‚feinen Sorte' spezialisiert. Das hatte den starken Einbrüchen in die damaligen Rauchgewohnheiten entsprochen. 1818 scheint die Zigarre zum ersten Mal als neue Sorte in der bis dahin auf die Herstellung von aromatischen Schnupf- und Pfeifentabaken beschränkten Produktion der österreichischen Tabakregie auf. Zwei Sorten werden zunächst nur angeboten. Doch in den Folgejahrzehnten beginnt der Zigarrenkonsum rapid anzusteigen, über alle sozialen Grenzen hinweg sind offenbar sowohl die Tabak schnupfenden Oberschichten als auch das Pfeifen rauchende ‚Volk' massenhaft auf das neue Rauchritual umgestiegen: auf Luxuszigarren die einen, auf die „ordinäre Volkszigarre" die anderen. Die sozialen Unterschiede und Grenzziehungen blieben damit allemal ‚gewahrt'.[1]

Die Halleiner Tabakfabrik ist noch ein Produkt dieses Booms, denn gerade um die Mitte des 19. Jahrhunderts hat die österreichische Tabakregie die Zigarrenherstellung durch die Errichtung neuer Produktionsstätten ganz stark forciert. Mit 14 Spinnerinnen und 6 Wicklerinnen ist hier 1869 – noch vor der Errichtung des geplanten Fabrikneubaus – behelfsmäßig die Produktion aufgenommen worden: in einem alten aufgelassenen und von der Gemeinde zur Verfügung gestellten Bräuhaus im Zentrum der 4.000-Einwohner-Stadt.

War auch die fertige Zigarre für Frauen damals tabu – denn „Rauchen hatte das Image der Männlichkeit"[2] –, ihre Herstellung lag, wie schon erwähnt, auch in dieser Fabrik der Tabakregie hauptsächlich in ‚Frauenhänden'. Dabei ist den Zigarrenfabriksarbeiterinnen das, was den männlichen Konsumenten alltagsferne Exklusivität vermittelte, die Zigarre nämlich, zur Alltagsarbeit, zum Arbeitsalltag geworden.

Ihr Anteil an den Gesamtbeschäftigten hat sich, wie Tabelle 5 zeigt, seit 1885 auf über 90 Prozent eingependelt und beginnt erst in den 1920er Jahren leicht nach unten zu schwanken. Doch auch die Prozentsätze dieser Jahre weisen die Halleiner Fabrik noch immer eindeutig als Frauenbetrieb aus.

Die Gesamtzahl der beschäftigten Arbeiterinnen und Arbeiter ist über fünf Jahrzehnte lang – mit einigen Schwankungen – angestiegen. Bis 1922 hat sich die Zahl der in der Fabrik arbeitenden Frauen und Männer (605) gegenüber dem Jahr 1875 (363) um 67 Prozent erhöht. Auch der Produktionszuwachs ist beachtlich. So ist die Jahresproduktion von 17.839.500 Zigarren im Jahr 1875 bis zum Jahr 1912 um 55 Prozent auf 27.577.000 angestiegen. Eine Maximalzahl, die jedoch nach dem Ersen Weltkrieg nie mehr erreicht werden sollte.[3]

1871 wurde in Hallein in diesem neu erbauten Fabriksgebäude mit der Zigarrenproduktion begonnen.

Das Ende des Ersten Weltkriegs war für die staatliche Tabakindustrie und die dort Beschäftigten eine folgenreiche Zäsur. Das ehemalige Monopolgebiet war gesprengt und das Industrieunternehmen ‚Österreichische Tabakregie', das 1913 mit 30 Tabakfabriken, 17 selbständigen Verschleißämtern und 8 Tabak-Einlösungsämtern, 1.200 Beamten und 38.000 Arbeiterinnen und Arbeitern seinen größten Umfang erreicht gehabt hatte, sah sich nach dem Ende der Monarchie auf 9 Tabakfabriken reduziert. Nur die Produktionsstätten in Wien-Ottakring, Wien-Landstraße, Hainburg, Stein, Linz, Klagenfurt, Fürstenfeld, Schwaz und Hallein waren auf dem Boden der neuen österreichischen Republik verblieben.

Zunächst hatte der Mangel an Rohtabak in der unmittelbaren Nachkriegszeit zu Produktionseinschränkungen und Kurzarbeit geführt. Zum Ankauf der notwendigen, nun nur mehr aus dem Ausland beziehbaren „Rohstoffe und Betriebsmaterialien fehlten die nötigen Devisen und die (Verschleiß-)Tarife konnten mit dem Tempo der Inflation nicht mehr Schritt halten."[4] Sehr bald machte sich damals aber auch die Abhängigkeit des Rauchwarenkonsums von den allgemeinen konjunkturellen Lagen bemerkbar. Die wirtschaftlich so schwierigen Zwanziger- und Dreißigerjahre haben immer wieder große Absatzkrisen gebracht.

Am katastrophalsten war der Konsumrückgang bei den Zigarren. Das hatte seine besonderen Ursachen und vor allem schlimme Folgen für die einseitig auf die Herstellung von Zigarren spezialisierte Halleiner Fabrik.

Die Gründung der Halleiner Zigarrenfabrik ist zwar noch in die Zeit des Zigarren-Booms gefallen, schon damals begann jedoch mit der Zigarette eine ganz andere Art zu rauchen, Mode zu werden. Erstmals 1865 als ‚ordinäre Doppelzigarette' produziert, begann der Konsum von Zigaretten seit den 1880er-Jahren kontinuierlich anzusteigen.

TABELLE 5:
Zigarrenfabrik Hallein

Beschäftigtenstand unter besonderer Berücksichtigung des Frauenanteils				
	Frauen	*Anteil der Frauen am GesamtarbeiterInnenstand in %*	*Männer*	*Gesamt*
1875	*319*	*87,9*	*44*	*363*
1885	*453*	*92,6*	*36*	*489*
1895	*428*	*91,0*	*42*	*470*
1900	*417*	*91,2*	*40*	*457*
1905	*461*	*92,0*	*40*	*501*
1910	*500*	*91,9*	*44*	*544*
1912	*493*	*91,8*	*44*	*537*
1913-1922 sind keine Statistischen Mitteilungen der Tabakregie erschienen.				
1922	*554*	*91,6*	*51*	*605*
1.1. 1923 Personalabbau um 51,4 %				
1923	*270*	*86,8*	*41*	*311*
1924	*320*	*88,4*	*42*	*362*
1925	*376*	*91,0*	*37*	*413*
1930	*345*	*90,3*	*37*	*382*
1931	*338*	*89,9*	*38*	*376*
1.1. 1932 Personalabbau um 15,4 %				
1932	*287*	*90,5*	*30*	*317*
1933	*286*	*90,5*	*30*	*316*
1934	*276*	*90,2*	*30*	*306*
1935	*264*	*90,4*	*28*	*292*
1936	*246*	*87,6*	*34*	*280*
1937	*235*	*87,4*	*34*	*269*
Quelle: Statistische Mitteilungen über das österreichische Tabakmonopol 1875 ff. und Jahresberichte der Österreichischen Tabakregie für das Jahr 1923 und Folgejahre sowie Eigenberechnungen.				

TABELLE 6:
Zigarrenfabrik Hallein

Zigarrenfabrikation: Jahresproduktion in Stück			
1875	*17.839.500*	*1900*	*22.549.000*
1880	*20.239.000*	*1905*	*25.658.200*
1885	*26.246.000*	*1910*	*25.263.800*
1890	*23.394.000*	*1912*	*27.577.000*
1895	*24.240.000*		
1913-1922 sind keine Statistischen Mitteilungen der Tabakregie erschienen.			
1923	*13.697.525*	*1931*	*17.297.180*
1924	*8.729.500*	*1932*	*12.701.000*
1925	*16.289.500*	*1933*	*12.591.710*
1926	*19.474.600*	*1934*	*10.693.000*
1927	*17.321.900*	*1935*	*10.893.440*
1928	*17.659.000*	*1936*	*8.806.000*
1929	*18.525.410*	*1937*	*9.485.000*
1930	*18.011.350*		
Quelle: Statistische Mitteilungen über das österreichische Tabakmonopol 1875 ff. und Jahresbericht der Österreichischen Tabakregie 1923 ff.			

1907 hat der Zigarrettenkonsum jenen von Zigarren fast eingeholt und wenig später beherrschte die Zigarette – offenbar die adäquatere Droge für das nervöse, flüchtige und hektische Zeit- und Lebensgefühl der modernen Massengesellschaft – bereits den Markt.[5] So ergibt sich – etwa vom Jahr 1923 aus gesehen – „bei den Luxus- und Spezialzigarren ein Rückgang (des Verbrauchs) um 59 Prozent gegen das Jahr 1913, während die Gruppe Luxus- und Spezialzigaretten für den gleichen Zeitraum eine Steigerung um beiläufig 20 Prozent aufweist."[6]

Trotzdem findet sich für beide Rauchwarensorten – für Zigarre und Zigarette ganz allgemein – in den frühen Zwanzigerjahren ein auffälliges Missverhältnis zwischen Absatz und Produktion. 1922 etwa betrug die Jahresproduktion an Zigarren 235.720.000 Stück. Ihr stehen im gleichen Jahr lediglich 169.695.000 verkaufte Zigarren gegenüber. Zigaretten wurden 1922 4.042.571.000 hergestellt. Dieser Jahresproduktion steht ein Verkauf von 3.599.954.000 gegenüber. Überproduktion und krisenhafter Absatz bedrohten die Gewinnlage der Tabakregie. Diese stand jedoch ‚unter Kontrolle' des Völkerbundsekretärs und ihre Erträgnisse waren für ausländische Kredite, die der Völkerbund der österreichischen Regierung vermittelt hatte, verpfändet.

TABELLE 7:
Österreichische Tabakfabriken und Verschleißmagazine

Seipel-Abbau 1923				
	ArbeiterInnen-Stand		*Verminderung*	
Fabriken	*Anfang 1923*	*Ende 1923*	*in Zahlen*	*in %*
Wien-Ottakring	*1.179*	*506*	*673*	*57,1*
Wien-Favouriten	*236*	*368*		
Wien-Rennweg	*532*	*aufgelassen*	*400*	*52,1*
Hallein	*605*	*311*	*294*	*48,6*
Fürstenfeld	*1.677*	*953*	*724*	*43,2*
Klagenfurt	*791*	*456*	*335*	*42,4*
Linz	*1.451*	*841*	*610*	*42,0*
Schwaz	*909*	*533*	*376*	*41,4*
Hainburg	*1.962*	*1.404*	*558*	*28,4*
Stein	*984*	*779*	*205*	*20,8*
Verschleißmagazine	*124*	*97*	*27*	*21,7*
Quelle: Fachblatt der Tabakarbeiter 20 (1926), 1, S. 5 f. und Eigenberechnungen				

1923 wurde daher radikal ‚saniert': Man beschränkte das Erzeugungsprogramm, stellte einige Zigarren- und Zigarettensorten gänzlich ein und hat die weiterlaufende Produktion bei den Zigarren um etwa zwei Drittel, bei den Zigaretten um ein Drittel reduziert. Diese Produktionsbeschränkungen waren natürlich gekoppelt mit einer – so die Unternehmensdiktion – „Anpassung der Arbeiterzahlen an das eingeschränkte Erzeugungsprogramm."[7] Sprich: Personalabbau.

39,8 Prozent der zu Beginn des Jahres 1923 in den Fabriken und Verschleißämtern der Tabakregie beschäftigten 10.450 ArbeiterInnen sind abgebaut worden im Rahmen dieses Sanierungskonzeptes: diejenigen mit mindestens 30 Dienstjahren wurden frühzeitig in den Provisionsstand versetzt und ArbeiterInnen mit bis zu zwei Dienstjahren wurden mit einer Abfertigung zwischen vier und sieben Wochenlöhnen entlassen.

Die Gewerkschaft konnte zumindest erreichen, dass krasse Existenzgefährdungen, also soziale Gesichtspunkte, beim Abbau mitberücksichtigt wurden und dass etwa 15 Prozent der Abgebauten nur vorübergehend ausgeschieden sind. Sie wurden mit einer „Wartegebühr" entschädigt und sollten bei Produktionserweiterungen wieder in die Fabriken aufgenommen werden. Ein Drittel der interviewten Zigarrenfabriksarbeiterinnen ist von diesem erzwungenen, mehr als sechzehnmonatigen Aussetzen auf Zeit betroffen gewesen. Die anderen Frauen fielen entweder unter die „berücksichtigenswerten Ausnahmefälle“[8] – etwa weil ein uneheliches Kind zu versorgen war –, waren gerade noch über die Zweijahres-Grenze gerutscht oder hatten Mütter in der Fabrik, die sich in den Pensionsstand versetzen ließen, um damit den Arbeitsplatz der Tochter zu garantieren.

Die Abbauziffern waren jedenfalls in der „Erzeugungsgruppe Zigarren“ am höchsten und damit Fabriken wie Hallein massiv betroffen. 605 ArbeiterInnen sind hier zu Beginn des Jahres 1923 noch beschäftigt gewesen. Diese Zahl hat sich jedoch bis Jahresende um 48,6 Prozent auf 311 Beschäftigte reduziert.[9] Ein kleiner Teil von ihnen ist, wie gesagt, mit Jahresende 1924 wieder eingestellt worden. Die Rauchwarenvorräte waren geschrumpft und die Produktion musste wieder erweitert werden.

Sieben Jahre später kam es jedoch – mit dem Stichtag 31.12.1931 – zu einem weiteren Personalabbau. Seit 1930 begann der so konjunkturanfällige Zigarrenkonsum wieder bedrohlich zu sinken. Das hat in der Halleiner Fabrik abermals 15,4 Prozent der Arbeiterinnen den Arbeitsplatz gekostet. Diesmal konnte der Abbau jedoch ausschließlich über freiwillige und zwangsweise Versetzungen in den Ruhestand durchgeführt werden. Doch die verbleibenden ArbeiterInnen wurden – unter Lohnverlusten von 8 Prozent – auf Kurzarbeit (40 Wochenstunden) gesetzt. Ab 1933 versuchte man, die Zigarrenproduktion durch einen vierzehntägigen Zwangsurlaub ohne Lohnbezug noch weiter zu drosseln. Im Jahr 1934 verschärfte sich die Kurzarbeit auf 35 Wochenstunden und brachte für die ArbeiterInnen zusammen mit dem erzwungenen Urlaub weitere Lohnverluste von 17 Prozent.[10]

6.1.2. Über Abrichterinnen, Gedinglöhne – und: Wie eine Zigarre entstanden ist

Um 1869, nach Aufnahme der Zigarrenfabrikation, die Produktion rasch anlaufen lassen zu können, mussten noch qualifizierte Arbeiterinnen aus älteren – vor allem aus den böhmischen – Fabriken der Tabakregie nach Hallein geholt werden. Als ‚Abrichterinnen‘[11] sollten sie die erste Generation der ortsansässigen Tabakarbeiterinnen ausbilden: zu ‚Vorrichterinnen‘, ‚Puppenmacherinnen‘, ‚Spinnerinnen‘ und ‚Verpackerinnen‘. Das waren in den Fabriken der Tabakregie – neben kleineren Trage- und Zureicharbeiten sowie Putzarbeiten – die grundlegenden von Frauen getragenen Arbeitsverrichtungen in der traditionellen Zigarrenherstellung. Wie die anderen Fabriken war auch die Halleiner Zigarrenfabrik eigentlich ein großer Manufakturbetrieb, denn alle diese Arbeitstätigkeiten sind bis zum Fabrikseintritt der letzten Arbeiterinnengeneration weitgehend Handarbeit geblieben.

Der nur gering arbeitsteilige Prozess der Zigarrenherstellung vollzog sich in drei großen Arbeitsschritten.[12]

Zunächst einmal hat in der sogenannten ‚Vorricht' eine Gruppe von Arbeiterinnen den in Strohmatten oder Schilfblättern verpackten Rohtabak je nach Qualität vorsortiert. Kleine Tabakblätter waren zur Verarbeitung als Zigarreneinlage vorgesehen, mittelgroße als Wickelstoff, nur vollkommen unbeschädigte konnten als Deckblatt verwendet werden. Gleichzeitig musste auch noch nach Farbe und Aroma unterschieden werden. So vorsortiert, wurde der Rohtabak schließlich befeuchtet, dann entrippt und zum Trocknen auf Horden aufgelegt oder in Ballen gebunden. Die wertvolleren Deckblätter wurden gestreift, damit sie die Spannkraft nicht verlieren, und in Kassetten aufbewahrt.

Jeden Morgen sind die Arbeiterinnen der eigentlichen ‚Produktion' aus den Fabriksräumen in die Vorricht gekommen, um hier den für die tägliche Zigarren-Akkordzahl vorgesehenen Tabak zu fassen. Die ausgegebene Materialmenge differierte je nach der herzustellenden Zigarrensorte und wurde von den ‚Abwägerinnen' im Materialbuch der jeweiligen Arbeiterin vermerkt. Bei zu großem Materialverschleiß musste nachgefasst werden und das zog meist Lohnverluste nach sich.

An großen Produktionstischen ist der Tabak dann in einem zweiteiligen Vorgang verarbeitet worden. Die ‚Puppenmacherinnen', meist jüngere Arbeiterinnen, haben aus dem kleinblättrigen Tabakmaterial den Körper der Zigarre geformt und ihn mit einem Wickelblatt umlegt. Die fertige ‚Puppe' wurde mit der Hand noch leicht gewalzt, in einer Holzform gepresst und schließlich auf Brettern zu jeweils 25 Stück den ‚Spinnerinnen' zur Fertigstellung weitergegeben. Es waren vorwiegend schon länger in der Fabrik beschäftigte, versierte Arbeiterinnen, die durch das Überspinnen der Puppe mit einem Deckblatt der Zigarre die endgültige Form gegeben haben.

Je eine ‚Puppenmacherin' und eine ‚Spinnerin' waren ein in Leistung und Qualität voneinander abhängiges Arbeitsteam. Die von ihnen hergestellte Tagesstückzahl an fertigen Zigarren ist dann vor Arbeitsschluss von der Leiterin des Arbeitstisches, der ‚Übernehmerin', auf Größe, Gewicht und Qualität überprüft und in Arbeitsbücher eingetragen worden. Ein Nicht-Erreichen der Stückzahl oder wegen mangelnder Qualität von den ‚Übernehmerinnen' nicht angenommene Zigarren bedeuteten Lohnabzug. Die kontrollierten Zigarren sind aus den Produktionsräumen in die letzte Abteilung der Zigarrenfabrikation weitergeleitet worden. In der sogenannten ‚Aufbereitung' wurden sie eine Zeit lang gelagert und schließlich von der Arbeitsgruppe der ‚Verpackerinnen' nach Farben sortiert, mit Bauchschleifen versehen und verkaufsfertig in Holzkistchen oder Papier verpackt.

Hier in der ‚Aufbereitung' ist ebenso wie in der ‚Vorricht' und in der ‚Produktion' zu mehr als 90 Prozent im Akkord gearbeitet worden.

Dabei wurden die ‚Vorrichterinnen' und ‚Verpackerinnen' im sogenannten ‚Kumulativ-Gedinglohn' bezahlt, das heißt: ein für die Abteilung festgesetzter Gesamtverdienst ist „nach Maßgabe der aus den Abteilungsbüchern ersichtlichen Tag-

Eine junge Arbeiterin der Tabakfabrik Stein in Niederösterreich – Foto um 1900 – fädelt die Strohmundstücke für Virginier-Zigarren auf.

werke“[13] auf die einzelnen Arbeitspersonen aufgeteilt worden. In der ‚Produktion‘ wurden die ‚Puppenmacherinnen‘ und ‚Spinnerinnen‘ mit abgestuftem Grundlohn als Zweier-Arbeitsteams entlohnt. ‚Gruppen-Gedinglohn‘ nannte sich das.

Ein Großteil der Arbeiterinnen war also über ein Lohnsystem beschäftigt, das dem Arbeit‚geber‘ Arbeitskontrollen weitgehend ersparte. Wer etwas verdienen wollte, musste schnell und diszipliniert arbeiten, um jene in Stückzahlen oder Gewichtseinheiten messbare tägliche oder wöchentliche „Normalleistung“[14] zu erreichen, nach der die Löhne berechnet worden sind. Nicht an diese festgesetzte Leistung heranzukommen, hieß nicht nur Lohnabzug. Gleichzeitig drohte die Versetzung zu anderen, meist schlechter bezahlten Arbeitsverrichtungen und Hilfsdiensten.

Bis 1921 hatten die festgelegten „Normalleistungen“ den Charakter von Höchstleistungen, die nicht überschritten werden durften. Der in diesem Jahr abgeschlossene Kollektiwertrag sieht jedoch erstmals die Möglichkeit der Mehrleistung vor und ihre volle Bezahlung „nach den bestehenden Lohnsätzen“.[15]

Innerhalb des gesamten Produktionsprozesses stellten ‚Puppenmacherinnen‘ und ‚Spinnerinnen‘ nicht nur die größte Arbeiterinnengruppe, sie hatten auch die begehrtesten, weil am besten bezahlten Arbeitsplätze inne. Die ‚Vorricht‘ mit ihren Arbeitsplätzen war meist Ausweichmöglichkeit für nicht mehr so ‚leistungsfähige‘ und dem Akkorddruck in der unmittelbaren Fabrikation nur mehr schwer gewachsene ältere Arbeiterinnen. Junge, neu in die Fabrik aufgenommene Frauen – besonders jene aus ländlichem Milieu – wurden für eine Übergangsfrist zunächst einmal vor allem für die zeitentlohnten Hilfs-, Trage-, Zureich- und Kehrtätigkeiten der sogenannten ‚Laufenden Arbeit' eingesetzt. Von dort konnten sie sich in die Fabrikationssäle ‚hinaufarbeiten' und hier dann über die Normalzigarren bis zur Herstellung der ‚feinen' Zigarren ‚vordringen', wo die höchsten Lohnsätze bezahlt worden sind.

Nur bescheidene innerbetriebliche ‚Aufstiegs'-Möglichkeiten also, die von den Arbeiterinnen jedoch sehr zielstrebig verfolgt worden sind.

Eine Arbeiterin der Tabakfabrik Schwaz in Tirol – Foto aus den 1940er-Jahren – spinnt das Tabakblatt auf die Zigarrenstumpen auf.

Mit zwei Ausnahmen haben auch die interviewten Halleiner Zigarrenfabriksarbeiterinnen danach getrachtet, so schnell wie möglich als ‚Spinnerinnen' und ‚Puppenmacherinnen' eingesetzt zu werden. Lediglich Katharina M. ist nach ihren eigenen Aussagen bis zur Schließung der Fabrik „nur Botin gewesen". Walpurga K., der anfänglich staubwischenden, putzenden, Hilfsdienste verrichtenden ‚Arbeiterin für alles' war es zumindest gelungen, in der ‚Verpackung' unterzukommen.

Zeitentlohnte ‚Tabakwägerin' zu werden oder als ‚Übernehmerin' die Arbeiten an einem Produktionstisch anzuleiten, waren die höchsten Positionen, die langjährige und „vertrauenswürdige"[16] Arbeiterinnen erreichen konnten.

6.1.3. Über geschlechtsspezifische Hierarchien und männliche Kontrolle: ein ‚Frauenbetrieb' in Männerhand

Von der ‚Vorricht' über die ‚Fabrikation' bis zur ‚Verpackung' ist es die Arbeitskraft von Frauen gewesen, die in die eigentliche Zigarrenherstellung eingeflossen ist. Trotzdem rangierten die Frauen in jenem System von Über- und Unterordnung, das den bürokratisierten Staatsbetrieb prägte, an unterster Position.[17]

1920er-Jahre: ArbeiterInnen der Halleiner Zigarrenfabrik mit dem Werkmeister ihrer Abteilung.

Zum einen waren alle wesentlichen Kontrollpositionen ganz klar in Männerhand: vom Direktor über die Beamten, den Fabriksarzt, den Inspektor, die Werkmeister, die – aus der ArbeiterInnenschaft aufgestiegen – den einzelnen Arbeitsabteilungen unmittelbar vorgestanden sind, bis hin zu den Professionisten, denen die Wartung und Kontrolle der wenigen Maschinen, Arbeitsinstrumente und Einrichtungen oblag. Ja, bis hin zum Fabriksportier, der zu spät kommenden Arbeiterinnen das Tor zu verschließen hatte.

Zum anderen ist – innerhalb der ArbeiterInnenschaft selbst – auch das Lohngefüge ein klar geschlechtshierarchisches gewesen. Es ist ja ein Kennzeichen industriell-kapitalistischer Produktion, für Tätigkeiten, die keine besondere Ausbildung erfordern, Frauen als billige Arbeitskräfte heranzuziehen. So verlangte die Zigarrenproduktion vor allem Schnelligkeit und Finger-Geschicklichkeit,

Fertigkeiten also, die ohnehin als ‚Natur der Frau' gelten und schon deswegen schlechter bezahlt worden sind. Gleichzeitig betrachtete die Generaldirektion der Tabakregie den Lohn der Arbeiterinnen von Anfang an als supplementäres Familieneinkommen, was das Lohnniveau der Frauen noch zusätzlich drückte.

Ein Zeitsprung ins Jahr 1925 macht das besonders deutlich. Denn im damals abgeschlossenen Kollektivvertrag wird die unterschiedliche Bewertung der von Frauen und Männern geleisteten Arbeit durch die Einführung offener Männer- und Frauenlohngruppen nicht einmal mehr verschleiert. So waren die ‚Spitzenverdienerinnen' unter den Frauen mit 49,32 Schilling wöchentlich nur um weniges höher entlohnt als die in die schlechteste Männerlohngruppe gereihten ungelernten Arbeiter (z. B. Parkarbeiter, Aufzugswärter) mit 48,24 Schilling in der Woche. Innerhalb der gleichen Lohngruppen haben die Frauenlöhne lediglich zwischen 72,5 und 82,3 Prozent der entsprechenden Männerlöhne ausgemacht.[18]

Damit waren also auch für diese Fabrik die wesentlichen Strukturmerkmale industriell-kapitalistischer Frauenerwerbstätigkeit von Anfang an klar erkennbar und formierten sich zu jenem so ‚typischen' Bild: ungelernte Arbeiten haben sie verrichtet, diese Frauen, im Akkord, schlechter bezahlt, von Männern kontrolliert, ohne besondere Möglichkeiten, aufzusteigen, und innerhalb eines Gefüges geschlechtsspezifischer Hierarchie.

6.2. „Olle samma gern in die Fabrik gaungan"

Ein unerklärlicher Widerspruch?

Der Summe dieser ersten groben Arbeitsplatzmerkmale steht von den subjektiven Arbeitserfahrungen her ein unüberhörbares „olle samma gern in die Fabrik gaungan" der interviewten Halleiner Zigarrenfabriksarbeiterinnen gegenüber. ‚Gegenüber' deshalb, weil angesichts von Akkorddruck, Betriebshierarchien und unweigerlich entstehender Doppelbelastung durch Familie und Fabrik viel eher zu vermuten war, dass diese Frauen die Fabriksarbeit vor allem als Zwang erfahren haben. Als physische und psychische Negativbeanspruchung, der sie sich nur aussetzten, um das prekäre Familienbudget immer wieder aufzubessern.

Jedoch nur eine Gesprächspartnerin hat das Bild jenes „familienbezogenen Instrumentalismus"[19] aufkommen lassen, den man Frauen so gern ganz allgemein als einzig denkbare Erwerbsarbeitsorientierung unterstellt.

Walpurga K., selbst Tochter einer Zigarrenfabriksarbeiterin, aufgewachsen jedoch beim Großvater und von dort her eher mit ländlicher Arbeit vertraut, hat es 1920 trotzdem vor allem wegen des regelmäßigen und sicheren Verdienstes in die

Zigarrenfabrik gezogen. Das deckt sich durchaus mit der Hauptmotivation auch der anderen Frauen. Im Gegensatz zu den übrigen interviewten Zigarrenfabriksarbeiterinnen hat Walpurga K. jedoch die sich 1938 ankündigende Schließung der Fabrik als große Erleichterung beschrieben:

> „I bin jo nochand im 38er-Joahr, wia i die zweite Tochter ghobt hob, in d'Pension kemman. (...) Wissen'S eh, wia's scho im Sinn ghobt haum, sie sperrn zua, jetzt haumma a Joahr zuvor gesundheitlich gehn dearfen, die wos net gsund gwen san, gö. (...) Jo, wei a Joahr drauf haums zuagsperrt, haums olle gehn miassen.
> Mir hot's nix gmocht, i bin recht froh gwen, weil i dahoam gwen bin bei die Kinder, net."[20]

Nicht nur im Zusammenhang mit der Fabriksschließung, auch sonst findet sich in der lebensgeschichtlichen Erzählung Walpurga K.'s eine starke emotionale Ausrichtung auf die Familie, die Kinder und den Rückzug in den Lebensraum der Privatheit, also ins ‚Heim'. Ein Heim, das jedoch erst geschaffen werden hat müssen, als die mittellose ArbeiterInnen-Tochter ihren späteren Mann, einen Lastwagenchauffeur, kennenlernt.

Der Verdienst von Mann und Frau ist dafür eine unerlässliche Notwendigkeit gewesen. Genau das hat Walpurga K. bewogen, nach der Heirat und der Geburt der ersten Tochter auch weiterhin in die Fabrik arbeiten zu gehen.

> „Jo, schener war's, waun d'Frau dahoam sein kaun. S'war schener – waun's Göd net obgeht.
> Oba waun zwoa zaumkemman, wo koans nix kriagt von dahoam oder wos, daun miassen's hoit aunfaungan spoarn. Und daun is do am besten, a jeds geht in d'Oarbeit. Wei oans alloan ... Do hätt' ma jo dort ka Heisl baun kennan. So haumma jo do an Lohn – muasst sogen – oiwei weg taun in die Kasse. Jo, und mit oam haumma leben miassen."[21]

Ihr lebensgeschichtliches Erzählen von jenen Handlungsräumen, die über den privaten Lebensraum hinausgehen – die Fabrik etwa, die Gewerkschaft, usw. – bleibt jedoch im Vergleich mit den anderen interviewten Zigarrenfabriksarbeiterinnen auffallend „leer von emotionalen Besetzungen".[22]

Die Arbeit selbst, aber auch die Arbeitskolleginnen und damit die Fabrik als jener soziale Erfahrungs- und Kommunikationsraum, der für die anderen Gesprächspartnerinnen zum Teil sehr prägend geworden ist, scheinen Walpurga K. kaum berührt zu haben: „Boid i mei Oarbeit taun ghobt hob – rechtschoffen ois – nochand bin i hoit hoamgsaust."[23] Weder an Gespräche während der Arbeitszeit kann sie sich erinnern – „i hob net vü gredt" – noch an andere Formen eines gewollten sich Beziehens auf Arbeitskolleginnen: „Mia sand d'Leit oisamt gleich gwesen". Die Art der in der Fabrik von ihr ausgeübten Arbeitstätigkeit hat diese Isoliertheit sicher noch verstärkt. Zusammengekehrt hat Frau K., geputzt und abgestaubt und schließlich in der Verpackungsabteilung an einer Maschine Zigarrenschachteln hergestellt. Sie hat also nie in den großen Arbeitssälen, sozusagen im Zentrum der Zigarrenherstellung, gearbeitet, auf die sich die übrigen interviewten Zigarrenfabriksarbeiterinnen bei der erzählerischen Darstellung ihrer zum Teil ganz anderen Arbeitserfahrungen beziehen.

Der Haupteindruck aus den Interviews ist jedoch ein anderer: denn die Fabrik hat im Erlebnis-, Erfahrungs- und Bestätigungshorizont der anderen Gesprächspartnerinnen eine bedeutende Rolle gespielt. Das heißt natürlich nicht, dass in den Interviews die Arbeits- und Sozialerfahrungen in der Fabrik nur positiv besetzt gewesen sind. Keine dieser Frauen hat beim Erzählen ihrer Fabrikserfahrungen das Moment des Arbeitszwanges, des Zeitdrucks durch den Akkord, der erfahrenen Hetze, des körperlich und psychisch Verbrauchtwerdens durch die zu bewältigende Arbeitslast einfach harmonisierend beiseite geschoben. Gleichzeitig finden sich jedoch einzelne Dimensionen der Fabriksarbeit ganz eindeutig positiv besetzt. Resümee aus der Summe der Erfahrungen: „Mia san gern in die Fabrik gaungan ..."

Noch etwas ist nach den Interviews und dem Durcharbeiten der verschriftlichten Tonbandaufnahmen recht schnell klar geworden: Die herauszuhörenden Einstellungen dieser Frauen zur eigenen Arbeit in der Zigarrenfabrik – wie ambivalent, das heißt „von positiven und negativen Besetzungen getragen"[24] sie auch immer gewesen sein mögen – speisen sich nicht allein aus den dort ganz konkret gemachten Arbeitserfahrungen. Vielmehr schien die Bedeutung der Teilhabe am Erfahrungsraum Fabrik ihren Nährboden auch in lebensgeschichtlichen und geschlechtsspezifischen Mangel- und Defiziterfahrungen bzw. Wunschproduktionen zu haben, die über die Fabrik hinausgehenden Lebensbereichen entstammen, aber als Erwartungen und nach Erfüllung drängende Bedürfnisse in die Fabriksarbeit eingeflossen sind.

Das bereits genannte Frauenforscherinnen-Team Regina Becker-Schmidt, Uta Brandes-Erlhoff, Mechthild Rumpf und Beate Schmidt hat meine diesbezüglichen Intervieweindrücke noch geschärft durch Theorieüberlegungen, die es an einem soziobiografischen Forschungsprojekt über gegenwärtige Konflikte und Arbeitserfahrungen von Fabriksarbeiterinnen entwickelt hat.

Auch sie hatten sich in ihrem Projekt „auf die Suche nach Zwischentönen" gemacht. Auch sie wollten nicht nur den objektiven Lebenszusammenhang von Arbeiterinnen erfassen, sondern ihre „Analyse zur subjektiven Seite hin öffnen" und danach fragen, wie die interviewten Frauen „selbst ihre Realität wahrnehmen, bearbeiten und wiedergeben.“[25]

Dabei gingen sie theoretisch davon aus, „dass Erwartungen, Bedürfnisse und Ängste, die die Beziehung zur Arbeit mitbestimmen, unterschiedlichen Bezugssystemen innerhalb des gesamten Lebenszusammenhanges entstammen: dem biografischen Hintergrund, der bisherigen Berufserfahrung, der gegenwärtigen Familiensituation. Die subjektive Bedeutung der Fabriksarbeit kann sich daher aus einer bloß immanenten Analyse der Erfahrungen in der Produktionssphäre nicht erschließen.“[26]

Diese Überlegungen sind auch mir zum gedanklichen Leitfaden geworden, um die lebensgeschichtlichen Erzählungen, die sich auf die Arbeitsjahre in der Zigarrenfabrik beziehen, analytisch in den Griff zu bekommen: also zu begreifen. Am wesentlichsten erscheint mir hier, dass diese Frauen beim Eintritt in die Zigarrenfabrik der neuen Arbeitssituation mit physischen und psychischen Strukturen begegnet sein müssen, in die sich seit den Kindheits- und Jugendjahren durch den ‚Zwang der Verhältnisse‘ bereits jene schon erwähnte ungeheure Arbeitsbelastbarkeit eingeschrieben hat.

„Do oarbeit‘ ma si scho ein!“[27] benennt die Zigarrenfabriksarbeiterin Anna L. – unter Verweis auf die vielfältigen vorgängigen Arbeitserfahrungen in der Herkunftsfamilie und ‚in Dienst‘ – jenes lebensgeschichtlich erworbene „innere Kapital“[28], das sie mitbringt in den neuen industriellen Arbeitszusammenhang ‚Zigarrenfabrik‘. Es gehört mit zum Rahmen für die Wahrnehmung der aktuellen Arbeitssituation in der Fabrik. Denn: Auch hier viel, schnell und diszipliniert arbeiten zu müssen, ist quasi nur Fortsetzung bisheriger lebensgeschichtlicher Erfahrungen.

6.3. „Wia gsogt: Wia ma in d’Fabrik kemman hand, des woar unser schenste Zeit“

Was die Zigarrenfabrik so attraktiv gemacht hat

Keineswegs von Anfang an war der Staat in der Halleiner Zigarrenfabrik ein vorbildlicher Arbeitgeber gewesen. Doch 1920, beim Eintritt der letzten Arbeiterinnen-Generation in diesen Staatsbetrieb, waren die Arbeitsbedingungen für die damalige Zeit privilegiert.

Durch Pensionen, durch Löhne, die zum Teil höher waren als die Männerlöhne in den privaten Betrieben Halleins, durch vierteljährliche Prämien, medizinische Versorgung am Arbeitsplatz und von der Tabakregie zur Verfügung gestellte Wohnungen, vor allem aber auch durch einen hohen gewerkschaftlichen Organi-

Tabakfabrik = Staatsbetrieb = sichere Arbeit: Diese Gleichung in den Köpfen weiblicher Beschäftigter wurde in den 1930er Jahren durch Kurzarbeit und Personalabbau in Frage gestellt; im Bild österreichische Zigarrenarbeiterinnen 1935.

sierungsgrad waren die Zigarrenfabriksarbeiterinnen gegenüber den Risiken der Lohnarbeit besser abgesichert als die Beschäftigten in der Privatindustrie.

Im Bewusstsein der interviewten Arbeiterinnen steht die Fabrik bis heute für etwas ihnen vorher nicht Zugängliches: für soziale Sicherheit. Nicht einmal die für die Beschäftigten sehr einschneidenden ‚Sanierungsmaßnahmen' der seit den späten Zwanzigerjahren krisengeschüttelten staatlichen Tabakindustrie scheinen die Gleichung: ‚Zigarrenfabrik = sichere Arbeit' in den Köpfen der Frauen beseitigt zu haben. Allerdings gehören die interviewten Zigarrenfabriksarbeiterinnen zu jenen Beschäftigten der Tabakregie, die bei allen Personalabbaumaßnahmen quasi mit einem blauen Auge davongekommen sind. Seit den Dreißigerjahren waren sie zwar alle mit Kurzarbeit konfrontiert, doch den zwei großen Entlassungswellen 1923 und 1931 sind sie entkommen und bei der endgültigen Produktionseinstellung im 1940er-Jahr konnte jede von ihnen bereits Pensionsansprüche geltend machen: aufgrund ihrer zwanzigjährigen Betriebszugehörigkeit.

Das Wissen um diesen in den Staatsbetrieben damals schon eingeführten Anspruch auf finanzielle Absicherung im Alter scheint für das Gros der Arbeiterinnen der attraktivste soziale Pluspunkt der Zigarrenfabrik gewesen zu sein. Denn: Für die ArbeiterInnenschaft allgemein war er noch lange nicht durchgesetzt. Damit blieb auch für die Zigarrenfabriksarbeiterinnen – sozusagen als Maßstab für ihre eigenen Lebenschancen – die Bedrohlichkeit eines Alters in Armut und Elend weiterhin sehr augenscheinlich präsent.

> „Do haumma's jo gsehn", erzählte eine Arbeiterin, „am Freitog, waun Zahltog woar, san's heraußen gstaunden die oiten Mandl und Frauen, und haum bettolt, wei's nix ghobt haum! Nix!
> Mei, des werd i nia vergessen – nia! I hob imma Aungst ghobt, dass i a amoi so do steh."[29]

Zusätzlich hat sich die Erleichterung der Frauen, selbst endlich einigermaßen sicheren Boden unter den Füßen zu haben, noch dadurch verstärkt, dass die Arbeit in der Zigarrenfabrik – im Kontrast zu den vorgängigen Arbeitserfahrungen im häuslichen oder bäuerlichen Dienst – ein seit 1921 kollektivvertraglich geregeltes, zeitlich begrenztes und von den Anforderungen her überschaubares Vertragsverhältnis war.

„Wia soi i sogen: die Umgebung von die Bauern, wia ma's durt ghobt hot, is ma zerscht scho obgaungan", beschreibt die frühere Landarbeiterin Anna R. ihre ersten Eindrücke nach dem Wechsel in die völlig neue Arbeitssituation der Zigarrenfabrik.

> „Oba die Oarbeit *söba* is jo bei da Fabrik *vü* besser gwen. Do host di jo net *ausschinden* brauchen, net. Host scho oarbeiten miassen, wei's a Akkordoarbeit woar: wei waunst net Akkord oarbeitst, verdienst nix beim Zigarrenmochen. Oba du bist daun, noch da Oarbeit bist daun *für di söba gwen*, net. Oba bei die Bauern, do host jo *do* sein miassen bis auf'd Nocht – von da Fruah weg. Do host da für die söba nix mochen kennan.
> Es woar scho vü schena in da Fabrik! Und vor oim: mehr verdient. Und do is daun ..., waun's Göd wieder gfoin is, is da Lohn a wieder besser worn. Do is des gregelt worn wieder, net.
> Oba bei die Bauern is a nixi net ..."[30]

In der Fabrik, „do is ma a freier Mensch gwen ...": nicht nur Anna R. bringt diesen Erfahrungswert sehr entschieden in das Interview ein. Den Erinnerungsfaden über die Vorteile des neuen Arbeitsplatzes in der Zigarrenproduktion fortspinnend, wendet sie jedoch plötzlich ein: „Oba d'Freiheit war ma scho liaba gwen".

Nur in wenigen der lebensgeschichtlichen Erzählungen wurde so explizit und doch gleichzeitig so tastend – weil offenbar kaum vorstellbar – eine Freiheit angesprochen, die hinausgehen könnte über jenen Prozess der Befreiung aus den persönlichen Abhängigkeiten der Arbeitszusammenhänge im bäuerlichen Dienst, an dessem Ende doch abermals Un-Freiheit stand: die Einbindung nämlich in monotone, menschliche Fähigkeiten und Bedürfnisse reglementierende und normierende Akkordarbeitsverhältnisse.

> „Wos meinen'S mit Freiheit ?"
> „Wia soi i sogen? (überlegt) Mehr frei sein hoit ..., net so eingsperrt sein wia in da Fabrik. A amoi draußen sein, in da Freiheit sein, herumgehn kennan. Jo, einfoch mehr Obwechslung, so mehr verschiedene Oarbeiten. In da Fabrik host jo dei Zeit obsitzen miassen 8 Stunden: des haßt, vormittog 4 und nochmittog 4 Stunden und immer die söbe Oarbeit.
> Oba wia bei die Bauern hätt' i's nimma woin, do host di jo so obschuften miassen. I waß a net ..."[31]

Trotzdem: Die interviewten Arbeiterinnen waren sich einig, dass der Eintritt in die Zigarrenfabrik für eine qualitative Veränderung des bisher in ihren Lebensgeschichten vorherrschenden Grundgefühls kontinuierlicher sozialer und emotionaler Bedrohung steht. „I hob mi dort so wohlig fühlt und so *geborgen*"[32], ist der andere Extrempol des auf die Fabrik rückblickenden Erzählens.

Auch als ‚Ort der Wunscherfüllung' wurde die Fabrik präsentiert, und zwar in allen Interviews. Nach der ersten Anlernphase scheint sich besonders für die ledigen Arbeiterinnen jener, für die Kindheits- und Jugendjahre schon beschriebene, äußerst träge Rhythmus der kleinen Freuden eindeutig beschleunigt zu haben. Auch wenn sie zu Hause oft beträchtliches Kostgeld abzuliefern und Haushaltsverantwortung mit zu übernehmen hatten, näherten sich – aufgrund des ersten eigenen Verdienstes und der geregelten Arbeitszeit in der Fabrik – manche lang aufgestauten Wünsche offenbar doch recht zügig der Sphäre realer Durchsetzbarkeit.

So findet sich in allen lebensgeschichtlichen Erzählungen der Zigarrenfabriksarbeiterinnen eine breit angelegte und emotional dichte Erinnerungspassage, in der sich jene ‚Mangelgeschichten', die in der erzählenden Präsentation von Kindheit und Jugend vorherrschten, aufzulösen beginnen: im ersten – selbst finanzierten – Kleid, mit dem „ma fesch aunzogen gwesen is"; in Kredenz, Tisch und Bettwäsche und der dahinterstehenden Hoffnung, mit dieser Aussteuer einen besseren Start in die Ehe zu haben als die Eltern; im eigenen Fahrrad und der damit verbundenen erweiterten Beweglichkeit; in den sportlichen Aktivitäten, die – gemeinsam mit Kolleginnen oder im Arbeiterinnenturnverein – nach Arbeitsschluss in der Fabrik erstmals möglich geworden sind; in den Erfahrungen einer bisher nicht gekannten Geselligkeit.

„Mia hand hoit *Bauernkinder* gwen, gaunz bescheidene, *gaunz* bescheiden!", eröffnet Anna R. jenen Erzählstrang, der in der Folge nicht nur den erfahrenen Mangel als Nährboden des Wünschens, sondern auch jene lang gewachsenen Wunschpotentiale konkret benennt, die für sie durch den Verdienst in der Fabrik realisierbar wurden.

> „Mia haums daham net aunders kennt. Wia i daun bei die Bauern gwen bin (als Dirn), daun hob i ma oba oiwei denkt, mei, waun ma *oamoi* so vü verdienen, dass i ma a Radl kaufen kunnt und a Dirndlgwandl. Des hob i ma oiwei gwunschen, waun i ma oamoi. Oba bei die Bauern, des war *unmöglich* gwen.
> Wia i daun in die Fabrik kemman bin, do hob i ma daun *boid* oans kauft. Hob i's hoit auf Abzahlung gnumman. (...) Daun bin i hoam einigfoahrn – des is im 21er-Joahr gwen, do hot's jo no gaunz wenig Radln geben und es woar gaunz söten, dass d'Weiberleit mit die Radln gfoahrn san."[33]

Ein Rad kaufen zu können, hatte nicht nur mit gestiegenen Konsumchancen zu tun. So verbergen sich hier – hinter dem scheinbar pragmatischen Komsumwunsch ‚Fahrrad' – viel weitreichendere Wunschpotenziale, deren Spuren in den Interviews immer wieder zu finden sind: so der motorisch sich artikulierende Drang nach neuen Erfahrungsräumen und Kommunikationsmöglichkeiten, nach einem Ausprobieren der eigenen Körperbeweglichkeit und der Wunsch nach Entgrenzung – auch hinsichtlich der erfahrenen Beengungen durch die

Man muss schon genau schauen, um unter diesen Halleiner Arbeiterradfahrern auch die Frauen wahrzunehmen. Trotzdem: Für einige der interviewten Arbeiterinnen hat die Fabrik diese neue Beweglichkeit und Geselligkeit möglich gemacht. Das Foto stammt aus dem Jahr 1928.

Geschlechtsrolle ‚Frau'.

> „Mia is des oiwei scho da *erste* Gedaunken gwen, dass i ma a Radl kaufen kaun. (...) Wei ma furt foahrn kaun – weiter furt. *So* host jo nirgends hin kennan. (...) I woit a, dass' Leben lustig is ... Beim Radfahrverein woar i a dabei. Do haumma vü Partien gmocht in am Sonntog. Do samma scho vormittog furtgfoahrn – a gaunze Partie. (...) Wia ma mit die Radln gfoahrn san, des woar a Gaudi – des woar die schenste Zeit eigentlich."[34]

6.4. „Mia san Frauen gwen, die Göd ghobt haum"

Zum Selbstverständnis der Zigarrenfabriksarbeiterinnen

In allen Zigarrenfabriksarbeiterinnen-Lebensgeschichten war die Erwerbsarbeit in der Fabrik eine langfristige, die Pensionierung miteinkalkulierende Perspektive: „Wei schaun'S: waunst amoi in so ana Oarbeit bist und host Joahre goarbeit', daun bleibst net aus, weil's da denkst: i schenk eana jo net die Joahre, net."[35]

Keine der interviewten Arbeiterinnen hatte also die Erwerbsarbeit nur als Durchgangsstadium bis zur Heirat eingeplant. Im Gegenteil: Im Bewusstsein dieser Frauen stellte erst der gesicherte Verdienst in der Fabrik die notwendige Basis für die eigene Ehe und Familie dar. „So in die Not einiheiraten, des woar mei Foi (Fall) nia"[36]: war der Tenor unter den Zigarrenfabriksarbeiterinnen, die vielfach ganz bewusst erst dann an Heirat dachten, als ihr Verbleib in der Fabrik gesichert war. „Im 20er-Joahr bin i einikemman", berichtet die 1901 geborene Maria E.,

> „und daun haumma a Joahr Probejoahr ghobt. (...) Und do hob i gsogt: bevor i net woaß, dass i drinnen bleiben kaun, *heirat' i* net. Wei da Hans hätt' scho megen, net. (...) Wia i gwusst hob, dass i jetzt ständig bleiben kaun, daun haumma glei gheirat', net."[37]

Ganz offensichtlich sind die – bis in die Großmutter-Generation der interviewten Frauen zurückreichenden – Traditionen der Erwerbstätigkeit auch verheirateter Arbeiterfrauen im Halleiner Tabakarbeiterinnen-Milieu der Zwischenkriegszeit nicht jenem Bruch unterlegen, der sich mit der Durchsetzung vollentwickelter industriekapitalistischer Verhältnisse in Teilgruppen der österreichischen ArbeiterInnenschaft vollzogen hatte.

Im Wien der Ersten Republik etwa hatte sich, wie die Forschungsarbeiten von Reinhard Sieder[38] belegen, gerade innerhalb der Facharbeiterschaft jene bürgerliche Geschlechtsrollenideologie durchgesetzt, in der an der Seite des männlichen

Familienernährers eine zentral auf ihre Pflichten als Hausfrau und Mutter ausgerichtete Ehefrau vorgesehen war. Nicht nur die herrschenden Klassen, auch die Arbeiterbewegung selbst versuchte und hoffte, die ArbeiterInnenschaft über solcherart geordnete „respektable Familienverhältnisse" zu befrieden. Immer mehr wurde so die Herausbildung eines proletarischen Pendants zur bürgerlichen Familie zum normativen ideologischen Druck.

Möglich geworden war diese Freisetzung der verheirateten Arbeiterfrauen von der Erwerbsarbeit jedoch überhaupt erst durch eine Stabilisierung der materiellen Verhältnisse in Teilgruppen der österreichischen ArbeiterInnenschaft.[39]

In der strukturschwachen industriellen Kleinstadt Hallein fehlte, wie bereits ausgeführt, die materielle Basis für eine derartige Entwicklung auch weiterhin. Gleichzeitig scheinen auch die Zigarrenfabriksarbeiterinnen selbst nicht bereit gewesen zu sein, sich auf ihren angeblich „ursprünglichen und natürlichen Wirkungskreis"[40] heimschicken zu lassen, so lange für sie noch Arbeitsplätze in der gleichfalls von der Krise bedrohten österreichischen Tabakindustrie der Zwischenkriegszeit vorhanden waren.

Genau das, „die Beseitigung der Erwerbsarbeit der verheirateten Frauen in der Tabakindustrie"[41] nämlich, war auch von der Fachinternationale der Christlichen Tabakarbeiter, der auch der Christliche Tabakarbeiterverband Österreichs angehörte, ganz massiv eingefordert worden. Sie sei, heißt es in einer Entschließung des vierten Kongresses der Fachinternationale aus dem Jahr 1927, „weder mit den natürlichen Aufgaben der verheirateten Arbeiterin als Hausfrau, Mutter, Pflegerin und Erzieherin der Kinder, noch auch mit den wohlverstandenen Interessen von Staat und Volk" zu vereinbaren, weil der Mensch „nach Gottes Gebot innerhalb des wirtschaftlichen Geschehens eine Gesamtstellung einnimmt, wie es seiner Zweck-und Zielbestimmung als sittliche Persönlichkeit entspricht."[42]

Das Bekanntwerden dieser Forderungen, die vom Kongress an die dem Internationalen Verband der Christlichen Tabakarbeitervereine angehörenden Organisationen mit der Bitte, „in ihren Ländern in dieser Richtung zu wirken"[43], weitergeleitet worden waren, löste unter den Halleiner Zigarrenfabriksarbeiterinnen einen „Sturm der Entrüstung"[44] aus. In einer öffentlichen Protestversammlung der in der Fabrik dominierenden sozialdemokratischen Gewerkschaft und in mehreren Halleiner Korrespondenzberichten an die sozialdemokratische Lokalpresse wurde entschieden gegen diese Bestrebungen Stellung genommen.

„Die einen, und das sind die Patentgewerkschafter, erklärten, deswegen aus der Kirche auszutreten, andere stellen in Aussicht, sich von ihren Männern scheiden lassen zu wollen. Die große Mehrheit aber blieb der alten Gewohnheit treu und schimpfte"[45], vermerkte das christliche Gewerkschaftsorgan polemisch zu jenen Reaktionen, die in der Halleiner Fabrik von den Arbeiterinnen zu hören waren.

Dieses Mischverhältnis aus Zwang zur Fabriksarbeit einerseits und ganz klar jenseits des materiellen Zwanges liegenden Erwerbsarbeitsmotiven, etwa weil sich – von den Zigarrenfabriksarbeiterinnen sehr genau registriert – durch den eigenen Verdienst wachsendes Selbstbewusstsein konstituierte, hinterließ sehr deutliche Spuren in den Interviews.

„Mia san Frauen gwen, die Göd ghobt haum", war die offensive sprachliche Formel, mit der die Frauen Fragen nach ihrem Selbstverständnis als Fabriksarbeiterinnnen bzw. nach der ihnen in Hallein entgegengebrachten gesellschaftlichen Wertschätzung beantwortet haben.

Gleich dreifach sahen sie, wie der folgende Interviewausschnitt belegt, mit diesem Kürzel ihre Position und erweiterte Spielräume charakterisiert: als Konsumentin gegenüber den Halleiner Geschäftsleuten, ganz allgemein als Frau innerhalb der eigenen Sozialschicht, also der ArbeiterInnenschaft, sowie innerhalb der konkreten Frau-Mann-Beziehung in der eigenen Ehe.

> „Domois han's recht *froh* gwesen – wos d'Gschäftsleit aunbetrifft – wei mia jo no wos verdient haum, gö. Do san's recht froh gwen, wei do woar jo scho die Oarbeitslosenzeit. Do san's um uns recht froh gwen. Do samma begehrt gwen, wei ma no wos kaufen haum kennan, wei ma no wos verdient haum."
> „Des wollt ich eh frogen, wos für a Stellung ihr domois in Hallein ghobt hobt's als Fabriksoarbeiterinnen?"
> „*A guate* domois! Begehrt hamma gwesen – bei da Männerwelt überhaupt, weil's olle froh woarn, waun's a soiche erwischt haum, die noch an Schilling hoambrocht hot (lachend). Wei's jo olle oarbeitslos woarn und wei die Männer – in da Zellulose(fabrik) oder ois Maurer – oft nur an Schmoarrn verdient haum. Die Zellulosler woarn jo domois gaunz schundig bezoit. Oiso: Wenn ana ane erwischt hot, die in da Fabrik woar und a Geld hambrocht hot, daun hot a zuagriffen."
> „Oft haum die Männer so an ‚Stolz': I bin da Ernährer, i kaun mei Familie söba erhalten ..." (unterbricht)
> „... na, *den* hot da Mei (der eigene Mann) net ghobt. Der woar scho froh, dass i oarbeiten gaungan bin (lachend). Mia haums eh notwendig braucht, net. Zu dera Zeit haums den Stolz net ghobt. Na! Na! (...) Und heit san's wieder recht froh, waun's a Frau daham haum, die mitverdient: olle brauchen's. Weil einfoch *ein* Verdienst bei am Oarbeiter zu wenig is ... Mit *einem* Verdienst leben – mei liaba Maun: unmöglich!"
> „Und Sie selbst, haum Sie sich nia denkt: i tat liaba daham bleiben, nimma oarbeiten gehn – bei der vielen Oarbeit, die jo noch im Haushalt aungfoin is?"
> „Na. Na! Na – *überhaupt* net. Es war jo goar ka Möglichkeit net gwen. (...) Im Gegenteil: es woar a Schock, wia ma dahoam bleiben haum miassen (nach der Schließung der Fabrik im Jahr 1940). I bin froh, dass i in d'Oarbeit gaun-

gan bin. I möcht heit net obhängig sein. Wei waun ma hoit söba – a waun's wenig is – oba waun ma hoit söba an Schilling hot, is ma unabhängiger. Ma tuat si hoit doch *leichter*, (...) ma kaun si besser rührn, waun ma söba an Verdienst hot, ma steht gaunz aunders auf die Fiass, ois waun ma nur auf'n Schilling vom Mann aungwiesen is."[46]

Gemeinsames Wirtschaften, gemeinsamer Erwerb, gemeinsame Existenzsicherung war also jene Logik, welche die Frau-Mann-Beziehungen im Halleiner TabakarbeiterInnen-Milieu geprägt hat. Doch innerhalb dieser Solidargemeinschaften zur Bewältigung der anstehenden Lebensrisiken stellte der eigene Verdienst für die Frauen auch ein wichtiges Kapital der Selbstbehauptung gegenüber dem Ehemann dar.

Das Bewusstsein, den Unterhalt und die Lebensqualität der Familie mitzugarantieren, stärkte natürlich das Durchsetzungsvermögen der Arbeiterinnen in ehelichen und familiären Konfliktsituationen. Jedenfalls sahen – so wie Anna L. im obigen Interviewausschnitt – auch die anderen interviewten Zigarrenfabriksarbeiterinnen im eigenen Verdienst das ökonomische Sicherheitsnetz für ein Mindestmaß an Unabhängigkeit und Autonomie. Denn: Ganz offensichtlich stellte das nicht nur von Anna L. so offensiv beanspruchte ‚sich rühren können' für diese Arbeiterinnen keine erwartbare eheliche Selbstverständlichkeit dar. Vielmehr handelte es sich um Dispositionsspielräume, die – trotz gemeinsamer Existenzsicherung – auch für die eigene Ehe dem traditionellen patriarchalischen Normsystem immer wieder abzutrotzen waren.

Sehr oft jedoch war in den Lebensgeschichten der Zigarrenfabriksarbeiterinnen die Trennschärfe zwischen diesem selbst eingeforderten finanziell Auf-eigenen-Beinen-stehen-Wollen und dem von außen auferlegten Zwang zur Selbstbehauptung und Selbständigkeit in der Existenzsicherung sehr gering. So immer dann, wenn sich diese Frauen – bei vorübergehender oder langfristiger Arbeitslosigkeit der Männer – wiederfanden als Alleinerhalterinnen ihrer Familien.

„35 Schilling haumma oi drei Monat kriagt, Wirtschoftsprämie, wissen'S (zusätzlich zum Verdienst in der Zigarrenfabrik). Des hot uns a außagrissen, gö. Do haumma wieder Lebensmittel vorkauft, net, und a Hoiz und soiche Sochen, dass ma wieder viri kemman hand.
Mei Maun woar jo *vü* oarbeitslos. Waun da November kumman is, haumma gsogt: jo, da Maurertod schaut oba', haumma gsogt, jo. (...) Er hot scho d'Oarbeitslose kriagt, oba ... Wissen'S eh, friaha haum ..., beim Schalter (am Arbeitsamt) haum die Leit' gwoant, wei's nix kriagt haum. In' Heiligen Obend amoi haum ma s'Göd kriagt – bin i no glaufen gschwind, hob eam no gschwind wos Woarm's kauft, net, a woarme Unterhosen. (...) Daun hob i

amoi eam *alloan* einkleiden miassen, net, wei is sei Bruada gstorben: do hot a an Aunzug braucht und an woarmen Mantel. Jo mein Gott, jetzt hob *i ois* obzoin miassen."[47]

Das ist nur eine jener vielen lebensgeschichtlichen Belegstellen für das zeitweilige Zusammenlaufen aller Fäden der Existenzsicherung in den Händen dieser Frauen.

6.5. „Gschwind, gschwind hot ois gehn miassen"

Für die Mütter und Ehefrauen unter den Zigarrenfabriksarbeiterinnen wird die Familie zum zweiten Akkordarbeitsplatz

Wie gesagt: Der Arbeitsplatz in der Zigarrenfabrik war etwas, das diese Arbeiterinnen weder aufgeben konnten noch wollten. Auch dann nicht, wenn sie verheiratet waren und/oder Kinder hatten und damit in einen Kreislauf widersprüchlichster Anforderungen hineingerieten.

Denn: Den Ehefrauen und Müttern unter ihnen fielen nun in Alleinverantwortung auch jene Arbeitsposten in der traditionellerweise von Frauen zu leistenden „Haushaltsproduktion"[48] zu, die sie ja schon als Kinder und Jugendliche stellvertretend für die Mutter zu übernehmen hatten. Nur für wenige Jahre, als junge unverheiratete Frauen, waren sie dem so selbstverständlichen Eingebundensein der Frauen in all die materiellen und psychischen Arbeits- und Versorgungsleistungen einigermaßen entkommen, die sprunghaft ansteigen, wenn es gilt, nicht nur die eigene Arbeitskraft, sondern auch die des Mannes zu erhalten und die künftige der Kinder sicherzustellen.

Damit fanden sie sich in die so gegensätzliche Logik zweier gesellschaftlicher Arbeitsbereiche eingespannt. Hier, am Beziehungs- und für Frauen auch Arbeitsort Familie, soll Arbeitskraft hervorgebracht und lebendig gehalten werden. Dort, in der industriellen Produktion, wird individuelles Arbeitsvermögen verbraucht, vernützt und zum Teil auch zerstört: unter Rückgriff auf jene im wesentlichen unbezahlte Arbeit, die geleistet werden muss, damit lebendige Arbeitskraft Tag für Tag aufs Neue verfügbar ist.[49] Für diese Arbeiterinnen bedeutete das konkret nicht nur zweifache Aneignung, zweifaches Verbrauchtwerden ihrer Arbeits-Kräfte. Hinzu kam der tägliche Balanceakt, die miteinander kollidierenden Rhythmen, Anforderungen und Arbeitsformen der industriellen Produktion, des Gebärens und Aufziehens von Kindern und der – die Bedürfnisse der Familienmitglieder befriedigenden – Hausarbeit wenigstens einigermaßen zu vereinbaren.

In fast allen Gesprächen wiederkehrendes Erinnerungsbild für das Aufeinanderprallen dieser konträren gesellschaftlichen Arbeitsfelder im je individuellen Lebenszusammenhang dieser Arbeiterinnen war das Fabrikstor, das sich um 7 Uhr früh und um 1 Uhr nachmittags auf die Minute genau schloss, um all jene Arbeiterinnen für einen halben Tag von Arbeit und Verdienst auszusperren, die den Wechsel von Hausarbeit und Versorgung der Kinder zur Fabriksarbeit nicht nahtlos schafften.

> „Ma muass si jo vorstelln, dass Frauen ..., die meisten Frauen haum jo daham a Familie ghobt und do is' oiwei zum Rennen gwesen in d'Fabrik. In da Fruah scho: bis du die Kinder obgewickelt host und weggabrocht host – entweder in' Kindergoarten oder in d'Schui.
> Um 3/4 host in da Oarbeit sein miassen, um 7 is da Godern (Gittertor) zuagsperrt gwesen. Wer später kumman is, is einfoch nimma einikemman. Und a 1/2 Tog Verlust, des woar so oarg, dass dir's net leisten host kennan."[50]

Der „Fabriksgodern", an dem die ausgesperrten Arbeiterinnen schimpfend stehen, ist das markante Symbol für eine Berufswelt, die – obwohl sie davon zehrt – ohne Rücksicht auf jene Arbeiten strukturiert ist, die zur Erhaltung der Arbeitskraft auch noch notwendig sind. Er ist Symbol für eine Erwerbsarbeitswelt, die vom „Normfall des Arbeitnehmers erwartet, dass er sich nicht selbst um die private Alltagsarbeit zu kümmern braucht."[51]

Diesem angenommenen Normfall des männlichen Arbeitnehmers entsprachen die Zigarrenfabriksarbeiterinnen natürlich nicht – wie kaum eine erwerbstätige Frau. *Sie* hatten die Alltagsarbeiten in Familie und Haushalt sehr wohl zu leisten und aufgrund des schmalen Zeitbudgets, das ihnen bei einer 44-Stunden-Woche in der Fabrik noch verblieb, gerieten ihnen diese zum zweiten Akkord. Nicht nur Zigarren haben diese Arbeiterinnen mit ständigem Blick auf die Uhr gedreht. Auch das Versorgen der Kinder und des Mannes, das Vorkochen, Essen-Wärmen, Abwaschen, auch die damals noch viel aufwendigeren Arbeitsprozeduren des Wäsche-Waschens und Putzens, also alles, was zwischen und nach den Fabriksarbeitszeiten an ‚Alltagsarbeiten' anfiel, war nur in lückenlos durchgeplantem Zeitkalkül bewältigbar.

Für eine Arbeiterin wie Frau G., die gleichzeitig Mutter von vier Kindern war, trifft das in verschärftem Ausmaß zu. „Des woar hoit da Tageslauf und die Woche von einer zua aundern": So schließt sie jenen ausführlichen Erzählbogen ab, in dem sie das atemberaubende Ineinandergreifen der beiden Akkordarbeitsplätze ‚Fabrik' und ‚Familie' thematisiert. Wie gesagt: „Gschwind, gschwind hot ois gehn miassen!"– hier wie dort.

> „Jo, um 3/4 7 haum die Kinder im Kindergoarten sein miassen, weil um 7 host jo du selber scho in da Oarbeit sein müssen.

Und um 11 host' die Kinder wieder ghoit: von 11 bis 1 haumma Mittagszeit ghobt. Do hob i daun Mittagessen kochen miassen für die Kinder und i hob hoit schnell mitg'essen. Meistens host eh ka Zeit ghobt zum Essen.
Gschwind, gschwind hot ois gehn miassen!
Du host halt am Vorobend scho vorkochen miassen, außer du host a poar Omletten oder an Schmoarrn (Kaiserschmarrn) oder so wos gmocht. Des host hoit daun frisch gmocht. Oba sonst host meistens vorkochen miassen – in der kurzen Mittagszeit war' jo des nia ausgaungan sonst.
Waun i Ihna sog: um 11 woar die Fabrik aus. Jetzt – bis ma die Kinder ghoit hot, is ma jo doch erst zwischen 1/2 und 3/4 12 hoamkumman.
Host eigentlich nur mehr a guate Stund ghobt. So host a net so vü kochen kennan. Na jo, Gschirr obgwoschen host hoit daun auf d'Nocht.
Bitte, boidst jung bist, denkst dir nix dabei. Des geht ois so automatisch dahin: Do gehst in dei Oarbeit in da Fabrik und gehst hoit und oarbeitst und daun dahoam oarbeitst hoit wieder.
Obends host schaun miassen, dass'd die Kinder spätestens um 7 oder 1/2 8 ins Bett brocht host. Na, und daun host hoit vorkocht oder gwoschen.
Am Freitag – waun's guat gaungan is – bin i um 8 in d'Woschküch' gaungan. In da Fruah daun boid aufstehn zum Wäsch Aufhängen. Domois haumma jo am Samstog vormittog a no oarbeiten miassen in da Fabrik.
Jo, und waunst Urlaub ghobt host: zerst host eh grod 8 Tog Urlaub ghobt, in die ersten 5 Joahr. Und daun host 14 Tog kriagt. Die ersten poar Tog im Urlaub is da Maurer kemman zum Wohnung-Ausmalen. Na, bis ma daun ois zaumgwoschen hot ... Und waunst daun no Zeit ghobt host, host hoit was hergricht' für die Kinder.
Jo, des host sowieso oiwei tuan miassen, schaun am Sonntog, dass die Kinder am Montog a frisches Gwaund haum und ois zum Aunziagen ghobt haum.
Und sonst bist hoit hergaungan und host Boden putzt auf d'Nocht. Host di am Boden niederkniat und host'n Boden außigrieben, waun die Kinder im Bett woarn.
Des woar hoit da Tageslauf und die Woche von einer zua aundern."[52]

Durch die Fabrikssirene unüberhörbar, drängten sich der industrielle Zeitrhythmus und Zeitdruck auch in die Familien hinein. Besonders in den Mittagszeiten herrschte dort Betrieb auf Abruf: denn trotz hektischer Essensbetriebsamkeit pfiff die Fabrikssirene noch immer viel zu früh. „Freili, i hob mi eh so darennt!", erzählte die Zigarrenfabriksarbeiterin Marie S.: Mutter von drei Kindern.

‚Wos glauben'S, wos i grennt bin – oh mein Gott –, dass i gschwind ... Der große Ofen, z'Mittog, bis der woarm wird, net. Und da Maun is kemman von

> da Zellulose(fabrik). Der hot eh grod a Stund Mittogspause ghobt. A poar Minuten war's grod oft no gwen – na, Kaffee her! Und er geht wieder.
> Na, hob i mi oft g'ärgert. Da Knödel oder die Omletten, waun i gmocht hob, mei die hot a ma eh glei aus da Pfaun (Pfanne) außagfaungt, gö.
> Zwoa Stund haumma ghobt z'Mittog. Oba schaun'S: 3/4 1 hot's pfiffen – Besen dauni und weg muasst."[53]

Auffallend ist, dass es innerhalb dieses Gefüges mehrfacher und widersprüchlicher Arbeitsbelastungen nicht die Fabriksarbeit ist, die von den interviewten Arbeiterinnen „als Negativposten"[54] lebensgeschichtlich verbucht worden ist. Im Gegenteil: „I bin *gern* in d'Oarbeit gaungan. I hob mi wirklich am Sunntog oiwei wieder gfreit am Montog" [55], erzählt Frau L. in einem der ersten Interviews für dieses Projekt. Noch war diese Aussage für mich nicht einordenbar. Doch bereits nach einigen weiteren Interviews war erkennbar, dass die Arbeitserinnerungen auch in den übrigen Zigarrenfabriksarbeiterinnen-Lebensgeschichten ähnlich gewichtet waren:

> „Mia haum oft gsogt – in' Montog, boid ma wieder in d'Oarbeit gaungan san: ‚Jetzt gfrei i mi wieder, jetzt geh i wieder oarbeiten ...' Gegen daham ..."[56]

Ganz offensichtlich war die Arbeit in der Fabrik für diese Frauen attraktiver und ganz offensichtlich war der ihnen hier abverlangte Akkord leichter überschaubar und bewältigbar als die Arbeitssituation zu Hause.

Denn dort sei die Arbeit nie weniger geworden, klagten die Arbeiterinnen und sprachen damit jene „tendenzielle Endlosigkeit" und jene „tendenzielle Unsichtbarkeit"[57] an, die der Arbeitsform Hausarbeit eigen ist. Ihre in der Familie in räumlicher Isolierung erbrachten unbezahlten Arbeitsleistungen ‚verschwanden' ohne greifbare gesellschaftliche oder persönliche Anerkennung. Die Produkte ihrer häuslichen und familiären Arbeit wurden aufgegessen, wieder in Unordnung gebracht, abermals schmutzig gemacht und Tag für Tag aufs Neue eingeklagt.

Der große Zeitdruck zwang sie, nicht nur in der Fabrik, sondern auch zu Hause in zweckrational organisierter Arbeitsweise vorzugehen. Schließlich waren die Schichtzeiten des Mannes, die eigene Arbeitszeit, die Öffnungszeiten der Kinderbewahranstalt, die Ladenschlusszeiten, der vorgegebene Waschtag in der öffentlichen Hauswaschküche, usw. aufeinander abzustimmen.

Doch kalkulierbar, im vorhandenen Zeitbudget festlegbar waren bestenfalls die sachlichen Versorgungsleistungen für Haushalt und Familie.[58] Überall dort, wo die Familienmitglieder durch unmittelbare subjektive Bedürfnisse wie Hunger, Müdigkeit, Krankheit, Geborgenheitswünsche, usw. nicht vorhersehbare und nur schwer verschiebbare Zeitansprüche stellten, wurde den Arbeiterinnen ihr viel zu enges zeitliches Korsett konflikthaft bewusst.

> „Drum sog i jo, so a Frau is jo oarm, net. Jetzt, waun's oft drei, a vier Kinder ghobt hot, wissen'S eh: du muasst jo auf die genaue Zeit *hinkemman* (in die Fabrik). (...)
> So, jetzt bei die Kinder: jetzt muass vielleicht no oana am Topf gehn, net, und des oa plärrt, wei's in d'Aunstoit net gehn mog, net.
> Mei I bin – mit da Agnes do, die hot jo a an Buam ghobt – i bin amoi mit ihr gaungan in d'Aunstoit, da wei hot a *so great*, da Bua. Mei, i hätt' a rean kennan, so daboarmt hot a ma, net. Waun a Kind net mog, net ..."[59]

Zur durchgängigen Strategie auch dieser letzten Generation der Zigarrenfabriksarbeiterinnen gehörte es daher, im Rahmen der Doppelbelastung zumindest die ‚Mutterpflichten' weitgehend zu delegieren: an Pflegemütter oder an die älteste Tochter. Ein Großteil der interviewten Arbeiterinnen hat sich, wie noch zu zeigen sein wird, diesen Unvereinbarkeiten im Lebenszusammenhang erwerbstätiger Frauen auch durch eine ganz bewusste Beschränkung der Kinderzahl – oder durch Vermeidung der Mutterschaft überhaupt – so gut es ging entzogen.

Denn wie gesagt: Die Arbeit in der Fabrik konnten und wollten die interviewten Arbeiterinnen nicht aufgeben. Dass die Fabrik jedoch, gerade vor dem Hintergrund des eigenen Bedroht- und Bedrängtseins durch Überforderungen, Isolierungs-, Monotonie- und Konflikterfahrungen in der Familie, im Bewusstsein der Frauen mehr war als nur ein funktioneller Ort, an dem gearbeitet wird, um Geld zu verdienen, möchte ich in der Folge noch deutlicher nachzeichnen. Als öffentlicher und kollektiver Erfahrungszusammenhang vermittelte sie den Frauen offenbar etwas, was die Familie vorenthielt.

6.6. „Do host scho a Gfühl braucht dafür"

Der Akkordarbeit in der Fabrik abgetrotzt: Selbstbestätigung und Arbeitsstolz

Auch ohne explizit ausgesprochen und in erzählten Geschichten erinnert worden zu sein, haben die arbeitsträchtigen Beanspruchungen und Regelmäßigkeiten im Lebensalltag der Zigarrenfabriksarbeiterinnen in den Interviews sehr sinnfällige Spuren hinterlassen. Ruhe im Sinne von Nichtstun, im Sinne von einfach Dasitzen und Erzählen konnten diese Frauen auch jetzt, als Achtzigjährige, nur schwer ertragen. Zu sehr wurden sie ein Leben lang auf Trab gehalten durch die ihnen abverlangten Arbeits- und Realitätstüchtigkeiten. Dass sich eine jahrzehntelang stets auf Hochtouren befindliche Motorik nicht mehr so einfach abstellen lässt, das war, wie gesagt, in den Interviews auch ohne Worte recht bald spürbar.[60]

Ganz unwillkürlich griff Maria S. nach einem Stück Papier, als ich sie nach den Arbeitsvorgängen bei der Zigarrenherstellung befragte, und begann ihm – durch Rollen, Drücken und Reißen – eine Form zu geben. Mit schnellen, sicheren Griffen und Bewegungen versuchte sie ein Imitat jenes Produkts zu schaffen, das sie 20 Jahre lang in der Fabrik hergestellt hatte: Zigarren. 600 Stück pro Tag. In händischer Akkordarbeit. Irgendwann einmal haben sich offenbar die immergleichen Griffe ihrer Arbeitstätigkeit als Puppenmacherin und Spinnerin in der Zigarrenproduktion zu automatisieren begonnen. Auch jetzt, während des lebensgeschichtlichen Gesprächs, sind ihre Hände immer in Bewegung, immer auf der Suche nach Beschäftigung. Nur teilweise hat sich für diese Frauen die Abrichtung des eigenen Körpers, der eigenen Arbeitskraft, der eigenen Zeitstrategien auf die Zwänge und Bedingungen des Akkords aufgelöst.

„Oiso mit da *Uhr* oarbeit' i heit' a no", verdeutlicht etwa Anna L. das Nachwirken von Zeitnormen der Akkordarbeit bis ins hohe Alter der einstigen Fabriksarbeiterinnen hinein.

> „*Des* is ma blieben. Des woaß *i genau*, waun i aunfaungen muass, dass i auf die Zeit fertig werd. So, dass *i nia* auf d'Uhr schau, des gibt's net.
> I oarbeit' *immer* mit da Uhr!", [61]

charakterisiert sie die Parallelen zwischen ihrem früheren und dem jetzigen Arbeitsalltag. Nur: Heute hat sie das Drehen von Zigarren gegen andere Hand-Arbeiten eingetauscht. Mit Gartenarbeit, Stricken, Nähen, Polster Sticken, usw. beschäftigen die einstigen Akkordarbeiterinnen ihre Hände.

Der Automatismus, der sich eingeschlichen hat, ist nur mehr schwer kontrollierbar. Zu sehr haben sich ganz offensichtlich die äußeren Zwänge der Akkordarbeit in der Monotonie jahrelang gleichförmig zu wiederholender Arbeitsabläufe und Handbewegungen zum inneren Zwang verdichtet. Wie gesagt, die Hände ließen sich oft kaum mehr stoppen:

> „Do haumma oane drinn ghobt (in der Fabrik), die hot Jackerl gstrickt in da Mittogszeit. Die hot si eh umbrocht, mein Gott. So *dumm* is ma. Ma is so *dumm*, sog i Ihna! Ach, die Mariedl hot si a umbrocht, na! So boarische Jackerl hot's gstrickt, wissen'S. Und dabei hot's ein Nervenreißen ghobt eh scho, dass a grod so gfiabert hot, da Kopf."[62]

Auf rigide Arbeitsordnungen, auf empfindliche Geldstrafen, engmaschige Kontrollsysteme und extreme Reglementierung der Beschäftigten durch Aufseher und

Inspektoren hatte man in der Frühphase der österreichischen Zigarrenfabriken gesetzt, um den ersten Arbeiterinnen-Generationen jene Lektionen an Arbeits- und Zeitdisziplin beizubringen, welche die industrielle Produktion für sie bereitgehalten hat: das Arbeiten nach der Uhr vor allem und damit die Notwendigkeit, die Arbeitshandlungen mit einem abstrakten Zeitabschnitt in Einklang zu bringen. Und: Zeitmessung als Grundlage der Verausgabung und Ausbeutung von Arbeitskraft.[63]

Offener Zwang und offensichtliche Disziplinierung standen, vielfach belegbar [64], ganz allgemein an der Schwelle zum Industriekapitalismus, am Übergang also zu abhängigen Arbeitsverhältnissen innerhalb fabriksmäßig organisierter Produktion. Die interviewten Tabakarbeiterinnen der Jahrgänge 1898 bis 1905 gehörten jedoch bereits zu einer Generation von Fabriksarbeiterinnen, für die die Lektion, ‚Zeit ist möglicher Verkauf von Arbeitskraft' und ‚Zeit ist Geld', schon zur Selbstverständlichkeit geronnen war.

„*A jede*, die wos woin hot vü verdienan, die hot sich's zeitlich söba einteilt", eröffnete etwa Frau J. ihr rückblickendes Erzählen über die Arbeitsbedingungen in der Fabrik. Der Erfahrungsausschnitt, den sie in der Folge präsentiert, macht zudem deutlich, dass das frühere rigide Straf- und Kontrollsystem durch die Zwänge des Akkords sehr effektiv ersetzbar war. Denn: Durch die Akkordvorgaben war die Selbstausrichtung der Frauen und ihrer Arbeitskraft auf die Kalkulation: wieviel Zeit pro Stück darf ich brauchen, wieviel Geld pro Stück kann ich erreichen, sichergestellt. Damit entstand gleichzeitig ein sich stets aufs Neue selbst regulierender Arbeitsdruck.

> „Do hob i mei Firmungsuhr ghobt und do hob i oi 5 Minuten gschaut, dass i so a Brettl voi brocht hob. Des woar im Akkord – den gaunzen Tog!
> *A jede*, die wos woin hot vü verdienan, die hot sich's zeitlich söba eingeteilt. In fünf Minuten haumma miassen ... Wei waun ma ... Die Jausenzeit, des woarn zehn Minuten, do haumma außidearfen – do hot's oba net a so a Jausen geben, wie's heit gibt, die haum a Stickl Brot mitghobt. Do hot ma drinnen jo nix essen dearfen, damit nix in die Zigarren einikummt. Jetzt hot ma miassen außigehn. Ma hot a dearfen am Abort gehn. Oder waun oa zum Beispiel irgendamoi an Blasenkatarrh ghobt haum oder dass' haum miassen öfter am Abort gehn ... – *die Zeit is uns so obgaungan.*
> Da Abort woar im Hof drunt und do hot ma miassen obigehn in' Hof. Die Zeit is uns jo so obgaungan, wei des woarn jo *zehn* Minuten, bis ma do vom Stock obikumman is und daun ummi übern gaunzen Goarten und in' Hof und do woar da Abort drüben.
> Oder wenn ma ..., Baden hot ma gehn dürfen (in fabrikseigenen Brausebädern). Die *Zeit* – mein Gott na – die Zeit is uns hoit so obgaungan.
> Dafür haumma miassen fünf-Minuteln den gaunzen Tog, dass uns die Zeit

blieben is, dass ma gehn haum kennan amoi am Abort oder amoi zum Oarzt. Wei da Oarzt, der woar jo a do drüben im Nebengebäude. Do is gleit' (geläutet) worn: hot's ghoaßen, jetzt is da Oarzt do. Dearf ma obigehn! Wer hoit in' Oarzt braucht. Host eh zögert, wei des is jo auf unsere Kosten gaungan, waun ma gaungan san – woar jo unser Zeit. (...) Jo, zeitlich woar a mords Druck drauf, damit ma hoit unser Leistung ghobt haum auf d'Nocht, wos ma obgeben haum miassen, net. (...) Dass ma auf sei Mindestleistung kumman is, in da Wochen, do hot ma miassen fest, fest dazuaschaun in' gaunzen Tog."[65]

Aus den Arbeitskräften pro Zeiteinheit so viel Leistung wie möglich herauszuholen: diese Logik bestimmt ganz allgemein die verschiedenen Ausformungen industrieller Akkordarbeit. Die rein quantitative Auslastung von Arbeitskraft im Akkord erweist sich so als extremstes Mittel, die Verausgabung und Aneignung menschlichen Arbeitsvermögens um des Profites willen zu ökonomisieren. Das macht Akkordarbeitsplätze in besonderem Maße zum „entfremdeten Broterwerb"[66]. Die grundsätzlichen Bedingungen ihrer konkreten Arbeitstätigkeit in der Fabrik stehen den gegen Akkordlohn Arbeitenden als von ihren physischen und psychischen Fähigkeiten und Begabungen, von spontanen Bedürfnissen und Impulsen abstrahierende gegenüber. Als nicht selbst gestaltete, als ‚fremde' also.

Menschliches Arbeitsvermögen verkümmert zur einseitigen Funktion, wo Arbeitsprozesse nach rein produktionstechnischen Gesichtspunkten in schnell und regelmäßig zu wiederholende Grundoperationen zerlegt und zergliedert werden. Vorhandene Potenziale und Reserven an Kreativität und Phantasie, an geistiger Produktivkraft, an Weiter-Lernen-Wollen, Bedürfnisse nach Herausforderung, nach Verantwortung, usw. liegen brach, wo von den Arbeitenden – als ‚ganzen' Personen – nur abberufen wird, was für die konkrete Teilarbeit von Nutzen ist.[67]

In den Interviews wurde der Akkorddruck auch immer wieder thematisiert. Trotzdem: Von heutigen Frauenarbeitsplätzen in der Industrie, von jenen eintönigen, gleichförmigen, reizarmen, weil in kleinste Arbeitseinheiten zerstückelten, von jenen bis auf den letzten Handgriff festgelegten und in kürzestem Zeittakt mit der Genaugkeit einer Maschine ständig zu wiederholenden Teilarbeiten, deren Bedeutung für das Endprodukt nicht einmal mehr annähernd erfahrbar ist, war die Akkordarbeit in den Zigarrenfabriken der Zwanziger- und Dreißigerjahre weit entfernt.

Gerade in den Zwanzigerjahren setzte zwar auch in Österreich – in einer ersten großen Rationalisierungswelle – ein Schub an wissenschaftlicher Planung und Automatisierung der industriellen Arbeitswelt ein. In fast allen industriellen Sektoren beginnen sich durch technische Innovationen und durch die Anpassung menschlicher Arbeitskraft an den Zeittakt der Maschine die Dispositionschancen der Arbeitenden zu verringern: ihre zeitlichen Spielräume bei der Arbeitsorganisation, ihre Spielräume für Lernprozesse, ihre Variationsmöglichkeiten beim Umgang mit den Produktionsmitteln, ihre Chancen zu sozialen Kontakten, Gesprächen und gegenseitigen Hilfeleistungen als Ausgleichsmöglichkeiten für die prinzipiellen Belastungen durch die Industriearbeit.[68]

Die Zigarrenproduktion nahm jedoch während dieses Rationalisierungsschubs eine „eigentümliche Sonderstellung"[69] ein. Bis in die 1940er-Jahre, also bis zur Schließung der Halleiner Fabrik, hat sie den Übergang von der Manufaktur zur mechanisierten Fabriksarbeit nur teilweise vollzogen.

An Kostenminimierung orientiert, ging man natürlich auch in der staatlich monopolisierten Zigarrenindustrie ab etwa 1922 daran, die Betriebe technisch auszugestalten und bei der reinen Handarbeit, so der Arbeitgeber, zumindest „alle nicht unbedingt notwendigen Handgriffe auszuschalten."[70] Auch die Akkordzahlen wurden angehoben. Das hat selbst bei den noch immer manufakturell hergestellten Zigarrensorten die wöchentliche Normalarbeitsleistung im Zeitraum von 1913 bis 1925 zwischen 9 und 25 Prozent ansteigen lassen. Eine weitere Steigerung der Arbeitsintensität durch den Einsatz maschineller Anlagen hat sich bei der Herstellung von Zigarren wegen der offensichtlichen Qualitätsverminderung jedoch nicht bewährt. Für die innerhalb der Zigarrenproduktion des ‚allgemeinen Tarifs' auf Zigarren der ‚feinen Sorte' spezialisierte Halleiner Fabrik bedeutete das, dass von insgesamt sechs dort hergestellten Zigarrensorten nur eine der ‚Volkszigarren-Sorte' maschinell hergestellt worden ist: mit einer einfachen, selbst mit dem Fuß in Gang zu setzenden technischen Vorrichtung für das Wickeln und Spinnen der Zigarren. Die gesamte übrige Fabrikation ist bis auf einige wenige Tätigkeiten Handarbeit geblieben.[71]

Wer vorübergehend in der Fabrikation der Sorte ‚H' eingesetzt war, hat jedoch die vermehrte Standardisierung und produktionstechnische Durchgeplantheit der zu verrichtenden Arbeitstätigkeiten sehr schnell registriert.

> „Es woar *sehr* ausgeklügelt, wiavü Zigarren ma in ocht Stunden mochen kaun. *Sehr* ausgeklügelt. Mir is' menschlicher gwesen zerst ois wia nocher bei da Maschin."[72]

Fast alle der interviewten Zigarrenarbeiterinnen waren jedoch weiterhin bei der Handarbeit eingesetzt. Und hier wurde entgegen allen Rationalisierungstendenzen der damaligen Zeit im Jahr 1931 von der bisherigen Organisationsform der Zigarrenherstellung – sie war arbeitsteilig von je einer Puppenmacherin und einer Spinnerin getragen worden – auf Einzelarbeit umgestellt.

Von den Arbeiterinnen wurde das offenbar lebhaft begrüßt. Denn: Das Hand-in-Hand-Arbeiten unter Zeitdruck hatte immer wieder Abstimmungs- und Anpassungsschwierigkeiten gebracht zwischen den Frauen. In ihrem eigenen

Arbeitsrhythmus fühlten sie sich oftmals behindert und dadurch, dass selbst durch diese geringfügige Arbeitsteilung die Bedeutung ihrer Arbeit für das Endprodukt, ihre je individuelle Arbeitsgeschicklichkeit also, nicht mehr eindeutig sichtbar war.

Maria D. erzählt von diesen Konflikten aus der Sicht der meisten jüngeren ‚Puppenmädchen':

> ‚Wissen'S, do hot ma eh a oft draufzoit: die Spinnerin hot si's oft a leicht gmocht und hot amoi a hoibe Stund gschlofen. So: Und du host Deine Pressen voi ghobt mit Zigarren und bist aungstaunden. Host nimma weitertuan kennan.
> So: *Daun* hot *de* oba wieder so hinghaut (schnell gearbeitet), dass'd a z'toan ghobt host, dass'd nochkumman bist."[73]

In vielen Bereichen der Zigarettenproduktion hat sich, wie dieses Foto aus der Tabakfabrik Linz von 1935 zeigt, die Anpassung menschlicher Arbeitskraft an den Zeittakt der Maschinen bereits durchgesetzt. In der Zigarren produzierenden Halleiner Fabrik war von diesem großen Rationalisierungsschub noch wenig zu spüren.

Auch für sie war in der Folge im erzählerischen Rückblick die später eingeführte Einzelarbeit eindeutig positiv besetzt: nicht zuletzt durch die gestiegene Chance, sich in der Arbeitsleistung als Person bestätigt zu fühlen.

> „Nochdem is die *Einzeloarbeit* aufkemman, net. Do hot ma söba daun Puppen mochen miassen und s'Spinnen a. (...) Des woar *vü* netter. Do host dei Verantwortung *alloan* ghobt, net. De hot a schene Oarbeit ghobt, net. De aunder hot wieder koa so schene Oarbeit oder die oa hot wieder *nix* zaumbrocht. Jo, des hängt jo davon ob, wos ma für a *Oarbeiterin* is."[74]

Eine ‚gute Arbeiterin' zu sein, nicht nur um eines äußeren Druckes willen – etwa weil die Qualität der Arbeitsleistung jeden Tag kontrolliert worden ist –, sondern vor allem aus Selbstachtung heraus: diese Haltung wurde von den interviewten Frauen unübersehbar in die konkrete Arbeitssituation eingebracht.

> „Aun und für sich, waunst oiwei des Gleiche mochst, is des a eintönige Oarbeit. Nur – und do faungt's aun –: waun i Oarbeitsdisziplin hob und woaß, dass i des Ende vom Tabak, von da Einlage dort hinbringan muass, wo die Zigarren aunzündt' wird, damit des Aroma beim Aunzünden daun durch die gaunze Zigarren durchziagt, daun oarbeit' i gewissenhoft und schau, dass i die Oarbeit richtig moch.
> I woaß *vü* Frauen, die sehr großen Wert drauf glegt haum, dass ihre Oarbeit ois gut befunden worn ist, wenn die Übernehmerin kumman is."[75]

Von ‚Arbeitsdisziplin' spricht Frau P. und meint damit ganz offensichtlich doch nicht nur die Übernahme äußerer Normen, sondern auch selbst gesetzten Arbeitsstolz. Positive Arbeitsmotivationen also, die sich, wie die Soziologin Regina Becker-Schmidt gleichfalls nach ausführlichen lebensgeschichtlichen Interviews mit Fabriksarbeiterinnen feststellen konnte, nicht nur aus der Sphäre des Über-lchs, „sondern aus psychischen Bedürfnissen des Ichs und des Ich-Ideals"[76] nähren. Denn: Arbeitsstolz – „i bin a guate Oarbeiterin gwesen" – enthält auch Momente des Widerstandes gegen jene Entwürdigung, bloßes Anhängsel der fabriksmäßigen Arbeitsorganisation und ihrer produktionstechnischen Notwendigkeiten zu sein.

Dem industriellen Produktionsapparat, der sich in seiner Leistungsorientierung, seiner genormten Zeit- und Arbeitsdisziplin selbst so weitreichend hinweggesetzt über die Tatsache, dass menschliche Arbeitskraft „kein Elektromotor"[77] ist, kommt es trotzdem voll zu Gute, dass menschliches Arbeitsvermögen – entgegen seinen eigenen Wertigkeiten – nicht nur dressierbare Ware ist. Dass es immer gebunden bleibt an Gefühle, an Ängste und Sorgen, an Freude und Stolz, an Kooperations-, Identifikations- und Bestätigungsbedürfnisse, an Verantwortungsgefühl. Es ist eine aktuelle These der Industriesoziologie, dass weder „das beste Management" noch das „raffinierteste Lohn-Leistungs-Anreiz-System" etwas nützen würden, „wenn bei den ‚Arbeitskräften' nicht das Bedürfnis und der Wille da wären, ihre Arbeit ordentlich zu tun, etwas Brauchbares zu produzieren."[78]

Die teilweise Verwirklichung dieser lebensgeschichtlich gewachsenen und mit Arbeit assoziierten Bedürfnisse und Gefühlslagen wird offenbar – und das belegen abermals nicht nur die Halleiner Interviews, sondern auch die Forschungsergebnisse des Teams um Regina Becker-Schmidt – selbst ‚entfremdeten' Arbeitsbedingungen *abgetrotzt*: also auch Arbeitsbedingungen wie Akkordarbeit, deren Belastungen in Hinblick auf Zeitdruck, Monotonie, Aufmerksamkeitsbindung und Deformierung der intellektuellen Leistungsfähigkeit oft beträchtlich sind.

So knüpfte das Selbstbewusstsein der Halleiner Zigarrenfabriksarbeiterinnen, was die in der Fabrik geleistete Arbeit betrifft, etwa daran an, dass der konkrete Vollzug auch monotoner Tätigkeiten letztlich doch „immer noch den Einsatz und den Nachweis eines Bündels von Fähigkeiten und Fertigkeiten"[79] erforderte.

Das Wissen um ihre in den Arbeitsprozess eingebrachte Sorgfältigkeit und Gewissenhaftigkeit, um ihre Geschicklichkeit und Schnelligkeit, um ihre Materialkenntnisse, ihre ökonomische Nutzung des zu bearbeitenden Rohstoffes und ihr Formgefühl war innerhalb der Belastungssituation auch Anknüpfungspunkt für Selbstbestätigung und Selbstachtung. Selbst die Stückvorgaben des Akkords wurden für viele Zigarrenfabriksarbeiterinnen so zu einer Quelle sehr widersprüchlicher Erfahrungen. Denn: Neben dem Druck, schnell und doch sorfältig arbeiten zu müssen, neben der Angst, das geforderte Tagesquantum vielleicht nicht zu erreichen, haben sich die Frauen wiederum so etwas wie Selbstbestätigung durch Selbstbewertung geholt: „I hob mei Zoi zaumbrocht", „i bin flink gwesen", „i bin gern in d'Fabrik gaungan, weil i mi leicht taun hob mit'm Akkord." Zudem vermittelte die klare Bemessbarkeit und objektive Sichtbarkeit der eigenen Arbeitsleistungen den Frauen eine Form von Anerkennung, die ihnen die Arbeit in der Familie vorenthielt. Je unbefriedigender die Familiensituation war, umso mehr versuchten sie – den Arbeitsbelastungen in der Fabrik zum Trotz – auch der Akkordarbeit positive Momente abzugewinnen: und sei es nur das der Ablenkung von schwer aufzulösenden familiären Problemen.[80]

> „Es hot Frauen geben, die liaba in die Fabrik gaungan san, ois wia hoamgaungan. Wei's daham Schwierigkeiten geben hot: vielleicht mit'm Maun oder mit die Kinder oder wia. Oder Schulden, net, des haums jo a ghobt. Und in da Fabrik drinnan, do bist hoit obglenkt worn durch die Oarbeit und durch des Beisammensein mit die aundern."[81]

Es war eines der letzten von insgesamt sieben Gesprächen mit Agnes P., das mir jene psychische Gratwanderung so deutlich machte, die hinter den in den lebensgeschichtlichen Interviews präsentierten Einstellungen zur Fabriksarbeit steht.

So kommen offenbar – und hier waren mir abermals die Forschungsergebnisse des Teams Regina Becker-Schmidt, Gudrun-Axeli Knapp und Mechthild Rumpf theoretischer Anknüpfungspunkt – die teilweise positiven emotionalen Besetzungen der Fabriksarbeit nicht „durch einfache Affirmation zustande, sondern durch doppelte Negation." Denn: „Man kann selbst eine entfremdete Arbeit *nicht nicht* positiv besetzen."[82] Niemand kann über Jahrzehnte acht Stunden täglich eine bestimmte Arbeit verrichten und sich so verhalten, als hätte sie nichts mit ihm/ihr zu tun.

> „I muass ehrlich sogen, i hob's gern gmocht, die Oarbeit in da Fabrik, wei sie is leicht zum Mochen gwesen. Du host net denken miassen, net studieren miassen. Des host net miassen. Du host di nur aun an bestimmten Mechanismus gwöhnan miassen: so gheart's und so wird's gmocht. Und des gwehnt's di daun mit da Zeit, net",

erzählte Agnes P., die Betriebsrätin, die – außerhalb der Fabrik – jeden Schilling beiseite legte, um Literatur und Bücher zu erstehen und sich Wissen und Information aneignen zu können. Sie hat viel gefragt und noch mehr hinterfragt: von den damaligen politischen Verhältnissen bis hin zur eigenen gesellschaftlichen Rolle als Frau. Ob ihr ‚das alles' während der achtstündigen Akkordarbeit nicht abgegangen sei, wollte ich schließlich von ihr wissen.

„I hob sogoar amoi im Sinn ghobt, i geh nimma in d'Fabrik", fällt Frau P. jetzt ein.

> „Mei Schwester, die woar jo a in da Fabrik, mei Schwester und i san amoi in' Park gaungan: do haumma die Fabrik gschwänzt. Do haumma uns überlegt, ob ma überhaupt dahoam bleiben von da Fabrik und daun furtgehn. Mia haumd uns vorgstöt, irgendwo in d'Wöt außigehn, jo. So wos, wia's unsere Briada gmocht haum: die san auf Walz gaungan. Des hätt' uns eher mehr zuagsogt. (...) I woit net ..., waun 's noch mir gaungan war, waun ma 's Göd ghobt hätten, hätt' i jo studiert. I bin jo unheimlich gern in d'Schui gaungan. Jetzt war ma natürlich a aundere Oarbeit liaba gwen, oba domois host jo kan Ausweg ghobt, net. Du host jo froh sein miassen, dass'd a soiche Oarbeit ghobt host.
>
> Und daun host die natürlich a bei *der* Oarbeit *so* verhoiten, dass' da, sog ma, kan Tadel zuazogen host. Und dass ma sei Oarbeit hoibwegs gern gmocht hot."[83]

Erst auf Nachfrage hin war dieses – die Arbeit in der Fabrik prägende – Arrangement aus sehr viel Fremdbestimmung und Momenten der Selbstbestimmung thematisierbar geworden.

Über die positiven emotionalen Besetzungen der täglich im Akkord zu verrichtenden Arbeitstätigkeiten entlasteten sich die Arbeiterinnen vom in dieser Arbeit enthaltenen Druck. Gleichzeitig bestand jedoch auch die Gefahr, jene „Verwertungsstrategien, die den Arbeitsprozess objektiv strukturieren",[84] aus den Augen zu verlieren.

6.7. „Wei waun a bissl a Zusammenhalt is ..."

Über Kollegialität, Solidarität und andere subversive Versuche, die Arbeitsbelastungen zu unterlaufen

Wie gesagt: Die Arbeit in der Fabrik wurde von den interviewten Zigarrenfabriksarbeiterinnen nicht nur als Verschleiß erlebt. Sehr viel ungebrochener als über den Inhalt der zu verrichtenden Arbeit stellten sich positive Bezüge zur Fabrik jedoch über die Qualität der menschlichen Beziehungen unter den Arbeiterinnen her.

> „Es woar *wirklich* eine schöne Oarbeit. Wei waun a bissl a Zusammenhaltung is, daun is jo des gaunz aunders, ois wia – waßt eh – waunst scho einigehst mit Widerwillen: ‚De mog i net und de mog i a net ...', i kaun mi auf des *nicht* erinnern."[85]

Das „Stück Kollektivität, das in der Fabrik objektiv gesetzt"[86] war, enthielt also keineswegs nur die schon beschriebenen, arbeitsorganisatorisch bedingten Anpassungs- und Abstimmungsschwierigkeiten zwischen den im Akkord aufeinander angewiesenen Arbeiterinnen.

Natürlich waren die sozialen Beziehungen in der Fabrik, objektiv gesehen, durch fremdbestimmte Akkordarbeit strukturiert und durch Arbeitszwang vermittelt, doch in den Interviews war unüberhörbar immer wieder die Rede von erlebter und aktiv gesetzter Kollegialität und Solidarität. Von Verkehrsformen und Beziehungsmustern also, mit denen die Arbeiterinnen jenes unpersönliche, konkurrenzhaltige, „versachlichte Mit- und Gegeneinander"[87] unterwanderten, welches das Fabrikssystem prinzipiell nahelegt.

Das in allen Interviews in unterschiedlichsten Erzählzusammenhängen über die Fabrik sehr selbstbewusst eingebrachte „jedenfois woar do bei uns a richtiges Zaumhoiten"[88] steht für ein subtiles, schwer zu beschreibendes, an den Arbeitstischen wachsendes und sich festigendes Netzwerk aus gegenseitigen Hilfestellungen und Rücksichtnahmen, aus heimlichen Strategien, Aufseher und Fabriksnormen gemeinsam zu überlisten, und offenen spontanen Unmutsäußerungen, aus Gesprächen über den Alltag außerhalb der Fabrik und dem gemeinsamen Singen von

Liedern, aus Witzen, Maskeraden und allem möglichen Schabernack: aus vielfältigen solidarischen Strategien also, Arbeitsbelastungen auszubalancieren und Arbeitszwänge subversiv zu unterlaufen. Auch wenn sich diese Widerständigkeiten meist „unterhalb der Ebene spektakulärer politischer Aktivitäten"[89] entwickelten, so waren sie dennoch Momente gelungener Abwehr gegen die Gleichförmigkeit des Arbeitsablaufes, gegen die Bedrohung, vom Arbeitsprozess aufgesaugt zu werden, gegen die porenlose Funktionalisierung der eigenen Arbeitskraft.

So enthalten manche der in den Interviews erzählten ‚Arbeitsgeschichten' eine dem Zeitdruck des Akkords provokant entgegengesetze ‚Gemütlichkeit'. Erinnerungen wie die folgende, in der die sonst so dominierende und zwingende Gleichung: Zeit = Geld zumindest für kurze Zeit aufgelöst wird, finden sich immer wieder.

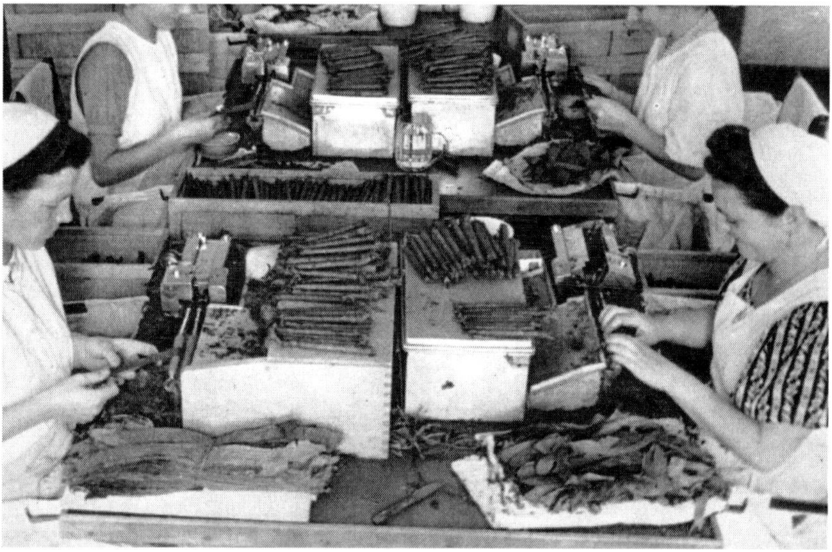

Materialkenntnisse, Formgefühl, Arbeitsstolz: Jeweils 12 Frauen sind an diesen Produktionstischen gesessen und haben in Handarbeit Zigarren hergestellt, hier in der Fabrik Schwaz in Tirol, 1940er-Jahre.

> „Jo, a Gaudi haumma a oft ghobt. Do hot oane oiwei gsogt: ‚Waun i in da Pension bin, geh i nur mehr per Hut ummanaunda.' Jetzt haum uns mia docht: ‚Woaßt, wos ma tan? Jede bringt ihr so an oiten Tschako daher.'
> Und do haumma so Pressen ghobt, wo ma die Puppen pressen haum miassen, und do haumma ihr überoi so an Huat auffigsteckt. Dass' net olle Tog den gleichen nehman muass, net, dass' wechseln kaun. Woaßt eh, vor lauter Gaudi ... Dawei is da Herr Oberinspektor außakemman. Hot a gsogt: ‚Jo, wos gibt's

denn *do* scho wieder bei Eich!'"[90]

Sitzt eine Arbeiterin alleine an einer Maschine, die ihr Rhythmus und Schnelligkeit vorgibt, oder arbeitet sie am Fließband, das ebenfalls keine Minute Leerlauf duldet, dann sind die Chancen auf soziale Kontakte und Kommunikation während der Arbeitszeit recht gering. Die Zigarrenfabrikation war zwar Akkordarbeit, doch ohne unmittelbar vorgegebenes Zwangstempo. Zudem konnte die Arbeit ohne Störung der Gesamtproduktion unterbrochen werden. Das machte es den Arbeiterinnen möglich, im Rahmen der Akkordnorm Arbeitsrhythmus und Arbeitsintensität nach Bedarf individuell zu variieren.

Das heißt: Nur auf wenigen Arbeitstischen wählten die Frauen jenen – am Beginn des vorigen Kapitels durch einen Interviewausschnitt belegten – so kurzen, gleichförmigen Zeittakt des „Fünfminutelns", um das vorgegebene Tagespensum zu strukturieren.

„Man kaun net den gaunzen Tog so in am Tempo fortoarbeiten" berichtet Anna L. über ihre eigenen Zeitstrategien:

> „... in da Fruah oarbeit' ma vielleicht laungsamer a, gegen Mittog mehr, daun sinkt's wieder amoi a bissl ob. Ma muass hoit die Tagesleistung erreichen."[91]

Auffallenderweise war in den Interviews immer nur vom Erreichen der festgesetzten Tagesleistung die Rede. Dabei war im Kollektivvertrag von 1921 das Leistungsprinzip eingeführt worden, das heißt: ein Überschreiten des Mindestakkordsatzes hätte zusätzlichen Lohn gebracht.

„Des hot kane taun, dass sie mehr obgeben hot": sehr bewusst haben sich die Arbeiterinnen dem individualisierenden Leistungs-Anreiz-System entzogen, wohl wissend, dass ein ständiges Überschreiten der Akkordvorgaben sehr schnell eine – die Arbeitssituation allgemein verschärfende – Anhebung der ‚Normalleistungen' nach sich gezogen hätte.

> „I woaß, dass ma a poar Moi drüber gsprochen haum: des soi ma net toan. Und daun woar des a aus Solidarität, damit ma die Leistung von die Oarbeiterinnen, die mit da Oarbeit net so zaumkumman san, die net so flink woarn, net verschlechtert."[92]

So mancher Arbeiterin haben ja körperliche Unpässlichkeiten, familiäre Probleme und Überarbeitung – „die Frauen haumd hoit a oft dahoam z'vü Oarbeit ghobt und waun sa si bei da Nocht z'vü einigoarbeit' haum, haums oft die Kroft net ghobt in da Fruah"[93] – vorübergehend selbst das Erreichen der Akkordnorm schwer gemacht. ‚Schnellere' Arbeitskolleginnen haben ihr dann aus ihren eigenen – über den Akkordsatz hinausgehenden – Zwischenlagern Zigarren verkauft: weit unter dem offiziell ausbezahlten Stückpreis. An vielen Arbeitstischen konnte sie jedoch in diesen Notsituationen mit unbezahlter solidarischer Hilfestellung rechnen:

> „Des is oft vurkumman. Waun oane net guat beinaund gwesen is, net, oder waun oane, woaß i – is a oft vurkemman –, a seelisches Leid ghobt hot und nochand is' mit da Oarbeit einfoch net zaumkemman, wei die Gedaunken gaunz wo aunders woarn ... Und, sog ma, um viere is' zum Übernehmen gwesen und sie woar net fertig, net: daun hot ihr hoit die aundere a Brettl (voll mit Zigarren) gschenkt. Oder hot gsogt: ‚Geh her, gib ma a Press Puppen, i spinn da a Brettl.' Des is oft vorkemman."[94]

Kollegiale Kontrapunkte zum Arbeitsdruck: Geburtstage und bevorstehende Hochzeiten waren willkommene Anlässe, die Logik des Akkords durch Erinnerungsfotos und gemeinsames Feiern zumindest kurz zu unterlaufen, Hallein 1920er-Jahre.

Ganz gezielt haben die meisten Arbeiterinnen also die in der spezifischen Arbeitsorganisation der Zigarrenfabrikation enthaltenen Möglichkeiten, die Arbeitsgeschwindigkeit zu variieren, aufgegriffen, um sich Zigarrenvorräte und damit Zeitpuffer für solche Situationen besonderen Arbeitsdrucks zu erwirtschaften: seien es selbst erlebte oder die anderer Kolleginnen.

Auf die gleiche Weise wurden dem Arbeitsprozess immer wieder kostbare Minuten für Gespräche und Diskussionen und damit für kommunikative Unterbrechungen des eintönigen Arbeitsablaufes abspenstig gemacht.

Die Arbeitspsychologin und Industriesoziologin Ute Volmerg betont in ihrem Buch „Identität und Arbeitserfahrung“, dass „die Kommunikationschancen, die ein Arbeitsplatz bietet“, für die Beschäftigten „ein wesentliches Kriterium für die positive oder negative Beurteilung der Arbeit“ sind.[95]

Auch das „i bin gern in die Fabrik gaungan“ der Halleiner Zigarrenfabriksarbeiterinnen bezieht sich ganz stark auf die innerhalb der Arbeitssituation vorhandenen Kommunikationsmöglichkeiten.

> „Wir san olle so gern in die Fabrik gaungan. Ma hot nebenbei ..., überhaupt waun ma flink gwesen is, hot ma ... Nebenbei is gsungen worn oder es hot jemand wos erzöht oder es hot jemand irgend interessante Diskussionen gführt, oiso wo's a draun teilnehmen haum kennan. (...)
> I woaß, dass maunchmoi die Direktion die Tür aufgmocht hot, oiso da Inspektor hoit die Kanzleitür aufgmocht hot und gheart hot, waun die Oarbeiterinnen gsungen haum. Do san die oiten Volkslieder gsungen worn. Und am Vortag vorm 1. Mai und vorm 12. November (Tag der Republik) san Oarbeiterlieder gsungan worn, oiso da ‚Sozialistenmarsch‘ und das ‚Lied der Arbeit‘ und so. Des hot ma ohne weiteres tuan kennan, oba ma hot nur, sog ma, im Fleißigsein net aufhearn dearfn.“[96]

Natürlich hat die Möglichkeit zu Gesprächen immer wieder im Zeitdruck und in der notwendigen Aufmerksamkeitsbindung an die Arbeitsvollzüge bzw. an die unterschiedliche Qualität des zu verarbeitenden Materials ihre Grenzen gefunden: „Waun ma do zaumgsessen san, do host scho reden kennan mit die aundern, oba sehr oft is' da a vergaungan, waunst net zaumkumman bist: wei do war da jo glei wos obzogen worn.“[97] Aber die Kommunikation unter den Arbeiterinnen war im Gegensatz zu anderen industriellen Arbeitsplätzen weder durch Maschinenlärm noch durch Isolierung der Beschäftigten bedroht. Im Gegenteil: Die doppelseitigen Arbeitstische in der Zigarrenfabrikation, an denen jeweils zwölf Frauen gesessen sind, haben soziale Kontakte ganz sicher erleichtert.

Diese Chance haben die Zigarrenfabriksarbeiterinnen immer wieder aufgegriffen: „Do is ollerhaund obgredt (besprochen) worn. Oane hot von da aundern ois gwusst. Des is kloar, mei, waun ma Tog für Tog beisommen sitzt, net“[98], schildert Anna L. die vertrauten Beziehungen an den Arbeitstischen und damit jene Versuche, über das Verhältnis zu den Kolleginnen, über gegenseitige Anerkennung, Bestätigung und Sympathie die eigene Identität gegen Verschleiß und Monotonie zu stützen.

Gerade in Arbeitssituationen von großer Gleichförmigkeit helfen Gespräche, so Ute Volmerg, „Raum und Zeit zu strukturieren“. Indem sie Erlebnisse, Erfahrungen, Probleme aus der Familie, aus der Freizeit, aus der Nachbarschaft, indem sie Ereignisse „von draußen" in die Industriebetriebe hereinholen, füllen sie „die abstrakte Arbeitszeit mit erlebter Zeit."[99]

> „Die ane hot des gwusst, des aunder hot des gwusst. Die aunder hot Familiensochen ghobt, die aunder hot's Kino erzählt, net – und so verschieden. Oder woar a Zirkus, hot die ane daun vom Zirkus erzöht und des."[100]

Das machte die Arbeitstische zu einem Umschlagplatz für Tagesneuigkeiten, aber auch für Informationen, die den Frauen sonst nur schwer zugänglich gewesen wären.

Ganz bewusst hat etwa die Betriebsrätin P. ihren Arbeitskolleginnen aufklärende „Geschichten" erzählt: über Frauenrechte, über Verhütung und Sexualität, über die ArbeiterInnenbewegung, über Politik.

> „Schau, ma muass des so sehn, dass, sog ma, die Oarbeiterklasse, unter der i verkehrt hob, sog ma vom Hainfelder Parteitog domois nix gwusst haum. Sie woarn in politischer Beziehung net so aufgeklärt.
> I hob's a erscht glesen und verstaunden, wia i ma zum Beispiel vom Bebel ‚Die Frau und der Sozialismus' kauft hob und glesen hob, sodass i amoi a Aunfaungsidee überhaupt ghobt hob, net. Und mit solche Bücher hob i mi söba a bissl gschult und des Wissen hob i a bissl weitergeben, so weit's gaungan is. (...) Wia i beim Bebel glesen hob, dass es gaunz im Urzustand jo eigentlich des Matriarchat geben hot, net, dass es do gaunz aunders gwesen is, dass die Frau jo diejenige woar, die do bestimmt hot bei oim: wia des *gwirkt* hot auf mi. Und wia i ea des erzöht hob, des haums goar net glaubt."[101]

Auch wenn vieles vom Gehörten ein recht utopischer Kontrapunkt zum Halleiner Arbeiterinnenalltag war, haben die Frauen in der Zigarrenfabrik die Geschichten der Agnes P. offenbar mit großem Interesse aufgegriffen und haben ihr ganz gezielt Erzähl-Freiräume organisiert.

> „I bin aun und für sich sehr flink gwen bei da Oarbeit, oba i bin natürlich bei da Oarbeit daun *hinten* blieben, wei des Gschichten erzöhn hot an aufghoiten, net. Jetzt haums ma oiwei wos gspunnan, haumma oiwei Zigarren gmocht, nur damit i ea wieder Gschichten erzöh."[102]

Damit wurde in der Halleiner Zigarrenfabrik eine Tradition fortgeführt, die schon in der Frühgeschichte der organisierten TabakarbeiterInnenschaft legendär geworden war. So ist etwa für Deutschland belegt, dass „besonders in der Zeit des

Sozialistengesetzes (...) in den meist kleinen Betrieben mit politisch aufgeschlossenen Arbeitern ein Arbeitskollege – oft der jüngste oder ein leistungsschwächerer Zigarrenarbeiter – ausgewählt (wurde), der innerhalb der Arbeitszeit gelegentlich aus Zeitschriften und Büchern vorlas, während die anderen Arbeiter das Arbeitsquantum des ‚Vorlesers' mitübernahmen. Im Anschluss wurde eingehend über das Gehörte diskutiert, ohne dabei die Arbeit zu unterbrechen."[103]

Auch ganz persönliche Probleme und Tipps aller Art wurden an den Arbeitstischen in der Halleiner Zigarrenfabrik ausgetauscht. Kochrezepte wurden vermittelt – „do haum vü kochen glernt, von dem, wos die ötern Oarbeiterinnen gsogt haum"[104] – und Informationen über Möglichkeiten der Schwangerschaftsunterbrechung. „Wos ma mit die Burschen oft mitgmocht hot ..."[105]: darüber wurde ebenso diskutiert wie über die Probleme, wenn für die Kinder ein Platz bei Zieheltern oder eine Lehrstelle gefunden werden musste. Arbeitsanordnungen wurden unter gegenseitiger Rückendeckung klammheimlich umgangen. Der Fabriksdirektor wurde kritisiert, wenn „oana gaunz a *Sauhund*"[106] war.

Mehrmals kam es auch zu spontanen Tumulten der Arbeiterinnen, vor allem dann, wenn Beamte und Aufseher besonders willkürlich über ihr ohnehin schon bis aufs äußerste angespanntes Zeitbudget verfügten.

Mit Recht empfanden es die Frauen als ‚Diebstahl' kostbarer, für die mittägliche Haushalts‚pflicht' benötigter Minuten, wenn sich ein Kontrollor für die Visitation beim Fabriksausgang ihrer Meinung nach aufreizend viel Zeit ließ. Oder: Wenn sie der Direktor, nach Arbeitsschluss um 11 Uhr, noch im Hof aufstellen ließ, um einen Erlass bekanntzugeben, der über den Betriebsrat rascher und ohne Zeitverlust hätte mitgeteilt werden können.[107]

Tumult auch, als ein ohnehin schon ‚missliebiger' stellvertretender Direktor das Mitnehmen einer Jause in die Fabrik untersagt.

Der Anlass scheint banal und ist es doch nicht, weil oft Kleinigkeiten die Zwickmühle der Doppelbelastung ins absolut Unerträgliche und Unzumutbare, in diesem Fall offensichtlich nicht mehr Hinnehmbare steigerten: „dass ma net amoi a Jausen einnehman dearf, des hot die Frauen narrisch gmocht", schließlich sei vielen von ihnen ja „net amoi a Zeit zum Frühstück blieben". Bei der Arbeit selbst habe man ohnehin nichts essen dürfen. Da habe es strenge Bestimmungen gegeben, damit keine Fremdstoffe in die Zigarren hineinkämen. Wurde man trotzdem erwischt, habe man mit Strafen und im Wiederholungsfall mit der Entlassung rechnen müssen.

> „G'essen hot ma die Jausen eh nur, waun ma schnö auf's Kio obigrennt is. Des Klo woar unten im Hof und waunst obiglaufen bist – die Zeit hot ma si jo einoarbeitn miassen – daun hot ma schnö sei Jausenbrot g'essen."[108]

Austausch über Frauenrechte, Verhütung, Gewerkschaft: Die spezifische Arbeitsorganisation in der händischen Zigarrenproduktion hat Kommunikation auch während der Arbeit ermöglicht, Hallein 1930er-Jahre.

Als auch dieses Recht noch zu fallen drohte, war – so die Erinnerung der Betriebsrätin P. – die Empörung groß. Im spontanen und geschlossenen körperlichen Druck gegen den Verantwortlichen dieser als Willkür empfundenen Maßnahme hat sich – in seltener Umkehr – wohl auch ein Teil jenes zeitlichen, körperlichen und psychischen Druckes entladen, der für diese Frauen alltäglich war. Selbst wenn hier nur das erinnernde Wunschdenken dem Aufseher Angst vor jenen Prügeln zuschreibt, die diese Frauen sonst selbst vor die Füße geworfen bekamen.

Theaterstück „Tschikweiber": Szenenfoto „Lautstarker Protest der Frauen, die mit Arbeitsgeräten auf die Produktionstische trommeln" © *Winfried Kogelnik*

„Die Oarbeiterinnen haum si olle gsogt: oiso, des loss ma uns nimma bieten. Und wia a daun amoi auffikemman is in die Fabrikationsräume, nocherd haum die Frauen aungfaungn, mit die Pressen am Tisch einiklopfen, und mit die Bartwisch. Gschrian haums. Daun haums gschimpft und haumd'n ois gnennt, net. Die oan san vom Saal, vom End vom Saal aufgstaunden und hin zu eam und die aundern san vom aundern End her: is a mitten unter die Oarbeiterinnen drinn gwesen und gfüacht hot a si a so.

Er woit scho aus'n Saal außigehn, und dawei san die aundern Oarbeiterinnen von die aundern Säle ..., haum scho gwoart. Woit er über die Stiagen obilaufen, dawei is a grod einikemman, wia unten die gaunzen Oarbeiterinnen do gstaunden san und olle haum gschimpft auf eam, net.

Oiso, er hot si so gfiacht und gschrian haums a so die Frauen, sie lossen sie des

> net bieten, net. Und i moan, er hot gfiacht, er kriagt Prügel von die Frauen.
> Und des hot daun da Direktor gheart – da erste Direktor, net –, und is daun ummakemman und hot'n hoit mit Müh und Not aus die Oarbeiterinnen außabrocht. Und daun is a ummigrennt und hot si direkt unterm Schreibtisch versteckt, net.
> Oiso, die Oarbeiterinnen haum gsogt, si lossen si des net gfoin und sie protestieren hoit dagegen gaunz energisch. Und da Direktor hot gsogt, oiso, er wird dem nochgehn, net.
> Und es is nocherd wirklich ..., oiso des Verbot is aufghoben worn, net, und die Frauen haum eana Jausen wieder eini nehman dearfen.
> Und *er* is daun, kurz drauf is a daun weggakemman, oiso von Hallein wegga. Wei des hätt si net ghoiten. Er ..., erstens is des so schmachvoll gwesen, weil ma'n unterm Schreibtisch sitzen gsehn hot: a angehende Respektsperson, net. Und olle haum eam's vergunnt, net, dass a daun weg hot miassen."[109]

Auch andere Interviews belegen, dass sich solche spontanen Protestaktionen der Zigarrenfabriksarbeiterinnen vor allem im Zusammenhang mit offenem persönlichem Machtmissbrauch durch einzelne Fabriksbeamte entwickelten. Offenbar ließen gerade diese scheinbaren Einzelfälle den Frauen jene Macht- und Abhängigkeitsstrukturen schlagartig ins Bewusstsein treten, die Lohnarbeitsverhältnissen prinzipiell zugrunde liegen, jedoch aus dem Alltagsdenken oft ausgeblendet bleiben.

Es waren diese kollektiven Aktionen und der kommunikative Austausch an den Arbeitstischen, über die sich sehr stark die von den Zigarrenfabriksarbeiterinnen immer wieder berichteten Gemeinschafts- und Solidaritätsgefühle konstituierten. Zu wissen, täglich zu sehen und zu hören, dass sich auch die anderen Arbeitskolleginnen mit ähnlichen Problemen und Nöten herumschlugen: das schuf Zusammenhalt und „eine Art gegenseitiger Anerkennung", die entsteht durch die so offensichtliche soziale und geschlechtsspezifische „Zugehörigkeit zur Gruppe derer, die einer bestimmten Situation gewachsen sind."[110]

Der Vergleich zwischen dieser in der Fabrik so spürbaren und sichtbaren Teilhabe an einem kollektiven Erfahrungs- und Aktionszusammenhang mit den Bedingungen der isolierten Hausarbeit in der eigenen Familie hat für viele der interviewten Arbeiterinnen die Zigarrenfabrik zusätzlich aufgewertet. Denn: In der Isolierstation familiärer Privatheit waren sie massiv jener „Wirklichkeit (beraubt), die durch das Gesehen- und Gehörtwerden entsteht."[111]

Behindert waren sie also in der Möglichkeit, die eigenen Erfahrungen zu Gehör zu bringen, sich selbst im Gespräch und in der Aktion mit anderen Frauen *sichtbar* zu machen und sich im kollektiven Handeln und in den Erzählungen der anderen *wiederzufinden*. Nur das aber, so die Philosophin Hannah Arendt, „versichert uns der Realität der Welt und unser selbst."[112]

„Es hot Frauen geben, die liaba in die Fabrik gaungan san ois wia daham."[113]

6.8. „Is amoi kloar, dass ma bei da Gwerkschaft gwen san"

Über den hohen gewerkschaftlichen Organisierungsgrad in der Halleiner Zigarrenfabrik

Bei ihrem Eintritt in die Fabrik – 1920/21 – hatten die interviewten Zigarrenfabriksarbeiterinnen einen gewerkschaftlich hochorganisierten Betrieb vorgefunden. 91,5 Prozent der dort beschäftigten Frauen und Männer waren damals Mitglieder der sozialdemokratischen Gewerkschaft der Tabakarbeiterinnen und -arbeiter Österreichs. Die anderen dürften christlich organisiert gewesen sein. Bei den Betriebsratswahlen im 1920er-Jahr erhielt die christlichsoziale Gewerkschaftsliste jedenfalls 11 Prozent der Stimmen.[114]

Es lag erst zwei Jahrzehnte zurück, dass die sozialdemokratische Wochenzeitung ‚Salzburger Wacht' glaubte, in den Arbeiterinnen der Halleiner Zigarrenfabrik nichts anderes sehen zu können als „heuchlerische Betschwestern", die „ihrem Elend stumpfsinnig gegenüber(stehen)" und „ihre Erholung in den elendsten Schundromanen (suchen)."[115]

Tatsächlich hatten es die fast „militärische"[116] Ordnung und Disziplin, die damals in den österreichischen Tabakfabriken gefordert waren, den Arbeiterinnen extrem schwer gemacht, offensive Strategien für eine gemeinsame Interessensdurchsetzung zu entwickeln. Die Fabriksdirektoren hatten „ein Stück absoluter Gewalt".[117] Die Arbeitsordnung sah auf Seiten der ArbeiterInnenschaft hauptsächlich Pflichten und deren gehorsame Erfüllung vor. Etwaige „Wünsche und Beschwerden" waren „mit Bescheidenheit und Anstand" den Vorgesetzten durch eine Deputation vorzutragen. „Demonstrative Ansammlungen des Arbeitspersonales in den Höfen oder vor dem Fabriks-Thore" waren ausdrücklich verboten.[118]

Auch die örtliche Kirche startete Versuche, die Arbeiterinnen daran zu hindern, die Veränderung der eigenen Existenzlage selbst und selbstbewusst in die Hand zu nehmen und aus eigenem Antrieb heraus Organisationen, Widerstands- und Solidaritätsformen zu schaffen. In den örtlichen ‚Marienverein' sollten sie integriert werden und in den von der Kirche initiierten und geleiteten ‚Katholischen Arbeiterinnenverein'.[119]

Trotzdem: Schon 1899 schien die „Lammsgeduld der hiesigen Tabakfabriks-Arbeiterinnen" ein erkennbares Ende zu nehmen. Als einer Arbeitskollegin die – in den Augen der Arbeiterinnen vollkommen willkürliche – Entlassung drohte, legten diese spontan die Arbeit nieder, „besetzten die Gänge und erzwangen so die Zurücknahme der Entlassung der Collegin."[120] Einige Monate später organisierten sich schließlich 60 Arbeiterinnen, das waren etwa 10 Prozent der weiblichen Beschäftigten, als Frauensektion der Halleiner Ortsgruppe des sozialdemokratischen ‚Arbeiter-Bildungs- und Gewerkschaftsvereines'. Mit einer Obfrau an der Spitze schlossen sie sich im Jahr 1903 zum ‚Fachverein der Tabakarbeiterinnen' zusammen, der schon wenig später organisatorische Verbindung zum mittlerweile konstituierten ‚Reichsverein der Tabakarbeiterinnen und Tabakarbeiter Österreichs' aufnahm.

Die dem gewerkschaftlichen Kampf zugrundeliegende prinzipielle Konfliktlinie Unternehmer-ArbeiterInnenschaft war für die Beschäftigten der Fabriken des staatlichen Tabakmonopols eine besonders klare: sie hatten es mit einem einzigen Arbeitgeber zu tun. Das hat ein gezieltes gewerkschaftliches Vorgehen sicher erleichtert, was Forderungen nach höheren Löhnen, Verkürzung der Arbeitszeit, einheitlicher Regelung der Akkordleistungen, sozialer Absicherung im Alter, Reform der Krankenversicherung und nicht zuletzt nach einem respektvolleren Verhalten der Fabriksbeamten gegenüber den Arbeiterinnen betrifft.

Gerade im Kampf gegen die „Rohheit der Beamten"[121] wird wachsender Produzentinnenstolz spürbar. Immer wieder finden sich im Gewerkschaftsorgan ‚Der Tabakarbeiter' Lageberichte aus den Fabriken, in denen empört über Beamte berichtet wird, welche die Arbeiterinnen mit willkürlichen Anordnungen „sekkieren", aber keineswegs imstande wären „eine Zigarre selbst zu machen."[122]

Ihr Eingebundensein in großbetriebliche Strukturen und erste Erfolge ihrer überregionalen Fachgewerkschaft haben auch in der Halleiner Fabrik die Wirkungskraft einer kollektiven Interessensorganisation für eine zunehmende Zahl von Arbeiterinnen greifbar gemacht. Diese hätten mittlerweile, berichtet die jüngst noch so skeptische ‚Salzburger Wacht' nun recht gönnerhaft, mit ihrer Organisation die Arbeiter der örtlichen Saline und auch der Papierfabrik längst „in den Schatten gestellt". Diese „beschämende Tatsache muss verschwinden", heißt es – offenbar an die Adresse der organisationsunwilligen Männer gerichtet – weiter.[123]

Schon vor dem Ersten Weltkrieg, im Jahr 1913, waren jedenfalls in der Halleiner Zigarrenfabrik 65,2 Prozent der überwiegend weiblichen Beschäftigten gewerkschaftlich organisiert. Wie die nachstehende Tabelle zeigt, liegen die HalleinerInnen damit im Vergleich mit den anderen nach 1918 noch zur österreichischen Tabakregie gehörenden Produktionsstätten im guten Mittelfeld. Mehr als drei Viertel der organisierten ArbeiterInnen haben zudem auf die Strategie sozialdemokratischer Gewerkschaftspolitik gesetzt.

TABELLE 8[124]

Gewerkschaftliche Organisierung				
	Beschäftigte	*Gewerkschaftlich Organisierte in %*	*Sozial-demokatisch*	*Christlich*
Fabriken				
Stein	*487*	*89,3*	*96,6*	*3,4*
Klagenfurt	*995*	*75,1*	*87,4*	*12,6*
Wien-Rennweg	*400*	*74,6*	*80,6*	*19,4*
Hainburg	*2032*	*67,0*	*60,7*	*39,3*
Hallein	**537**	**65,2**	**78,0**	**22,0**
Schwaz	*1065*	*61,5*	*7,5*	*92,5*
Wien-Ottakring	*1216*	*56,5*	*44,0*	*56,0*
Linz	*1165*	*54,5*	*96,6*	*3,4*
Fürstenfeld	*1962*	*44,8*	*42,3*	*57,7*

Von der Spitze her war die Halleiner Ortsgruppe der TabakarbeiterInnen jedoch bereits eine „‚mannhafte' Bewegung"[125] geworden: seit 1907 werden nur mehr Ortsgruppenob*männer* beziehungsweise männliche Delegierte für zentrale Gewerkschaftsbesprechungen in Wien genannt.

Solange das gewerkschaftliche Vorgehen noch vom „unmittelbaren Krisenbewusstsein der frühen Jahre"[126] und von eher defensiven, an aktuellen innerbetrieblichen Bedrohungen anknüpfenden Strategien getragen war, waren die Halleinerinnen durchaus direkt in der Führung ihrer lokalen Gewerkschaftsorganisation zu finden gewesen. Auch in anderen Tabakfabriksorten lagen die gewerkschaftlichen Fachorganisationen zunächst in Frauenhand.[127] Mit dem Anwachsen der Gewerkschaft zu einer relativ komplexen überregionalen Organisation, mit der Herausbildung langfristiger Ziele und Strategien und mit der zunehmenden Formalisierung der Gewerkschaftspolitik setzte jedoch ein Rückdrängungsprozess der Frauen ein.[128]

Ihre spezifische Lebensweise zwischen Lohnarbeit und Familie machte es für Arbeiterinnen sehr schwierig, sich an Formen strukturierter politischer Öffentlichkeit zu beteiligen. So widersprach das Agieren in langfristigen Perspektiven völlig dem Auch-eingebunden-Sein der Frauen in jene enggesteckten Planungsmöglichkeiten, jene kurzfristigen Notwendigkeiten, in jenen oft ad hoc abzuwägenden Handlungsbedarf, wenn es galt, unter äußerst schlechten materiellen Bedingungen von einem Tag auf den anderen das unmittelbare Überleben der Familien sicherzustellen.

Es war also wohl auch Einsicht in diese Realitäten, wenn sich die solcherart schon durch Fabrik und Familie völlig ausgelasteten Arbeiterinnen in dem auch zeitlich und räumlich immer abgehobeneren Handlungsfeld institutionalisierter Gewerkschaftspolitik selbst nur mehr zu organisatorischer „Kleinarbeit" vor Ort berufen fühlten. „Speziell ist es ja die Kleinarbeit, zu der die Frau besonders berufen ist und in der sie geradezu Großes zu leisten vermag", schreibt eine frühe Funktionärin in der Halleiner Fabrik über ihr gewerkschaftliches Handeln. Als Schriftführerin habe sie sich jahrelang „nützlich gemacht".[129] Und: Als Vertrauensfrau in der Fabrik – lebensnah, praxisorientiert, von den selbst gleichfalls erfahrenen Problemen der Arbeitskolleginnen ausgehend. Gerade diese Vertrauensfunktionen im Betrieb sind, abgesehen vom Betriebsrats-*Obmann*, bis zur gewaltsamen Auflösung der frei gewählten Gewerkschaften im 1934er-Jahr weiterhin sehr stark von Frauen getragen worden.

Im Vergleich mit der heutigen Situation der Frauen in den Gewerkschaften war jedoch selbst der Zentralvorstand der TabakarbeiterInnengewerkschaft bis zur Fusion mit der ‚Gewerkschaft der Lebensmittelarbeiter' im Jahr 1920 mit einer relativ hohen, jedoch keineswegs ihrem Anteil an den Beschäftigten entsprechenden Zahl von Funktionärinnen besetzt: von dreizehn Vorstandsmitgliedern waren immerhin sechs Frauen.[130]

Der Erste Weltkrieg hatte jedenfalls einen weiteren Organisierungsschub gebracht. Die Männer waren eingerückt. Der gestiegene Überlebensdruck, das völlige Auf-sich-Alleingestelltsein der Frauen in dieser Krisensituation und das Versagen der Behörden in der Ernährungsfrage haben die Arbeiterinnen mobilisiert. Und: Gegen Kriegsende nicht nur – für Frieden und Brot demonstrierend – auf die Straße getrieben, sondern auch fast geschlossen in die gewerkschaftliche Organisation. Diese hatte gerade in diesen Jahren sehr sensibel an der im Krieg ins Unermessliche gestiegenen Doppelbelastung der Arbeiterinnen angesetzt.

„Der Krieg hat die gewerkschaftliche Organisation vor Aufgaben gestellt, die vorher ganz außerhalb unseres Wirkungskreises lagen", heißt es in einem damaligen Tätigkeitsbericht. „Eine der wichtigsten Arbeiten ist die Versorgung der Tabakarbeiterschaft mit den rationierten und sonstigen erreichbaren Lebensmitteln in der Fabrik selbst, wodurch einerseits die Versorgung der Tabakarbeiterschaft, so weit dies eben möglich ist, gesichert ist und anderseits den Tabakarbeiterinnen doch der größte Teil des Anstellens (vor den Geschäften) erspart wird."[131]

Im Jahr 1918 waren jedenfalls bereits 79,8 Prozent der Beschäftigten in der Zigarrenfabrik freigewerkschaftlich organisiert, 1919 89,1 Prozent und 1920 91,5 Prozent.[132]

Diese Mobilisierung und Radikalisierung der österreichischen ArbeiterInnenschaft ganz allgemein hatte in der unmittelbaren Nachkriegszeit so entscheidende Rechte wie den Achtstundentag, die Arbeitslosenversicherung, das Arbeiterurlaubsgesetz und das Betriebsrätegesetz durchsetzbar gemacht.

Das Bewusstsein, selbst zur Realisierung dieser Verbesserungen der eigenen Lebens- und Arbeitsbedingungen beigetragen zu haben, lag auch in der Halleiner Zigarrenfabrik in der Luft: offensiv wird die Erfüllung der neuen Rechte eingefordert.

„Direktor B. muss endlich begreifen lernen, dass die Tabakarbeiterschaft Halleins Kraft und Selbstbewusstsein genug aufbringt, sich vor (…) Ausflüssen einer überschäumenden ‚Herrennatur' zu schützen und dem Betriebsrat Achtung und Anerkennung zu verschaffen",[133] wird anlässlich eines Arbeitskonfliktes in einem Gewerkschaftsbericht klargestellt. In Hinkunft wolle man ganz allgemein „die Unterordnung des Arbeiters unter eine unfähige Bürokratie, die im Krieg bewiesen hat, dass sie ihre Interessen über das Wohl von Staat und Volk stellt",[134] verweigern.

In der Zeit dieser selbstbewussten Aufbruchstimmung kam die letzte Arbeiterinnengeneration in die Fabrik hinein.

> „1920 bin i einikumman in d'Fabrik und do bin i glei dazuagaungan, glei zur Gewerkschoft. Wissen'S, des woar domois die Zeit, wo die Sozialdemokraten so hochkumman san, und do san's glei kumman und haum gsogt: ‚Geh dazua, mia miassen zaumhoiten, die Oarbeiter, damit ma mehr san, wegen die Oarbeiterrechte.'
> Und es is scho so: die Oarbeiter miassen zaumhoiten, sonst gibt's kane Rechte. Des haums jo ois erst erkämpft mit'n Kindergöd und so. Des hot's jo friaha net geben. Friaha is jo s'Voik (Volk) ausgnutzt worn. Unterm Kaiser haumma jo kane Rechte ghobt.
> Drum bin i glei dazua und hob einzoit. Jo, jo, die san glei kumman: ‚Geh dazua!' Oba zwungan is kana worn. Es hot a a poar Schwoarze (Mitglieder der Christlichen Tabakarbeitergewerkschaft) geben. Wei die gaunz heilig woarn, die hot ma natürlich net überreden kennan, dass' zu die Roten gengan. Oba mia woarn die Mehrheit.
> Wissen'S, wia laung i dabei woar bei da Gewerkschoft? – 60 Jahre. I hob eh a Medaille kriagt."[135]

Alle interviewten Arbeiterinnen sind bald nach ihrem Einstieg in die Fabrik der sozialdemokratischen Gewerkschaft beigetreten und nur für wenige von ihnen ist dieser Beitritt ein formaler, rein äußerlicher oder gar aufgezwungener geblieben.

Gerade im Vergleich mit den vorgängigen Arbeitsbedingungen ‚im Dienst' sind ja die Früchte des gewerkschaftlichen Kampfes in der Fabrik recht konkret fassbar gewesen. Schnell begriff etwa die ehemalige Dienstmagd Anna R. die Aufnahme in die gewerkschaftlich gut abgesicherte Fabrik als

„besseres Leben! Dass i gschützt werd' von da Gewerkschaft aus, dass i mein Lohn kriag oiwei und dass a, waun's Göd folt (fällt) oder wos, dass des ois geregelt wird.
Gegen bei die Bauern is jo nix g'regelt worn. Hot si koa Mensch ..., koa Mensch hot si gschert um di. Und waunst goar nix eingnumman host und waunst di no so ausgschunden host, daun hot si a neamt gschert (gekümmert). De is hoit gstorben und de is hoit zaumbrochen, oba gschert hot si koa Hund und koa Teifi!
Und des hot ma eben imponiert daun, wia i in da Fabrik woar, dass'd wem host, waun's da schlecht geht oder wos, der wos si a daun kümmert."[136]

Von älteren Arbeitskolleginnen, von bereits in der Fabrik beschäftigten Großmüttern und Müttern in vielen Geschichten tradiert, gab es zudem unter den Arbeiterinnen so etwas wie ein lebendiges kollektives Wissen über jene Zeiten, in denen auch die Arbeit in der Fabrik von der Willkür des Fabriksvorstehers und vom Prinzip ‚teile und herrsche' bestimmt gewesen war.

„Is ea net in' Schoß gfoin, mei liaba, ois – diese Gesetze, wos daun gwesen hand. Des is ea net in' Schoß gfoin, na! Mei liaba, die oiten Leit' haum si *aunders* bemühen miassen und ois, dass' eben a zu am *Recht* kemman hand."[137]

Diesen Vergleichsmaßstab hatten die interviewten Frauen gleichfalls im Kopf.

Zusammen mit der erstmaligen Erfahrung jenes – die prinzipiellen Risiken abhängiger Arbeit vermindernden – gewerkschaftlichen Sicherheitsnetzes, zusammen mit Informationen aus den Gesprächen und Diskussionen an den Arbeitstischen hat sie das sehr bewusst in jene grundlegende gewerkschaftliche Solidarität, wie sie sich in Mitgliedschaft, Beitragszahlung und Versammlungsbesuch äußert, hineinwachsen lassen.

Auch dass Mitgliederstärke eine notwendige Voraussetzung für die Durchschlagskraft der Gewerkschaft ist, leuchtete ihnen ein: „Do hättst jo koa Recht! Des geht jo net. A große Gemeinschoft muass sein – in die Betriebe überhaupt."[138]

Neun der insgesamt zwölf interviewten Zigarrenfabriksarbeiterinnen haben im rückblickenden Erzählen eine sehr starke gewerkschaftliche Identifikation zum Ausdruck gebracht. Sie war verbunden mit einer zumindest gefühlsmäßigen Zugehörigkeit zum sozialdemokratischen Lager des ‚roten' Hallein.

„I hob mi immer ois Sozialistin gfüht. I hob nix aunders kennt, i kumm scho aus oana Oarbeiterfamilie"[139], stellte Anna L. ohne wortreiche ideologische Erläuterungen kurz und bündig klar.

Sozialistin zu sein, war – mit ganz wenigen Ausnahmen – für diese Frauen offenbar auch weniger eine Frage von Ideologie, von großen politischen Prinzipien,

Utopien und Gesellschaftsentwürfen im Hinterkopf. Es war vielmehr ein Stück Bekräftigung der eigenen Zugehörigkeit zur ArbeiterInnenschaft.

> „Die meisten woarn Sozialdemokraten, waun's a net organisiert woarn, oba sie woarn so – wia muass i denn sogen – *verbunden* damit. Es hot jo domois eigentlich nur die Sozialdemokraten geben, die si für die Oarbeiter eingsetzt haum ."[140]

Auch die Aussage der aus einer nicht-sozialdemokratischen Bäckersfamilie stammenden Zigarrenfabriksarbeiterin D. – „i bin daun oiwei auf dera Seiten gestaunden, i waß, wo i hinghear"[141] – macht deulich, dass sozialdemokratische Orientierungsmuster diesen Arbeiterinnen in einem sehr allgemeinen Sinn Bezugspunkte für Identität, Selbstbehauptung und Stabilität waren und sind.

An zusätzlicher Überzeugungskraft gewannen sie noch dadurch, dass das ‚bessere Leben', das in den Köpfen der Frauen ganz pragmatisch mit dem Begriff ‚Sozialismus' verbunden war, nicht zuletzt durch die Wohnbau- und Fürsorgemaßnahmen des seit 1918 sozialdemokratisch dominierten Halleiner Gemeinderates auch für die ArbeiterInnenschaft damals spürbar näherrückte. Interessant ist, dass im Rahmen der sozialdemokratischen Fraktion immer auch eine Zigarrenfabriksarbeiterin im Gemeinderat und damit in der „wichtigsten und weit in das Alltagsleben eingreifenden kommunalpolitischen Institution"[142] vertreten war.

Hohes gewerkschaftliches Bewusstsein in den österreichischen Tabakfabriken: Versammlung der ArbeiterInnen der „Aufbereitung" in der Linzer Fabrik.

Diese so eng und aktiv mit der politischen Arbeit der sozialdemokratischen Partei verbundenen Frauen gehörten jedoch einer älteren Tabakarbeiterinnen-Generation an, die über eine Kerngruppe an Funktionärinnen auch das Profil der örtlichen Partei mitgestaltete.

Für die von mir interviewten Arbeiterinnen scheint jedoch, mit Ausnahme der Betriebsrätin P., die Partei als Institution etwas sehr weit Entferntes, Ungreifbares gewesen zu sein. Sie haben ganz eindeutig auf die arbeitsplatzbezogene Organisationsform ‚Gewerkschaft' gesetzt und die kurzfristiger und unmittelbarer fassbaren Auswirkungen gewerkschaftlicher Solidarität.

> „Jo, Partei is wieder des – die Roten, net, die Führenden. Und die Gewerkschoft is des, dass' do hand, waun wos Unrichtiges gschiacht. Die Partei is jo do, dass des ois gschiacht, wos gschehn muass. Und d'Gwerkschoft is do, dass' di vertreten, waun da wos Unrichtiges – in da Oarbeit oder sonst – wos Unrichtiges gschiacht: dass'd unschuldig bist oder wos.
> Die Gewerkschoft setzt si daun ein für di. Und die Partei, des is hoit die führende Ding ..."[143]

Wenn *sie* sich über die Gewerkschaft hinaus engagierten, dann haben sie das vor allem in der sozialdemokratischen Kulturbewegung getan. Ein Drittel von ihnen suchte, wie an anderer Stelle noch ausgeführt werden wird, mit großer emotionaler Identifikation das solidarische Eingebundensein in die Bewegung der Naturfreunde, der Kinderfreunde, der Freidenker, in den sozialdemokratischen Radfahr-, Turn- oder Gesangsverein.

Bezeichnenderweise sind es die ledigen und die verheirateten Arbeiterinnen ohne Kinder gewesen, die sich – über den Arbeitsalltag in Fabrik und Familie hinaus – solche Erlebnis- und Erfahrungsräume erobern konnten.
Auch die Sozialdemokratie hatte die Alleinverantwortung der Frauen für Familie und Haushalt nicht hinterfragt, die weiblichen Lohnabhängigen außerbetriebliche und außerfamiliale Aktivitäten nur durch Ausschöpfung aller individuellen physischen und psychischen Reserven möglich macht. „Es war ein Vergnügen, zu sehen, wie viele Arbeiterinnen, Mütter, die zur Erhaltung ihrer Familie hamstern fahren mussten, als sie am Sonntag vormittag zurückkamen, trotz aller Müdigkeit vom Bahnhof weg zur Wahl gingen"[144], weiß etwa – in heroischer Überhöhung – ein sozialdemokratischer Berichterstatter in einer Zeitungsnotiz über den Ablauf der Arbeiterkammer-Wahlen im Jahr 1921 in Hallein zu berichten: ohne sich des oben angerissenen prinzipiellen Dilemmas bewusst zu sein.

Auch in der Gewerkschaft selbst ist nur Agnes P., die sozialdemokratische Betriebsrätin, die später Kommunistin wird, in die aktive Übernahme langfristiger organisatorischer Aufgaben hineingewachsen.

In einer sozialdemokratischen Familie groß geworden und vom Vater, der nach dem Ersten Weltkrieg Mitglied des Halleiner Soldatenrates gewesen war, entgegen allen geschlechtsspezifischen Vorurteilen auch innerhalb der Arbeiterbewegung für die ‚Arbeiterhochschule' in Wien vorgesehen, gehört ihre ganze Leidenschaft schon seit dem Eintritt in die Zigarrenfabrik der Politik. Nicht einmal Mitte zwanzig Jahre ist sie, als sie zur Betriebsrätin gewählt wird.

> „Haum Sie gerechnet ghobt damit?"
> „Na, na. Oba i woar nebenbei bei da Sozialistischen Partei und hob für die Partei a goarbeit'.
> Jede Wochen haumma für die Kinderfreunde Groschen gsammelt, waun Zahltog gwesen is. Do haumma a bissl wos zaumkriagt, damit ma den Verein a bissl finanzieren haum kennan. Do samma in da Fabrik bei die Frauen ummanaunda gaungan und do haums am oft an Groschen gschenkt, der bei da Zahlung überblieben is oder den's uns gern geben haum.
> Und dadurch woar i a bekannt. Und i bin a in die Parteiversammlungen gaungan. I hob mi überhaupt für des vü mehr interessiert. Und in die Gewerkschaftsversommlungen hob i scho öfter gsprochen ghobt – und dadurch haums mi eben a gnumman."[145]

Junge ledige Arbeiterinnen konnten sich die sozialdemokratischen Vereine am leichtesten erobern: Im Bild aus dem Jahr 1923 die Halleiner Ortsgruppe der sozialistischen Jugend.

Für die anderen interviewten Arbeiterinnen ist, selbst wenn sie nicht oder noch nicht durch Kinder und Familie kräftemäßig ausgelastet waren, die Hemmschwelle hin zum aktiven Engagement, zur Übernahme von Funktionen zu groß gewesen.

> „Na! Reden hätt' i nia megen – na! Na, zu dem bin i net gwesen. Oder s'Aufstehn in ana Versammlung ... Na, für des woar i nia. Do hob i mi wieder zruckzogen, net. So aktiv ..., zum Beispü die Primocic oder d'Meindl a, die woarn scho aktiver",[146]

erzählt Anna L. über ihre diesbezüglichen Ängste. Auch Maria E., die selbst sogar jahrelang in ihrem Arbeitssaal die Mitgliedsbeiträge für die Gewerkschaft einsammelte, hat sich vor allem als jenes notwendige „Rückgrat" der Gewerkschaftsorganisation gefühlt, das Frauen wie der Betriebsrätin P. oder der Führung überhaupt die Legitimation zum gewerkschaftlichen *Handeln* gab: „Jo, des haum scho unsere Führer ois in da Haund ghobt, net. *De* – und *mia* hand ea *Rückgrat* gwen!"[147]

Man darf jedoch nicht vergessen, dass diesen jungen Arbeiterinnen nicht viel Zeit geblieben ist, um sich aus dem Bewusstsein „i hob ma oiwei denkt, zu dem bin i z'wenig gscheit"[148], das ihnen durch eine Vielzahl geschlechtsspezifischer Normen und Ausgrenzungsmechanismen verordnet worden war, ins unvertraute Terrain der öffentlichen Rede, der fomalisierten Diskussion, des geregelten Verhandelns und des strategischen Forderns vorzuwagen.

1920 sind sie als Sechzehnjährige in die Fabrik und zum ersten Mal mit den betriebspolitischen Aktivitäten der Gewerkschaft in Berührung gekommen. 1934 war diese gewaltsam aufgelöst.

6.9. „Wei mia Frauen mehr Schneid ghobt haum ois wia die Männer ..."

12. Februar 1934: Streik in der Zigarrenfabrik

Dieselben Frauen, die von ihrer Angst, bei einer Gewerkschaftsversammlung aufstehen und sprechen zu müssen, erzählten, waren jedoch sehr wohl zur gemeinsamen, direkten Aktion bereit, als es darum ging, der endgültigen Zerschlagung der ArbeiterInnenbewegung durch den Austrofaschismus Widerstand entgegenzusetzen. Nahezu geschlossen stellten sie sich durch ihre Teilnahme am Generalstreik im Februar 1934 hinter den Schutzbundaufstand.

Im Kollektiv, geschützt und mit Rückendeckung durch die anderen Frauen zu handeln, das hat sie abermals auch als Einzelne stark gemacht.

> „Jo, do hot's in Wien scho so gwirbelt. Do haumma eh scho kennt oiwei, dass wos los sein wird. Auf oamoi is der einakumman von da Gewerkschoft: ‚Oarbeit aufhearn! Streiken!'
> Jo natürlich, die Roten hand *olle* außi. (...) Hamma olle groast – bis auf a poar Schwoarze, de hand net gaungan – und ummi in die Kanzlei, ins Büro ummi, do beim Direktor.
> Dawei steht grod *der* a do"[149],

führt Anna R., noch immer zornig, jenen Beamten erzählerisch ins Interview ein, über dessen provokant zeitraubende Art, die Arbeiterinnen nach Fabriksschluss der vorgeschriebenen Visitation zu unterziehen, sie sich schon oft geärgert hatte.

> „Dawei steht grod *der* do – a so a junger, a blasser, so grean (grün) is a gwen. Hob i ihn glei so pockt da vorn: ‚Sie san, Sie sand eh ...' – so fest –, Sie sand eh a so a Leitfeigler', hob i gsogt. ‚Lossen'S uns oiwei woarten und erst zum Schluss tan's oane eini' (zur Visitation). Oba fest hob i ihn fei pockt!
> Der hot mi so bled aungschaut. Der is gaunz baff gwen (lacht). Der hot si goar nix z'sogen traut net.
> Und die aundern haum gsogt: ‚Na Annerl, wos da *Du* traut host!'
> Hob i gsogt: ‚Des is gaunz wurscht. Warum feigelt der mi a so.' Oba es is nix kemman net. I hob ma denkt, es wird woi wos kemman: wei dearfatst jo neamt aunriahn, kan Beamten, net."[150]

In einem Streikaufmarsch ziehen die Arbeiterinnen und Arbeiter der Zigarrenfabrik ins Zentrum von Hallein. „A gaunzer Rudel – mia san jo über 300 gwen in da Fabrik" – [151] fordert die männlichen Kollegen in der örtlichen Saline, in der Brauerei und in der Zellulosefabrik zur gemeinsamen Teilnahme am Generalstreik auf.

> „Mia san zu die aundern Betriebe gaungan und haum überoi mit de Betriebsräte gredt: warum's net streiken, sie soin doch a des mochen zur Unterstützung des Schutzbundes, usw. Und de haum si net traut: weder die Zellulose noch die Saline noch Kaltenhausen hot gstreikt."[152]

Lediglich in der Zigarrenfabrik als einzigem Betrieb in Hallein, als einem der ganz wenigen in Salzburg überhaupt, wurde der Generalstreik fast geschlossen durchgeführt.

> „Und daun is' eh scho – nächsten Tog – san daun scho die Plakate heraußen gwen mit'n Galgen, net. Jo, san eh daun in Wien einige aufghängt worn, von die Sozialdemokraten. Und bei uns is' a scho ..., haums a scho gsogt, dass ma auf'n Galgen kemman, waun ma ...

Daun haumma wieder aunfaungan miassen s'Oarbeiten. Hot uns nix gnutzt."[153]

Alle interviewten Arbeiterinnen hatten damals im Februar 1934 die Arbeit niedergelegt. Nur vier von ihnen haben jedoch von sich aus über diesen Streik erzählt. Nur ihnen war er auch noch zum Zeitpunkt des Interviews ein sehr nahes und emotionsbesetztes Beispiel für den so betont ins Gespräch eingebrachten Zusammenhalt in der Fabrik. Auch den Vorwurf an die Männer der anderen Halleiner Betriebe, „ausgezeichnet hobt's eich domois net", haben Maria E., Anna L., Anna R. und Agnes P. heute noch im Kopf. „Mia san außi und haumd gsogt, sie soin si schämen."[154]

Erinnern *sie* sich deshalb so intensiv, weil die ‚Kälte des Februar 1934' weit über die Fabrik hinaus Spuren in ihrem Leben hinterlassen hat? Die Betriebsrätin P. war jedenfalls 1934 aus der Zigarrenfabrik entlassen worden. Vier Mal war sie, mittlerweile für die kommunistische Widerstandsgruppe tätig, wegen ihrer oppositionellen Aktivitäten gegen den Austrofaschismus in den Jahren 1934 bis 1938 in Haft. Maria E.'s Mann, Mitglied des sozialdemokratischen Schutzbundes in Hallein, war gleichfalls 1934 verhaftet worden, sie selbst hatte man mit zahlreichen Hausdurchsuchungen bedroht. Alle vier Frauen verloren durch das Verbot und die Auflösung der sozialdemokratischen Kulturorganisationen jenes sinnstiftende, Gefühle sozialer und politischer Heimat vermittelnde Netzwerk, das sie jahrelang selbst mitgetragen, auf das sie sich über Jahre bezogen gehabt hatten.

Auch durch Mobilisierungsversuche wie diese offizielle Betriebs-Weihnachtsfeier konnte der Austrofaschismus die ZigarrenarbeiterInnenschaft nicht auf seine Seite bringen.

In der Fabrik selbst waren die gewachsenen Kommunikations- und Solidaritätsstrukturen offenbar nicht so schnell zu zerstören. Die sozialdemokratische Gewerkschaft war zwar aufgelöst, künftige Personalvertreter wurden einfach ernannt. Doch: Das ‚Fachblatt der Tabakarbeiter', Organ des christlichen Tabakarbeiterverbandes, führte heftige Klage darüber, dass gerade in den Tabakfabriken „der Appell an die Mitglieder der aufgelösten Gewerkschaften", sich der christlichen Einheitsgewerkschaft anzuschließen, „ungehört verhallt" sei. Vielmehr müsse man eine „auffallende Zurückhaltung (...) konstatieren. Der sozialdemokratische Lebensmittelarbeiterverband ist zwar aufgelöst, er scheint aber doch noch weiter zu bestehen. Sicher aber besteht unter den Leuten noch die Verabredung, sich keiner anderen Organisation anzuschließen."[155]

6.10. „D'Hauptsoch, dass ma unsa Oarbeit ghobt haum ..."

Über die Verbannung der ‚großen Politik' auf Räume außerhalb des eigenen Wahrnehmungsbereiches

Obwohl sich alle interviewten Zigarrenfabriksarbeiterinnen in der erzählerischen Darstellung ihrer Lebensgeschichten immer wieder in soziale, gewerkschaftliche und punktuell auch politische Zusammenhänge stellen, finden die ‚großen Daten' aus Politik und Geschichte meist nur in Nebensätzen Platz. *Arbeiten* ist der vorherrschende Inhalt ihrer Erinnerungen, sozusagen *die* grundlegende, quer zu den großen geschichtlichen und politischen Zäsuren liegende Konstante ihrer Lebensgeschichten.[156]

Maria D. wurde 1902 als älteste Tochter einer kinderreichen Kleinbäckers-Familie geboren. Auch sie lernte *arbeiten* von Kindheit an. Mit 13 Jahren in Dienst, mit 18 in die Zigarrenfabrik: 20 Jahre Akkordarbeit. Doppelbelastung. 1940 – nach der Schließung der Fabrik – zwangsweiser Arbeitseinsatz an der ‚Heimatfront'. Die Eingliederung der Frauen in die Kriegswirtschaft ist in vollem Gange. Auch im Postdienst rüstet man zum „totalen Arbeitseinsatz".[157]

> „Do bin i daun auf d'Post hin kemman, net – ois Aufrahmerin. Do hob i a tschechert (schwer gearbeitet), na (...) Gfrogt bin i a net worn – i woit eh net eini auf die schiache Post."

16 Jahre, also weit über das Kriegsende hinaus, bleibt Frau D. auf diesem Arbeitsplatz: putzt, stellt Telegramme zu, leert Postkästen aus: „Jo, ois hob i ea taun, postkastelt und ois." Besonders gut habe sie es nie gehabt. „Des anzige, wos woar, dass i ma immer leicht taun hob beim Oarbeiten." Auch wenn sie sich ihre Lebens-

situation als 83-jährige Frau vor Augen hält – die kleine Rente, die keine großen Sprünge erlaubt, das Gebundensein ans Haus, weil der Mann schwer krank ist, die Isolation des Alters: „wer interessiert si scho für a oite Frau …", löst das Gefühl, wenigstens noch arbeiten zu können, noch immer Genugtuung aus.

> I bin scho z'frieden, waun i die Oarbeit, die zum Erledigen is, no söba tuan kaun."[158]

Wo – wie in der Mehrzahl der Interviews – die eigene Arbeitskraft letztlich als einzig *ständig* verfügbares Kapital zur Bewältigung der eigenen Existenz erscheint, wo der Alltag angefüllt ist mit tagtäglichem Kleinkrieg gegen unsichere Lebensbedingungen, gegen Arbeitslosigkeit des Mannes und drohende materielle Not, wird offenbar auch die Erinnerung an andere Lebensbereiche durch diese krisenhafte Grunderfahrung gefiltert.

So finden in den breiten, erzählerisch dichten, gefühlsbeladenen Erzählpassagen über die Sicherung des alltäglichen Überlebens, über die eigenen Arbeitszusammenhänge in Familie und Fabrik die ‚große Geschichte', die ‚große Politik', wie gesagt, nur in Nebensätzen Platz.

Selbst die gewaltsamen Brüche im politischen System, die Jahre 1934 und 1938 als markante Daten der austrofaschistischen bzw. nationalsozialistischen Machtergreifung in Österreich, und deren Folgen wurden vielfach erst auf Nachfrage hin ausführlicher erzählt.

„Na, is a nix aunders worn, na …, na … Hot si net so vü verändert – oarbeiten und spoarn, net"[159], schlägt Frau D. zunächst einen großen Bogen über die Zeit von 1934 bis 1945 hinweg.

> „De (Austrofaschisten und Nationalsozialisten) san einfoch kumman, do bist net gfrogt worn … Schoffen hoit *de* aun …"[160]

Es ist ein sehr abgehobener, distanzierter Blick auf das Staatsganze, den Frau K. hier präsentiert. Auch in den Interviewaussagen der meisten anderen Frauen erscheinen ‚Staat' und ‚Macht' als etwas von ihrem Leben Getrenntes, als etwas einfach über sie Verhängtes.

> „Bei die großen Umstellungen vom Staat, do host da jo net höfen kennan. Do host di *obfinden* miassen. Do host a nix mochen kennan, wei du kaunst net gengan Wind blosen. Jo. Do host di überoi drein finden miassen. Und überhaupt, waunst in am Staatsbetrieb drinnen bist, net. Wei do haums di jo glei …"[161]

Ist es die – auch in demokratischen staatlichen Strukturen enthaltene – „fundamentale Ungleichheit"[162] zwischen Regierenden und Regierten, die diese Frauen den Staat fast unabhängig von seinen Inhalten so weit entfernt erleben lässt?

Verschärfen sich diese Distanzerfahrungen, weil die Regierten ‚weiblich' sind? Als Staatsbürgerinnen überhaupt erst seit 1918 anerkannt – und das nur im formalen Rechtssinn. Denn: Gesellschaftlich gefragt war die reflektierte, selbstbewusste Teilhabe dieser Frauengenerationen am Staatganzen auch weiterhin nicht.

Letztlich konnte der „faschistische machismo", der „die Frau nicht als Mensch wie den Mann, sondern als inferiores Wesen" betrachtete, das dem Mann, der Familie und der Nation fraglos als Objekt zur Verfügung stand, „auf tief verwurzelte und durch das bürgerliche Recht ohnehin gefestigte Rollenzuweisungen an die Frau zurückgreifen."[163]

In der Politik hatten Frauen hier wie dort nichts zu suchen.

Oder: Erinnern die interviewten Zigarrenfabriksarbeiterinnen – mit wenigen Ausnahmen – die historisch-politischen Rahmenbedingungen ihres Alltags nach 1934 und dann vor allem nach 1938 deshalb so abgehoben, oft fast unwillig und vom Erzählfluss her äußerst karg, weil sie damals von sich aus ‚weggetaucht' sind? Haben sie – mit der Zerschlagung von Gewerkschaft und Sozialdemokratie durch den Faschismus einer für sie doch wesentlichen Selbstbehauptungs-, Schutz- und Orientierungsinstanz beraubt – Politik nun ganz bewusst „auf Räume außerhalb des eigenen Wahrnehmungsbereiches verbannt (...), sowohl um leben als auch um überleben zu können?"[164]

„D'Hauptsoch, dass ma unsa Oarbeit ghobt haum und dass ma die Familie durchbrocht hot", bringen sie selbst ihren damaligen Blick auf Politik und Gesellschaft während der NS-Herrschaft auf den Punkt.

Die Verantwortung für die staatlichen Macht- und Unrechtsstrukturen wird jedenfalls, gerade was die Jahre zwischen 1938 und 1945 betrifft, entschieden zurückgewiesen.

> „Do hob i mi nia vü kümmert, um die Poiitik. Mit *de* hob i nia nix z'tuan ghobt, na. Do bin i einfoch net hingaungan ... Mia haum hoit gschaut, dass ma unsa Oarbeit ghobt haumd und fertig aus! Mia haumd uns do nix gschert um des Gaunze. Wo kummatst denn do hin!"[165]

Laut, fast ärgerlich grenzt sich Maria S., bis heute Mitglied der Gewerkschaft und gefühlsmäßige Sozialistin, ab von der ‚großen Politik': so, als ob die Bedingungen von Arbeit und Existenzsicherung nichts zu tun gehabt hätten mit den politischen Verhältnissen außerhalb von Fabriksmauern und Wohnungstür.

Der offensichtliche Verlust erkämpfter sozialer und politischer Rechte der ArbeiterInnenschaft seit 1934, die verschlechterten Arbeitsbedingungen in der

Fabrik (Kurzarbeit ohne Lohnausgleich, Leistungsintensivierung durch neue Arbeitsmethoden, Kürzung der Prämien, usw.) werden in der Mehrzahl der Interviews nur als fast naturgesetzliches „daun is' jo immer schlechter worn ..." be-

1938/39: Nationalsozialistische Betriebsversammlung in der Halleiner Zigarrenfabrik. Die Teilnahme war für alle verpflichtend.

richtet. Während jedoch die Haltung der interviewten Arbeiterinnen gegenüber der autoritären Dollfuß/Schuschnigg-Diktatur auch durch das wenige Erzählte hindurch noch durchgängig als eine der kollektiven inneren Opposition und Abwehr sichtbar wird, gelingen den Nationalsozialisten offensichtliche Einbrüche in jenes fabriksinterne Vertrauens-, Solidaritäts- und Kommunikationsgefüge unter den Arbeiterinnen, das bisher mit eine Form der gemeinsamen Bewältigung des Fabriksalltags gewesen war: „Hoaßt's hoit stad (still) sein, net woahr, s'Maul hoiten."[166]

> „I hob mi scho oft recht aufgregt gegen die Hitler", erzählt die Zigarrenfabriksarbeiterin Anna R., „oba do is, oane is gwen vor meiner, wos auf dem Tisch goarbeit' hot. Hot's gsogt, waun i mi no laung aufhoit, daun kimm i dort hin, wo i hinghear: KZ. Sie woar a recht a Hitlerin."[167]

Maria E. gehört neben Agnes P. und Anna R. zu jenen wenigen Gesprächspartnerinnen aus der ehemaligen Zigarrenfabrik, die sich im Jahr 1938 bzw. beim erinnernden Erzählen darüber nicht auf jenen verhängnisvollen ‚Versorgungsblick' zurückgezogen haben, der alles andere ausblendet, solange die Überlebensgrenzen der eigenen Familie nicht schmerzlich angetastet werden.

Bei ‚den Roten' zu sein, war für sie, wie an anderer Stelle bereits ausgeführt, durch die selbstbewusste Inanspruchnahme arbeiterkultureller Freiheiten auch für sich als *Frauen* immer schon eine aktiv gelebte Erfahrung gewesen, die über Fabrik und Gewerkschaft hinausging. Die „Tiefenwirkung"[168] ihrer politischen Orientierung als Sozialistinnen war auch weiterhin stark genug, um – trotz der organisatorischen Zerschlagung der ArbeiterInnenbewegung – die Krisen seit 1934 zu überdauern:

> „Es woarn amoi *vü* dabei, bei die Nazin. Oba des sand lauter soichane, so Wählerische: waun's moanan, *do* is' besser, gengan's do dazua, und waun's moanan *do* is' besser – bei denen –, gengan's do.
> Des san lauter so Seicherl! Des san lauter ..., über de kaun ma si net ... *De respektier i net*, de wos so wankelmütig san."[169]

Ihre Einschätzung und Wahrnehmung der nationalsozialistischen Machtübernahme war jedenfalls illusionslos und klar negativ. Sozialistische, zum Teil kommunistische Denk- und Werttraditionen behielten also – über 1938 hinaus – für die Lebenszusammenhänge dieser Frauen nicht nur ihre Orientierungs-, sondern auch ihre gesellschaftliche Analysekraft.

> „Jo kloar, des haumma eh scho gheart, wia's in Deitschlaund draußen zuageht, wos a mocht, dass a nix Guats net vorhot und dass daun da Kriag kemman werd, wenn da Hitler auf's Ruada kimmt.
> Des haumma glei scho gwisst."[170]

Die Mehrheit meiner Gesprächspartnerinnen aus der ehemaligen Zigarrenfabrik verhielt sich offenbar abwartender gegenüber den neuen nationalsozialistischen Machthabern: abwartend bis erwartungsvoll. Nicht zuletzt durch die – gerade die ArbeiterInnenschaft in ihrer Überlebenssubstanz treffende – Wirtschafts- und Sozialpolitik des ‚Ständestaat-Regimes in eine anfängliche ‚Mir ist alles egal, ich will existieren können'-Erwartungshaltung hineingetrieben, was eine wirksame Bekämpfung der Arbeitslosigkeit und mögliche soziale Verbesserungen durch die Nationalsozialisten betrifft.[171]

Auch in Hallein haben viele gejubelt im März 1938.

> „I woar nia a richtige Nazi", erinnert sich eine der Arbeiterinnen, „oba ma hot hoit do mittuan miassen und so, net. Mei, do woar so a Jubel, wia die Hitler kumman san. Do hot oans des aunder mitgrissen. (...) Es hot si hoit ois

a *Oarbeit* ghobt, gö. Wia mei Maun: der is jo a nur dazuagaungan, weil jo a a Oarbeit daun gaungan is. Des woar da springende Punkt, net."[172]

Ein Kollege hat mich in diesem Zusammenhang auf ein interessantes Briefdokument aus dem Aktenbestand: Reichskommissar Bürckel im Allgemeinen Verwaltungsarchiv in Wien aufmerksam gemacht.[173]

„Während es in den anderen 12 Betrieben der Tabakregie drunter und drüber geht", heißt es in diesem am 8. August 1938 verfassten Schreiben aus der Generaldirektion der Tabakregie, „und die Belegschaft heute mehr denn je kommunistisch eingestellt ist, hat S. (gekürzt duch die Autorin) in Hallein unter den schwersten Verhältnissen gerade das Gegenteil erreicht."[174]

Der hier genannte „Parteigenosse S." hat zu diesem Zeitpunkt eine damals nicht ungewöhnliche politische Gratwanderung hinter sich: als ehemaliger sozialdemokratischer Betriebsrat im Jahr 1934 aus politischen Gründen entlassen, irgendwann zwischen 1934 und 1938 – in der Hoffnung auf ein erfolgreicheres Zurückdrängen des verhassten ‚Ständestaates' – zum illegalen nationalsozialistischen Parteigenossen geworden, 1938 wieder in die Zigarrenfabrik aufgenommen und abermals – jetzt vom ‚Betriebsführer' bestätigter – Vertrauensmann der – mittlerweile ‚Gefolgschaft' genannten – ArbeiterInnenschaft in der Fabrik. Genoss er, gerade als ehemals ‚roter Vertrauensmann', noch immer ihr Vertrauen?

„Innerhalb der 4 Monate nach dem Umbruch" soll S. jedenfalls, so der Briefschreiber weiter, „aus der ehemals roten Hochburg der Tabakfabrik Hallein ganz aus eigenen Kräften einen nationalsozialistischen Betrieb geschaffen"[175] haben.

Sicher: Was der Briefverfasser will, ist klar. Er versucht, einem für mich nicht feststellbaren Adressaten den „Parteigenossen S." als bestmöglichen „Zentralobmann der DAF für alle Betriebe der Österr. Tabakregie"[176] nahezulegen.

Trotzdem habe ich mich natürlich gefragt, ob es sich bei der begeisterten Schilderung der „nationalsoz. Aufbauarbeit"[177] in der Halleiner Zigarrenfabrik nur um karrierestützende Argumente für S. handelt, oder ob die zitierten Briefstellen nicht auch eine gewisse Aussagekraft haben, was die anfängliche Haltung in oder innerhalb eines Teils der ZigarrenfabriksarbeiterInnenschaft gegenüber den Nationalsozialisten betrifft.

Das Briefdokument ist erst gegen Ende meiner Forschungsarbeit aufgetaucht, als die Interviewphase schon längst abgeschlossen war. Trotzdem habe ich noch einmal einige Frauen aufgesucht, um der Stimmung in der Fabrik in den ersten Monaten nach dem ‚Anschluss' nachzugehen. Auch jetzt war jedoch in den Gesprächen nicht viel mehr in Erfahrung zu bringen als bei den ersten Interviews: „Mia haum immer schon an Zorn ghobt auf die Hitler", die Wenigen – „Wissen'S eh, wia's do is: muasst di hoit fügen, fertig aus!" die Mehrheit.

„No, und unterm Hitler daun", berichtet eine andere Arbeiterin ganz pragmatisch, unbeteiligt und innerlich distanziert,

> „na jo, do haumma daun an eigenen Saal ghobt, waun's is, dass da Hitler gsprochen hot, daun hob i oiwei dort hingehn miassen in' Soi. Daun is des Lied gsungan worn, eines. No, und daun haum ma'n hoit aunhearn miassen, net – des is uns bezoit worn.
> Jo, des is uns bezoit worn, natürlich, wei ma do net oarbeiten haum kennan, net, jetzt haumma weniger Zigarren obgeben miassen. Und des hot si daun gegeben ."[178]

„Und des hot si daun gegeben …", damit führt die Zigarrenarbeiterin G. die sich seit 1939 ankündigende Schließung der Fabrik ins Gespräch ein, die – das wurde schon in der ersten Interviewserie mehr als deutlich – alle interviewten Arbeiterinnen in klare Frontstellung zur nationalsozialistischen Betriebsführung bringt.

Selbst wenn die nationalsozialistischen Mobilisierungsversuche in der Fabrik, ihre ‚Gemeinschaftspflege' durch Betriebsfeiern, Betriebsappelle und angebotene Ausflüge der NS-Organisation ‚Kraft-durch-Freude', durch ein umfassendes „Unterhaltungs- und Freizeitrepertoire"[179] also, zunächst teilweise gegriffen haben sollten, jetzt tun sie es ganz sicher nicht mehr.

Mit Kultur, Fahnen, Führerbildern, Hakenkreuzemblemen und vordergründigen sozialen Hilfsangeboten wie Mütterurlaub – als Ersatz für grundlegende soziale und materielle Verbesserungen – ließen sich diese Arbeiterinnen offenbar nicht stillschweigend abspeisen: „Die haum nur vü gredt …"

Die drohende Schließung der Fabrik wird als so massiver Eingriff in die Zusammenhänge der Sicherung des Überlebens erlebt, dass in den Gesprächen offener Protest gegen die ‚Verantwortlichen' artikuliert wird.

> „Die Fabrik kunnt heit no stehn, wenn's die Nazi net zuagsperrt hätten. Mia is lad drum gwesen. I war gern no weitergaungan. Woar jo a guate Oarbeit. Zerst haums da ois Mögliche versprochen, die Nazi, und haum taun, wia waun's recht vü Göd hätten in Deutschland draußen – und daun haums as erst recht verkaufen miassen d'Fabrik. Die haum nur vü gredt …"[180]

Innerhalb dieser Erzählbögen über die Fabriksschließung tauchen auch andere – zunächst ausgeblendete – kritische Wahrnehmungen der Arbeitswirklichkeit im Nationalsozialismus auf.

> „Mia haums jo daun eh boid gspiat, dass maunches schlechter worn is – *so* wieder. Bei da Oarbeit is' schlechter worn. In da Fabrik is' schlechter worn.

Wei ma hot daun mit'n Material so spoarn miassen. Mia haum die Zigarren flicken miassen und ois. Es san daun vo draußt (von Deutschland) oa einakumman, die uns des so zoagt haum. Des is ois recht knausrig worn."[181]

Auch verschärfte Kontrollen und Disziplinierungsversuche, ein erhöhter Arbeitsdruck und veränderte Arbeitsmethoden werden innerhalb dieser Erzählbögen über die Fabriksschließung erinnert: als unerwünschte, den Nationalsozialisten negativ angelastete Störungen gewachsener Arbeits- und Beziehungsstrukturen im Betrieb.

„Do haums daun a aundere Sorten Zigarren herbrocht – vo Stuttgart oder wos, do draußen: die haum Spezi ghoaßen. Mei, mei – *greart* hob i so vü. I hob ma denkt, i kaun de net mochen! (...) Die haum so an schiachen Schluss ghobt! Mei, mia is hoit des net eingaungan – na."[182]

Auch in der Halleiner Zigarrenfabrik bot die NS-Organisation „Kraft durch Freude" ihr Ausflugs- und Freizeitprogramm an. Es sollte die Arbeiterinnen – hier bei einem dieser Ausflüge 1938/1939 – für den Nationalsozialismus mobilisieren.

Eine andere Arbeiterin, die meine Frageimpulse über die Zeit des Nationalsozialismus mehrmals mit ihrem ärgerlichen „muasst di hoit fügen" abschnitt, erzählt im ‚Erinnerungszusammenhang: Fabriksschließung':

„Danoch daun, wia die Deutschen kumman san, wia sa's verkauft haum, gö, do woar's nimma lustig, wei die han den gaunzen Tog ummanaund gaungan, den gaunzen Tog. De hand überhaupt net weggagaungan vom Soi (Saal). (...) Jo, die deutschen Werkmeister, die haumd uns net gfreit. Erstens woarn ma's net gwohnt, die Herren, und daun hand's *oiwei* beim Platz gwen (in den Arbeitssälen, bei den Tischen der Arbeiterinnen) – nachmittog, vormittog. Na, woar net lustig."[183]

Offenbar wurde für die interviewten Arbeiterinnen schneller als von den Nationalsozialisten geplant spürbar, was der reale Hintergrund für das NS-Gerede „der ganze Betrieb wie eine Familie" und für die nationalsozialistische Ideologie von der – den Gegensatz zwischen Unternehmer und ArbeiterInnen aufhebenden – „Betriebsgemeinschaft"[184] war: latente Gewalt.

Theaterstück „Tschikweiber": Szenenfoto „Die Arbeiterin Anna soll verhaftet werden"
©Edith Zehentmayer

Dass diese innerbetriebliche Zucht, Überwachung und Repression auch tödlich ausgehen konnte, wurde ihnen gleichfalls in der Fabrik selbst vorgeführt. Einige Male kommt es zu Verhaftungen aus politischen Gründen, die Arbeiterin Josefine Lindorfer wird im KZ ermordet.

„Wia hoit daun die Nazin kemman san, do sand eben oa drinnan gwen, do haumma uns hoit hüten miassen, net, dass uns nix außagrutscht is.
Oane von da Fabrik hot draun glauben miassen. Die hot oiwei eingsammelt in am Freitog, boid ma s'Göd kriagt haum, für de, de wos eingsperrt hand.

> Und dawei hot's ane zuawighaut (verraten). Oba mia sand *nia* draufkemman, wos des für a Luada gwen is."[185]

Auch die 1938 wieder eingestellte Agnes P. ging dieses tödliche Risiko ein, als sie – außerhalb der Fabrik – im Rahmen der kommunistischen ‚Roten Hilfe' Unterstützungsgelder für die Familien von politischen Häftlingen sammelte. Trotz ihrer Verhaftung im Jahr 1942 stellte sie sich auch nach der Entlassung aus dem Gefängnis gegen die nationalsozialistische Verfolgungsmaschinerie: durch die Organisierung von Kleidung, Lebensmitteln, Fahrrädern und Unterkünften hat sie mehreren KZ-Flüchtlingen das Leben gerettet.

Einige der Interviewten erinnern sich daran, bei diesen illegalen Unterstützungssammlungen manchmal Geld gespendet zu haben. Doch ihre Hauptstrategie, innerhalb und außerhalb der Fabrik mit dem Nationalsozialismus umzugehen, war jene der passiven Distanz. Im Zusammenhang mit der Fabriksschließung schlug jedoch diese innere Distanzierung, die vorher noch am ehesten durch das Nichttragen der NS-Abzeichen öffentlich geworden war, in offene Widerständigkeit gegen die nationalsozialistische Betriebsleitung um.

Schon 1938 war das Staatsmonopol in der österreichischen Tabakindustrie aufgelöst und einer privaten deutschen Aktiengesellschaft übertragen worden. Wenig später hat man dann, um die österreichische Konkurrenz zu beseitigen und Fabrikaten der privatwirtschaftlich organisierten Tabakindustrie im ‚Altreich' auch den Absatzmarkt in der ‚Ostmark' zu öffnen, mehrere Zigarrenfabriken geschlossen. Die Halleiner Fabrik wurde um lächerliche 260.000 Reichsmark 1939 an einen Rüstungsbetrieb „verschleudert".[186]

Widerstand in den aufgelösten Fabriken ermöglichte es, zumindest auf die Bedingungen der zwangsweisen Pensionierung und auf die Abfertigungsquoten zugunsten der Arbeiterinnen Einfluss zu nehmen.

> „Jo, do woar jo a großer Streit a no, wei uns haums des Göd hergschmissen, uns Jüngeren, net, des Zeitgeld, wia ma sogt, und haumd uns außigfertigt (empört). Und do haumd oba si maunche des net gfoin lossen durt. An Treuhänder hot's geben, is a Prozess gwen. (...) Jo, und der Prozess is gwunnan worn" (auch jüngere Arbeiterinnen, die noch keine so lange Betriebszugehörigkeit aufzuweisen hatten, bekamen statt der Abfertigung eine Pension).[187]

Noch einmal aktivieren offenbar die interviewten Arbeiterinnen den alten freigewerkschaftlichen Zusammenhalt: mit Solidarisierung, selbsttätiger Interessensvertretung und der Weigerung, auf finanzielle Rechte zu verzichten, reagieren sie auf den durch die Fabriksschließung nicht mehr länger verschleierbaren Gegensatz zwischen Lohnarbeit und Kapital.

> „Daun is d'Fabrik verkauft worn. Haumma in Pension gehn miassen. Und a Teil – hot's ghoaßen – muass bleiben, des aufoarbeiten: s'Material muass aufgoarbeit' wern. Und daun haums uns nix geben. Des woar die große *Schweinerei.*
> Mia san blieben – so a 30. Die aundern san sukzessive in Pension gaungan. Jetzt haumma no goarbeit' bis zum letzten Tog und für die letzten 30 haums daun ka Pension mehr ghobt. Mia warn nur obgfertigt worn für 1 1/2 Joahr. Und daun haumma uns wieder amoi aufgmuckst. Is die Agnes kumman (in der Zeit vor 1934 Betriebsrätin in der Fabrik), samma noch Salzburg amoi gfoahrn zum Gauleiter. Des is daun – mia scheint – bis zum Führer gaungan, bis zum Hitler. Wei des is do a Sauerei: mia, die letzten hätten nix kriagt. Und daun haums mia a kriagt."[188]

Mit diesem Arbeitskampf, mit ihrer Absage an eine stillschweigende Duldung der Ausbeutung stellten sich diese Frauen ganz offensichtlich gegen den nationalsozialistischen Betriebs*gemeinschafts*-Gedanken und damit indirekt und vielleicht nicht unbedingt bewusst gegen Staat und Führer.

Die über die Erwerbsarbeitswelt, über *ihre* Fabrik hinaus in der NS-Herrschaft enthaltene offene und latente Gewalt, den Terror, der die Überlebenszusammenhänge ‚der anderen' traf, haben jedoch nur die allerwenigsten von ihnen in den Interviews thematisiert.

7. Frauenspezifische Betroffenheit und Widerständigkeit im ArbeiterInnenmilieu

Das soziale Eingebettetsein in proletarische Lebenszusammenhänge, die soziale Realität der eigenen Lohnarbeit in der Fabrik sind – so die Lebensgeschichten der interviewten Frauen – nicht der alleinige Auslöser von kollektiver Betroffenheit, kollektiven Erfahrungen und Deutungen der eigenen Lebenssituation gewesen.

Trotz der massiven Prägekraft sozialer Rahmenbedingungen durchzieht die Interviews mit den Halleiner Zigarrenfabriksarbeiterinnen und Arbeiterhausfrauen auch ein sehr klares Spüren davon, dass ihr gesellschaftliches Sein mit all seinen Möglichkeiten, Behinderungen und Widersprüchen auch dadurch bestimmt war und ist, dass sie *Frauen* sind.

„Früher haum die Frauen *nix* z'lochen ghobt, na!" [1], ist ein Resümee, das beim rückblickenden Erzählen offenbar immer wieder an die Oberfläche drängte.

Es bezieht sich auf vielfältige Erfahrungen – nicht nur des eigenen Lebens. Nicht selten enden in die eigene Lebensgeschichte eingeflochtene Erinnerungsbilder an die Mutter etwa, an Frauen aus der Verwandtschaft oder auch an Nachbarsfrauen mit einem ähnlich bündigen Urteil.

7.1. Ausbruchsversuche

ArbeiterInnenkultur-Organisationen als Kontrapunkt

> „Wos woar Ihr Mutter für a Mensch. I kaun ma's no net so richtig vorstön. Sie haum zwoar scho a bissl erzöht ..."
> „Jo, sie hot nix kennt ois wia ihrn Haushoit und Ding ... überhaupt nix beansprucht – *überhaupt* nix beansprucht, net. *Äußerst* bescheiden. So bescheiden bin i *net*. I mog scho a bissl wos haum vom Leben, net."
> „Jo, Sie haum erzöht, dass' net so leben hätten woin wie die Mutter."
> „*Na*, die hot goar nix ghobt, mei Mutter vom Leben. Oba mein Maun sei Muatta hot no weniger ghobt. Is a Bergbäurin. Ois im Kriag eingruckt, net. 6 Kinder ghobt. Na, gaunz oarm! Do woar jo mei Muatta no a Königin dagegen, net. Die hot si scho nochmittog a Ruah ghobt, hot Zeitungen glesen und Ding. Oba *de* hot jo nix wia oarbeiten miassen. De woar gaunz oarm. Dawei hot's an schlechten Fuaß ghobt und ois. Na – na, des woar erst a Leben. (...) Do woar *nur* er wos. Nur er. Er woar bei da Musik, er woar Jogdleiter, oba *sie*

> hot dahoam Hosen flicken kennen. (...) Sie woar's *Oarbeitstier*, obwoi *sie* in' Besitz ghobt hot, net."[2]

Drastisch reduziert auf die Rolle des bescheidenen, nichts für sich selbst in Anspruch nehmenden Arbeitstieres erinnert die Tabakarbeiterin Anna L. die Lebensbedingungen der eigenen Mutter und jener ihres Mannes.

Anna L.'s bewusste Grenzziehung zu diesem traditionellen Frauen-Schicksal ist offensichtlich: „So bescheiden bin *i net.* I mog scho a bissl wos haum vom Leben, net." Sie gehört zu jenen interviewten Frauen, die sich ganz massiv weigerten, jenen Platz in der gesellschaftlichen Rangordnung einzunehmen und jene reduzierten Handlungsspielräume zu akzeptieren, die mit der Rollenzuweisung ‚Frau' verbunden waren. Sehr klar hat sie vor Augen, wovon sie sich abgrenzt, was sie verweigert, aus welcher Rollenverteilung sie auszubrechen sucht.

In ihrer lebensgeschichtlichen Erzählung verdichten sich die nicht nur den Frauen ihrer Klasse gesellschaftlich verordneten Zwänge, denen sie entkommen will, mehrmals im selben Symbol: stets aufs Neue die kaputten Hosen des Mannes flicken müssen.

„Er woar bei da Musik, er woar Jogdleiter, oba *sie* hot dahoam Hosen flicken miassen (...) Jo, jo, der hot oiwei in' Großen gspüt, mein' Maun sei Vota."[3] So brachte Anna L. für die dem bäuerlichen Lebenszusammenhang zugehörige Herkunftsfamilie des Mannes die Hierarchie zwischen der männlichen und weiblichen Rolle zum Ausdruck.

Nicht mehr rund um die Uhr Arbeitstier, wenigstens manches Mal im Genuss arbeitsfreier Zeit und damit „Königin" im Verhältnis zum Leben dieser Bäuerin ist die eigene Mutter Anna L.'s. Und doch hat sich im Rückblick auf die eigene Kindheit in einer Halleiner ArbeiterInnenfamilie für die Hierarchie zwischen den Eltern der Erinnerung ein ähnliches Bild aufgedrängt:

> „*Er* is hoit oiwei furtgaungan am Sonntog – mei Vota is oiwei furtgaungan und hot si a bissl a Bier oder wos kauft – a poar Hoibe. Und daun auf d'Nocht um sechse oder wos is a daun wieder hoamkumman.
> Mei Mutter is eigentlich – hot oiwei schlechte Fiaß ghobt – gaunz wenig furtkumman. Gemeinsam furtgaungan so wia heit, des hot's hoit domois überhaupt goar net geben. Meistens hot's eh wos oarbeiten miassen – seine Hosen wieder flicken miassen in am Sonntog."[4]

Auch hier die geflickten Hosen des Mannes. Wiederum sind sie nicht nur Symbol für jenen, den Frauen stillschweigend als ihre Pflicht und Schuldigkeit überantworteten Aufgaben- und Arbeitsbereich ‚Familie': jene auf ‚Jeden-Fall-Verantwortlichkeit' der Frau, an der sich nichts änderte, wenn man, wie Anna L.'s Mutter das – bis zu ihrer frühzeitigen Pensionierung aus gesundheitlichen Gründen – getan hat, in der Fabrik arbeitete, also erwerbstätig war.

Symbol sind sie auch für die Gewaltverhältnisse, denen die Mutter in der Familie als „Binnenraum patriarchalischer Privatherrschaft“[5] gleichzeitig ausgesetzt war: von der Öffentlichkeit abgeschnitten, zu persönlichen Dienstleistungen verpflichtet, für alles verantwortlich und doch dem ‚Herrn der Familie‘ untertan. Für ihr eigenes Leben wies die junge Anna L. – das Bild der flickenden Mutter vor Augen – diese Zumutungen entschieden zurück.

> „Wei i oiwei gsogt hob: ‚Des tat i nia, dass i an am Sonntog Hosen flick!‘(...) Dass i mi am Sunntog hersitz Hosen flicken – na, des hätt mi net aungsehn, wei i bin gern am Berg gaungan und so weiter.“[6]

Tatsächlich liegen Welten zwischen ihrem eigenen Leben und dem ihrer Mutter. Mit 18 geht sie in die Fabrik. 32 Jahre ist sie bereits, als sie heiratet, und erst 6 Jahre später wird sie Mutter. Damit ist sie in der Fabrik „bei *de* gwesen, die's besser gaungan is. Viele haum scho a Kind ghobt und haum mehr Kostgeld dadurch zoin miassen und ois.“[7]

Auf den Erinnerungsfotos von der Fabrik ist sie eine der wenigen, die kurze Haare trägt. „I woit hoit a a bissl modern sein, a moderne Frau – net so wos Altmodisches: dahambleiben und nur Häkeln und Stricken.“[8] Erst im 20 Kilometer entfernten Salzburg habe sie einen Friseur für ihren ‚Bubikopf‘ gefunden. Vom Vater handelt sie sich dafür eine Ohrfeige ein. Denn: In Hallein selbst waren so offensichtliche Zeichen der Modernität noch strikt tabu.

Dass der Mensch mehr braucht als ‚arbeiten und in die Kirche gehn‘, habe sie vom Sozialismus gelernt, über das sozialdemokratische Elternhaus und dann später vor allem über die gewerkschaftliche Organisierung in der Fabrik und die Mitgliedschaft bei den Arbeiter-TurnerInnen und den Naturfreunden wächst sie in die sozialistische Bewegung hinein. Auch für sich als *Frau* nimmt Anna L. das Menschenbild der sozialistischen Kulturbewegung beim Wort und lehnt jene traditionelle Rolle ab, nach der sie als Frau vor allem sittsam, arbeitsam, häuslich und gottesfürchtig zu sein hätte.

> „Heit no muass i oft aun die schwoarze Betriebsrätin denken, die bei uns gwohnt hot im Haus.
> Do hob i amoi so a Dirndlgwandl ghobt mit so Träger. Und do hob i koa Blusen aunghobt drunter, net – do woar's so hoaß wia heit. Und do san die Leut vorm Haus gsessen. (...) Hot's mi gstoßen, ob i mi net schäm – ka Blusen aun! So unkeusch! Die soit schaun heit, wia's heit daherkumman, mit die Bikini, waun ois außaschaut (lacht). I woar scho so unkeusch, weil i ka

Blusen aunghobt hob.
Jo, jo, i woar gaunz verpönt. Beim Friedhofswärter, beim M., wo da Friedhof is, waun'S des wissen, die woarn a so schwoarz, do woar i gaunz verpönt, weil *i schifoahrn* gaungan bin, a Hosen aunghobt hob. Des woar domois jo ... Jo!"
„Also, die haum, waun ma ois Frau a bissl aunders glebt hot ...?"
„Jo, jo, jo! Freilich, waun ma a bissl außasticht, net, aus da Oart schlogt – wie i. Domois hob i scho a Knickerbocker ghobt, bin schifoahrn gaungan und so. Jo, die M.-Dirndln hätten a des *nia* tuan dearfen. Oiwei schen sittsam und in d'Kirchen gehn am Sonntog. Die woarn jo doch *so* fanatisch.
Die M.-Tochter hot daun a lediges Kind ghobt. Die hot net amoi eini dearfen mit'n ledigen Kind, weil da Friedhof entweiht worn war mit ihrm ledigen Kind. Heit is a da erste Führer beim X. (Geschäft in Hallein) – und *domois* hot a net amoi mit seiner Mutta in' Friedhof eine dearfen, weil a a lediges Kind woar. (...)
Sie hand jo so *konservativ* gwen. *Jo* net a bissl fortschrittlich, wissen'S.
Turnen gehn und so, am Berg gehn – des woar jo ois ... *Dahoam* bleiben haums miassen, die M.-Dirndl, Handarbeiten, Stricken, Häkeln, net.
Für *des* hob i domois ka Zeit ghobt! (Lacht) Jo, *so* woar die Zeit oba.
I hätt jo do niemois mittaun, net, hoit überhaupt nix ... Domois hot si hoit des so herausgoarbeit, i moan, die *Freiheit* mehr. Dass ma freier is und dass ma wos unternimmt und so. Net grod in d'Oarbeit gehn und wieder dahoam sitzen. Da Mensch braucht jo do *mehr*, net! Dass a si sportlich betätigt. Oba des woar jo ois Unsinn (für die Konservativen) net – unwirtschaftlich. Dabei hot unser Schifoahrn eh koa Göd kost'. Wos hot's denn kost? Die Ausrüstung hoit amoi."
„Und des mehr frei sein, des is vor oim über die Sozialisten kumman?"
„*Des* is über die Sozialisten kumman, net. Die aundern haum do des ois niederdruckt. Nur Kirchen gehn, die Predigt aunhearn – des woar ma uninteressant, net. Mei *Mutter* is jo schon in d'Kirchen gaungan. I hob eh gsogt: Sie haums jo in St. Sebastian (Waisenhaus in Salzburg) unten ghobt, net. Die haum ihr des scho so eingeimpft, dass wos hängen blieben is."[9]

Anna L., aktives Mitglied bei den Naturfreunden und im Verein der ArbeiterturnerInnen, erlebte ihr Eingebundensein in die ArbeiterInnen-Kulturbewegung als ein Nahverhältnis, das sehr viel mehr umfasste als ihre bloße Zugehörigkeit zu einer Freizeitorganisation.

So konnte sie offenbar über häufige gemeinsame Berg- und Skitouren mit einer ihr bis dahin unbekannten Beweglichkeit experimentieren. Nicht nur dem offenbar auch an sie herangetragenen Rollenklischee der – in ihren Bewegungsspielräumen und in ihrer Motorik aufs Äußerste reduzierten – strickenden und

Auch Frauen haben im 1929 eröffneten Halleiner Strandbad ‚Körperfreiheit' in Anspruch genommen. Die Interviews belegen immer wieder, dass das damals noch keineswegs selbstverständlich war.

häkelnden Frau fühlte sie sich dadurch entronnen, auch der körperlichen Statik durch den fremdbestimmten Arbeitsrhythmus des Akkords.

Die Kommunikations-, Gruppen- und Aktivitätserfahrungen in diesen Organisationen scheinen ihr auch ganz allgemein das Durchbrechen geschlechtsspezifischer Beengungen durch ein rigides religiöses und paternalistisches Kontrollsystem erleichtert zu haben.

Halleiner Arbeiterturnerinnen in den 1920er-Jahren. Im Zentrum der sozialdemokratischen Sport- und Freizeitvereine saßen jedoch die Männer. Sie gestanden sich, wie die Körpersprache auf diesem Foto zeigt, wesentlich mehr Raum zu.

Auffallend ist, dass Anna L. die Reichweite ihrer eigenen Befreiungsversuche immer im Kontrast mit anderen, noch in den alten Rollenzwängen gefangenen Frauen dargestellt hat. Auf die gesellschaftliche Rolle und Position des Mannes als explizitem Maßstab greift sie in ihrem lebensgeschichtlichen Erzählen hingegen nicht zurück.

Ihr ganz bewusst als Kontrapunkt zum traditionellen Frauenbild erlebtes Skifahren, Berggehen in jeder nur möglichen arbeitsfreien Minute impliziert jedoch – weit über die körperliche Aktivität hinaus – nicht nur das Ausbrechen aus alten Beschränkungen, sondern auch ein Ergehen und Erfahren neuer Räume und Orte: jenseits von Arbeit und jenseits des Mangels an häuslichem Wohn- und Lebensraum.

Nur einem Drittel der interviewten Tabakarbeiterinnen ist es allerdings gelungen, sich eine dieser sonst männerdominierten und gleichfalls patriarchalische Strukturen enthaltenden ArbeiterInnenkultur-Organisationen aktiv anzueignen: als Experimentierfeld für den vagen Wunsch nach einem ‚besseren Leben' und als Kontrapunkt zur sehr konkreten Erfahrung, fremdbestimmtes ‚Arbeitstier Frau' zu sein.

„Die haum a oarmes Leben ghobt früher die Frauen. Ge!"[10] Aus dieser Sackgasse versuchte Anna L. – über Fabriksarbeit und eigenes Einkommen als materieller Basis und über ihr Verwobensein mit den ArbeiterturnerInnen und Naturfreunden als konkret geschaffenen Freiräumen – zu entkommen. Die aktive Grenzziehung zum Leben der Mutter ist unübersehbar und doch holte auch Anna L. vor allem in den Jahren nach der Heirat – ähnlich der Mutter – die gesellschaftliche ‚Bestimmung' immer wieder ein:

> „Des tat i nia, dass i an am Sonntog Hosen flick!' Hob *i gsogt.* Hob's oba a tuan miassen – unterm Kriag gaunz besonders, wei ma nix kriagt hot. Und er hot's wieder braucht am Montog. Ma stöt si hoit ois leichter vor, waun ma jung is. (...) Jo, hob i ma *denkt*, des tat i nia! Dawei hob i's a mochen miassen. Is ma a nix aunders übrig blieben, waun a ois kaputt hoambrocht hot und am Montog hot as wieder braucht.
> Kummt alles aunders im Leben als man denkt!"[11]

7.2. Betroffen sein – getroffen sein – punktuelle Distanzierungen

Unüberhörbar existiert also in den Interviews ein Bewusstsein von den gesellschaftlich verordneten lebensgeschichtlichen Be- und Verhinderungen, die auf die Geschlechtszugehörigkeit ‚Frau' zurückzuführen sind. Nicht als geschlossenes Konzept für die – noch zu fordernde – Gleichberechtigung, sondern als immer wieder durchbrechende Wahrnehmung des eigenen Betroffenseins von Diskriminierungen.

Sie ist, wie sich am Beispiel der diesen Frauen aufgeladenen Arbeitslast oder auch an der innerbetrieblichen Mann-Frau-Lohnhierarchie in der Zigarrenfabrik gezeigt hat, nicht immer gleich scharf, diese Wahrnehmung von der gesellschaftlichen Benachteiligung der Frau.

Dort, wo Diskriminierungen jedoch wahrgenommen werden, steckt in den Artikulationen der eigenen Betroffenheit mehr als bloßes Getroffensein vom strukturellen und persönlichen Unrecht gegen Frauen, mehr als bloßes Opfersein: sie enthalten auch „das Stutzen, das Erschrecken, das Anhalten, die Empörung über diesen Zustand.[12]

Betroffenheit in diesem Sinn „ist eine Empfindungsqualität, die über bloßes Reagieren hinausgeht" und immer auch eine Distanzierung vom unbefriedigenden Status quo bedeutet.[13] Eine Distanzierung zumindest auf emotionaler Ebene, wenn – wie im gemeinsamen Interview mit zwei Zellulosefabriksarbeiter-Frauen – im Rückblick auf die sieben, acht Jahrzehnte der bisherigen Lebensgeschichte bereits unwiderruflich Geschehenes, Zugemutetes und Hingenommenes trocken-bitter konstatiert wird:

> „Mia hand oit worn, sog i oiwei, und d'Oarbeit haumma g'lernt. Des woar wichtig." – „Jo oba ausgrackert (kaputt gearbeitet) samma, drum samma nix mehr wert."[14]

Nur selten hingegen war diese Distanzierung, wie gesagt, bereits in früheren Lebensabschnitten in eine so aktive und weitreichende Suche nach Lösungen und Ausbruchsmöglichkeiten umgeschlagen, wie das im vorgestellten Ausschnitt der Lebensgeschichte von Anna L. der Fall gewesen ist.

Meist waren die in den lebensgeschichtlichen Darstellungen aufspürbaren oder offen ausgesprochenen Strategien, die Grenzen der ‚verordneten' Frauenrolle zu überschreiten, viel punktueller und weniger direkt.

Alle interviewten Zigarrenfabriksarbeiterinnen strebten etwa für ihre Töchter ganz bewusst etwas an, das ihnen selbst verwehrt geblieben ist: eine Ausbildung für das spätere Berufsleben.

Auch in den anderen Interviews mit Frauen aus dem Halleiner ArbeiterInnen-Milieu taucht sie mehrmals auf, diese Strategie: „sonst mochst jo ois Frau immer nur die Dreckoarbeit. Sonst gibst eana immer nur die Putzfrau ob."[15] Zumindest die Tochter sollte dem Arbeiterhausfrauen-Schicksal, der selbst erlebten Demütigung, „denen ihrn Dreck wegputzen (zu müssen), die's Göd ghobt haum", um den arbeitslosen Mann und die Familie durchbringen zu können, entgehen.

Diese widerständige Leitlinie in der Töchtererziehung, dieses Vorsorgen für die eigenen Töchter enthält also ein Moment ganz konkreter Utopie. Ihren Nährboden hat sie in den gebrochenen – Gefühle des Scheiterns, aber auch Restgefühle der Widerständigkeit umfassenden – Emanzipationserfahrungen der interviewten Frauen.

Punktuelles Umschlagen von Betroffenheit und Kritik am Status Quo in offenes Agieren findet sich ganz stark bei jenen – die Frauen in ihrer Lebenssituation existentiell betreffenden – Problemen wie Schwangerschaft, Geburten, Sorge für die Kinder, usw.

„Um uns hot si ka Hund und ka Teifi gschert"[16], beschreibt die Tabakarbeiterin Anna R. das damals noch verschärfte Alleingelassenwerden der Frauen bei der Erhaltung des gesellschaftlichen Lebens: kein Arzt, kaum medizinische Betreuung, nur unzureichender Mutterschutz, kein Karenzgeld, kein Kindergeld, keine Mütterberatung, keine Kinderkrippen, kaum Kindergärten. Und: Häufiges Zurückstellen der eigenen Bedürfnisse, wenn es darum ging, die Folgen ökonomisch schlechter Verhältnisse für die Kinder zu mildern.

> „Na, und ma hot scho net gwisst, wos ma die Kinder aunziagt. Jo, und wer hot *zruckstehn* miassen ois wia d'Frau, net, wennst vo neamt wos kriagt host. Na, ma dearf net zruckdenken, wia's friaha woar."[17]

Auch hier ist es nicht die Ich-Form, sondern das allgemeinere „d'Frau", das allgemeine ‚wir', in dem diese Erfahrungen erzählerisch dargestellt werden. Immer wieder lässt sich also auch an der Sprache so etwas wie ein kollektives Bewusstsein von der in bestimmten Bereichen gemeinsamen gesellschaftlichen Lage als Frau festmachen.

Ganz sicher umfasst das ‚wir' solcher Gesprächspassagen die sichtbaren Erfahrungen der Frauen des vertrauten sozialen Milieus. ‚Wir': das sind die Arbeitskolleginnen in der Fabrik, deren Probleme einem von den Gesprächen an den Arbeitstischen her vertraut sind; das sind die Frauen aus der Nachbarschaft, aus den Halleiner Zellulose-, Tabakfabriks- und Saline-ArbeiterInnenwohnhäusern; das sind die Frauen, die auch in den Konsum, auch in die genossenschaftlich organisierte ArbeiterInnenbäckerei und ArbeiterInnenfleischhauerei einkaufen gingen und deren Männer vielfach nach der Arbeit in einem der Halleiner Arbeiterwirtshäuser saßen; auch die eigene Mutter umfasst dieses ‚wir' und all das, was man von der eigenen weiblichen Verwandtschaft weiß.

‚Wir Frauen': das steht für kollektive frauenspezifische Erfahrungen innerhalb des Halleiner ArbeiterInnenmilieus mit sozialen Grenzüberschreitungen hin zum bäuerlichen Lebensraum. Denn auch die Erfahrungen dieser Frauen sind aufgrund vielfacher eigener Rückbindungen zum bäuerlichen Milieu nicht unvertraut.

Eigentlich keinen – oder nur selten – Platz haben in diesem rückblickenden Spüren eines gemeinsamen Betroffenseins von frauenspezifischer Diskriminierung die wenigen bürgerlichen Frauen, mit denen die Interviewpartnerinnen überhaupt in Berührung gekommen sind: die Halleiner Geschäftsfrau mit ihrer sozial abgestuften Zuvorkommenheit gegenüber ihren Kundinnen; die Beamten-Gattin, für die frau putzt, wäscht und flickt, um die eigene Familie erhalten zu können; die Wirtin, die Arzt- oder Bahnhofsvorstandsfrau, bei der frau als junges Mädchen in Dienst gewesen war. Die Kluft zur sozialen Lebenswelt dieser Frauen ist zu tief, die wenigen Situationen sozialen Kontakts sind zu hierarchisch, um hier Gefühle von Gemeinsamkeit entstehen zu lassen.

Zu groß war auch der nicht unberechtigte Verdacht, dass es sich eine ‚Reiche' in vielen ‚Frauenbelangen' viel leichter hat richten können. Für die vorhandenen oder nicht vorhandenen Möglichkeiten zur Schwangerschaftsunterbrechung wird das auch ganz offen formuliert.

> „Hot's do in Hallein früher überhaupt a Möglichkeit geben, dass ma abtreiben hot kennan?"
> „Jo (zögert) – zwischendurch hoit. *Ois* a Pfusch – auf Deutsch gsogt. Da oarme Teifi hot hoit auf Pfusch gehn miassen. Die aundern san hoit ins Sanatorium gaungan. Auf Pfusch gehn – des woar hoit scho a Risiko. Do hängt scho des gaunze Ding draun. So wos hätt' i nia taun. Oba wer koan Schilling hot, dass a si ...: bei am Oarzt hot es oiwei domois a unerreichbares Göd kostet für an oarmen Teifi, net.
> Geben hot's as jo oiwei: wer a Göd ghobt hot, hot si oiwei höfen kennan",[18]

berichtet die Tabakarbeiterin Anna L., der es selbst erspart geblieben ist, sich diesem Risiko für die eigene Gesundheit, ja oft für das eigene Leben auszusetzen. Vom ‚armen Teufel' ist die Rede und von dem, ‚der Geld gehabt hat'. Vom Pfuscher hier und vom Sanatorium dort. Die Erfahrung sozialer Diskriminierung prägt hier die Sprache des Erzählens. Abtreibung wird ganz stark als Klassenfrage erlebt.

> „Heit is' a so ... – durt hob i den Primär D., den hob i daun gehasst! Wei die aundern, die s'Göd ghobt haum, die hot as gmocht, net, dass a unterbunden hot. Na, bei mir net: ‚Sie san no gsund', hot a gsogt, ‚und stoark. Sie kennan Kinda herbringan (auf die Welt bringen).' Des hot a gsogt."[19]

Noch einmal zurück zur Widerständigkeit gegen Zumutungen und gesellschaftliche Erwartungen, die meine Gesprächspartnerinnen ganz unübersehbar als Frauen bedrängten, besonders was ihre biologische Fähigkeit, zu gebären, betrifft.

Hier nur einige in den Gesprächen immer wieder auftauchende Widerstandsmuster, wenn die eigene Gebärfähigkeit und die jahrelange Sorge um die Kinder so offensichtlich für die staatliche Bevölkerungspolitik missbraucht wurden, wie das im Nationalsozialismus der Fall gewesen ist.

In den lebensgeschichtlichen Erzählungen finden sich sehr direkte Weigerungen, sich vom NS-Staat als Gebärmaschine funktionalisieren zu lassen, wenn die eigene sozioökonomische Lage und der eigene psychische Druck es unverantwortlich erscheinen ließen, Kinder in die Welt zu setzen.

> „Jo kloar! Waunst ka Göd host, waun da Maun oarbeitslos is, kaunst jo net vier, fünf Kinder aunschoffen. Des geht doch net! Kaunst eana jo nix geben: ka Gwaund, ka Bildung, nix.

> A Kind auf d'Wöt bringan – nur ins Elend eine: na, foit ma goar net ein! I hob eh amoi gsogt zu am Obern von die Nazi, wei a mi gfrogt hot, warum i nur ein Kind hob – die hätten jo domois woin, dass ma vier Kinder hot –: ‚Jo, wei i ma 's net *leisten* hob kennan.' Da Maun 6 1/2 Joahr oarbeitslos. Jo daun woar eh da Kriag und noch'm Krieg woar i ma z'oit, dass i no a Kind kriag. Na, foit ma goar net ein!"[20]

Massive – nicht nur rückblickende, sondern damals aktuell nach außen getragene – Empörung auch über die Verfremdung des Kinderkriegens und -aufziehens zur Produktion von ‚Menschenmaterial' für den Krieg.

> „Unser Peppi, der woar 14, 15 Joahr, do hot ..., auf Grödig haums do obi miassen die Hitlerjugend. Ob's megen haum oder net, haums dazua miassen. Nochand is da Peppi amoi auffakemman, dass a si a frische Wäsch aunziagt, net. Wei a über d'Nocht do woar, is glei in da Fruah ana do gwesen von die Höchern (von den Oberen), dass a 'n ghoit hot.
> Hob i gsogt: ‚Passens'S auf, wos Ihna i sog' – mir woar daun scho ois wurscht –, hob i gsogt. ‚Passen'S auf, wos i Ihna sog: Wehe, wenn's in Buam oa Haarl krümmt's, oba daun ...!', hob i gsogt. ‚Wei erstens', hob i gsogt, ‚mia Mütter', hob i gsogt, ‚miassen's 9 Monate ummanaundschleppen und daun wird a Kind in Schmerzen geboren. Wos wisst's es Maunsbilder', hob i gsogt, ‚ihr hobt's engan Genuss dabei, oba mia', hob i gsogt, ‚mia miassen's in Schmerzen gebären und daun miass ma's aufziagen. Wos mia für a Oarbeit und für a Plog haum mit die Kinda, des is Eich wurscht', hob i gsogt. ‚Und daun schiaßt's unsas weg.'"[21]

7.3. „Mein Gott na, grod net so vü Kinder: Des woar mei oanziger Wunsch"

Über die gezielten Versuche der Zigarrenfabriksarbeiterinnen, der ‚Falle: Mutterschaft' zu entgehen

Neben den im letzten Kapitel beschriebenen punktuellen Widerständigkeiten der interviewten Frauen gegen Zumutungen im Reproduktionsbereich, neben jener protestierenden Distanzierung, die eigentlich zu spät kommt, weil sie erst im Lebens-Rückblick auf schon längst Geschehenes und Erlittenes ausgesprochen wird, findet sich vor allem in den Lebensgeschichten der Zigarrenfabriksarbeiterinnen eine Form planender, das eigene Leben bewusst entwerfender, wenigstens minimale individuelle Ansprüche einfordernder Widersetzlichkeit.

Fast alle interviewten Zigarrenfabriksarbeiterinnen versuchten sich ganz gezielt dem Zwang zum Gebären und damit jenen Ausweglosigkeiten, die nicht nur im proletarischen Lebenszusammenhang mit Mutterschaft verbunden waren, so weit wie möglich zu entziehen.

„Sag deinem Kinde, indem du es innig bei der Hand nimmst: ‚Meine Tochter! Mutter sein heißt nichts anderes als eine Märtyrerin sein, die sich hingibt einem Dutzend anderer Willen, dem des Gatten und der Kinder!"[22] – so formulierte 1931 das Halleiner Pfarrblatt jene ‚Orientierungshilfen', mit denen Mütter ihre Töchter schon vor dem Brautexamen auf ihre künftigen Pflichten als Ehefrauen und Mütter einstimmen sollten.

Was die interviewten Zigarrenfabriksarbeiterinnen betrifft[23], war eine derartige ‚Einstimmung' auf die patriarchale Institution Mutterschaft kurz vor der Eheschließung wohl kaum mehr notwendig. Sie wussten, was ‚Mutter sein' bedeutet und waren nicht gewillt, die anvisierte Rolle der sich selbst aufgebenden Märtyrerin so einfach hinzunehmen. Schließlich hatten sie die Erfahrungen der eigenen Mütter vor Augen, die sechs, sieben, acht Mal und öfter geboren hatten, meist ungewollt, medizinisch schlecht betreut und sich mit jeder nicht verhinderbaren Schwangerschaft noch drastischer in einen ausweglosen Kreislauf des körperlichen Raubbaus, der Überbelastung und der materiellen Bedrängnis hineinmanövrierend.

Ganz allgemein hatte sich in der ArbeiterInnenschaft „der gegen Ende des 19. Jahrhunderts einsetzende Geburtenrückgang langsamer als in anderen Berufsgruppen"[24] vollzogen. Bis ins erste Drittel des zwanzigsten Jahrhunderts hinein blieb die durchschnittliche Zahl der Geburten in ihren Familien auffallend hoch.

Das sie später erwartende Ausmaß an Mutter‚pflichten' hatten die interviewten Frauen dann ganz hautnah beim Versorgen der jüngeren Geschwister kennengelernt, das sie ja oft schon als Sechs-, Siebenjährige – stellvertretend für ihre in der Fabrik arbeitenden, heimarbeitenden oder in fremden Haushalten waschenden und putzenden Mütter – zu übernehmen hatten.

Beide Erfahrungsstränge haben sich dabei offenbar so bedrohlich in das Bewusstsein der heranwachsenden Mädchen eingeschrieben, dass ein Großteil dieser Frauen dann später alles daran setzte, dieser – die eigene physische und psychische Unversehrtheit gefährdenden – Falle wenigstens ein Stück weit zu entgehen.

> „Wei i hob oiwei gsogt: ‚Liaba *koa* ois wia so vü wia mei Muatta. *Sieben* Kinder! Na! Na! Und so a Not ghobt! Schlecht gaungan, wie's uns is! Hob i gsogt: ‚*Na*, uns soit's scho a bissl besser gehn.' Wia gsogt: mia hand hoit Berg gaungan."
> „Und Ihnen is' nia obgaungan, dass' kane Kinder ghobt haum?"
> „Na. Na, i hob mi eh gnuag ummanaundschürzen kennan mit meine

> Gschwistered. I hob gnuag ghobt bis do auffa, net. Wei i hob jo ois Kind scho nix mehr ghobt, wia i daun (nach der Rückkehr von den Zieheltern in die Herkunftsfamilie) dahoam gwen bin: nix wia oarbeiten. Oarbeiten und Kinder aufpassen, net. Hob i gsogt: Na! ‚Na, Muatta', hob i gsogt, ‚liaba koa, ois wia so an Haufen Kinder.'"[25]

Maria O. war bereits im letzten Schuljahr, als ihre Mutter – eine Arbeiterin in der Zigarrenfabrik – nach sechs Geburten und den damit verbundenen körperlichen Belastungen abermals schwanger wird. Nie war der weibliche Zyklus, waren Sexualität oder Schwangerschaft bisher zwischen Mutter und Tochter zur Sprache gekommen. Dafür wird die knapp Vierzehnjährige nun umso schonungsloser mit dem damals ohnmächtigen Ausgeliefertsein der Frauen an ihren eigenen Körper konfrontiert. Indirekt wird sie Augenzeugin jener verzweifelten Versuche der Mutter, durch Selbstabtreibung wenigstens dieses Mal der ungewollten Schwangerschaft zu entkommen.

> „Schaun'S, wia mei Muatta: do bin i scho goar nimma laung vorm Schui Ausstehn gwen, hot mei Muatta no des letzte Dirndl ghobt – die Hilda. Und do – mei, i hob jo des a net gaunz verstaunden: im Park, do ..., Felberer-Bam (Weidensträucher) haum sa's gnennt, do hob i ihr oiwei gaunze Stanozen voi obaschneiden miassen. ‚Wei da Tee is recht guat', hot d'Muatta gsogt. Dawei soit a, haums gsogt: ‚Der tuat obtreiben.' Gaunze Häfen hot's gsoffen: is a net *weggagaungan*."[26]

„Die staatliche und kirchliche Politik, die Verbreitung von Verhütungsmethoden zu verweigern", führte, wie Reinhard Sieder in seiner „Sozialgeschichte der Familie" ausführt, zu massenhaften Abtreibungen gerade in den unteren Schichten. Aus Angst davor, gerichtlich verfolgt und kriminalisiert zu werden, haben dabei viele der Frauen ihre letzte Hoffnung auf „Versuche der Selbstabtreibung mit oft untauglichen und gesundheitsgefährdenden Mitteln"[27] gesetzt.

Was oben – in der Lebensgeschichte der Mutter – nur ohnmächtiger Wunsch bleiben konnte, auszubrechen nämlich aus der Serie ungeplanter und ungewollter Schwangerschaften, auszubrechen aus dem Zwang zum Gebären und Aufziehen von Kindern, das hat erst Maria O. – die Tochter – gelebt und realisiert.

„Domois haum si die Frauen jo net obhöfn kennan, die woarn jo oarm" – Maria O. selbst hat sich, eine Generation später, bereits ein Stück Autonomie und Souveränität über das Vermögen und die Bedürfnisse ihres Körpers zu verschaffen gewusst.

Damit gehört sie zu jenem Viertel der interviewten Zigarrenfabriksarbeiterinnen, die *keine* Kinder hatten. Weitere vier von insgesamt zwölf befragten Arbeiterinnen der Fabrik haben ihr ‚Mutter sein' auf *ein* Kind beschränkt. Auch sie hatten, wie die Interviews überdeutlich belegen, genug vom Mangel, von der Enge und von den ihnen abverlangten Arbeitsleistungen in den kinderreichen Herkunftsfamilien. Auch sie wollten aussteigen aus dem Kreislauf jener nicht endenwollenden Notwendigkeiten, in den sie – als Töchter – von der durch die Erwerbsarbeit und die vielen Kinder völlig überforderten Mütter schon früh hineingezogen worden waren. In diesem Szenario der eigenen Kindheit wuchs – wie schon bei Maria O. – auch bei diesen Frauen mit der zunehmenden Entschlossenheit, zumindest für das eigene Leben die Not zu wenden, auch die Strategie: „*Mein Gott na*, grod net so vü Kinder wie zu Hause. Des woar mei oanziger Wunsch. Und so is' a worn."[28]

Mehr als die Hälfte der von mir interviewten Zigarrenfabriksarbeiterinnen hatte keine Kinder oder hat ihr ‚Mutter sein' bewusst auf ein Kind beschränkt. Das Foto aus den Zwanzigerjahren zeigt eine dieser Familien.

Aktive Grenzziehungen zum Ausgeliefertsein der Mütter an viel zu viele ungewollte Schwangerschaften und Geburten finden sich auch bei jenen Frauen, die – wie Sophie E. und Walpurga K. – zwei Kinder großgezogen haben. Beide versuchten, die Mutterrolle auf die eigenen Kräfte und auf die im Lebensentwurf fix eingeplante Erwerbsarbeit in der Fabrik abzustimmen. Beide brachten das zweite Kind erst nach der Schließung der Fabrik, das heißt, nach ihrem Ausscheiden aus Erwerbsarbeitszusammenhängen im Alter von 37 bzw. 39 Jahren zur Welt.

Richtiggehend eingeholt vom ‚Schicksal der Mütter' wurden eigentlich nur zwei der interviewten Zigarrenfabriksarbeiterinnen. Innerhalb kürzester Zeit hatten sie fünf bzw. vier Kinder geboren.

> „I sog Ihna's scho ehrlich: bei da vierten, bei da Ella, hob i scho ausgschaut, wia waun i söba lungenkraunk war. (...) A jedes Kind nimmt doch die Kraft", [29]

resümiert Maria S. Ihr ist es jedoch gelungen, sich immer wieder Schonzeiten zu verschaffen, was die Verantwortlichkeit für alle jene Versorgungs- und Haushaltsarbeiten betrifft, die anfallen in kinderreichen Familien. Bis zum dritten Lebensjahr sind die Kinder bei Pflegeeltern verblieben. Und: Immer dann, wenn der Mann – ein Maurer – arbeitslos war, kam es zu Aufweichungen in der geschlechtsspezifischen Zuweisung der Arbeitsrollen.

> „Er hot ma ois taun, waun a oarbeitslos woar, oba sonst net. (...) Wenn a oarbeitslos woar, hot a ma die Küch putzt, wissen'S, dass i net, waun i hamkumm, erst putzen muass. Na, er hot scho ..., do hot a schen goarbeit' ..., oh jo.
> Do hot a oft gschimpft, do hot a die Dirndln ois außagschmissen: ‚Mocht's Ordnung!' Jo. Do haumma so a Aunrichte ghobt, woaß i, do haums ea Schuisoch drinn ghobt: des is ois außagflogen, waun a Ordnung gmocht hot, jo, jo. (...) Und daun – mei Maun is jo friaha Bäcker gwen, er hot des kennan – hot as Milchbrot bocken, er hot Nusskipferl bocken auf Weihnochten. Waun i hamkemman bin, is die Bäckerei do gwen.
> Die Kinder erinnern si heit no: ‚Da Vater hot oiwei die Kipferl zöt' (gezählt); sogen's."[30]

Trotzdem: Der zu Hause putzende, die Kinder zur Ordnung anhaltende, am Waschtag der Frau kochende und zu Weihnachten backende Ehemann, auf den Maria S. – ihre Hausfrauen- und Mutterlasten erleichternd – zurückgreifen hat können, findet sich sonst nirgends in den Interviews. Selbst unter den Bedingungen von Arbeitslosigkeit bleiben, wie auch die in den Dreißigerjahren entstandene Studie über die Arbeitslosen von Marienthal anschaulich belegt, die traditionellen innerfamiliären Aufgabenteilungen zwischen Frauen und Männern weitgehend bestehen.[31]

Am Beispiel so mancher Arbeitskollegin blieb also auch weiterhin präsent, welcher physischen und psychischen Zerreißprobe jene Arbeiterinnen entkommen waren, die ihre konsequente Entschlossenheit, die Mutterrolle in ihrem Leben weitgehend zu reduzieren, auch tatsächlich umsetzen konnten.

Zehn der zwölf interviewten Zigarrenfabriksarbeiterinnen war es gelungen, sich wenigstens diesem auch ihnen drohenden Kraftakt: ‚lohnarbeitende Mutter' ein Stück weit zu entziehen. Über die Strategie der völligen oder weitgehenden Geburtenbeschränkung verweigerten sie sich der Anforderung, individuell mit ihrer Kraft und Belastbarkeit und auf Kosten der eigenen Beweglichkeit, eigener Planungs- und Zeitspielräume zusammenhalten zu müssen, was von seiner gesellschaftlichen Organisiertheit her „funktionell inkompatibel ist", was sich oft „gegen Berührung sträubt, wie die gleichnamigen Pole eines Magneten"[32]: Kinder und Erwerb.

Zeit und Geduld haben sollen zu Hause und keine Minute verlieren dürfen in der Fabrik. Eingehen müssen auf nur begrenzt aufschiebbare persönliche Bedürfnisse der Familienmitglieder hier und eingegliedert sein in zweckbestimmte, gewinnorientierte Produktionsverhältnisse dort.

Ihre diesbezügliche Widersetzlichkeit sehen diese Zigarrenfabriksarbeiterinnen zudem als Protest gegen ihnen damals von der Gesellschaft noch äußerst unzulänglich zugestandene Schutzmaßnahmen während Schwangerschaft und Geburt. Und: Als nicht weiter mitmachen bei der Zumutung, ohne die geringste gesellschaftliche Hilfe Kinder alleine großziehen zu müssen: „Du host jo kan Schutz und nix ghobt – ka Kindergöd und ka Unterstützung."[33]

Gustav H. ist der einzige Sohn einer dieser Zigarrenfabriksarbeiterinnen aus der, was Geburtenbeschränkung betrifft, im Vergleich mit ihren Müttern schon um vieles handlungsfähigeren Töchtergeneration.

Aufgewachsen in jenen Genossenschafts-Wohnhäusern, die vor allem von sozialdemokratischen TabakarbeiterInnen-Familien bewohnt gewesen sind, erinnert er sich an öffentliche, selbstbewusste Inszenierungen dieser gewachsenen Handlungsfähigkeit.

> „Wenn die Frauen ihre Tage ghobt haum – do hot's jo noch so Stoffwickel geben, die ausgwoschen werden mussten –, das hab ich als richtiges Ritual in Erinnerung, wenn das dann im Goarten aufghängt worden is: ‚Ich hab sie wieder gekriegt, ich bin nicht schwanger ...'
> Do kann ich mich noch erinnern, wie die Mutter manches moi lachend gsogt hot: ‚Gibt die heut wieder an mit ihren Fahnen ...'!"[34]

Hört man jedoch in die lebensgeschichtlichen Erzählungen der Arbeiterinnen selbst genauer hinein, dann lässt sich oft schnell die mitunter sehr leidvolle Basis dieser erweiterten Handlungsfähigkeit erahnen.

Auch in dieser Generation konnte zunächst keine aller interviewten Frauen auf ein gewachsenes, angstfreies Wissen, auf enttabuisierte Informationen und Selbstverständlichkeiten zurückgreifen, was den eigenen Körper, sein sexuelles und generatives Vermögen und die damit verbundenen Verletzlichkeiten betrifft.

> „*Niemand* hot da wos gsogt! Waun a Frau entwickelt woar, do host net amoi gwisst, wos los is mit ihr, wei des hot da jo dei eigene Muatta net amoi gsogt, oder Ziachmuatta, wos ma ghobt hot, net.
> Du host auf ois söba draufkumman miassen: Halt – des stimmt net oder muass des oiwei sein. Do stehst in da Wöt (Welt) so dumm do, dass'd gsogt host: gibt's des. Oba des gibt's."[35]

In allen Interviews tauchte sie auf, diese aus der Kindheit so vertraute Atmosphäre der Unvertrautheit im Umgang mit dem eigenen Körper. Und noch immer sind sie fassunglos, diese Frauen, über das damals damit verbundene Ausmaß an Unsicherheit und Angst, an Halbwissen und Tabus: „Ma hot jo net gwisst, wos und wia, ob des sein muass oder net sein muass", beschreibt eine der interviewten Frauen ihre ersten Menstruationserfahrungen. „Waun d'Mutta unwohl woar", habe sie ohnehin nie mitbekommen und der karge, unzulängliche, zusammenhanglos hingeworfene ‚Rat' der Ziehmutter, „koa Sauerkraut dearf i essen", löste nur zusätzliche Verunsicherung aus.

> „Hob i ma denkt, waun des vom Essen kimmt? Na, des gibt's a net!"
> „Sonst hot's nix erklärt?"
> „Na, sonst hot's nix gsogt. Wenn's gsogt hätt: ‚Du, des kommt oi Monat und des host jetzt und waunst schwanger wirst, bleibt's aus …' Host a nix gwisst hint und vorn."[36]

Der weibliche Körper als fremder, verwirrender, verwundbarer, von bedrohlichen Veränderungen, Schwangerschaften und schmerzhaften Geburten schicksalshaft heimgesuchter Ort: das ist jene Botschaft, jenes angstvolle Wissen, das alle interviewten Frauen aus den Jahren der Kindheit und Jugend mitgeschleppt haben. Gleichzeitig war da jedoch immer auch noch die massive – in allen lebensgeschichtlichen Erzählungen erinnerte – Drohformel aus dem Elternhaus: „Kummt's ma jo mit kam ledigen Kind daher! I hob *gnuag* mit meine ghobt."[37]

Wie als junge Frau den Inhalt dieser Drohung einlösen, wie auch die eigene Entschlossenheit zur Beschränkung der Kinderzahl in planendes Handeln umsetzen, wo doch so gut wie alles, was mit dem weiblichen Körper zu tun hatte, in Nicht-Wissen, Halb-Wissen, Angst-Wissen eingehüllt war?

> „Jo, do zoist drauf. S'erste Moi zoist drauf und daun sogst hoit … I hob hoit gsogt: waun i a zweites lediges Kind hob, häng i mi auf."[38]

Nüchtern schildert Frau B. jene vorprogrammierte Sackgasse, in die sie mit ihrem mangelhaften Körperwissen schon bei ihrem ersten sexuellen Kontakt mit einem

Mann zwangsläufig hineingeraten war: sie wird schwanger und bringt als knapp 19-jährige Hausgehilfin ein lediges Kind zur Welt.

Josefa W., die gerade in die Zigarrenfabrik aufgenommene Arbeiterin, geht, um den begehrten Arbeitsplatz nicht durch eine ungewollte Schwangerschaft zu gefährden, den Weg der sexuellen Verweigerung.

> „Do woar i grod 16 Joahr und do haums mi gnumman. I woar jo überglücklich. Wos Besser's hätt ma goar net passieren kennan. Oba im ersten Joahr host da mit kam Buam wos aunfaungan traut. Wei domois hot's jo kane Verhütungsmittel geben und waunst schwanger wirst, hättst net bleiben dearfen. Jetzt host da in dem Joahr goar nix z'tuan traut, wei so a Oarbeit setzt ma jo net auf's Spü."[39]

Auch als sie mit 18 Jahren ihren späteren Mann kennenlernte, setzte Frau W. auf diese ihr damals einzig zugängliche Strategie. Gleichzeitig wuchs sie jedoch mit ihrem Eintritt in die Zigarrenfabrik in einen neuen Kommunikationszusammenhang hinein, wo ihre Entschlossenheit, ohne Kinder zu bleiben, auf die Aufklärungskampagnen sozialdemokratischer Betriebsrätinnen und Gewerkschaftsfunktionärinnen traf.

„I woar oiwei bemüht, oiso irgenwie aufklärend zu wirken", berichtet die ehemalige Betriebsrätin Agnes P. und beschreibt in der Folge jene damals in Hallein sonst noch so unvorstellbaren Gesprächssituationen, wie sie auch von anderen bewussteren sozialdemokratischen Arbeiterinnen immer wieder an den Arbeitstischen initiiert worden sind.

> „Wei Sie miassen jo verstehn, domois is in der Beziehung jo fost nix gschehn, net. Oiso aufklärend wirken für die *Frau*, net. I moan, man kaun des gaunz ehrlich sogen, dass es Frauen geben hot, die scho Kinder ghobt haum, oba nia a persönliches Erlebnis mit'n Maun ghobt haum beim Verkehr, verstehn'S. Oiso, waun ma über des gredt hot – des is jo früher zerst gaunz tabu gwesen. Do host jo fost net reden dearfen davon, wenn's noch die Oiten gaungan war. Oba wos mia nochand die Jüngeren woarn, net, mia haum in der Beziehung scho aufklärend gwirkt und haum natürlich a zerst a entsprechende Lektüre glesen und so, dass ma drüber reden hot kennan, net."[40]

Besonders für die jungen Frauen in der Fabrik, also erst für die letzte Generation der Zigarrenfabriksarbeiterinnen, scheinen diese ‚Frauengespräche' während der Arbeit zu jenen greifbaren Anknüpfungspunkten geworden zu sein, die es ihnen leichter machten, anders, manchmal sogar selbstbestimmter, mit Sexualität, Verhütung, Schwangerschaft umzugehen, als es noch den eigenen Müttern möglich war.

Natürlich war die Absolutheit der Tabus, mit der diese Fragen auch im Bewusstsein der jungen Arbeiterinnen zunächst belegt waren, nicht immer weitreichend aufbrechbar. Ja, vielfach dürfte der Zuwachs an Selbstbestimmung für diese Zigarrenfabriksarbeiterinnen-Generation vor allem darin gelegen sein, dass sie ihren Männern erfolgreicher als ihre Mütter verweigerten, was für sie ohnehin nur mit ständiger Angst vor Schwangerschaft besetzt war: den Geschlechtsverkehr. Einige Frauen berichten jedoch auch davon, dass ihre Entschlossenheit, sich nicht so viele Kinder ‚anhängen' zu lassen wie die Mutter, von den Ehemännern mit Rücksichtnahme unterstützt worden sei.

Auch hier scheint die Fabrik mit ihren Kommunikations- und Informationsmöglichkeiten jener Lernort gewesen zu sein, der die Frauen aus der Sprachlosigkeit herausholte, jener Lernort, von dem sie die Begrifflichkeit mit nach Hause nahmen, mit der sie überhaupt erst Forderungen stellen und bisher so Unbenennbares wie Schwangerschafts-Verhütung in der eigenen Ehe besprechbar machen konnten. Schließlich hing alles davon ab, ob es ihnen gelang, ihre Männer dazu zu bringen, das Ziel der Geburtenplanung mit ihnen zu teilen.

Nur unter diesen Bedingungen konnte eine Frau, wollte sie die sexuelle Begehrlichkeit in der Ehe nicht völlig beiseite stellen, wenigstens halbwegs risikolos auf die ‚Beherrschtheit' des Mannes setzen: als gebräuchlichster Methode der Schwangerschaftsverhütung in der ArbeiterInnenschaft.[41]

„Muass hoit da Maun aufpassen ..." – „Und des hot hinhgaut", frage ich die Zigarrenfabriksarbeiterin Maria O., die gewollt ohne Kinder geblieben war. „Jo, do is a takt gwen (der Mann) – Ehrlich woahr, des muass i sogen, net. Kunnt nix sogen. Hot a gsogt: ‚Jo moanst, i richtat ma so vü Kinder her!'"[42]

Nie von sich selbst, sondern immer nur von anderen Arbeitskolleginnen berichteten die Frauen auch über den damals unter den jungen Arbeiterinnen erstmals einsetzenden, noch sehr unsicheren Gebrauch von Antikonzeptiva.

Wie oft – mangels wirklich sicherer, den Frauen zugänglicher, für sie handhabbarer und finanziell erschwinglicher, zudem ihre Gesundheit nicht gefährdender Verhütungsmittel – der letzte ‚Ausweg' in der Geburtenplanung der Weg zur ‚Engelmacherin' gewesen war, darüber wurde in den Interviews wohlweislich fast durchwegs geschwiegen. Auch ihnen drohten ja damals für die nicht in einem Privatsanatorium verschleierbare Unterbrechung einer ungewollten Schwangerschaft noch immer strafrechtliche Verfolgung und Kriminalisierung.

> „Und wia daun d'Nazi kemman san, haums jo auf *zehn* Joahr zruck in da Kraunkengschicht nochgschaut, ob jemand an Abortus ghobt hot."[43]

Wenn, was gar nicht selten war, nach einer unsachgemäß durchgeführten Abtreibung – „a oite Zigarrenfabriklerin, die hot des laung gmocht mit ana Stricknadel"

– Komplikationen auftraten, „dass'd länger Blutungen ghobt host oder goar ins Spitoi host miassen"[44], dann war das natürlich in den Krankengeschichten vermerkt worden. An diesen Informationen knüpften die Nationalsozialisten an und betrieben Nachforschungen, ob ein als natürlicher Abgang behandelter Abortus möglicherweise eine Abtreibung gewesen war. Damit haben sie die Frauen massiv unter Druck gesetzt.

Die von den Interviewpartnerinnen meist sehr klar gesetzte Grenze, über solche Probleme nicht zu sprechen, war also unbedingt zu respektieren. Innerhalb des damaligen Kommunikationsnetzes der jüngeren Arbeiterinnen dürfte jedoch auch die Notsituation einer Abtreibung durchaus besprochen worden und damit leichter bewältigbar gewesen sein.

„Da ist über Vieles sehr offen geredet worden", erinnert sich der Sohn einer Zigarrenfabriksarbeiterin an Nachbarschaftsgespräche in jenem sozialdemokratischen Tabakarbeiterinnen-Milieu, in dem er aufgewachsen war.

> „Da hat's dann wieder geheißen – das hab ich als Bub so mitbekommen, wenn die Frauen miteinander gesprochen haben: ‚Die Fanny hot an Abortus ghobt, die woar bei da Engelmacherin.' Da hab ich dann die Mutter gefragt, was denn das ist – und sie hat mir's erklärt. Abtreibungen, das war etwas, was es einfach gegeben hat bei den Frauen. Wenn die alle Kinder ausgetragen hätten."[45]

In den – allerdings nur wenigen – aufgespürten Lebensgeschichten von Halleiner Arbeiter-Hausfrauen ist das Nichtvorhandensein von wissendem, planendem Handeln, was Verhütung, Schwangerschaft, Gebären betrifft, auch für die Generation der 1900 bis 1907 Geborenen weiterhin drastisch präsent.

Vor diesem Hintergrund gewinnen die kleinen Lernschritte, die den interviewten Zigarrenfabriksarbeiterinnen möglich geworden sind, zusätzliche Bedeutung.

8. Über den spärlichen Fluss des Erzählens für die Zeit seit den Fünfzigerjahren

Eigentlich hatte ich geplant, die lebensgeschichtlichen Interviews mit den Halleiner Frauen bis in die Gegenwart heraufzuführen. Doch: Was ihre Lebenszusammenhänge, ihre Erfahrungen seit etwa den Fünfzigerjahren betrifft, wird der Fluss des lebensgeschichtlichen Erzählens großmaschig und dünn. Oral-History-Projekte, die gleichfalls vor allem den Dialog mit den ältesten noch lebenden Generationen suchten, beschreiben Ähnliches.[1]

Klar: Vor dem Hintergrund so traumatischer Erfahrungszusammenhänge wie Krieg, Hunger, Arbeitslosigkeit, Überlebensangst, Faschismus und nochmals Krieg muss für diese Generationen die ‚Normalität' der Fünfziger-, Sechziger-, Siebzigerjahre fast verblassen. Sie haben jedenfalls keine – ausführliche Erzählungen anregende – Erinnerungsform hinterlassen.

Immer häufiger vermuteten die Gesprächspartnerinnen auch Gemeinsamkeiten des Wissens mit mir, der jüngeren Interviewerin. Ihr angenommenes „des kennan'S jo selbst schon" hat sicherlich auch die Dynamik des weiteren Gesprächsverlaufes beeinflusst und nicht gerade zum umfassenden Erzählen angeregt.

Gemessen an der gesamten bisherigen Lebensgeschichte scheint für viele von ihnen auch die historische Distanz noch zu gering gewesen zu sein, um über diese Jahrzehnte des Lebens schon ‚rückblickend' erzählen zu können. Viel Erfahrenes ist zudem offenbar noch zu sehr Gegenwart. Vor allem: Die Schwerpunktverlagerung ihres Lebens in die Familie. Die meisten der interviewten Zigarrenfabriksarbeiterinnen haben sie in der Nachkriegszeit endgültig vollzogen: 40, 45 Jahre waren sie damals alt.

Genau genommen setzt dieser Prozess des Herausfallens und Herausgehens aus öffentlichen Zusammenhängen und aus einem kollektiv erlebten klassenspezifischen Zusammenhalt jedoch schon früher ein: langsam, gewollt und erzwungen zugleich.

Die eigene Wohnung, das eigene Haus als von den meisten interviewten Zigarrenfabriksarbeiterinnen ganz gezielt angestrebter Bereich familiärer Stabilität erweist sich im Nachhinein als ein erster Schritt in der stärkeren Hinwendung zur Privatheit der Familie: allein schon durch das Ausmaß an Zeit und Energien, das für diese Frauen mit der Erreichung dieses Ziels zwangsläufig verbunden war.

Zudem fiel bei ihnen der Zeitpunkt von Eheschließung und Gründung einer eigenen Familie mit den politischen Auflösungserscheinungen ihres sozialdemokratischen Bezugsmilieus zusammen. Das hat bei einigen den Einschnitt in bisherige Lebens- und Kommunikationsgewohnheiten schärfer ausfallen lassen als gewollt.

„Do woar ois aus, do woar ois aus", erzählt Frau L., die 1934, im Jahr der Zerschlagung der ArbeiterInnenbewegung, heiratet und davor begeistertes Mitglied bei der Naturfreundebewegung und bei den Arbeiterturnerinnen war.

> „Do hot si vü g'ändert. Erstens hot mei Maun ka Bedürfnis, am Berg z'gehn ghobt, waun a die gaunze Wochen eh im Freien oarbeiten muass – oft in Wind und Wetter. Der woar froh, waun a am Sonntag a Ruah ghobt hot. Alloan renn i a net ummanaund. Am Spumberg samma hoit gaungen – des is do, wo er dahoam is, sei Familie.
> Es hot si daun ois so zerstreut – mit die Naturfreunde: de woarn verheirat', die woarn verheirat' … Und politisch hot si jo daun des a ois so systematisch aufgelöst. Des is jo ois verboten worn."[2]

Der schärfste Bruch mit der Öffentlichkeit war gleichfalls ein erzwungener: Die Schließung der Fabrik 1940 hat die Frauen auch aus den gemeinsamen Erwerbszusammenhängen herausgeworfen. 35, 40 Jahre waren sie damals alt. Einige von ihnen sind während des Krieges noch ‚dienstverpflichtet': beim Luftschutz, beim Roten Kreuz, bei der Post.

Was eine verstärkte Hinwendung der interviewten Frauen zur Familie betrifft, hat der Nationalsozialismus jedenfalls gleich mehrfach zugeschlagen. Zum einen brachte er schon vor der Fabriksschließung Angst und Misstrauen in den vertrauten Umgang der Zigarrenfabriksarbeiterinnen und zerstörte die Fabrik als sozialem Raum gerade auch dort, wo sie wichtigster Gegenpol zur Privatheit der Familie war: in ihrem Kommunikationsgefüge. Nun schien nur mehr die Familie vor diesen Vereinnahmungsversuchen des Nationalsozialismus zu schützen. Zum anderen hat er auch jenen schon beschriebenen ‚Familienblick', jenen ‚Versorgungsblick' auf die Gesellschaft ausgelöst, der bei vielen der interviewten Frauen die Familie zur moralischen Restgröße ihres Handelns machte. In diesen Jahren der maßlosen Bedrohtheit des menschlichen Lebens sind sie vielfach untergetaucht und haben sich auf das Überleben der eigenen Familie zurückgezogen.

Nach dem Krieg sind alle interviewten Zigarrenfabriksarbeiterinnen sozusagen in Frühpension. Anna R. führt mit ihrem Mann noch einige Jahre ein kleines Gasthaus und nimmt später, als er mit landwirtschaftlichen Geräten zu handeln beginnt, zu Hause die Bestellungen entgegen: „Do hob i daun nimma vü furtkennan." Frau J. arbeitet im handwerklichen Betrieb ihres Mannes mit. Agnes P., deren Mann im Krieg verschollen ist, kann mit der eigenen Pension allein das Auskommen der Familie nicht sichern. Sie nimmt nochmals Erwerbsarbeit an und näht dann in Heimarbeit. Sie, die einstige Betriebsrätin, ist auch nach 1945 wieder politisch aktiv: gleich nach dem Krieg als Gemeinderätin im provisorischen Gemeindeausschuss, in der Kommunistischen Partei und in der Mietervereinigung.

„Dieses Bild zeigt meine Großmutter bei der Pensionierung am 1.4.1940", hat der Leihgeber des Fotos auf dessen Rückseite vermerkt. Es war ein zwangsweiser Ausstieg. Die Fabrik wurde von den Nationalsozialisten an einen Rüstungsbetrieb verkauft, die Zigarrenproduktion eingestellt.

> „Do haumma jede Wochen, am Montog oiwei, Mieterberatung ghobt, und do hand die Leit hinkemman und ma hot's beroten kennan und eana Soch daun vertreten, bei Gericht vertreten. I hob verschiedene Mietverhandlungen durchgsetzt zugunsten der Mieter und hob versucht, eana zu am Recht zu verhelfen.
> Des is ma irgendwie so ois Möglichkeit kemman, dass ma ois Hausfrau nebenbei so etwas für die Allgemeinheit tuat – im Rahmen des Könnens."[3]

Der Großteil von ihnen befindet sich zum ersten Mal in jener – von der Rollenzuweisung her – ‚frauentypischen' Lebenslage, die man ‚nur Hausfrau' nennt. Viel erzählen sie nicht über diese veränderten Lebenserfahrungen. Doch ein möglicher Verdacht wird sehr schnell zurechtgerückt: dass es sich bei ihrem Wechsel von der Fabrik in den Haushalt um den Eintritt in eine Sphäre der Nicht-Arbeit gehandelt haben könnte.

> „Jo, des woar a Schock für uns, wia's ghoaßen hot, die Fabrik wird verkauft, net."
> „Is Ihna die Oarbeit obgaungan?"
> „Na jo, die Oarbeit is ma net goar so ..., in gwissem Sinn scho. Oba i hob jo daham a oiwei Oarbeit ghobt, net. Mia haum an Goarten ghobt und ois. Daun woar eh da Krieg – do woar i eh alloan. Hob i im Goarten ois mochen miassen, net. Do hot eh da Maun einrucken miassen a im 41er-Joahr, net, do hob eh i ois mochen miassen. Do hob i die Großmutter ghobt. (Mutter des Mannes) Hob oiwei Oarbeit ghobt.
> Daun bin i zu meiner Schwester oiwei Heigen gaungan, dass ma wieder wos zum Essen kriagt haum: do hob i a wieder a Müch kriegt und wieder amoi a Butter und so, net.
> *I bin net do gsessen und hob nix taun.*"[4]

Dieser ja schon mehrmals aufgetauchte Grundtenor in der Art und Weise, wie die interviewten Zigarrenfabriksarbeiterinnen ihre Lebensgeschichten erzählerisch präsentierten, ist also jener rote Faden, der sich bis in die Gegenwart heraufzog.

Anmerkungen

1. Geschlecht: weiblich – besondere Kennzeichen: geschichtslos?
Allgemeine Überlegungen im Zusammenhang mit den Forschungsarbeiten über die Halleiner Zigarrenfabriksarbeiterinnen

1.1. Historisches Vergessen – oder: Die ‚etablierte Historie' und die ausgeblendete Geschichte der Frauen

1) Rüsen Jörn, Historische Vernunft. Grundzüge einer Historik. 1. Die Grundlagen der Geschichtswissenschaft. Göttingen 1983, S. 8.

2) Ebenda, S. 56.

3) Bock Gisela, Der Platz der Frauen in der Geschichte, In: Neue Ansätze in der Geschichtswissenschaft. Hrsg. v. Herta Nagl-Docekal und Franz Wimmer. Wien 1984 (= conceptus-studien 1), S. 108.

4) Vgl. dazu Konrad Helmut, Arbeitergeschichte und Raum. In: Geschichte als demokratischer Auftrag (Karl R.Stadler zum 70. Geburtstag). Hrsg. von den Autoren unter der Schriftleitung von Helmut Konrad. Wien, München, Zürich 1983 (=Veröffentlichungen des Ludwig Boltzmann Instituts für Geschichte der Arbeiterbewegung), S. 39; Sieder Reinhard, Die Geschichten der einfachen Leute – ein Thema für Geschichtswissenschaft und Unterricht? In: Beiträge zur Historischen Sozialkunde 14 (1984), 1, S. 27.

5) Maimann Helene, Bemerkungen zu einer Geschichte des Arbeiteralltages. In: Bewegung und Klasse. Studien zur österreichischen Arbeitergeschichte. 10 Jahre Ludwig Boltzmann Institut für Geschichte der Arbeiterbewegung. Hrsg. von Gerhard Botz und anderen. Wien 1978, S. 603.

6) Wahrnehmungsformen und Protestverhalten: Studien zur Lage der Unterschichten im 18. und 19. Jahrhundert. Hrsg. von Detlev Puls. Frankfurt/Main 1979, S. 7 (= Vorwort des Herausgebers).

7) Hanisch Ernst, Alltgsgeschichte oder historische Sozialkunde. Zum Historikertag in Berlin, In: Salzburger Nachrichten vom 10. 10. 1984, S. 8 (= Aus Wissenschaft und Forschung).

8) Konrad, Arbeitergeschichte und Raum, S. 39.

9) Hanisch, Alltagsgeschichte oder historische Sozialkunde. S. 8; Sieder, Die Geschichten der einfachen Leute, S. 27; Frei Alfred Georg, Die Zukunft liegt in der Vergangenheit. Geschichtswerkstätten, Tendenzwende und Demokratische Alternativen. In: Moderne Zeiten Extra, Sozialistisches Monatsmagazin. Hrsg. von der Initiative Sozialistische Politik (Hannover), 4 (1984), Sondernummer „Geschichtswerkstatt", S. 6

10) Lebenserfahrung und kollektives Gedächtnis. Die Praxis der „Oral History". Hrsg. von Lutz Niethammer. Frankfurt/Main 1980, S. 10 (= Einführung des Herausgebers).

11) Zur Entdeckung der bislang schweigenden Unterschichten durch die Geschichtswis-

senschaft vgl. Kocka Jürgen, Sozialgeschichte. Göttingen 1977, S. 67 ff. Zur Kritik daran, dass durch die Fixierung auf den „kleinen Mann" die mögliche Chance, damit zugleich auch die Frauen wahrzunehmen, blockiert wurde, vgl. Bock Gisela, Historische Frauenforschung: Fragestellungen und Perspektiven. In: Frauen suchen ihre Geschichte. Historische Studien zum 19. und 20. Jahrhundert. Hrsg. von Karin Hausen. München 1983, S. 29.

12) Hanisch, Alltagsgeschichte oder historische Sozialkunde. S. 8; vgl. dazu auch Ullrich Volker, Geschichte von unten. Die neue Bewegung zur Erforschung des Alltags. In: Journal für Geschichte 1984, Heft 2, S. 13.

13) Niethammer, Lebenserfahrung und kollektives Gedächtnis, S. 9.

14) Peukert Detlev, Ist die neuere Alltagsgeschichte theoriefeindlich? In: Neue Ansätze in der Geschichtswissenschaft. Hrsg. von Herta Nagl-Docekal und Franz Wimmer. Wien 1984 (= conceptus-studien 1), S. 7.

15) Sprengnagel Gerald, Fabrikarbeiter auf dem Land. Materialien zur Lebensweise des ländlichen Industrieproletariats im 19. Jahrhundert. Am Beispiel der Metallarbeiter des Oberem Traisentals. Phil. Diss. Wien 1983, S. 40.

16) Frei, Die Zukunft liegt in der Vergangenheit. S. 6; vgl. auch Sieder Reinhard, Geschichten erzählen und Wissenschaft treiben. Interviewtexte zum Arbeiteralltag Erkenntnistheoretische Grundlagen, Quellenkritik, Interpretationsverfahren und Darstellungsprobleme. ln: Botz Gerhard/Josef Weidenholzer (Hrsg), Mündliche Geschichte und Arbeiterbewegung. Wien, Köln 1983 (= Materialien zur Historischen Sozialwissenschaft 2), S. 205: Vgl. Niethammer Lutz (Hrsg.), Die Jahre weiß man nicht, wo man die heute hinsetzen soll. Faschismus-Erfahrungen im Ruhrgebiet (Lebensgeschichte und Sozialkultur im Ruhrgebiet 1930 bis 1960, Band 1). Berlin, Bonn 1983, S. 11.

17) Hanisch, Regionale Zeitgeschichte. Einige theoretische und methodologische Überlegungen. In: Zeitgeschichte 7 (1979/80), 2, S. 39.

18) Frei, Die Zukunft liegt in der Vergangenheit, S. 6.

19) Vgl. dazu Niethammer, Lebenserfahrung und kollektives Gedächtnis; Thompson Paul, The Voice of the Past. Oral History. Oxford, London, New York 1978; Sieder Reinhard. Bemerkungen zur Verwendung des „Narrativinterviews" für eine Geschichte des Alltags, S. 164 ff.

1.2. Sichtbarmachen – Die historische Frauenforschung

20) Grubitzsch Helga, Frauen machen Geschichte. Aspekte einer feministischen Geschichtsforschung. In: Geschichte entdecken. Erfahrungen und Projekte der neuen Geschichtsbewegung. Hrsg. von Hannes Heer und Volker Ullrich. Hamburg 1985, S. 152

21) Weibliche Biografien, Dokumentation der gleichnamigen Tagung, Oktober 1981 in Bielefeld. Hrsg. von Sozialwissenschaftliche Forschung und Praxis für Frauen e. V., München 1982 (= beiträge zur feministischen theorie und praxis 7), S. 5.

22) Vgl. dazu Mies Maria, Weibliche Lebensgeschichte und Zeitgeschichte. In: Weibliche Biografien (vgl. Anm. 21), S. 54.

23) Lerner Gerda, Eine feministische Theorie der Historie. In: Die ungeschriebene Ge-

schichte. Historische Frauenforschung, Dokumentation des 5. Historikerinnentreffens in Wien, 16. bis 19. 4. 1984. Hrsg. von Wiener Historikerinnen. Wien 1984, S. 410 (= Frauenforschung Band 3). Zu den zentralen Erkenntnisinteressen der „Historischen Frauenforschung" vgl. auch Lerner Gerda, The Majority Finds Its Past. Placing Women In History. New York 1979; Hausen Karin, Einleitung zu „Frauen suchen ihre Geschichte. Historische Studien zum 19. und 20. Jahrhundert." Hrsg. von Karin Hausen. München 1983, S. 7 ff.; Kuhn Annette, Das Geschlecht – eine historische Kategorie. Gedanken zu einem aus der neueren Geschichtswissenschaft verdrängten Begriff. In: Frauen in der Geschichte IV. Wissen heißt Leben ..., Beiträge zur Bildungsgeschichte von Frauen im 18. und 19. Jahrhundert. Düsseldorf 1983, S. 29 ff.; Bock Gisela, Historische Frauenforschung, S. 22 ff.; Bechtel Beatrix/Bohle Sigrun, Einige Konzepte der Historischen Frauenforschung. In: Aufrisse 5 (1984), 3, S. 4 ff.

24) Hausen, Einleitung zu „Frauen suchen ihre Geschichte", S. 7.

25) Nagl-Docekal Herta, Frauengeschichte als Perspektive und Teilbereich der Geschichtswissenschaft (Bemerkungen zum Referat „Der Platz der Frauen in der Geschichte" von Gisela Bock, Philosophisch-historische Arbeitstagung „Neue Ansätze in der Geschichtswissensschaft" vom 30. 9. bis 2. 10. 1983 in Wien). In: Neue Ansätze in der Geschichtswissenschaft. Hrsg. von Herta Nagl-Docekal und Franz Wimmer. Wien 1984 (= conceptus-studien 1), S. 132.

2. Schrittweise Annäherung

Überlegungen und Eindrücke aus dem Forschungsprozess – erste theoretische und methodische ‚Selbstverortung' – Forschungsziele – Quellenbasis

2.1. Das Gedächtnis des Ortes – Kollektive Erinnerung

1) „Arbeiterkultur und Arbeiteralltag im Bundesland Salzburg von der Ersten zur Zweiten Republik." Oral-History-Projekt des Karl-Steinocher-Fonds zur Erforschung der Geschichte der Arbeiterbewegung im Lande Salzburg, (Aufbau eines Tonarchivs), 1986 abgeschlossen.

2) Interview mit Herrn L., Kassette H 31.

3) Interview mit Frau B und Frau Df., Transkript I, S. 15.

4) Interview mit Herrn F., Transkript I, S. 15 f.

5) Interview mit Frau Fe., Kassette H 27/a,b.

6) Vgl. dazu Tennengauer Nachrichten vom 26. 6., 3. 7., 10. 7., 17. 7. und 24. 7. 1986 sowie Bauer Ingrid, „Die Zigarrenfabriksarbeiterinnen sind ja berühmt gewesen ..." Die Halleiner Zigarrenfabrik und ihre Arbeiterinnen (1869 bis 1939). Hrsg. von Karl-Steinocher-Fonds. Salzburg. Hallein 1986.

2.2. Theoretisch-methodische Selbstverortung

7) Sieder, Geschichten erzählen und Wissenschaft treiben, S. 204. Vgl. dazu vor allem Thompson Edward P., Plebeische Kultur und moralische Ökonomie. Aufsätze zur englischen Sozial-

geschichte des 18. und 19. Jahrhunderts. Frankfurt/Main, Berlin, Wien 1980.

8) Vgl. dazu die Programmatik der Geschichtswerkstätten-Bewegung in der BRD. In: Moderne Zeiten Extra 4 (1984), Sondernummer „Geschichtswerkstatt", S. 51 (Die Geschichtswerkstatt e.V. stellt sich vor).

9) Lüdtke Alf, Erfahrung von Industriearbeitern. - Thesen zu einer vernachlässigten Dimension der Arbeitergeschichte. In: Conze Werner/Engelhardt Ulrich (Hrsg.), Arbeiter im Industrialisierungsprozess. Herkunft, Lage und Verhalten. Stuttgart 1979, S. 502. Vgl. dazu auch Amann Anton, Individuum und Gesellschaft – Zur Hälftung eines Zusammenhanges durch die Sozialwissenschaften, Thesenpapier zu einem Vortrag im Arbeitskreis „Rekonstruktion der Geschichte durch Sozialwissenschaften" auf dem österreichischen Soziologentag 1983 in Klagenfurt. Typoskript, S. 1.

2.3. ‚Geschlecht' als soziale Kategorie gesellschaftlicher Realität und deren Analyse

10) Hausen, Einleitung zu „Frauen suchen ihre Geschichte", S. 18.

11) Bock, Historische Frauenforschung, S. 34.

12) Becker-Schmidt Regina, Probleme einer feministischen Theorie und Empirie in den Sozialwissenschaften. In: Methoden in der Frauenforschung, Symposium an der FU Berlin vom 30. 11. bis 2. 12. 1983. Hrsg. von Zentraleinrichtung für Förderung von Frauenstudien und Frauenforschung an der FU Berlin. Frankfurt/Main 1984, S. 232.

13) Interview mit Frau E., Transkript I, S. 11 f.

2.4. Weitere ‚Spurensuche' – Briefliche Kontaktaufnahme mit ehemaligen Arbeiterinnen der Zigarrenfabrik

14) Vgl. dazu Bock, Der Platz der Frauen in der Geschichte, S. 110.

2.5. Geschichten des Lebens – Lebensgeschichten: Die Erinnerungsarbeit in den Interviews

15) Zur Offenheit des Forschungsprozesses vgl. Ostner Ilona, Zur Vergleichbarkeit von Aussagen in lebensgeschichtlichen Interviews. In: Weibliche Biographien. Hrsg. von Sozialwissenschaftliche Forschung und Praxis für Frauen. München 1982 (= beitrage zur feministischen theorie und praxis 7), S. 66 ff. Vgl. dazu auch Hopf Christel, Soziologie und qualitative Sozialforschung. In: Hopf Christel und Weingarten E. (Hrsg.), Qualitative Sozialforschung. Stuttgart 1979, S. 22.

16) Osterland Martin, Die Mythologisierung des Lebenslaufs. Zur Problematik des Erinnerns. In: Baethge M./Eßbach W. (Hrsg.), Soziologie: Entdeckungen im Alltäglichen. Frankfurt 1983, S. 281. Zu den Bedingungen von Alltagskommunikation als jener Struktur, die bei lebensgeschichtlichen Interviews dem Prozess der Datenproduktion zugrundeliegt vgl. Blumer H., Der methodologische Standort des Symbolischen Interaktionismus. In: AG Bielefelder Soziologen (Hrsg), Alltagswirklichkeit. Interaktion und gesellschaftliche Wirklichkeit. Reinbeck 1973, S. 80-146.

17) Lehmann Albrecht, Erzählstruktur und Lebenslauf. Autobiografische Untersuchungen Frankfurt/Main, New York 1983, S. 64. Zum Erzählen als „aktive(m) Element des alltäglichen Lebens" vgl. auch Ehlich Konrad, Der Alltag des Erzählens. In: Derselbe (Hrsg.), Erzählen im Alltag. Frankfurt/Main, New York 1983, S. 18 ff. Zum Erzählen als innerhalb der Arbeiterschaft noch stark aufspürbarem Kommunikationsstil vgl. Lehmann, Erzählstruktur und Lebenslauf, S. 44.

18) Lehmann, Erzählstruktur und Lebenslauf, S. 56.

19) Zur chronologischen Ordnung in lebensgeschichtlichen Interviews als lediglich formalem Konzept, das – gerade bei Frauen – oft quer läuft zum tatsächlichen Zeiterleben vgl. Ostner Ilona, Zur Vergleichbarkeit von Aussagen in lebensgeschichtlichen Interviews, S. 68 ff. und Bertaux Daniel/Bertaux-Wiame Isabelle, Autobiographische Erinnerung und kollektives Gedächtnis. In: Lebenserfahrung und kollektives Gedächtnis. Die Praxis der „Oral History". Hrsg. von Lutz Niethammer. Frankfurt/Main 1980, S. 113 ff.

20) Lehmann, Erzählstruktur und Lebenslauf, S. 54.

21) Becker-Schmidt, Probleme der feministischen Theorie und Empirie in den Sozialwissenschaften. S. 228. Vgl. dazu auch Mies Maria, Methodologische Postulate zur Frauenforschung In: beiträge zur feministischen theorie und praxis 1. Hrsg. von Sozialwissenschaftliche Forschung und Praxis für Frauen e. V., München 1978, S. 44.

22) Ebenda, S. 56.

23) Interview mit Frau D., Transkript I, S. 5.

24) Interview mit Frau Li., Kassette H 3/d.

2.6. „I denk ma oft: Ma is einfoch z'friah auf d'Wöt kumman" – Dialog mit der ältesten noch lebenden Frauen-Generation

25) Interview mit Frau D., Transkript I, S. 1.

26) Ebenda, S. 5.

27) Vgl. dazu Müller Walter, Frauenerwerbstätigkeit im Lebenslauf. In: Müller Walter/ Willms Angelika/Handl Johann, Strukturwandel der Frauenarbeit 1880-1980. Frankfurt/Main, New York 1983, S. 55 f.

28) Interview mit Frau D., Trankskript I, S. 16.

29) Zur „Intensität verausgabter Arbeitskraft als Erfahrungswert" in Arbeiterfamilien für den Umgang mit Geld vgl. Beate Schmidt, Exkurs: Das eigene Haus – zur Dialektik des Eigentums im proletarischen Lebenszusammenhang. In: Becker-Schmidt Regina/Brandes-Erlhoff Ute/ Rumpf Mechthild/Schmidt Beate, Arbeitsleben – Lebensarbeit Konflikte und Erfahrungen von Fabriksarbeiterinnen. Bonn 1983, S. 82.

30) Interview mit Frau S., Transkript I, S. 4.

31) Ebenda.

32) Becker-Schmidt Regina/Schmidt Beate, Widerstreitende Interessen: Familie ohne Beruf, Familie und Beruf. In: Becker-Schmidt u. a., Arbeitsleben - Lebensarbeit, (siehe Anm. 29), S. 148.

2.7. „‚Goarbeit' haumma viel" – oder: Die zentrale Botschaft, der rote Faden in den lebensgeschichtlichen Selbstdarstellungen der Zigarrenfabriksarbeiterinnen

33) Vgl. dazu Willms Angelika, Grundzüge der Frauenarbeit von 1880 bis 1980. In: Müller/ Willms/Handl, Strukturwandel der Frauenarbeit, S. 25.

34) Ostner Ilona, Zur Konstitution weiblicher Arbeitskraft, Diskussionsbeitrag anlässlich einer vom VASMA-Projekt veranstalteten Konferenz „Beschäftigungssysteme im Wandel". In: Müller/Willms/Handl, Strukturwandel der Frauenarbeit, S.228.

35) Interview mit Frau G., Transkript I, S. 7.

36) Vgl. dazu Hausen Karin, Die Polarisierung der „Geschlechtscharaktere" - Eine Spiegelung der Dissoziation von Erwerbs- und Familienleben. In: Sozialgeschichte der Familie in der Neuzeit Europas. Neue Forschungen. Hrsg. von Werner Conze. Stuttgart 1976 (= Industrielle Welt. Schriftenreihe des Arbeitskreises für moderne Sozialgeschichte, Band 21), S. 363 ff.

37) Vgl. dazu die Überlegungen von Bertaux-Wiame Isabelle über den Zusammenhang zwischen der Art und Weise, wie die eigene Lebensgeschichte in den biografischen Interviews präsentiert wird, und der sozialen Logik, die hinter den jeweiligen geschlechts- oder schichtspezifischen Lebensmustern steht. In den Interviews, die sie im Zusammenhang mit Forschungsarbeiten über die Wanderungsbewegung junger Männer und Frauen von allen Regionen Frankreichs in die Metropole Paris durchgeführt hat, wurde sie damit konfrontiert, dass „in contrast with men's accounts, women will not insist on, ‚what they have done', but rather on, what relationships existed' between themselves and persons close to them." Bertaux-Wiame Isabelle, The Life History Approach to the Study of Internal Migration. In: Biography and Society. The Life History Approach in the Social Sciences. Edited by Daniel Bertaux. Beverly Hills 1981 (= SAGE Studies in International Sociology 23), S. 256 ff.

2.8. Ich habe den roten Faden aufgenommen ... – Über die Erkenntnisinteressen und Fragestellungen dieses Forschungsprojekts

38) Alheit Peter, Alltagsleben. Zur Bedeutung eines gesellschaftlichen „Restphänomens". Frankfurt/Main, New York 1983, S. 226.

39) Vgl. ebenda, S. 227.

40) Interview mit Frau P., Transkript V, S. 7.

41) Sichtermann Barbara, Weiblichkeit. Zur Politik des Privaten. Berlin 1983, Vorwort S. 9.

42) Alheit, Alltagsleben, S. 66.

43) Ergebnisse der Mikrozensus-Untersuchung vom Juni 1983 über Personen- und Haushaltseinkommen von unselbständigen Beschäftigten, Typoskript der Grundsatzabteilung des Sozialministeriums vom 29.10.1984 (Steiner: 6213), S. 4 ff.

44) Kontos Silvia, Zur Geschichte der Hausarbeit. In: Heer Hannes/Ullrich Volker (Hrsg), Geschichte entdecken. Erfahrungen und Projekte der neuen Geschichtsbewegung. Hamburg 1985, S. 178.

45) Vgl. dazu Sieder Reinhard, Vorwort zu „Oral History Projekte in Österreich", Dokumentation einer Arbeitstagung im IWK, 5. bis 6. 5. 1984. Wien 1984, S. 4 f.

2.9. Der Versuch, die aufklärende Arroganz der Wissenschaft zu vermeiden und doch den Weg kritischer, theoriegeleiteter Analyse zu gehen

46) Vgl. dazu Kuhn Annette, „Oral History – feministisch. In: Heer/Ullrich, Geschichte entdecken. Erfahrungen und Projekte der neuen Geschichtsbewegung, S. 166.

47) Rehbein Jochen, Biographisches Erzählen. In: Lämmert Eberhard (Hrsg.), Erzählforschung. Stuttgart 1982, S. 51.

48) Vgl. dazu Osterland, Die Mythologisierung des Lebenslaufs, S. 288.

49) Alheit, Alltagsleben, S. 227.

50) Ebenda.

51) Ebenda, S. 214.Vgl. dazu auch Sieder, Bemerkungen zur Verwendung des „Narrativinterviews" für eine Geschichte des Alltags, S. 174.

52) Alheit, Alltagsleben, S. 214.

53) Sieder, Bemerkungen zur Verwendung des „Narrativinterviews", S. 174.

54) Alheit, Alltagsleben, S. 151.

55) Lehmann, Erzählstruktur und Lebenslauf, S. 17 ff.

56) Thürmer-Rohr Christine, Der Chor der Opfer ist verstummt. Eine Kritik an Ansprüchen der Frauenforschung. In: beiträge zur feministischen theorie und praxis 11 („Frauenforschung oder feministische Forschung"). Hrsg. v. Sozialwissenschaftliche Forschung und Praxis für Frauen e.V., München 1984, S. 44 f.

57) Vgl. dazu Sieder, Geschichten erzählen und Wissenschaft treiben. Erkenntnistheoretische Grundlagen, Quellenkritik, Interpretationsverfahren und Darstellungsprobleme, (siehe Anm. 1/16).

3. Gesucht: Der Zusammenhang zwischen den Dingen im Großen und Ganzen und wie alltäglich gelebt und gearbeitet wird

3.1. Weibliche Lebenszusammenhänge – Über objektive Fragmentierungen und subjektive Balanceakte

1) Haug Frigga, Erfahrung und Theorie. Die Langeweile in der Ökonomie und die Farbwerke Hoechst. In: Das Argument 136 (1982), S. 809.

2) Alheit, Alltagsleben, S. 66.

3) Marx/Engels, Die deutsche Ideologie. In: Marx/Engels, Ausgewählte Werke in 6 Bänden. Wien (Globusverlag) 1970, Bd. 1, S. 213.

4) Sprengnagel, Fabrikarbeiter auf dem Land, S. 16.

5) Kickbusch Ilona, Familie als Beruf – Beruf als Familie: Der segregierte Arbeitsmarkt und die Familialisierung der weiblichen Arbeit. In: Die armen Frauen. Frauen und Sozialpolitik. Hrsg. v. Ilona Kickbusch und Barbara Riedmüller. Frankfurt/Main 1984, S. 165.

6) Müller/Willms/Handl, Strukturwandel der Frauenarbeit, S. 16.

7) Willms, Grundzüge der Entwicklung der Frauenarbeit, S. 46 sowie Müller/Willms/Handl, Strukturwandel der Frauenarbeit, S. 16.

8) Müller/Willms/Handl, Strukturwandel der Frauenarbeit, S. 16. Vgl. dazu auch Becker-Schmidt/Schmidt, Widerstreitende Interessen: Familie ohne Beruf, Familie und Beruf, S. 136 sowie Hausen, Einleitung zu „Frauen suchen ihre Geschichte ", S. 16.

9) Vgl. dazu Pircher Erika, Gesetzwerdung und Fraueninteressen am Beispiel des Gleichbehandlungsgesetzes. In: „Österreichische Zeitschrift für Politikwissenschaft" 13 (1984), 4, S. 1 ff.

10) Müller/Willms/Handl, Strukturwandel der Frauenarbeit, S. 13.

11) Nassauer Melanie/Rudolf Hedwig, Struktur der Frauenerwerbstätigkeit und neue Technologien. Das Beispiel der Frauenarbeit im Einzelhandel, Beitrag zum 21. Deut-

schen Soziologentag in Bamberg, Oktober 1982. Zitiert nach Willms, Grundzüge der Entwicklung der Frauenarbeit, S. 45.

12) Müller/Willms/Handl, Strukturwandel der Frauenarbeit, S. 16.

13) Hausen, Die Polarisierung der Geschlechtscharaktere, S. 379.

3.2. Arbeit ist notwendig – aber wieviel davon?

14) Heller Agnes, Das Alltagsleben. Versuch einer Erklärung der individuellen Reproduktion. Hrsg. v. Hans Joas. Frankfurt/Main 1978, S. 111.

15) Becker-Schmidt Regina, „Vor Arbeit hab' ich noch nie zurückgeschreckt ..." Fr. R.: Ein Beispiel, wie und warum arbeiten gelernt wird. In: Becker-Schmidt u.a., Arbeitsleben - Lebensarbeit, S. 98.

16) Vgl. dazu „Krise der Arbeitsgesellschaft?" Verhandlungen des 21. Deutschen Soziologentages in Bamberg 1982. Hrsg. im Auftrag der Deutschen Gesellschaft für Soziologie von Joachim Matthes. Frankfurt/Main, New York 1983.

17) Becker-Schmidt Regina, Entfremdete Aneignung, gestörte Anerkennung, Lernprozesse: Über die Bedeutung von Erwerbsarbeit für Frauen. In: „Krise der Arbeitsgesellschaft?" (vgl. Anm. 16), S. 414.

18) Vgl. dazu Dahrendorf Ralf, „Wenn der Arbeitsgesellschaft die Arbeit ausgeht". In: „Krise der Arbeitsgesellschaft?", S. 32 f.

19) Interview mit Frau G., Transkript II, S. 12.

20) Interview mit Frau P., Transkript V, S. 5.

21) Ebenda, Transkript II, S. 11 ff.

22) Ebenda, Transkript V, S. 5.

23) Piven Francis Fox/Cloward Richard A., Die unsichtbare Auflehnung. Steuerung der Innovationskraft und des Widerstandspotentials von Frauen. In: Kickbusch/Riedmüller, „Die armen Frauen", S. 135 ff.

24) Ebenda, S. 152.

25) Herbert Ulrich, Zur Entwicklung der Ruhrarbeiterschaft 1930 bis 1960 aus erfahrungsgeschichtlicher Perspektive. In: Niethammer Lutz/Plato Alexander von (Hrsg.), „Wir kriegen jetzt andere Zeiten". Auf der Suche nach der Erfahrung des Volkes in nachfaschistischen Ländern. Berlin, Bonn 1985 (= Lebensgeschichte und Sozialkultur im Ruhrgebiet 1930 bis 1960, Bd. 3), S. 21.

26) Negt Oskar. Lebendige Arbeit, enteignete Zeit. Politische und kulturelle Dimensionen des Kampfes um die Arbeitszeit. Frankfurt/Main, New York 1984, S. 110.

27) Lafargue Paul, Das Recht auf Faulheit. Widerlegung des Rechts auf Arbeit von 1848. Edition Sonne und Faulheit, Juli 1978, S. 9. Zitiert nach Negt, Lebendige Arbeit, enteignete Zeit, S. 182 bzw. 181.

28) Negt, Lebendige Arbeit, enteignete Zeit, S. 182.

29) Vgl. dazu Ardelt Rudolf G., „Arbeiterinnen kämpfen um ihr Recht" (Literaturbericht). In: Zeitgeschichte 6 (1978), 2, S. 78 ff.

30) Negt, Lebendige Arbeit, enteignete Zeit, S. 21.

31) Ebenda.

32) Ebenda.

33) Ebenda, S. 22.

34) Ebenda, S. 27. Vgl. dazu auch Thompson Edward P., Zeit, Arbeitsdisziplin und Industriekapitalismus. In: Derselbe, Plebeische Kultur und moralische Ökonomie. Aufsätze zur englischen Sozialgeschichte des 18. und 19. Jahrhunderts. Frankfurt/Main, Berlin, Wien, 1980, S. 64.

35) Dahrendorf, „Wenn der Arbeitsgesellschaft die Arbeit ausgeht", S. 31.

36) Vgl. dazu Fetscher Iring, Arbeit und Spiel. Essays zur Kulturkritik und Sozialphilosophie. Stuttgart 1983, S. 58 und Bardt Hans-Paul, Arbeit als Inhalt des Lebens („denn es fähret schnell dahin"). In: „Krise der Arbeitsgesellschaft?", S. 127.

3.3 Die geschickten und billigen Hände der Frauen – Fabriksarbeiterinnen an der Peripherie

37) Vgl. dazu die in der Salzburger Wacht veröffentlichten Rohergebnisse der außerordentlichen Volks- und Berufszählung aus dem Jahr 1921, die von mir besonders auf die Beschäftigung von Frauen hin ausgewertet worden sind: Salzburger Wacht 22 (1920), 286, S. 4; zur durchschnittlichen Frauenerwerbsquote in den westlichen Industrieländern vgl. Ehmer, Frauenerwerbsarbeit in der industriellen Gesellschaft. In: Beiträge zur Historischen Sozialkunde 11 (1981), 3, S. 98.

38) Ergebnisse der außerordentlichen Volks- und Berufszählung 1920, veröffentlicht in Salzburger Wacht 22 (1920), 286, S. 4 sowie Eigenberechnungen.

39) Vgl. dazu Huber Hugo, Geschichte der österreichischen Tabakregie: Die innerbetriebliche Sozialordnung. In: Hitz Harald/Huber Hugo, Geschichte der österreichischen Tabakregie 1784-1835. Wien 1975 (= Österreichische Akademie der Wissenschaften, Veröffentlichungen der Kommission für Wirtschafts-, Sozial- und Stadtgeschichte 2), S. 130 f. Vgl. dazu auch Rupp Herbert und Autorenkollektiv, Arbeits- und Lebensverhältnisse der Beschäftigten der Tabakregie. Wien o. J., Typoskript S. 36 ff. (Archiv des Tabakmuseums), Schröder Wilhelm Heinz, Arbeitergeschichte und Arbeiterbewegung, Industriearbeit und Organisationsverhalten im 19. und frühen 20. Jahrhundert. Frankfurt/Main, New York 1978, S. 125 ff.

40) Vgl. dazu Rupp und Autorenkollektiv, Arbeits- und Lebensverhältnisse der Beschäftigten der Tabakregie, S. 60 und 69; Schröder, Arbeitergeschichte und Arbeiterbewegung, S. 127; Der Lebensmittelarbeiter 12(27). Jg. (1931), 13, S. 4.

41) Zitiert nach Rupp und Autorenkollektiv, Arbeits- und Lebensverhältnisse der Beschäftigten der Tabakregie, S. 38.

42) Vgl. dazu Penninger Ernst/Stadler Georg, Hallein. Ursprung und Geschichte der Salinenstadt. Salzburg 1970, S. 23 ff. Lidauer Roman, Die Stadt Hallein. Ihre Entwicklung und ihr Lebensraum. Phil.Diss., Innsbruck 1970, S. 32 und 62.

43) Penninger/Stadler, Hallein, S. 31 und 35. Vgl. dazu auch die schriftlichen Notizen eines Informationsgespräches mit Hofrat Dipl. Ing. Ernst Penninger (Leiter des Halleiner

Museums) vom 29. 4. 1986 (als Typoskript bei der Verfasserin einsehbar).
44) Vgl. dazu Informationsgespräch mit Hofrat Penninger (siehe Anm. 43) bzw. jene aus dem 18. Jahrhundert stammenden Originalgemälde im Halleiner Museum, auf denen im Rahmen der dargestellten Szenen aus dem Salzbergbau und der Salzverarbeitung immer wieder auch Frauen aufscheinen.
45) Zitiert nach Lidauer, Die Stadt Hallein, S. 60.
46) Ebenda, S. 50. Vgl. dazu auch Informationsgespräch mit Hofrat Penninger (siehe Anm. 43).
47) Vgl. dazu das „Ansuchen der Gemeindevorstehung Hallein an das k. k. Finanz-Ministerium um Errichtung einer Zigarren-Fabrik in Hallein" vom 30. 1. 1869, das eine Darstellung der wirtschaftlichen Notsituation in Hallein enthält. (Finanz-Archiv Wien Banc.10.2, Nr. 40823 v. 30. 1. 1869).
48) Ebenda.
49) Vgl. dazu Pfarrmatriken Hallein: Taufbuch XV 1866-1876 (Konsistorialarchiv der Erzdiözese Salzburg).
50) Huber, Geschichte der österreichischen Tabakregie: Die innerbetriebliche Sozialordnung, S. 176. Vgl. dazu auch das ans k. k. Finanz-Ministerium gerichtete „Ansuchen der Generaldirektion der Tabakregie um Systemisierung des Personal- und Gebührenstandes für die neu errichtete Zigarrenfabrik in Hallein" (Finanz-Archiv Wien Banc.10.1, Nr. 32514 v. 15.10. 1870).

4. Kindheitsjahre: von der Jahrhundertwende bis zum Ersten Weltkrieg

1) Vgl. dazu Müller, Frauenerwerbstätigkeit im Lebenslauf, S. 56. Vgl. dazu auch Becker-Schmidt, „Vor Arbeit hab' ich noch nie zurückgeschreckt ...", S. 103. Zum theoretischen wie auch empirischen Befund, dass die innerhalb eines Lebens gemachten Erfahrungen ganz stark „anhand jener Prädispositionen, die an dessen Anfang ausgebildet worden waren, beurteilt werden" vgl. auch Herbert, Zur Entwicklung der Ruhrarbeiterschaft aus erfahrungsgeschichtlicher Perspektive, S. 45.
2) Müller, Frauenerwerbstätigkeit im Lebenslauf, S. 56.
3) Vgl. ebenda, S. 58; Müller bezieht sich bei seinen Überlegungen zu den Prägungen und Formungen einer Generation auf den historischen ‚Generations'-Begriff bei Karl Mannheim: Durch ihre spezifische „Lagerung im Fluss der Geschichte" und damit in den makrostrukturellen Bedingtheiten der Vergangenheit weisen die Lebensgeschichten einer bestimmten Generation, das heißt einiger eng zusammenliegender Geburtenjahrgänge eines definierten sozialen und geographischen Raumes, spezifische Prägungen auf. Vgl. dazu Mannheim Karl, Das soziologische Problem der Generationen. In: ‚Kölner Vierteljahresschrift für Soziologie 7 (1928). Zitiert nach: Safrian Hans/Sieder Reinhard, Gassenkinder – Straßenkämpfer. Zur politischen Sozialisation einer Arbeitergeneration in Wien 1900 bis 1938. In: Niethammer/Plato, „Wir kriegen jetzt andere Zeiten", S. 117 ff. Sie beziehen sich in ihren Überlegungen zur politischen Sozialisation jener zwischen

Jahrhundertwende und Erstem Weltkrieg geborenen Generation von Wiener Arbeitern ebenfalls auf den Generationsbegriff bei Karl Mannheim.

4) Vgl. dazu Brandes-Erlhoff Uta, Zur Entstehung und Funktion von Phantasien, Wünschen, Tagträumen – Eine Analyse der Bedingungen ihrer Freisetzung und Fesselung. In: Becker-Schmidt u. a., Arbeitsleben – Lebensarbeit, S. 153 ff.

5) Vgl. dazu Lidauer, Die Stadt Hallein. S. 229 ff., S. 75 ff., S. 54 ff. bzw. Chronik des k. k. Gendarmeriepostens Hallein, Bd. 1 (1.9.1896 bis 28.11.1964): Postenbeschreibung (Archiv des Karl-Steinocher-Fonds).

6) Lidauer, Die Stadt Hallein, S. 62.

7) Die Unzugänglichkeit der Gemeindevertretung für Fragen sozialer Fürsorge zieht sich wie ein roter Faden durch die Halleiner Korrespondenten-Berichte für die sozialdemokratische ‚Salzburger Wacht' bzw. für das Gewerkschaftsorgan ‚Der Tabakarbeiter'. Die Errichtung eines Kinderheimes, eines Kinderspielplatzes, Alternativen zur klerikalen Kinder-Bewahranstalt und zur klerikalen Mädchenprivatschule, öffentliche Brausebäder, Maßnahmen gegen die extreme Wohnungsnot, Sanierung gesundheitsschädlicher Wohnungen, Verbesserungen in der öffentlichen Armenpflege sind bis zum Ersten Weltkrieg stets aufs Neue formulierte Forderungen der Halleiner ArbeiterInnenschaft an den Gemeinderat. Vgl. dazu Salzburger Wacht lll (1901), 50, S. 3; Salzburger Wacht VI (1904), 24, S. 3f.: Salzburger Wacht IX (1907), 71, S. 3; Salzburger Wacht IX (1907), 77, S. 3; Der Tabakarbeiter 4 (1907), 8, S. 7; Der Tabakarbeiter 4 (1907), 9, S. 5; Der Tabakarbeiter 4 (1907), 20, S. 4; Der Tabakrbeiter 5 (1908), 21, S. 7; Salzburger Wacht XI (1909), 42, S. 5; Salzburger Wacht XI (1909), 12, S. 5; Salzburger Wacht XI (1909), 23, S. 3; Salzburger Wacht XI (1909), 29, S. 3; Der Tabakarbeiter 6 (1909), 3, S. 5; Salzburger Wacht XII (1910), 40, S. 5; Salzburger Wacht XII (1910), 66, S. 3 f.; Salzburger Wacht XII (1910), 66, S. 4; Salzburger Wacht XII (1910), 58, S. 5; Salzburger Wacht 12 (1911), 213, S. 6; Der Tabakarbeiter 10 (1913), 17, S. 8.

Zur politischen Zusammensetzung des Halleiner Gemeinderates bis 1918 vgl. Köfner Gottfried, Hunger, Not und Korruption. Der Übergang Österreichs von der Monarchie zur Republik am Beispiel Salzburgs. Eine sozial- und wirtschaftswissenschaftliche Studie. Salzburg 1980, S. 175 f. bzw. die Halleiner Wahlergebnisse in: Salzburger Wacht IV (1902), 43, S. 4; Salzburger Wacht VIII (1906), 1, S. 5; Salzburger Wacht XI (1909), 20, S. 4.

4.1. „Nix wia Küche und Zimmer..." – Zu den Wohnerfahrungen im Hallein der Monarchie und den Spuren, welche die räumliche Enge in den Lebensgeschichten hinterlassen hat

8) Zitiert nach: Der Tabakarbeiter 5 (1908), 21, S. 7.

9) „Wohnverhältnisse der österreichischen Tabakfabriksarbeiter". Eine Erhebung des christlichen Tabakarbeiterverbandes Österreichs. Hrsg. v. Christlichen Tabakarbeiterverband (unter Verbandsvorstand Franz Ullreich) unter Mitwirkung der Zentralstelle für Wohnungsreform. Wien 1910, S. 21 (Fußnote 1) bzw. S. 27.

10) Die Rohdaten sind entnommen den Statistischen Mitteilungen über das Tabakmonopol für das Jahr 1900. Hrsg. von der k. k. General-Direktion der Tabak-Regie. Wien 1900

(Übersicht über die Wohnungsverhältnisse der ständigen Arbeiter), S. 26 f.

11) Vgl. dazu: Bericht der k. k. Bezirkshauptmannschaft an den Landesausschuss über die Wohnungsverhältnisse in Hallein. Zitiert nach: Salzburger Wacht V (1908), 21, S. 7. Zum Aufschub notwendiger Maßnahmen hinsichtlich der Halleiner Wohnsituation vgl. Salzburger Wacht XI (1909), 29, S. 3.

Zum Bericht des Referenten der Bausektion im Halleiner Gemeinderat vgl. Der Tabakarbeiter 4 (1907), 20, S. 4.

Zur Tätigkeit des Wohnungsinspektions-Komitees vgl. Salzburger Wacht XI (1909), 23, S. 3; Salzburger Wacht XI (1909), 29, S. 3.

12) Rupp und Autorenkollektiv, Arbeits- und Lebensverhältnisse der Beschäftigten der Tabakregie, S. 2.

13) Brief des Dechants und Stadtpfarrers von Hallein, Rudolf Ernst, vom 10. 9. 1911 an alle Halleiner Hausbesitzer. Zitiert nach: Salzburger Wacht 12 (1911), 214, S. 5 f.

14) Mitterauer Michael, Ledige Mütter. Zur Geschichte unehelicher Geburten in Europa München 1983, S. 96.

15) Ebenda, S. 16 f. und 105 ff.

16) Ebenda, S. 16; vgl. dazu auch Tilly Louise A./Scott Joan W./Cohen Miriam, Women's Work and European Fertility Patterns, ln: JIH 6 (1976), S. 468 ff.

17) Interview mit Frau B., Transkript I, S. 20.

18) Interview mit Frau S., Transkript I, S. 30.

19) Ebenda, S. 9.

20) Ebenda.

21) Schmidt, Das eigene Haus, S. 91.

22) Interview mit Frau S., Transkript I, S. 32.

23) Ebenda, S. 30 f.

24) Ebenda, S. 32.

25) Ebenda, S. 10 f.

26) Interview mit Frau Str., Transkript I, S. 10 f.

Exkurs: „A Heisl, des woar so da Traum von domois" – Über die klassenspezifische Falle, die in diesem ‚Lebensprojekt' enthalten ist

27) Interview mit Frau Jf., Transkript II, S. 9.

28) Interview mit Frau L., Transkript I, S. 6 bzw. S. 8.

29) „Die Bautätigkeit der Stadt Hallein in der Zeit von 1919 bis 1928". In: Halleiner Geschichtsblätter 3. Chronik der Stadt 1927-1938. Hallein 1984, S. 11. Der in der Halleiner Chronik abgedruckte Bericht erschien – mit A. S. gezeichnet – zum ersten Mal 1928 in einem beim Wirtschafts-Zeitungs-Verlag herausgegebenen Buch über das „österreichische Bauwesen".

30) Ebenda, S. 7 ff.; vgl. dazu auch den Bericht über die Tätigkeit des Gemeinderates der Stadt Hallein in der Funktionsperiode 1925-1928. Hallein 1928, S. 6 f.

31) Schmidt, Das eigene Haus, S. 83.

32) Interview mit Frau S., Transkript I, S. 29 f.
33) Interview mit Frau L., Transkript I, S. 8 f.
34) Schmidt, Das eigene Haus, S. 88.
35) Ebenda, S. 87.
36) Interview mit Frau L., Transkript l, S 9.
37) Ebenda, S. 8.
38) Schmidt, Das eigene Haus, S. 91.
39) Ebenda, S. 84.
40) Interview mit Frau E., Transkript I, S. 15.
41) Ebenda, S. 15 f.
42) Ebenda.
43) Brückner Peter, Zur Sozialpsychologie des Kapitalismus. Frankfurt/Main, S. 110.
44) Interview mit Frau Jf., Transkript II, S. 15.
45) Ebenda, S. 5.
46) Ebenda, S. 17.
47) Ebenda, S. 19.
48) Ebenda, S. 7.
49) Ebenda.
50) Ebenda, S. 3 f.
51) Ebenda, S. 27.
52) Ebenda, S. 20.
53) Ebenda, S. 29 f.
54) Ebenda, S. 30.
55) Ebenda, S. 29.
56) Ebenda, S. 28.
57) Ebenda, S. 29
58) Ebenda.
59) Schmidt, Das eigene Haus, S. 91.
60) Ebenda.
61) Interview mit Frau Jf., Transkript II, S. 28.

4.2. „Äußerst bescheiden..." – Zum Eingebundensein in eine Ökonomie der knappen Mittel

62) Sieder Reinhard, „Vata derf i aufstehn?" Kindheitserfahrungen in Wiener Arbeiterfamilien um 1900. ln: Ehalt Hubert Ch./Heiß Gernot/Stekl Hannes (Hrsg.), Glücklich ist, wer vergisst...? Das andere Wien um 1900. Graz, Wien 1986, S. 47.
63) Salzburger Wacht II (1900), 13, S. 3.

4.2.1. Begrenzte und bedrohte Kaufkraft

64) Lüdtke Alf, Hungererfahrungen, Essens-„Genuss" und Politik bei Fabriksarbeiterinnen und Arbeiterfrauen. Beispiele aus dem rheinisch-westfälischen Industriegebiet, 1910 -1940. In: Beiträge zur Historischen Sozialkunde 15 (1985), 2, S. 63.

65) Ebenda, S. 52.
66) Vgl. dazu Salzburger Wacht II (1900), 13, S. 3; Salzburger Wacht II (1900), 26, S. 3, Salzburger Wacht III (1901), 46, S. 3; Der Tabakarbeiter 3 (1906), 7, S, 4; Der Tabakarbeiter 4 (1907), 14, S. 4; Der Tabakarbeiter 7 (1910), 20, S. 4; Der Tabakarbeiter 7 (1910), 10, S. 5; Der Tabakarbeiter 7 (1910), 17, S. 5; Der Tabakarbeiter 9 (1912), 3, S. 4 f.; Der Tabakarbeiter 9 (1912), 17, S. 6; Der Tabakarbeiter 10 (1913), 9, S. 5 f.; Der Tabakarbeiter 10 (1913), 25, S. 3; Arbeitsordnung für die k. k. Tabakfabriken. Genehmigt mit dem Finanzministerialerlaße vom 23. Dezember 1902. Wien 1903, S. 13 f. (Abrechnung und Auszahlung der Arbeitslöhne) und S. 22 ff. (Disziplinarbehandlung) (Archiv des Tabakmuseums).
67) Der Tabakarbeiter 3 (1906), 15, S. 7.
68) Salzburger Wacht II (1900), 25, S. 3. Die Reihung wurde anhand der von der Generaldirektion der Tabakregie für das Jahr 1906 veröffentlichten und in der Gewerkschaftszeitung Der Tabakarbeiter 5 (1908), 4, S. 5 abgedruckten Lohndaten vorgenommen.
69) Vgl. dazu Der Tabakarbeiter 5 (1908), 4, S. 5; Der Tabakarbeiter 3 (1906), 4, S. 4 f.; Der Tabakarbeiter 3 (1906), 15, S. 7; Der Tabakarbeiter 3 (1906), 24, S. 3 f.; Salzburger Wacht VI (1904), 47, S. 4; Salzburger Wacht IX (1907), 99, S. 4; Salzburger Wacht XI (1909), 61, S. 3; Salzburger Wacht XII (1910), 39, S. 3; Salzburger Wacht XII (1910), 62, S. 5; Salzburger Wacht XII (1910), 63, S. 3; Salzburger Wacht 12 (1911), 150, S. 5 f.; Salzburger Wacht 12 (1911), 167, S. 5.
70) Der Tabakarbeiter 3 (1906), 24, S. 4; vgl. auch Der Tabakarbeiter 6 (1909), 23, S. 1 ff.
71) Die von mir aufgelisteten Preise entstammen der – von der sozialdemokratischen Tabakarbeitergewerkschaft durchgeführten – Preiserhebung aus dem Jahre 1909, deren Ergebnisse im Gewerkschaftsorgan Der Tabakarbeiter 6 (1909), 23, S. 2 f. veröffentlicht wurden.
72) Die Angaben über den Jahresverdienst 1909 wurden der Zeitschrift Der Tabakarbeiter 7 (1911), 7, S. 2 entnommen.
73) Vgl. Anmerkung 71.
74) Die Prozentsätze wurden nach den – in den ‚Statistischen Mitteilungen über das österreichische Tabakmonopol für das Jahr 1910' veröffentlichten – Daten zum „Familienstand des ständigen Arbeitspersonals" (Tabelle 5, S. 20) berechnet.
75) Vgl. dazu Bolognese-Leuchtenmüller Birgit, Unterversorgung und mangelnde Betreuung der Kleinkinder in den Unterschichtenfamilien als soziales Problem des 19. Jahrhunderts. In: Knittler Herbert (Hrsg.), Wirtschafts- und sozialhistorische Beiträge. Festschrift für Alfred Hoffmann zum 75. Geburtstag. Wien 1979, S .412 f. sowie Dieselbe, Berufliche Motivation und Arbeitseinstellung erwerbstätiger Frauen im 19. und 20. Jahrhundert. In: Beiträge zur Historischen Sozialkunde 11 (1981), 3, S. 109.
76) Interview mit Herrn K., Transkript I, S. 2 und S. 11.
77) Ehmer Josef, Vaterlandslose Gesellen und respektable Familienväter. Entwicklungsformen der Arbeiterfamilie im internationalen Vergleich, 1850-1930. In: Konrad Helmut (Hrsg.), Die deutsche und die österreichische Arbeiterbewegung zur Zeit der Zweiten

Internationale, Protokoll des bilateralen Symposiums DDR-Österreich vom 30.9. bis 3.10. 1981 in Linz. Wien 1982, S. 129. Vgl. dazu auch Hareven Tamara K., Family Time and Industrial Time. Familiy and Work in a Planned Corporation Town, 1900-1924. In: Journal of Urban History 1975, Vol.1, No. 3, S. 372.

78) Der Lebensmittelarbeiter 3(18) (1922), 8, S. 2; vgl. dazu auch Drechsler Fritz. Geschichte der Tabakarbeiter. Hrsg. von der Gewerkschaft der Lebens- und Genußmittelarbeiter. Wien 1952 (= Geschichte der Österreichischen Lebensmittelarbeiter-Gewerkschaft, Bd 3, S. 43 f.

79) Talos Emmerich, Staatliche Sozialpolitik in Österreich. Rekonstruktion und Analyse. Wien 1981 (= Österreichische Texte zur Gesellschaftskritik, Bd. 5), S. 107 bzw. 106 ff.

80) Zitiert nach Salzburger Wacht XI (1909), 55, S. 3 bzw. Der Tabakarbeiter 6 (1909), 14, S. 5. In beiden Organen ist der Gesetzesantrag der Abgeordneten Glöckel, Nießer und Genossen im vollen Wortlaut wiedergegeben.

81) „Jahresdurchschnittsverdienst und Lohnsteigerung in dem Jahrzehnt von 1900 bis 1909". In: Der Tabakarbeiter 8 (1911), 7, S. 7. Die Prozentzahlen wurden anhand der hier veröffentlichten Lohntabellen errechnet.

82) Gross Nachum Th., Die Stellung der Habsburgermonarchie in der Weltwirtschaft. In: Brusatti Alois (Hrsg.), Die Habsburgermonarchie 1848-1918, Bd. 1. Wien 1973, S. 25. Vgl. dazu auch Bauer Ingrid, Salzburg 1900 bis 1910. Protest- und Kampfformen der Arbeiterbewegung: Der Boykott. In: Mitteilungen des Karl-Steinocher-Fonds 1984. 4/5/6, S. 36 ff.

83) Vgl. Anmerkung 80.

84) Vgl. dazu Statistische Mitteilungen über das österreichische Tabakmonopol für das Jahr 1911, S. 21 ff. (Lohnverhältnisse); vgl. dazu auch Drechsler, Geschichte der Tabakarbeiter, S. 21; Memorandum der Tabakarbeiterschaft Österreichs v. 13. 1. 1918 (an das k. k. Finanzministerium und die k. k. Generaldirektion der Tabakregie). In: Drechsler, Geschichte der Tabakarbeiter, S. 31 ff.; „Die Arbeitsbedingungen der österreichischen Tabakarbeiter und ihre Entwicklung". In: Fachblatt der Tabakarbeiter 22 (1928), Jubiläumsnummer. S. 9 f.; Der Lebensmittelarbeiter 7(22) (1926), 22, S. 1 f. bzw. 2(17) (1921), 12, S. 2.

85) Der Tabakarbeiter 12 (1915), 15, S. 3; vgl. dazu auch Memorandum der Tabakarbeiterschaft Österreichs v. 13. 1.1918 (siehe Anm. 84).

86) Ebenda; vgl. dazu auch Der Tabakarbeiter 8 (1911), 1, S. 7 sowie 8 (1911), 3, S. 1; Memorandum der Tabakarbeiterschaft Österreichs an die Generaldirektion der Tabakregie. Beschlossen auf der IV. Hauptversammlung der Gewerkschaft der Tabakarbeiterinnen und -arbeiter Österreichs im Jahr 1911. In: Der Tabakarbeiter 8 (1911), 11, S. 1.

87) Der Lebensmittelarbeiter 2(17) (1921), 5, S. 1; vgl. dazu auch „Die Arbeitsbedingungen der österreichischen Tabakarbeiter und ihre Entwicklung", S. 10 (siehe Anm. 84); Memorandum der Tabakarbeiterschaft Österreichs v. 13. 1. 1918, S. 32 (siehe Anm. 84)

88) Köfner, Hunger, Not und Korruption, S. 18 bzw. 17 ff.; vgl. dazu auch „Die Arbeits-

bedingungen der österreichischen Tabakarbneiter", S. 10 (siehe Anm. 84) sowie Der Lebensmittelarbeiter 2(17) (1921), 5, S. 1.

4.2.2. „Im Joahr amoi ..." – Über die alltägliche Routine der Kargheit und den langsamen Rhythmus der kleinen Freuden

89) Interview mit Frau Jf. Transkript II, S. 5 f.

90) Vgl. dazu Stearns Peter N., Abstumpfung und Apathie. Arbeiterfrauen in England, 1890-1914. In: Honegger Claudia/Heintz Bettina (Hrsg.), Listen der Ohnmacht. Zur Sozialgeschichte weiblicher Widerstandsformen. Frankfurt/Main 1981, S. 197 sowie Sieder, „Vata, darf i aufstehn?", S. 49.

91) Interview mit Frau Jf., Transkript II, S. 11.

92) Interview mit Frau Df., Transkript B/D I, S. 4.Vgl. dazu auch Interview mit Frau Str., Transkript I, S. 11: „S'Essen woar sehr einfoch. I moan, des woar *so*: oi Montog hot ma Erbsensuppen ghobt und Fastenknödel. Daun hot ma wieder Kartoffelknödel ghobt und Sauerkraut. Daun hot ma wieder Leberknödel ghobt und Kartoffelsalat. (...) Obends, waun d'Mutter hamkumman is, daun haumma unsern Malzkaffee ghobt und vielleicht a Schweinefettenbrot. Und olle samme schen dick worn." Kraut, Kartoffel, Knödel, Polenta und Krapfen, das waren die am häufigsten in den Interviews genannten Speisen. Zur Kleidung vgl. auch Interview mit Frau P., Transkript II, S. 5:

„Mia san jo unterm Joahr - *bis* im Spätherbst, do hot's oft scho schneiben aungfaungt, samma no boarfuaß gaungan, wei ma kane Schuach trogen haum dearfen. Erst im Winter. (...) Daun: Strümpf mit Gummibandln festghoiten – kane Hosen – und an Unterrock: so an Leibchenunterrock. Und daun a Kleidl drüber. Sonst nix. Und im Winter hoit an Mauntel, den d'Mutter gmocht hot: aus am oiten wos Neues gmocht."

Sowie mit Herrn K., Jahrgang 1905, Sohn aus einer ZigarrenfabriksarbeiterInnen-Familie, Transkript I, S. 17:

„Mia haumd a Gwaund aunghobt ..., sog ma, mia san bis in Winter eini fost, wia da Winter aungaungan is, oisaumt boarfuaß gaungan. (...) Nochhand haum mia Hosen aunghobt – jo, heit' gang jo neamt ... – sog ma, auf die Knia auffignaht an Fleck, oba net eingstückelt. Ka Maschin haums net ghobt. Grod auffignaht mit da Haund, hint auffi (lacht). So hand mia in d'Schui gaungan. Gwaund haumma aunghobt dort! Überhaupt noch'm Ersten Wötkriag: Papiergwaund oder Brennesselgwaund. Waun ma noß worden san, haumma lauter Fransen draun ghobt, wei ois aufgangan is vom Papiergwaund. (...) Mia haumd oft g'locht a, wenn ma in d'Schui gaungan san: bis do auffa woar d'Hosen scho offen. Hand die gaunzen Fadl obig'hängt. Net, waun's noß worn is, hot si des ois aufglöst."

93) Interview mit Frau Df., Transkript B/D I, S. 6.

94) Interview mit Frau P., Transkript I, S. 1.

95) Interview mit Frau Jf., Transkript II. S. 14.

96) Interview mit Frau Jf. Transkript II, S. 11; vgl. dazu auch Interview mit Frau M., Transkript I, S. 1:

„Ois Kinda, z'Weihnochten, waun ma do an Bleistift kriagt haum oder an Griffel oder an

Gummi, daun haumma scho glaubt, mia san reich. Und a Schürzerl – oamoi im Joahr – des woar schon wos Bsonders. Oamoi im Joahr samma mit die Ötern am Dürrnberg auffi: do haumma a Kracherl kriagt und a Sömmi hauma uns teiln dearfen, mia Kinda."

97) Interview mit Frau P., Transkript II, S. 5 f.

98) Lipp Carola, „Uns hat die Mutter Not gesäugt an ihrem dürren Leibe". Die Verarbeitung von Hungererfahrungen in Autobiographien von Handwerkern, Arbeitern und Arbeiterinnen. In: Beiträge zur Historischen Sozialkunde 15 (1985), 2, S. 55.

4.2.3. „Mei Mutter is jo oiwei kränklich gwesen" – Zur Gefährdung des familiären Überlebensgefüges durch Krankheit und Tod

99) Interview mit Frau D., Transkript I, S. 12 f.

100) Ebenda.

101) Vgl. Statistische Mitteilungen über das österreichische Tabakmonopol für das Jahr 1895 (Krankenbewegungen): Vgl. dazu auch Der Tabakarbeiter 7 (1910), 17, S. 1 (Die Berufskrankheiten der Tabakarbeiter).

102) Bericht der k. k. Gewerbeinspektoren über ihre Amtstätigkeit im Jahr 1902. Zitiert nach Popp Adelheid, Referat zum dritten Tagesordnungspunkt (Arbeiterschutz) der Zweiten Konferenz der Sozialdemokratischen Frauen Österreichs, abgehalten am 8. November 1903 in Wien. Gemeinsam veröffentlicht mit dem Protokoll über die Verhandlungen des Gesamtparteitages der Sozialdemokratischen Arbeiterpartei in Österreich, abgehalten in Wien 1903. Wien 1903, S. 225.

103) Interview mit Frau P., Transkript I, S. 10.

104) Interview mit Frau E., Transkript I, S. 10.

105) Die Gewerbeinspektoren-Berichte stellen den Tabakfabriken, was die hygienische Beschaffenheit der Räume betrifft, an und für sich kein schlechtes Zeugnis aus. Selbst hier finden sich jedoch auch – etwa die Tabakfabrik Linz betreffende – Berichte über das Schwanken einer befriedigenden, möglichst staubfreien Luftbeschaffenheit. Vgl. dazu Bericht der k. k. Gewerbeinspektoren über ihre Amtstätigkeit im Jahr 1897. Wien 1898, S. 428 ff. sowie die Berichte über ihre Amtstätigkeit im Jahr 1909, S. 568 bzw. 1912, S. 669. Die Fabrik in Hallein scheint erst 1913 durch eine neu installierte Wasserleitung, eine Niederdruckheizung und neu geschaffene Abortanlagen zu einer ‚halbwegs modernen Fabrik' vorgerückt zu sein. Schlechte Lüftungsmöglichkeiten hatten in den vorangegangenen Jahren eine immer wieder beklagte Staubentwicklung hervorgerufen. Vgl. dazu Der Tabakrbeiter 6 (1909), 11, S. 5; 6 (1909), 23, S. 6; 9 (1912), 18, S. 5; 10 (1913), 8, S. 5

106) „Gutachten über die bei der Zigarrenfabrikation beobachteten Gesundheitsschädigungen", 1908 dem Deutschen Reichstag vorgelegt. Zitiert nach Der Tabakarbeiter 5 (1908), 20, S. 10.

Am massivsten scheinen sich die hier genannten Gesundheitsschädigungen in der heimindustriell organisierten deutschen Tabakindustrie mit ihrem offensichtlichen Mangel an Arbeitsschutzvorrichtungen gezeigt zu haben. C. Jaffe, Hausindustrie und Fabriksbetrieb in der deutschen Zigarrenfabrikation, Berlin 1899 (S. 335) lässt sich jedoch – wiederum für den deutschen Raum – entnehmen, dass selbst bei fabriksmäßiger Arbeitsorganisation in der Zigarrenfabrikation und beim Vorhandensein der gesetzlich vorgeschriebenen Einrichtungen für gute Ventilation, genügenden Luftraum und große Reinlichkeit die gesundheitlichen Verhältnisse der Zigarrenarbeiter als „durchwegs ungünstige" bezeichnet werden müssen.

Die medizinische Abhandlung Dr. med. Thiele's „Der Einfluss der Erwerbs- und Arbeitsverhälthisse der Tabakarbeiter auf ihre Gesundheit", Oldenburg 1913, enthält zudem auch Untersuchungsergebnisse eines österreichischen Fabriksarztes, nach denen auch in den österreichischen Zigarrenfabriken von 100 jugendlichen Arbeiterinnen 72 in den ersten sechs Monaten nach Beginn der Fabriksarbeit an den genannten Symptomen erkrankt sein sollen. Zitiert nach Fachblatt der Tabakarbeiter 21 (1927), 12, S. 5. Beim Internationalen christlichen Tabakarbeiterkongress des Jahres 1927 in München, der schwerpunktmäßig auch „die gesundheitlichen Verhältnisse der Tabakarbeiter" beriet, klagte der österreichische Vertreter Ullreich abermals über die schlechten gesundheitlichen Verhältnisse unter den Tabakarbeiterinnen. Da, so Ullreich, vor der Aufnahme in die Fabrik eine ärztliche Untersuchung der Bewerberin erfolge, von deren Ergebnis der Eintritt in die Fabrik abhängig sei, „bleibt aber kein anderer Schluss übrig, als daß die dauernde Beschäftigung mit dem Tabak eine der Hauptursachen für die höheren Krankheitsziffern bei den Tabakarbeiterinnen sei." Berichterstattung über den Kongress in: Fachblatt der Tabakarbeiter 22 (1928), 4, S. 6 f.

107) „Gutachten über die bei der Zigarrenfabrikation beobachteten Gesundheitsschädigungen", 1908 (siehe Anm. 106), S. 10.

108) Der Tabakarbeiter 7 (1910), 17, S. 1 (Die Berufskrankheiten der Tabakarbeiter).

109) Interview mit Frau Li., Band H 3/c, S. 2.

110) Vgl. etwa Statistische Mitteilungen über das österreichische Tabakmonopol für das Jahr 1904, S. 33.

111) Popp, Referat zum dritten Tagesordnungspunkt (Arbeiterschutz) der Zweiten Konferenz der Sozialdemokratischen Frauen Österreichs, S. 225 (siehe Anm 102)

112) Ebenda, S. 224.

113) Berichterstattung über die Verhandlungen des Internationalen christlichen Tabakarbeiterkongresses. In: Fachblatt der Tabakarbeiter 22 (1928), 4, S. 7.

114) Vgl. etwa Der Tabakarbeiter 7 (1910), 17, S. 1 f.

4.2.4. „Tat's as wieder hin. wos as her hobt's, wei die geht Eich sonst ein!" – Über Ausstiftkinder, Pflegemutter, frühkindliche Trennungserlebnisse und den Mangel an emotionalen Schutzräumen ganz allgemein

115) Bolognese-Leuchtenmüller Birgit, Unterversorgung und mangelnde Betreuung der Kleinkinder in Unterschichtenfamilien, S. 412.

116) Vgl. dazu die Ergebnisse einer von der Gewerkschaft der Tabakarbeiterinnen und -arbeiter 1913 durchgeführten Erhebung über Kinderfürsorgeeinrichtungen. Kosten für private Pflegeplätze, usw. in den einzelnen Fabriksorten. Veröffentlicht in: Der Tabakar-

beiter 10 (1913), 25, S. 6 f.
117) Der Tabakarbeiter 5 (1908), 20, S. 1.
118) Neyer Gerda, Sozialpolitik von, für und gegen Frauen. Am Beispiel der historischen Entwicklung der Mutterschutzgesetzgebung in Österreich. In: ÖZP 84/4, S. 428.
119) Vgl. dazu Huber, Geschichte der österreichischen Tabakfabriken: Die innerbetriebliche Sozialordnung, S. 171.
120) Vgl. dazu Neyer. Sozialpolitik von, für und gegen Frauen, S. 430 f. sowie Leichter Käthe, Frauenarbeit und Arbeiterinnenschutz in Österreich. Wien 1927, S. 119.
121) Statistische Mitteilungen über das österreichische Tabakmonopol für das Jahr 1907, S. 30 bzw. für das Jahr 1897, S. 62 f.
122) Neyer, Sozialpolitik von, für und gegen Frauen, S. 432.
123) Ebenda, S. 428.
124) Memorandum der Tabakarbeiterschaft an die löbliche k. k. Generaldirektion 1911. Abgedruckt in: Der Tabakarbeiter 8 (1911), 11, S. 4.
125) Der Tabakarbeiter 6 (1909), 12, S. 7 f.
126) Protokoll der Jahresversammlung des Krankeninstituts der Halleiner Tabakfabrik vom 23. 2. 1910, veröffentlicht in: Der Tabakarbeiter 7 (1910), S. 6.
127) Interview mit Herrn K., Transkript I, S. 8.
128) Vgl. Badinter Elisabeth, Die Mutterliebe. Geschichte eines Gefühls vom 17. Jahrhundert bis heute. München 1985, S. 181.
129) Interview mit Frau Pz., Transkript I, S. 8.
130) Interview mit Frau Jf., Transkript II, S. 5.
131) Ebenda, Transkript I, S. 2.
132) Interview mit Frau K., Transkript l, S. 2 f.
133) Ebenda, S. 2.
134) Ebenda, S. 3.
135) Interview mit Frau E., Transkript I, S. 10.
136) Ebenda.
137) Ebenda.
138) Interview mit Herrn K., Transkript I, S. 16; vgl. im selben Interview die ähnlich konflikthafte Thematisierung des Rückkehrerlebnisses in die Herkunftsfamilie wie im Fall von Frau E.: „Haum Sie eigentlich in der Zeit, wo'S ausgstift' gwesen san, an Kontakt ghobt zu den Eltern oder ...?" – „Fost koan, fost koan. De haumd net Zeit ghobt, de haumd net Zeit ghobt. I moan, waund d'Muatta amoi kemman is, sog ma, vielleicht oi Monat oamoi, dass' uns bsuacht hot. Do woarn ma amoi oi drei Brüada bei meine Ziehötern, oi drei ausgstift. De haum si net Zeit gnumman. Jo, es woar jo net so leicht. Goarbeit' haums jo a länger. Samstag haums a no goarbeit', net, vormittog. Nochand is die Hausoarbeit gwesen, wia's is. I woaß nia, dass i mit meine Ötern amoi furtgaungan bin oder dass' uns mitgnumman hätten ... zum Spazieren gehen oder wos. Waß i nia. Drum is ma gaunz entfremdet gwesen, net." – „Und wie hot ma si do auneinaunder

gwöhnt, waun ma zu den Eltern zruckkumman is?" – „Jo, sie haumd mi scho hoam mit sieben Joahr: hätten's mi scho hoam. Oba des woaß i no, do hob i so gschrian. Do haums mi do von Kaltenhausen eina, wei's in die Saline-Häuser gwohnt haum (die Zieheltern), und do hot mi da Onkel ghoit. Oba do hot nochand da Doktor gsogt: ‚Tan'S 'n hin, wo a woar, sunst stirbt a Eana. I hob mi net aungwöhnen kennan."

139) Interview mit Frau E., Transkript I, S. 11.

140) Interview mit Frau P., Transkript I, S. 1.

141) Bolognese-Leuchtenmüller, Unterversorgung und mangelnde Betreuung der Kleinkinder in den Unterschichtenfamilien, S. 418; vgl. dazu auch Aries Philippe, Geschichte der Kindheit. München 1985, S. 559 ff. sowie Sieder Reinhard, Historische Reflexionen zur Stellung des Kindes in der Familie. In: Justiz und Zeitgeschichte 3: Geschichte der Familienrechtsgesetzgebung in Österreich. Hrsg. von Erika Weinzierl und Karl R. Stadler. Wien 1977 (= Veröffentlichungen des Ludwig Boltzmann Instituts für Geschichte der Gesellschaftswissenschaften Salzburg), 87.

142) Vgl. dazu auch Ehmer Josef, Frauenerwerbsarbeit in der industriellen Gesellschaft, S. 100.

143) Interview mit Frau D., Transkript I, S. 15.

144) Ebenda.

145) Interview mit Frau P., Transkript V, S. 2 f.

146) Interview mit Frau L., Transkript I, S. 6.

4.2.5. „Von da Schui ham, d'Schuitoschn weg und zum Herd: kochen?" – Wie Arbeiten von klein auf gelernt worden ist

147) Interview mit Frau Str., Transkript I, S. 8.

148) Zizek Franz, Verbreitung und Erscheinungsformen der Kinderarbeit in Österreich In: Gutachten, Berichte und Materialien zu den Verhandlungen des Zweiten österreichischen Kinderschutzkongresses in Salzburg 1913. Wien 1913 (= Schriften des Zweiten österreichischen Kinderschutzkongresses in Salzburg 1), S. 206; Zizek berichtete bei diesem Kinderschutzkongress ausführlich über die Ergebnisse der „Erhebung über die Kinderarbeit in Österreich im Jahre 1908". Hrsg. vom k. k Arbeitsstatistischen Amt im Handelsministerium. Wien 1910 (l. Teil: Tabellen), 1911 (II. Teil: Textliche Darstellung, Heft 1) und 1913 (II. Teil, Heft 2).

149) Eine detaillierte Veröffentlichung der Ergebnisse dieser Erhebung findet sich für das Kronland Salzburg auch in der Salzburger Wacht XI (1909), 60, S. 1 f., der die Daten entnommen worden sind.

150) Zizek, Verbreitung der Kinderarbeit, S. 208.

151) Ebenda, S. 231 f.

152) Salzburger Wacht XI (1909), 60, S. 2 sowie Zizek, Verbreitung der Kinderarbeit, S. 232.

153) Vgl. dazu Zizek, Verbreitung der Kinderarbeit, S. 233.

154) Interview mit Frau A., Transkript l, S. 3.

155) Interview mit Herrn Mi., Kassette H 1/a und 1/b.

156) Interview mit Frau M., Transkript I, S. 2.

157) Interview mit Frau Str., Transkript I, S. 8 f. und 11.

158) Interview mit Frau Jf., Transkript II, S. 11; vgl. dazu auch Interview mit Frau Str., Transkript l, S 12:
„Sonntog, des woar da *größte* Oarbeitstog. Jo, da größte Oarbeitstog. Kochen, woschen, daun: wos' unter da Wochen gwoschen hot, is wieder bügelt worn oder gflickt. Jo, des woar scho schlimm."

159) Ebenda, S. 9.

160) Honegger Claudia/Heintz Bettina (Hrsg.), Listen der Ohnmacht. Zur Sozialgeschichte weiblicher Widerstandsformen. Frankfurt/Main 1984 (= Taschenbücher Syndikat/EVA, Band 38), S. 21.

161) Vgl. dazu Interview mit Frau P., Transkript VI, S. 1: „I kaun mi nur erinnern, bei da letzten Schwester, wia die auf d'Wöt kumman is, do hot da Vata Wäsche gwoschn. Die Kinderwäsche – die kleinen Kinderjackerl und des – hot a mit da Putzbürsten gwoschn. Aun des kaun i mi no guat erinnern (lachend). So laung d'Muatta hoit im Wochenbett gwesen is, weil's jo a schwere Geburt gwesen is."

162) Interview mit Frau E., Transkript I, S. 11.

163) Göttner-Abendroth Heide, Zur Methodologie von Frauenforschung am Beispiel der Biographie. ln: beiträge zur feministischen theorie und praxis 11 („Frauenforschung oder feministische Forschung?"). Hrsg. von Sozialwissenschaftliche Forschung und Praxis für Frauen e.V. München 1984, S. 36 f.

164) Interview mit Frau P., Transkript VI, S. 1.

165) Becker-Schmidt, „Vor Arbeit hab' ich noch nie zurückgeschreckt ...", S. 13.

166) Ebenda, S. 98.

167) Interview mit Frau Jf., Transkript II, S. 7.

168) Becker-Schmidt, „Vor Arbeit hab' ich noch nie zurückgeschreckt ... ", S. 103.

169) Ebenda, S. 109.

170) Ebenda, S. 102.

4.2.6. „Des is jo s'reinste Facklfuatta gwesen" – Von den Hungerjahren des Ersten Weltkriegs und der abnehmenden Bereitschaft, dem Leben weiterhin so bescheiden gegenüberzustehen

171) Interviev mit Frau Jf., Transkript II, S. 12.

172) Ebenda.

173) Aus der Resolution, die am 6. 1. 1916 auf einer Versammlung der Halleiner Milchgenossenschaft einstimmig beschlossen wurde. Zitiert nach Salzburger Wacht 17(1916), 6, S. 5.

174) Köfner Gottfried, Hunger, Not und Korruption, S. 283; vgl. zur Kürzung der Lebensmittelquoten ebenda, S. 47.

175) Vgl. dazu die Berichte über die Tätigkeit der Halleiner Lebensmittel-Approvisionie-

rungs-Kommission in der Salzburger Wacht, im besonderen 18 (1917), 242, S. 4 sowie die Chronik des k. k. Gendarmeriepostens Hallein, Band 1, Eintragungen vom 26. 4. 1917, 10. 5. 1917, 14. 5. 1917.
Als „kaum mehr erträglich" wird die Ernährungssituation in Hallein dann in den Berichten des Ernährungsinspektorats für Salzburg ab 9. 6. 1918 eingestuft. Zitiert nach Köfner, Hunger, Not und Korruption, S. 291.
176) Vgl. dazu Der Tabakarbeiter 13 (1916), 16, S. 5 (Bericht über die Kriegstätigkeit der Halleiner Ortsgruppe der Gewerkschaft der Tabakarbeiterinnen und -arbeiter); zum Verarmungsprozeß der österreichischen ArbeiterInnenschaft vgl. auch Hautmann Hans/ Kropf Rudolf, Die österreichische Arbeiterbewegung vom Vormärz bis 1945. Sozialökonomische Ursprünge ihrer Ideologie und Politik. Linz 1976 (= Schriftenreihe des Ludwig Boltzmann Instituts für Geschichte der Arbeiterbewegung 4), S. 112 ff. sowie Köfner, Hunger, Not und Korruption, S. 17 ff.
177) Interviews mit Frau M., Transkript I, S. 3; Frau E., Transkript I, S. 11; Frau Jf., Transkript III, S. 16.
178) Interview mit Frau P., Transkript II, S. 4.
179) Ebenda, S. 2 f.; vgl. unter anderem auch Interview mit Frau Jf., Transkript II, S. 13: „Mei, daun wie's so schlecht woar, bin i hoit a gaungan in die Gärten und hob bitt' um die Bletschen, wos' außen oba taun haum von die Krautköpf – mit die Raupen und dem Zeig. Do hob i ma glei an gaunzen Wäschkorb voi zaumbettelt, hob'n hoam und in d'Woschkuchl eini, gwoschn, dass d'Raupen herunten woarn ois. Daun haumma so an großen Wäschhäfn ghobt, wo man d'Wäsch ausgsottn haum. Do hob i immer daun die Bletschen kocht. Daun hob i gsogt, ‚es gherat oba wos eini, dass' a weng dick wird, die Suppen'. Hot da Vata gsogt, ‚jo gehst morgen Ähren klauben, is eh da Schnitt, tan eh die Bauern schneiden, gehst Ähren klauben.' (...) Jo, waun da Schnitt woar, bin i Ähren klauben gaungan. (...) Do hob i's daun hoam, trickert und daun haum ma's auskerndelt. Und des woar unser Einbrenn."
180) Interview mit Frau D., Transkript I, S. 13.
181) Interview mit Frau E., Transkript I, S. 11.
182) Lipp, „Uns hat die Mutter Not gesäugt an ihrem dürren Leibe", S. 58.
183) Interview mit Frau Jf., Transkript II, S. 2.
184) Interview mit Frau E., Transkript I, S. 6.
185) Ebenda, S. 22.
186) Ebenda, S. 6.
187) Ebenda.
188) Ebenda, S. 7.
189) Vgl. dazu Thompson Edward P., Die „Moralische Ökonomie" der englischen Unterschichten im 18. Jahrhundert, ln: Derselbe, Plebeische Kultur und moralische Ökonomie, S. 67 ff.
190) Interview mit Frau E., Transkript I, S. 7.

Exkurs: „Und daun haums gschrian, da Bezirkshauptmann soi außakemman" – Der lautstarke Kampf der Halleiner Arbeiterinnen und Arbeiterhausfrauen um das ‚Recht des Volkes auf das tägliche Brot'

191) Interview mit Frau P., Transkript I, S. 19 f.

192) Vgl. dazu Thompson, Die „Moralische Ökonomie", S. 98 ff. bzw. Perrot Michele, Rebellische Weiber. Die Frau in der französischen Stadt des 19. Jahrhunderts. In: Honegger/Heintz, Listen der Ohnmacht. 1984, S. 78 f.

193) Perrot, Rebellische Weiber, S. 79.

194) Vgl. Ebenda, S. 80 sowie Thompson, Die „Moralische Ökonomie", S. 106 f.

195) Vgl. Salzburgerwacht 17 (1915), 260, S. 4.

196) BH-Hallein, ZI. 17093 vom 6. 11. 1916 an Landespräsidium Salzburg (Salzburger Landesarchiv, Präs.A., K 102, 1916 VIII C/2533).

197) Der Tabakarbeiter 13 (1916), 16, S. 5; vgl. dazu auch „Erinnerungen eines alten Gewerkschafters und Parteifunktionärs". Schriftliche Aufzeichnungen des sozialdemokratischen Betriebsratsobmannes in der Halleiner Zigarrenfabrik. Hallein o. J., Typoskript, S. 3 (Archiv des Karl-Steinocher-Fonds).

198) Salzburger Wacht 18 (1917), 158, S. 4.

199) Köfner, Hunger, Not und Korruption, S. 94.

200) Ebenda, S. 96 bzw. BH-Hallein, ZI. 18560 vom 31. 7. 1918 an Landespräsidium (Salzburger Landesarchiv, Präs.A., K 112, 1918 Vlllc/14501, Sammelakt). Als es im Jänner 1918 in Deutschösterreich zu der von Wiener Neustadt ausgehenden Streikbewegung für ‚Brot und Frieden' kommt, sind auch einige Halleiner Betriebe aus Solidarität am 21. 1. in den Streik getreten. „Die Arbeiterinnen der k. k. Tabakfabrik Hallein konnten ihre Absicht, in den Ausstand zu treten, nicht verwirklichen, da am 21. Jänner I.J. in dieser Fabrik nicht gearbeitet wurde." Sie haben sich aber an der Resolution beteiligt, die die Solidarität der Halleiner ArbeiterInnenschaft mit der Ausstandsbewegung zum Ausdruck brachte.

Vgl. BH-Hallein, ohne Zahl (Monatsbericht über staatspolizeilich relevante Vorfälle im Jänner 1918) (Salzburger Landesarchiv, Präs.A., K 113, 1918 Vlllh/73) sowie Resolution der Halleiner Arbeiterschaft, beschlossen auf einer Volksversammlung vom 22. 1. 1918, an die Bezirkshauptmannschaft Hallein (Salzburger Landesarchiv, Präs.A., K 112, 1918 VIIIc/4905).

201) BH-Hallein, ZI. 88 vom 27. 9. 1918 an Landespräsidium Salzburg (Salzburger Landesarchiv, Präs.A., K 113, 1918 Vlllh/73).

202) Köfner, Hunger, Not und Korruption, S. 252.

203) Resolution der Halleiner Arbeiterschaft, öffentlich beschlossen auf einer Volksversammlung vom 6. 12. 1919 (Sammelakt der Landesregierung 1919 XI/4252 in: Salzburger Landesarchiv, Präs.A., K 124, 1921 XI D/758); Chronik des Gendarmeriepostens Hallein (Eintragung vom 6. 12. 1919).

204) Salzburger Wacht 21 (1929), 289, S. 5.

205) Ebenda.

206) BH-Hallein, Zl.18959 von 11. November (Dezember?) 1919 an die Staatsanwaltschaft in Salzburg (Sammelakt der Landesregierung 1919 XI/4252 in: Salzburger Landesarchiv, Präs.A., K 124, 1921 XI D/758).

207) Ebenda.

208) Ebenda.

5. Die Destruktion von Wünschen und Illusionen auf dem Weg vom Elternhaus in die Erwerbssphäre

5.1. „I hätt' gern nähn g'lernt" – Zum Einstieg ins Erwerbsleben: Wünsche und Verhinderungen

1) Interview mit Frau L., Transkript I, S. 2.

2) Bolognese-Leuchtenmüller, Berufliche Motivation und Arbeitseinstellung erwerbstätiger Frauen, S. 108.

3) Interview mit Frau M., Transkript I, S. 3.

4) Müller Walter/Handl Johann/Willms Angelika, Frauenarbeit im Wandel. Forschungsergebnisse und Datenbasis. In: Dieselben, Strukturwandel der Frauenarbeit 1880-1980. Frankfurt/Main, New York 1983, S. 22.

5) Interview mit Frau S., Transkript II, S. 5.

6) Interview mit Frau E., Transkript I, S. 14.

7) Interview mit Frau Jf., Transkript I, S. 1.

8) Interview mit Frau D., Transkript I, S. 14.

9) Interview mit Frau K., Transkript I, S. 11.

10) Zur „Destruktion beruflicher Aspiration" von Unterschichtenfrauen auf dem Weg in die Erwerbssphäre vgl. auch die Forschungsergebnisse von Becker-Schmidt/ Schmidt, Widerstreitende Interessen: Familie ohne Beruf, Familie mit Beruf, S. 139 ff.

Exkurs: „In der Sechst-Klass' haumma bleiben miassen. bis ma von der Schui ausgstaunden san" – An sich selbst entdeckte Potenziale und der ‚mögliche' Werdegang: Notizen zu einem sich frühzeitig abzeichnenden Missverhältnis

11) Vgl. dazu Klappacher Kaspar Oswald, Religionsgeographie der Stadtgemeinde Hallein. Diss. zur Erlangung des Doktorgrades an der Naturwissenschaftlichen Fakultät. Salzburg 1982.

12) Rumpf Mechthild, Fremde Räume – Vertraute Räume, ln: Becker-Schmidt u a.. Arbeitsleben – Lebensarbeit, S. 56 ff.

13) Interview mit Frau E., Transkript I, S. 14.

14) Interview mit Frau Jf., Transkript II, S. 15.

15) Interview mit Frau Fe., Transkript F/F II, S. 4.

16) Interview mit Frau L., Transkript I, S. 6.

5.2. „Do hot's eh ghoaßen von in da Fruah bis auf d'Nocht: ‚Durt muasst hin, des

muasst mochen"' – Zur Last des Dienens. Die frauenspezifische Variante persönlich abhängiger Arbeit

17) Müller/Handl/Willms, Frauenarbeit im Wandel, S. 7 f. und 15.

18) Die hier zitierten Daten entstammen Eigenberechnungen zu den das Bundesland Salzburg betreffenden Ergebnissen der außerordentlichen Volks- und Berufszählung vom 31. Jänner 1920; Befragungsrohdaten zur Berufsverteilung veröffentlicht in: Salzburger Wacht 22 (1920), 286, S. 4.

19) Die Rohdaten wurden den, die Jahre 1919-1928 beinhaltenden Heiratsmatriken der Pfarre Hallein entnommen (Konsistorialarchiv der Erzdiözese Salzburg).

20) Willms, Grundzüge der Entwicklung der Frauenarbeit von 1880 bis 1980, S. 50.

21) Interview mit Frau P., Transkript I, S. 2.

22) Interview mit Frau D., Transkript I, S 4.

23) Interview mit Frau L., Transkript l, S. 3.

24) Interview mit Frau S., Transkript II, S. 6.

25) Interview mit Frau B., Transkript B/Df I. S. 10.

26) Interview mit Frau Kj., Tonband H 10/a/b.

27) interview mit Frau Jf., Transkript II, S. 1 f.

28) Interview mit Frau Eb., Transkript I, S. 2.

29) Vgl. dazu die „Provisorische Dienstbotenordnung für das Herzogtum Salzburg mit Ausschluss der Landeshauptstadt, vom 18. April 1856, und für die Landeshauptstadt Salzburg vom 27. Februar 1857", entnommen dem Dienstbotenbuch Nr. 451 für die 1896 geborene und in die Gemeinde Thalgau bei Salzburg zuständige Elise Willroider (Archiv des Karl-Steinocher-Fonds); vgl. dazu auch Popp Adelheid, Haussklavinnen. Ein Beitrag zur Lage der Dienstmädchen. Wien 1912, S. 8 ff. sowie Platzer Antonie, Die Hausgehilfin. In: Handbuch der Frauenarbeit in Österreich. Hrsg. von der Kammer für Arbeiter und Angestellte in Wien. Wien 1930, S. 161 ff.

30) Wierling Dorothee, „Ich hab meine Arbeit gemacht – was wollte sie mehr? Dienstmädchen im städtischen Haushalt der Jahrhundertwende. In: Hausen, Frauen suchen ihre Geschichte, S. 148.

31) Vgl. dazu „Provisorische Dienstbotenordnung für das Herzogtum Salzburg" vom 18. April 1856, siehe Anm. 29 (Archiv des Karl-Steinocher-Fonds).

32) Interview mit Frau Df., Transkript B/Df l, S. 9.

33) Platzer, Die Hausgehilfin, S. 165.

34) Interview mit Frau R., Transkript I, S. 5.

35) Vgl. „Provisorische Dienstbotenordnung für das Herzogtum Salzburg" vom 18. April 1856, siehe Anm. 29 (Archiv des Karl-Steinocher-Fonds).

36) Interview mit Frau Df., Transkript B/Df I, S. 10 f.

37) Interview mit Frau Jf., Transkript II, S. 2.

38) Interview mit Frau S., Transkript II, S. 6.

5.3. „I war jo a gern gaungan in d'Fabrik" – Die staatliche Zigarrenfabrik als Rest-

‚Utopie'

39) Interview mit Frau Jf., Transkript I, S. 1.

40) Interview mit Frau Hk., Transkript I, S. 11.

41) Ebenda.

42) Interview mit Frau A., Transkript I, S. 1.

43) Ebenda.

44) Interview mit Frau Eb., Transkript I., S. 1.

6. Fabriksjahre: von 1920 bis zum Zweiten Weltkrieg

6. 1.1. Über Rauchgewohnheiten, Produktionsziffern und die Zahl der beschäftigten Frauen

1) Vgl. dazu Sandgruber Roman, Schöne Frauen rauchen. Geschlechtsrollen, materielle Kultur und sozialer Wandel. In: Beiträge zur Historischen Sozialkunde 14 (1984), 1, S. 12 f.; zum Aufstieg der Zigarre vgl. Benesch Friedrich, 150 Jahre österreichische Tabakregie 1784-1934. Hrsg. von der Generaldirektion der österreichischen Tabakregie. Wien 1934, S. 48 ff.; „Rückschau auf 175 Jahre österreichische Tabakregie und Tätigkeitsbericht über das Jubiläumsjahr 1959". Hrsg. von der Generaldirektion der österreichischen Tabakregie. Wien 1961, S. 31 f.; vgl. dazu auch Schivelbusch Wolfgang, Das Paradies, der Geschmack und die Vernunft. Eine Geschichte der Genussmittel. Frankfurt/Main, Berlin, Wien 1983, S. 122 ff.

2) Sandgruber, Schöne Frauen rauchen, S. 15. Zur Produktionsaufnahme in der Halleiner Zigarrenfabrik vgl. Lidauer, Die Stadt Hallein, S. 121 sowie Benesch, 150 Jahre österreichische Tabakregie, S. 29.

3) Die Daten entstammen den Statistischen Mitteilungen über das österreichische Tabakmonopol 1875 ff. sowie Eigenberechnungen.

4) „Rückschau auf 175 Jahre österreichische Tabakregie". S. 45; vgl. dazu auch Benesch, 150 Jahre österreichische Tabakregie, S. 51 f.

5) Schivelbusch, Das Paradies, der Geschmack und die Vernunft, S. 127 sowie Benesch, 150 Jahre österreichische Tabakregie, S. 50 f.

6) Fachblatt der Tabakarbeiter 20 (1926), 1, S. 6 sowie Jahresbericht der österreichischen Tabakregie für das Jahr 1923. Wien 1925 (Produktionsziffern).

7) Der Lebensmittelarbeiter 4(19) (1923), 7, S. 4; vgl. dazu auch 4(19) (1923), 22, S. 4 sowie Fachblatt der Tabakarbeiter 17 (1923), 5, S. 1 f. und 17 (1923), 2, S. 1 f.

8) „Vereinbarungen für den Abbau in der Tabakregie". Ausgehandelt zwischen Zentralbetriebsrat und Generaldirektion am 18./19. 5. 1923. In: Der Lebensmittelarbeiter 4(19) (1923), 11, S. 4 sowie 5(22) (1924), 4, S. 1.

9) Fachblatt der Tabakarbeiter 20 (1926), 1, S. 5. In diesen Zahlen sind auch jene Beschäftigten enthalten, die während des Jahres 1923 durch freiwilligen Austritt, Pensionierung oder Tod aus der Fabrik ausgeschieden sind, deren Arbeitsplätze jedoch nicht neu be-

setzt wurden.

10) Vgl Fachblatt der Tabakarbeiter 25 (1931), 12, S. 7 ff.; 26 (1932), 1, S. 2 ff. sowie der Lebensmittelarbeiter 12(27) (1931), 26, S. 1; 13(28) (1932), 3, S. 1, 13(28) (1932), 26, S. 1 sowie Salzburger Wacht 34 (1932), 28, S. 4.

6.1.2. Über Abrichterinnen, Gedinglöhne und: Wie eine Zigarre entstanden ist

11) Rupp und Autorenkollektiv, Arbeits- und Lebensverhältnisse der Beschäftigten der Tabakregie, S. 49; vgl. dazu auch die dementsprechenden Angaben in den Halleiner Interviews (Tonarchiv des Karl-Steinocher-Fonds).

12) Die Darstellung des Arbeitsprozesses in den Zigarrenfabriken erfolgte anhand von Interviewinformationen und schriftlichen Darstellungen in Kemdlinger Maria, Die Tabakarbeiterin. In: Handbuch der Frauenarbeit in Österreich, S. 117 f.; Benesch, 150 Jahre österreichische Tabakregie, S. 45 sowie Rupp und Autorenkollektiv, Arbeits- und Lebensverhältnisse der Beschäftigten der Tabakregie, S. 60 und 68 f.

13) „Lohnsverhältnisse in den k. k. Tabakregieämtern". Zum amtlichen Gebrauche zusammengestellt von der k. k. Generaldirektion der Tabakregie. Wien 1913 (S. 1 Lohnformen/B. Der Gedinglohn); Kollektivvertrag zwischen der Generaldirektion der österreichischen Tabakregie einerseits und dem Zentralverband der Lebens- und Genussmittelarbeiter und -arbeiterinnen Österreichs (Gruppe der Tabakarbeiter) und dem Christlichen Tabakarbeiterverband anderseits. Abgeschlossen am 20. September 1921, Wortlaut in: Drechsler, Geschichte der Österreichischen Lebensmittelarbeitergewerkschaft, S. 53 ff.

14) „Lohnsverhältnisse in den k. k. Tabakregieämtern" 1913 (siehe Anm. 13).

15) Kollektivvertrag von 1921 (siehe Anm. 13).

16) „Lohnsverhältnisse in den k. k. Tabakregieämtern" 1913 (S. 1 Lohnformen/A. Der Zeitlohn), siehe Anm. 13.

6.1.3. Über geschlechtsspezifische Hierarchien und männliche Kontrolle: ein ‚Frauenbetrieb' in Männerhand

17) Vgl dazu Huber, Geschichte der österreichischen Tabakregie: Die innerbetriebliche Sozialordnung, S. 175 ff. sowie Rupp und Autorenkollektiv, Arbeits- und Lebensverhältnisse der Beschäftigten der Tabakregie, S. 1 ff. und Bauer Ingrid, Geschlecht: Weiblich – Besondere Kennzeichen: Geschichtslos? Allgemeine Überlegungen im Zusammenhang mit Forschungsarbeiten über die Lebenszusammenhänge der Halleiner Fabriksarbeiterinnen in der Zwischenkriegszeit. In: Zeitgeschichte 12 (1985), 8, S. 320.

18) Die Daten wurden errechnet aus den Stammlohn-Tabellen für männliche und weibliche Arbeiter im „Abänderungsprotokoll zum Kollektivvertrag". Aufgenommen am 16. September 1925, Verhandlungspartner: Zentralverband der Lebens- und Genussmittelarbeiter und Arbeiterinnen Österreichs (Gruppe der Tabakarbeiter), Christlicher Tabakarbeiterverband Österreichs. Veröffentlicht in: Fachblatt der Tabakarbeiter 19 (1925), 10, S. 1 ff.

6.2. „Olle samma gern in die Fabrik gaungan" – Ein unerklärlicher Widerspruch?

19) Vgl. die Kritik an der These des familienbezogenen Instrumentalismus bei Becker-Schmidt Regina, Widerspruch und Ambivalenz: Theoretische Überlegungen, methodi-

sche Konsequenzen, erste Ergebnisse zum Projekt „Probleme lohnabhängig arbeitender Mütter". In: Becker-Schmidt u. a., Arbeitsleben – Lebensarbeit, S.15.; vgl. auch Becker-Schmidt Regina/Knapp Gudrun-Axeli/Rumpf Mechthild, Frauenarbeit in der Fabrik - Betriebliche Sozialisation als Lernprozess? Über die subjektive Bedeutung der Fabrikarbeit im Kontrast zur Hausarbeit. In: Gesellschaft. Beiträge zur Marxschen Theorie 14. Hrsg. von H.-G. Backhaus u. a. Frankfurt/Main 1981, S. 55 f.

20) Interview mit Frau K., Transkript I, S. 10.

21) Ebenda, S. 20.

22) Becker-Schmidt u. a., Frauenarbeit in der Fabrik, S. 56.

23) Interview mit Frau K., Transkript I, S. 15.

24) Becker-Schmidt u. a., Frauenarbeit in der Fabrik, S. 63.

25) Becker-Schmidt u. a., Arbeitsleben – Lebensarbeit, S. 15.

26) Ebenda.

27) Interview mit Frau L., Transkript II, S. 8.

28) Volmerg Ute, Identität und Arbeitserfahrung. Eine theoretische Konzeption zu einer Sozialpsychologie der Arbeit. Frankfurt/Main 1978, S. 58 sowie 57 ff. („Konzeption eines Belastungsbegriffes").

6.3. „Wia gsogt: Wia ma in d'Fabrik kemman hand, des woar unser schönste Zeit" – Was die Zigarrenfabrik so attraktiv gemacht hat

29) Interview mit Frau E., Transkript l, S. 26.

30) Interview mit Frau R., Transkript I, S. 20.

31) Ebenda, Anhang.

32) Interview mit Frau Str., Transkript I, S. 7.

33) Interview mit Frau R., Transkript I, S. 9.

34) Ebenda. Transkript II, S. 10.

6.4. „Mia san Frauen gwen, die Göd ghobt haum" – Zum Selbstverständnis der Zigarrenfabriksarbeiterinnen

35) Interview mit Frau D., Transkript I, S. 8.

36) Interview mit Frau L., Transkript I, S. 18.

37) Interview mit Frau E., Transkript I, S. 16.

38) Vgl. dazu Sieder Reinhard, Sozialgeschichte der Familie. Frankfurt/Main 1987, S. 212 f.

39) Vgl. dazu Ehmer, Vaterlandslose Gesellen und respektable Familienväter, S. 140.

40) Fachblatt der Tabakarbeiter 21 (1927), 10, S. 2.

41) Ebenda.

42) Ebenda.

43) Ebenda.

44) Ebenda.

45) Ebenda.

46) Interview mit Frau L., Transkript I, S. 5.

47) Interview mit Frau S., Transkript I, S. 10 und Transkript II, S. 9 f.

6.5. „Gschwind, gschwind hot ois gehn miassen“ – Für die Mütter und Ehefrauen unter den Zigarrenfabriksarbeiterinnen wurde die Familie zum zweiten Akkordarbeitsplatz

48) Zu Haushalt als Produktionszusammenhang bzw. zu seiner spezifischen Produktionsweise vgl. Prokop Ulrike, Weiblicher Lebenszusammenhang. Von der Beschränktheit der Strategien und der Unangemessenheit der Wünsche. Frankfurt/Main 1977, S. 66 ff.

49) Vgl. dazu Negt, Lebendige Arbeit – enteignete Zeit, S. 157 sowie Neusüß Christel, Die Kopfgeburten der Arbeiterbewegung oder Die Genossin Luxemburg bringt alles durcheinander. Hamburg 1985, S. 257 f.

50) Interview mit Frau P., Transkript I, S. 9.

51) Beck-Gernsheim Elisabeth, Das halbierte Leben. Männerwelt Beruf, Frauenwelt Familie. Frankfurt/Main 1980. Zitiert nach Müller/Willms/Handl, Strukturwandel der Frauenarbeit, S. 8.

52) Interview mit Frau G., Transkript II, S. 12.

53) Interview mit Frau S., Transkript I, S. 12.

54) Vgl. dazu auch Becker-Schmidt/Knapp/Rumpf, Frauenarbeit in der Fabrik, S. 56.

55) Interview mit Frau L., Transkript I, S. 4.

56) Interview mit Frau G., Transkript II, S. 6.

57) Becker-Schmidt Regina/Brandes-Erlhoff Uta/Lühring Ilse/Schmidt Beate, Familienarbeit im proletarischen Lebenszusammenhang: Was es heißt, Hausfrau zu sein. In: Gesellschaft. Beiträge zur Marxschen Theorie 14. Hrsg. von H.- G. Backhaus u. a. Frankfurt/Main 1981, S. 89.

58) Vgl. dazu ebenda, S. 88 ff.

59) Interview mit Frau D., Transkript I, S. 10.

6.6. „Do host scho a Gfühl braucht dafür“ – Der Akkordarbeit abgetrotzt: Selbstbestätigung und Arbeitsstolz

60) Vgl. dazu auch Volmerg, Identität und Arbeitserfahrung, S. 133 f.

61) Interview mit Frau L., Transkript II, S. 8.

62) Interview mit Frau S., Transkript II, S. 19.

63) Vgl. dazu „Organische Bestimmungen und Verhaltungsregeln für die Arbeiter der k. k. Tabakfabriken“. Erlassen von der k. k. Generaldirektion der Tabakregie am 1. November 1877. Wien 1877 (Archiv des Tabakmuseums); „Arbeitsordnung für die k. k. Tabakfabriken“. Genehmigt mit dem Finanzministerialerlasse vom 28.9.1899, Z.4907 ex 1898. Wien 1900 (Archiv des Tabakmuseums); vgl. dazu auch Huber, Geschichte der Tabakregie: Die innerbetriebliche Sozialordnung, S. 177.64) Vgl. dazu Negt, Lebendige Arbeit – enteignete Zeit, S. 41 sowie Thompson Zeit, Arbeitsdisziplin und Industriekapitalismus, S. 53 f.

65) Interview mit Frau Jf., Transkript II, S. 17 f.

66) Seve Lucien, Marxismus und Theorie der Persönlichkeit. Frankfurt/Main 1977, S. 335; vgl. dazu auch Volmerg, Identität und Arbeitserfahrung, S. 55 f sowie Becker-Schmidt/Brandes-Erlhoff/Rumpf/Schmidt, Arbeitsleben – Lebensarbeit, S. 7.

67) Vgl. dazu Volmerg, Identität und Arbeitserfahrung, S. 53 f., 76 ff. und 102 ff.

68) Vgl. dazu ebenda, S. 64 ff. sowie Sieder Reinhard, Hausarbeit oder: die „andere Seite" der Lohnarbeit. In: Beiträge zur Historischen Sozialkunde 11 (1981), 3, S. 93.

69) Schröder Wilhelm Heinz, Arbeitergeschichte und Arbeiterbewegung. Industriearbeit und Organisationsverhalten im 19. und frühen 20. Jahrhundert. Frankfurt/Main, New York 1978, S. 129 ff. (Kapitel zur spezifischen Arbeitsorganisation in der Zigarrenindustrie).

70) „Rationalisierung und Antreiberei bei der Tabakregie". In: Der Lebensmittelarbeiter 9(24) (1928), 3, S. 3; vgl. dazu auch Fachblatt der Tabakarbeiter 21 (1927), 1, S. 2.

71) Vgl. dazu Der Lebensmittelarbeiter 6(21) (1925), 18, S. 2 sowie 12(27) (1931), 13, S. 4. Die spezifische Arbeitsorganisation in der auf feinere Zigarren spezialisierten Halleiner Fabrik ist auch durch die sehr detailgenauen Informationen aus den Interviews belegbar.

72) Interview mit Frau P., Transkript VII, S. 3.

73) Interview mit Frau D., Transkript I, S. 7.

74) Ebenda.

75) Interview mit Frau P., Transkript VII, S. 3.

76) Becker-Schmidt, „Vor Arbeit hab' ich noch nie zurückgeschreckt", S. 103.

77) Neusüß, Die Kopfgeburten der Arbeiterbewegung, S. 240.

78) Ebenda, S. 39.

79) Becker-Schmidt, Widerspruch und Ambivalenz, S. 17.

80) Vgl. dazu auch Becker-Schmidt/Knapp/Rumpf, Frauenarbeit in der Fabrik, S. 70.

81) Interview mit Frau P., Transkript VII, S. 4.

82) Becker-Schmidt/Knapp/Rumpf, Frauenarbeit in der Fabrik, S. 70.

83) Interview mit Frau P., Transkript VII, S. 4.

84) Becker-Schmidt/Knapp/Rumpf, Frauenarbeit in der Fabrik, S. 70.

6.7. „Wei waun a bissl a Zusammenhalt is ..." – Über Kollegialität, Solidarität und andere subversive Versuche, die Arbeitsbelastungen zu unterlaufen

85) Interview mit Frau G., Transkript II, S. 6.

86) Becker-Schmidt/Knapp/Rumpf, Frauenarbeit in der Fabrik, S. 71.

87) Rumpf, Fremde Räume – vertraute Räume, S. 72.

88) Interview mit Frau L., Transkript I, S. 11.

89) Volmerg, Identität und Arbeitserfahrung, S. 118.

90) Interview mit Frau E., Transkript I, S. 3.

91) Interview mit Frau L., Transkript l, S. 4.

92) Interview mit Frau P., Transkript VII, S. 2.

93) Interview mit Frau S., Transkript II, S. 17.

94) Interview mit Frau P., Transkript VII, S. 2.

95) Volmerg, Identität und Arbeitserfahrung, S. 125.

96) Interview mit Frau P., Transkript I. S. 4.

97) Interview mit Frau Eb., Transkript I, S. 3.

98) Interview mit Frau L., Transkript I, S. 12.
99) Volmerg, Identität und Arbeitserfahrung, S. 122.
100) Interview mit Frau G., Transkript II, S. 7.
101) Interview mit Frau P., Transkript II, S. 9 und 11.
102) Ebenda, Transkript VII, S. 2.
103) Schröder, Arbeitergeschichte und Arbeiterbewegung, S. 132.
104) Interview mit Frau S., Transkript I, S. 35.
105) Interview mit Frau R., Transkript I, S. 22.
106) Interview mit Frau L., Transkript II, S. 11.
107) Vgl. dazu Der Lebensmittelarbeiter 5 (1924), 14, S. 4.
108) Interview mit Frau P., Transkript I, S. 9 f. und Protokoll eines Vortrags von Frau P. an der Universität Salzburg vom 18. 9. 1986 (einsehbar bei der Verfasserin).
109) Ebenda.
110) Popitz H./Bahrdt H.P./Jüres E.A./Kesting H., Technik und Industriearbeit. Tübingen 1957, S. 188. Zitiert nach Rumpf, Fremde Räume – vertraute Räume, S. 69.
111) Arendt Hannah, Vita activa oder Vom tätigen Leben. München 1981, S. 50.
112) Ebenda.
113) Interview mit Frau P., Transkript VII, S. 4.

6.8. „Is amoi kloar, dass ma bei da Gwerkschoft gwen san“ – Über den hohen gewerkschaftlichen Organisationsgrad in der Zigarrenfabrik

114) Vgl. dazu Der Tabakarbeiter 17 (1920), 19, S. 6 sowie Die Gewerkschaft, N.F., XXII (1920), S. 265 f.
115) Salzburger Wacht II (1900), 13, S. 3.
116) Rupp und Autorenkollektiv, Arbeits- und Lebensverhältnisse der Beschäftigten der Tabakregie, S. 148; vgl. dazu auch Huber, Geschichte der österreichischen Tabakregie: Die innerbetriebliche Sozialordnung, S. 135 ff.
117) Der Tabakarbeiter 15 (1918), 7, S. 3.
118) „Organische Bestimmungen und Verhaltungsregeln für die Arbeiter der k. k. Tabakfabriken 1877“, S. 8/§ 16 sowie Rupp und Autorenkollektiv, Arbeits- und Lebensverhältnisse der Beschäftigten der Tabakregie, S. 136.
119) Vgl. dazu Salzburger Wacht lll (1901), 43, S. 3. Zur Hauptfunktion der Katholischen Arbeiter- und Arbeiterinnenvereine, im Kampf um die Seelen die Arbeiterinnenschaft vor dem ‚zersetzenden Einfluss der Sozialdemokratie‘ zu schützen. vgl. Bauer Ingrid, Arbeiterkultur im Salzburg der Jahrhundertwende oder: Offensive Antworten „von unten“ auf die der Arbeiterschaft gesellschaftlich verordnete Rolle, „Bürger zweiter Klasse“ zu sein. In: Vom Stadtrecht zur Bürgerbeteiligung. Festschrift 700 Jahre Stadtrecht von Salzburg. Hrsg. von Heinz Dopsch. Salzburg 1987 (= Salzburger Museum Carolino Augusteum, Jahresschrift Band 33-1987), S. 203 f.
120) Salzburger Wacht I (1899), 11, S. 4.
121) Salzburger Wacht IX (1907), 57, S. 4.

122) Der Tabakarbeiter 7 (1910), 20, S. 4 sowie Salzburger Wacht IV (1902), 11, S. 5. Zur Frühgeschichte des ‚Fachvereins der Tabakarbeiterinnen' in Hallein vgl. folgende Nummern der Salzburger Wacht: II (1900), 25, S. 3; II (1900), 26, S. 3; II (1900), 28, S. 3; V (1903), 21, S. 4; VIII (1906), 1, S. 6; VIII (1906), 10, S. 3 (= Jahresbericht des Landes-Verbandes der Arbeiter-Vereine und Gewerkschaften für das Kronland Salzburg pro 1905)
123) Salzburger Wacht VIII (1906), 1, S. 6.
124) Diese Tabelle wurde, ergänzt durch eigene Berechnungen und eigene Reihung, dem Fachblatt der Tabakarbeiter 22 (1928), Jubiläumsnummer, S. 7, entnommen.
125) Perrot, Rebellische Weiber, S. 95.
126) Thompson Dorothy, Spurensicherung. Frauen in der frühen englischen Arbeiterbewegung, in: Honegger/Heintz, Listen der Ohnmacht. 1984, S. 181.
127) Vgl. etwa den Ausschuss der Gewerkschaftsortsgruppe in Sternberg aus dem Jahr 1907: von insgesamt 18 Ausschussmitgliedern waren 13 Frauen, darunter die ganze Führungsspitze: also Obfrau und Stellvertreterin, Schriftführerin und Kassierin. ln: Der Tabakarbeiter 4 (1907), 3, S. 6. In der Gewerkschaftsortsgruppe Hainburg hingegen waren die gleichen Funktionen schon 1906 nur mehr von Männern besetzt; vgl. Der Tabakarbeiter 3 (1906), 5, S. 7.
128) Dorothy Thompson hat in ihren Forschungsarbeiten zur frühen englischen Arbeiterbewegung ganz allgemein festgestellt, dass mit dem Entstehen komplexer Organisationen im nationalen Rahmen und formalisierter, kontinuierlicher Strategien „die Frauen, mit Ausnahme einiger weniger Regionen, aus der Politik der Arbeiterklasse verschwanden." Thompson, Spurensicherung, S. 181.
129) Salzburger Wacht 25(1923), 234, S. 6 (rückblickender Bericht einer Gewerkschafts- und Parteifunktionärin); vgl. dazu auch das Interview mit ihrem Sohn, Kassette H18/a,b (Archiv des Karl-Steinocher-Fonds).
130) Der Tabakarbeiter 17 (1920), 22/23, S. 1.
131) Der Tabakarbeiter 15 (1918), 7, S. 4.
132) Die Gewerkschaft, N.F., XX (1918), S. 169 f., XXI (1919), S. 79 f. und XXII (1920), S. 265 f.
133) Salzburger Wacht 26 (1924), 142, S. 4.
134) Der Tabakarbeiter 16 (1919), 7, S. 8.
135) Interview mit Frau Eb., Transkript I, S. 3.
136) Interview mit Frau R., Transkript I, S. 28.
137) Interview mit Frau S., Transkript I, S. 20.
138) Ebenda, S. 18.
139) Interviev mit Frau L., Schriftliche Notizen nach dem zweiten Gespräch.
140) Interview mit Frau P., Transkript IV, S. 9.
141) Interview mit Frau D., Transkript I, S. 12.
142) Zimmermann Clemens, „Die Entwicklung hat uns nun einmal in das Erwerbsleben hineingeführt". Lage, dörflicher Kontext und Mentalität nordbadischer Tabakarbeiter

1880-1930. Typoskript, Heidelberg 1986, S. 25.

143) Interview mit Frau R., Transkript I, S. 29.

144) Salzburger Wacht 23 (1921), 55, S. 3.

145) Interview mit Frau P, Transkript IV, S. 7.

146) Interview mit Frau L., Transkript I, S. 25.

147) Interview mit Frau E., Transkript I, S. 25.

148) Interview mit Frau R., Transkript II, S. 12.

6.9. „Weil mia Frauen mehr Schneid ghobt haum ois wia die Männer ...“ – 12. Februar 1934: Streik in der Zigarrenfabrik

149) Interview mit Frau R., Transkript I, S. 29 f.

150) Ebenda.

151) Interview mit Frau E., Transkript I, S. 3.

152) Interview mit Frau P., Transkript I, S. 7.

153) Interview mit Frau R., Transkript I, S. 30.

154) Interview mit Frau E., Transkript l, S. 3.

155) Fachblatt der Tabakarbeiter 28 (1934), 3, S. 1 sowie 28 (1934), 4, S. 5.

6.10. „D'Hauptsoch, dass ma unsa Oabeit ghobt haum ...“ – Über die Verbannung der ‚großen Politik‘ auf Räume außerhalb des eigenen Wahrnehmungsbereiches

156) Bezüglich der Distanz zwischen Lebenswelt und ‚großer Politik‘ vgl. Herbert Ulrich, „Die guten und die schlechten Zeiten“. Überlegungen zur diachronen Analyse lebensgeschichtlicher Interviews. In: Lutz Niethammer (Hrsg.), „Die Jahre weiß man nicht, wo man die heute hinsetzen soll“. Faschismuserfahrungen im Ruhrgebiet. Berlin, Bonn 1983 (= Lebensgeschichte und Sozialkultur im Ruhrgebiet 1930 bis 1960, Band 1), S. 81 ff.

157) Salzburger Zeitung vom 26. 2. 1943, S. 3. Zitiert nach Kerschbaumer Gert, Arbeitskultur unter dem Nationalsozialismus. Ein Beitrag zur Geschichte der Salzburger Arbeiterbewegung. In: Zeitgeschichte 13 (1986), 11/12, S. 424.

158) Interview mit Frau D., Transkript I, S. 4 f., 3 und 18.

159) Interview mit Frau K., Transkript l, S. 24.

160) Ebenda, S. 18.

161) Interview mit Frau E., Transkript I, S. 24.

162) Rossanda Rossana, Einmischung. Gespräche mit Frauen über ihr Verhältnis zu Politik, Freiheit, Gleichheit, Brüderlichkeit, Demokratie, Faschismus, Widerstand, Staat, Partei, Revolution, Feminismus. Frankfurt/Main 1980, S. 171.

163) Maimann Helene, Zur Frauen- und Familienideologie des Nationalsozialismus. In: Justiz und Zeitgeschichte: Geschichte der Familienrechtsgesetzgebung in Österreich. Wien 1977 (= Veröffentlichungen des Ludwig Boltzmann Instituts für Geschichte der Gesellschaftswissenschaften Salzburg), S. 58.

164) Herbert, „Die guten und die schlechten Zeiten“, S. 91.

165) Interview mit Frau S., Transkript I, S. 26.

166) Ebenda, S. 27.
167) Interview mit Frau R., Transkript II, S. 18.
168) Niethammer Lutz (Hrsg), „Die Jahre weiß man nicht, wo man die heute hinsetzen soll." Faschismuserfahrungen im Ruhrgebiet (siehe Anm. 156), Vorwort des Herausgebers, S. 12 und 25.
169) Interview mit Frau R., Transkript II, S. 19.
170) Ebenda, S. 18.
171) Bauer Ingrid, „Und dann überall so ein Misstrauen ..." Sozialisten und NS-Herrschaft in Salzburg 1938-1945. In: Mitteilungen des Karl-Steinocher-Fonds zur Erforschung der Geschichte der Arbeiterbewegung im Lande Salzburg. 1986, Heft 7/8/9, S. 25.
172) Interview mit Frau L., Transkript II, S. 16.
173) Brief von Pg. Dkfm. Otto Bechmann, Generaldirektor der Tabakregie an einen „Sehr geehrten Pg.!" Verfasst am 8. August 1938 (AVA, Rk(Bürckel), Karton 170).
174) Ebenda, S. 2.
175) Ebenda.
176) Ebenda, S. 1.
177) Ebenda.
178) Interview mit Frau G., Transkript II, S. 7.
179) Kerschbaumer, Arbeitskultur unter dem Nationalsozialismus, S. 425.
180) Interview mit Frau M., Transkript l, S. 6.
181) Interview mit Frau L., Transkript II, S. 16.
182) Interview mit Frau D., Transkript l, S. 12.
183) Interview mit Frau S., Transkript, S. 5 und 26.
184) Vgl. dazu Kerschbaumer, Arbeitskultur unter dem Nationalsozialismus, S. 417 und 427.
185) Interview mit Frau E., Transkript I, S. 9.
186) Vgl. dazu Drechsler, Geschichte der österreichischen Lebensmittelarbeitergewerkschatt, S. 78 ff. sowie „Demokratisches Volksblatt", Organ der Sozialistischen Partei Salzburgs 2. (38). Jg. (1946), Nr. 26 vom 31. 1. 1946, S. 2.
187) Interview mit Frau S., Transkript I, S. 6.
188) Interview mit Frau L., 1. Gespräch, Band 1, S. 2.

7. Frauenspezifische Betroffenheit und Widerständigkeit im ArbeiterInnenmilieu

1) Interview mit Frau D., Transkript I, S. 3.

7.1. Ausbruchsversuche – ArbeiterInnen-Kulturorganisationen als Kontrapunkt

2) Interview mit Frau L., Transkript II, S. 15.
3) Ebenda.
4) Ebenda, Transkript I, S. 7 f.
5) List Elisabeth, Kritik der Privatheit. Über den unbewältigten Sexismus politischer

Theorie. In: Politicum 45 (1984) („Frauen und Politik"), S. 20.

6) Interview mit Frau L., Transkript I, S. 8.

7) Ebenda.

8) Ebenda, Transkript II, S. 1.

9) Ebenda, S. 13.

10) Ebenda, S. 15.

11) Ebenda, Transkript I, S. 8.

7.2. Betroffen sein – getroffen sein – punktuelle Distanzierungen

12) Mies Maria, Die Debatte um die „Methodischen Postulate zur Frauenforschung". In: Methoden in der Frauenforschung, Symposium an der Freien Universität Berlin vom 30. 11.-2. 12. 1983. Hrsg. v. Zentraleinrichtung für Förderung von Frauenstudien und Frauenforschung an der FU Berlin. Frankfurt/Main 1984, S. 179.

13) Ebenda.

14) Interview mit Frau B. und Frau Df., Transkript I, S. 11.

15) Interview mit Frau A., Transkript l, S. 2.

16) Interview mit Frau R., Transkript I, S. 33.

17) Interview mit Frau D., Transkript I, S. 6.

18) Interview mit Frau L., Transkript I, S. 12.

19) Interview mit Frau D., Transkript I, S. 18.

20) Interview mit Frau A., Transkript I, S. 5.

21) Interview mit Frau D., Transkript l, S. 23.

7.3. „Mein Gott na, grod net so vü Kinder: Des woar mei oanziger Wunsch" – Über die gezielten Versuche der Zigarrenfabriksarbeiterinnen, der ‚Falle: Mutterschaft' zu entgehen

22) „Unser Pfarrblatt", Hallein 6 (1931), 17, S. 3.

23) Die Analyse folgt hier nur den Lebensgeschichten der Zigarrenfabriksarbeiterinnen, da die Zahl der interviewten Arbeiterhausfrauen zu gering ist, um Aussagen über ihre Strategien bezüglich Verhütung, Schwangerschaft und Geburt machen zu können.

24) Sieder, Sozialgeschichte der Familie, S. 209.

25) Interview mit Frau O., Transkript I, S. 17, 18.

26) Ebenda, S. 17.

27) Sieder, Sozialgeschichte der Familie, S. 209 f.

28) Interview mit Frau Str., Transkript II, S. 12.

29) Interview mit Frau S., Transkript II, S. 12.

30) Ebenda, Transkript II, S. 12.

31) Jahoda Marie/Larzarsfeld Paul F./Zeisel Hans, Die Arbeitslosen von Marienthal. Ein soziographischer Versuch über die Wirkungen langandauernder Arbeitslosigkeit. Mit einem Anhang zur Geschichte der Soziographie (1933). Frankfurt/Main 1975, S. 89 ff.

32) Sichtermann Barbara, FrauenArbeit. Über wechselnde Tätigkeiten und die Ökonomie der Emanzipation. Berlin 1987, S. 16.

33) Interview mit Frau M., Transkript I, S. 5.
34) Interview mit Herrn H., 2. Gespräch, Stenographische Notizen, S. 1.
35) Interview mit Frau B., Transkript B/Df I, S. 17.
36) Ebenda, S. 18.
37) Interview mit Frau O., Transkript l, S. 18.
38) Interview mit Frau B., Transkript B/Df I, S. 18.
39) Interview mit Frau W., Transkript I, S. 1 f.
40) Interview mit Frau P., Transkript II, S. 8 f.
41) Sieder, Sozialgeschichte der Familie, S. 210.
42) Interview mit Frau O., Transkript I, 18.
43) Interview mit Frau P., Transkript VII, S. 6.
44) Ebenda.
45) Interview mit Herrn G., 2. Gespräch, Stenographische Notizen, S. 1.

8. Über den spärlichen Fluss des Erzählens für die Zeit seit den Fünfzigerjahren

1) So hat auf der Tagung „Erfahrungen des Volkes unter Nationalsozialistischer Herrschaft. Zur notwendigen Erweiterung der Faschismusforschung in Österreich", die am 28. Mai 1987 am Institut für Wissenschaft und Kunst in Wien stattgefunden hat, Ulrich Herbert über das Oral-History-Projekt berichtet, das eine HistorikerInnengruppe um Lutz Niethammer im Ruhrgebiet durchgeführt hat: „Lebensgeschichte und Sozialkultur im Ruhrgebiet 1930 bis 1960". Was die lebensgeschichtlichen Erzählweisen ihrer Gesprächspartnerinnen zu den Fünfziger- und Sechzigerjahren betrifft, finden sich ziemlich ähnliche Erfahrungen wie in meinem Forschungsprojekt.
2) Interview mit Frau L., Transkript II, S. 9.
3) Interview mit Frau P., Transkript V, S. 9.
4) Interview mit Frau L., Transkript II, S. 6.

Quellenverzeichnis

Archivmaterial

Allgemeines Verwaltungsarchiv (AVA). Wien:

Akten Rk (Bürckel), Karton 170

Archiv des Karl-Steinocher-Fonds. Salzburg:

Aus den Beständen des Bildarchivs

Aus den Beständen des Tonarchivs, Abteilung Arbeiterkultur in Hallein: Lebensgeschichtliche Interviews (Tonbänder H1 – H37 und Transkripte)

Chronik des k. k. Gendarmeriepostens Hallein, Band 1 (1.9.1896 bis 28.11.1964)

„Erinnerungen eines alten Gewerkschafters und Parteifunktionärs“. Schriftliche Aufzeichnungen des Alois Erlach, Jahrgang 1886, Obmann der Halleiner Ortsgruppe der Gewerkschaft der Tabakarbeiterinnen und -Arbeiter Österreichs (1913-1925). Typoskript, Hallein o. J.

Provisorische Dienstbotenordnung für das Herzogtum Salzburg mit Ausschluß der Landeshauptstadt, vom 18. April 1856, und für die Landeshauptstadt Salzburg vom 27. Februar 1857. Entnommen dem Dienstbotenbuch Nr. 451 für die 1896 geborene und in die Gemeinde Thalgau bei Salzburg zuständige Elise Willroider.

Archiv des Tabakmuseums Wien:

Aus den Aktenbeständen der österreichischen Tabakregie, Gruppe: Personalangelegenheiten, Gruppe: Arbeitsordnungen. Gruppe: Dienstvorschriften, Statuten, Disziplinarprozesse

Finanzarchiv, Wien:

„Ansuchen der Gemeindevorstehung Hallein an das k. k. Finanzministerium um Errichtung einer Zigarrenfabrik in Hallein“, Banc. 10. 2., Nr. 40823 vom 30.1.1869

„Ansuchen der Generaldirektion der Tabakregie um Systemisierung des Personal- und Gebührenstandes für die neuerrichtete Zigarrenfabrik in Hallein“, Banc 10.1., Nr. 32514 vom 15.10.1870

Konsistorialarchiv der Erzdiözese Salzburg:

Pfarrmatriken der Diözese Hallein, Taufbücher 1866-1938, Trauungsbücher 1861-1938

Salzburger Landesarchiv:

Präsidialakten 1916-1922 (Karton 101-130)

Gedruckte Quellen

Arbeitsordnung für die k. k. Tabakfabriken. Genehmigt mit dem Finanzministerialerlaß vom 28. 9. 1899, Z. 4907 ex 1898, Wien 1900

Arbeitsordnung für die k. k. Tabakfabriken. Genehmigt mit dem Finanzministerialerlaß vom 23. 12. 1902, Z. 59708, Wien 1903

Arbeitsordnung für die Betriebe der österreichischen Tabakregie. Genehmigt mit dem Erlaß des österreichischen Staatsamtes der Finanzen vom 14 10. 1919, Z. 49932, Wien 1920

Arbeitsordnung für die Betriebe der österreichischen Tabakregie. Generaldirektion der österreichischen Tabakregie ad GDZ: 858/PP/lll ex 1936, Wien 1937

Arbeitsverhältnisse, Arbeiterversicherung und Arbeiterwohlfahrtseinrichtungen in den k. k. Tabakregieämtern. Zum amtlichen Gebrauche zusammengestellt von der k. k. Generaldirektion der Tabakregie, Wien 1913

Bericht über die Tätigkeit des Gemeinderates der Stadt Hallein in der Funktionsperiode 1925-1928, Hallein o. J.

Bericht über die Tätigkeit des Gemeinderates der Stadtgemeinde Hallein in der Funktionsperiode 1928-1931, Hallein o. J.

Berichte der k. k. Gewerbeinspektoren über ihre Amtstätigkeit in den Jahren 1887 bis 1913, Wien 1888 ff.

Dienstvorschrift für die Aufseher und Aufseherkandidaten der k. k. Tabakregieämter. Genehmigt mit dem Finanzministerialerlaße vom 23. 12. 1902, Wien 1903

Dorrek Karl: Arbeiterverhältnisse in den k. k. Tabakfabriken, Wien 1900

Ergebnisse der Mikrozensus-Untersuchung vom Juni 1983 über Personen- und Haushaltseinkommen von unselbständigen Beschäftigten. Typoskript der Grundsatzabteilung des Sozialministeriums vom 29. 10. 1984 (Steiner 6213)

Erhebung über die Kinderarbeit in Österreich im Jahr 1908. Hrsg. vom k. k. Arbeitsstatistischen Amt im Handelsministerium, Wien 1910 (I. Teil: Tabellen), 1911 (II. Teil: Textliche Darstellung, Heft 1), 1913 (II. Teil, Heft 2)

Lohnsverhältnisse in den k. k. Tabakregieämtern. Zum amtlichen Gebrauch zusammengestellt von der k. k. Generaldirektion der Tabakregie, Wien 1913

Organische Bestimmungen und Verhaltungsregeln für die Arbeiter der k. k. Tabakfabriken. Erlassen in Folge der Ermächtigung des hohen k. k. Finanzministeriums vom 3. 8. 1877 von der k. k. Generaldirektion der Tabakregie am 1. 11. 1877, Wien 1877

Popp Adelheid: Referat zum dritten Tagesordnungspunkt (Arbeiterschutz) der Zweiten Konferenz der Sozialdemokratischen Frauen Österreichs, abgehalten am 8. November 1903 in Wien. Gemeinsam veröffentlicht mit dem Protokoll über die Verhandlungen des Gesamtparteitages der Sozialdemokratischen Arbeiterpartei in Österreich, abgehalten in Wien 1903, Wien 1903.

Statut über das Versorgungssystem für Tabakregiearbeiter und ihre Hinterbliebenen. K. k. Generaldirektion der Tabakregie GDZ: 29223 ex 1910, Wien 1911

Die Wohnverhältnisse der österreichischen Tabakfabriksarbeiter. Eine Erhebung des christlichen Tabakarbeiterverbandes Österreichs. Hrsg. vom christlichen Tabakarbeiterverband unter Mitwirkung der Zentralstelle für Wohnungsreform, Wien 1910

Zizek Franz: Verbreitung und Erscheinungsformen der Kinderarbeit in Österreich. In: Gutachten, Berichte und Materialien zu den Verhandlungen des zweiten österreichischen Kinderschutzkongresses in Salzburg 1913, Wien 1913 (= Schriften des 2. österreichischen Kinderschutzkongresses in Salzburg 1)

Periodika

Demokratisches Volksblatt. Organ der Sozialistischen Partei Salzburgs, 1945-1946

Fachblatt der Tabakarbeiter. Organ des christlichen Tabakarbeiterverbandes Österreichs, 1922-1937

Die Gewerkschaft, N. F. 1918-1920

Halleiner Geschichtsblätter. Hrsg. von der Stadtgemeinde Hallein, 1981-1987

Jahresberichte der österreichischen Tabakregie, 1923-1937

Der Lebensmittelarbeiter. Organ des Zentralverbandes der Lebens- und Genußmittelarbeiter Österreichs, 1920-1934

Salzburger Wacht. Sozialdemokratisches Organ für Salzburg, 1899-1934

Statistische Mitteilungen über das österreichische Tabakmonopol, 1874-1913

Der Tabakarbeiter. Organ der Gewerkschaft der Tabakarbeiterinnen und -Arbeiter Österreichs, 1904-1920

Tabellen zur Statistik des österreichischen Tabakmonopols der im Reichsrathe vertretenen Königreiche und Länder, 1875-1913

Tennengauer Nachrichten, 1986

Unser Pfarrblatt (Halleiner Pfarrblatt), 1926-1932

Literaturverzeichnis

Alheit Peter, Alltagsleben. Zur Bedeutung eines gesellschaftlichen „Restphänomens". Frankfurt/Main, New York 1983

Amann Anton, Individuum und Gesellschaft – Zur Hälftung eines Zusammenhanges durch die Sozialwissenschaften. Thesenpapier zu einem gemeinsamen Vortrag im Arbeitskreis „Rekonstruktion der Geschichte durch Sozialwissenschaften" auf dem österreichischen Soziologentag 1983, Typoskript

Ardelt Rudolf G., „Arbeiterinnen kämpfen um ihr Recht" (Literaturbericht). In: Zeitgeschichte 6 (1978), 2, S. 78-85

Arendt Hannah, Vita activa oder Vom tätigen Leben. Stuttgart 1960

Ariès Philippe, Geschichte der Kindheit. München 1985

Badinter Elisabeth, Die Mutterliebe. Geschichte eines Gefühls vom 17. Jahrhundert bis heute, München 1985

Bardt Hans-Paul, Arbeit als Inhalt des Lebens („denn es fähret schnell dahin"). ln: Matthes Joachim (Hrsg.), Krise der Arbeitsgesellschaft? Verhandlungen des 21. Deutschen Soziologentages in Bamberg 1982. Frankfurt/Main, New York 1983, S. 120-137

Bauer Ingrid, Salzburg 1900 bis 1910. Protest- und Kampfformen der Arbeiterbewegung: Der Boykott. In: Mitteilungen des Karl-Steinocher-Fonds 1984, Heft 4/5/6, S. 32-47

Bauer Ingrid, Geschlecht: Weiblich – Besondere Kennzeichen: Geschichtslos? Allgemeine Überlegungen im Zusammenhang mit Forschungsarbeiten über die Lebenszusammenhänge der Halleiner Fabriksarbeiterinnen in der Zwischenkriegszeit. In: Zeitgeschichte 12 (1985), 8, S. 309-330

Bauer Ingrid, „Die Zigarrenfabriksarbeiterinnen sind ja berühmt gewesen ..." Die Halleiner Zigarrenfabrik und ihre Arbeiterinnen (1869 bis 1939). Hrsg. vom Karl-Steinocher-Fonds. Salzburg 1986

Bauer Ingrid, Die „Tschikweiber". Über die Lebenszusammenhänge der Halleiner Zigarrenfabriksarbeiterinnen in der Zwischenkriegszeit. ln: Niethammer Lutz/Plato Alexander von (Hrsg.), „Wir kriegen jetzt andere Zeiten". Auf der Suche nach der Erfahrung des Volkes in nachfaschistischen Ländern. Berlin, Bonn 1985 (= Lebensgeschichte und Sozialkultur im Ruhrgebiet 1930 bis 1960, Band 3), S. 53-71

Bauer Ingrid, „Und dann überall so ein Mißtrauen ..." Sozialisten und NS-Herrschaft in Salzburg 1938 bis 1945. ln: Mitteilungen des Karl-Steinocher-Fonds 1986, Heft 7/8/9. S. 24-46

Bauer Ingrid, Arbeiterkultur im Salzburg der Jahrhundertwende oder: Offensive Antworten „von unten" auf die der Arbeiterschaft gesellschaftlich verordnete Rolle, „Bürger zweiter Klasse" zu sein. ln: Vom Stadtrecht zur Bürgerbeteiligung. Festschrift 700 Jahre Stadtrecht von Salzburg. Hrsg. von Heinz Dopsch. Salzburg 1987 (= Salzburger Museum Carolino Augusteum, Jahresschrift Band 33-1987), S. 199-213

Bechtel Beatrix/Bohle Sigrun, Einige Konzepte der Historischen Frauenforschung. In: Aufrisse 5 (1984), 3, S. 4-8

Beck-Gernsheim Elisabeth, Das halbierte Leben. Männerwelt Beruf, Frauenwelt Familie.

Frankfurt/Main 1980

Becker-Schmidt Regina, Probleme der feministischen Theorie und Empirie in den Sozialwissenschaften. In: Methoden in der Frauenforschung, Symposium an der Freien Universität Berlin, vom 30.11-2.12. 1983. Hrsg. von Zentraleinrichtung für Förderung von Frauenstudien und Frauenforschung an der FU Berlin. Frankfurt/Main 1984, S. 224-238

Becker-Schmidt Regina, Entfremdete Aneignung, gestörte Anerkennung, Lernprozesse: über die Bedeutung von Erwerbsarbeit für Frauen. ln: Matthes Joachim (Hrsg.), Krise der Arbeitsgesellschaft? Verhandlungen des 21. Deutschen Soziologentages in Bamberg 1982. Frankfurt/Main, New York 1983, S. 412-433

Becker-Schmidt Regina, „Vor Arbeit habe ich noch nie zurückgeschreckt – irgendwie ging's immer weiter ...". Frau R.: Ein Beispiel, wie und warum arbeiten gelernt wird. In: Becker-Schmidt Regina/Brandes-Erlhoff Uta/Rumpf Mechthild/Schmidt Beate, Arbeitsleben – Lebensarbeit. Konflikte und Erfahrungen von Fabrikarbeiterinnen. Bonn 1983 (= Veröffentlichungen des Forschungsinstitutes der Friedrich-Ebert-Stiftung. Reihe: Arbeit, Band 10), S. 95-123

Becker-Schmidt Regina, Widerspruch und Ambivalenz: Theoretische Überlegungen, methodische Umsetzungen, erste Ergebnisse zum Projekt „Probleme lohnabhängig arbeitender Mütter." In: Becker-Schmidt Regina/Brandes-Erlhoff Uta/Rumpf Mechthild / Schmidt Beate, Arbeitsleben – Lebensarbeit. Konflikte und Erfahrungen von Fabrikarbeiterinnen. Bonn 1983 (= Veröffentlichungen des Forschungsinstitutes der Friedrich-Ebert-Stiftung Reihe: Arbeit, Band 10), S. 15-43

Becker-Schmidt Regina/Schmidt Beate, Widerstreitende Interessen: Familie ohne Beruf, Familie und Beruf. ln: Becker-Schmidt Regina/Brandes-Erlhoff Uta/Rumpf Mechthild / Schmidt Beate, Arbeitsleben – Lebensarbeit. Konflikte und Erfahrungen von Fabrikarbeiterinnen. Bonn 1983 (= Veröffentlichungen des Forschungsinstitutes der Friedrich-Ebert-Stiftung. Reihe: Arbeit, Band 10), S. 125-149

Becker-Schmidt Regina/Brandes-Erlhoff Uta/Rumpf Mechthild/Schmidt Beate, Arbeitsleben – Lebensarbeit. Konflikte und Erfahrungen von Fabrikarbeiterinnen. Bonn 1983 (= Veröffentlichungen des Forschungsinstitutes der Friedrich-Ebert-Stiftung. Reihe: Arbeit, Band 10)

Becker-Schmidt Regina/Brandes-Erlhoff Uta/Lühring Ilse/Schmidt Beate, Familienarbeit im proletarischen Lebenszusammenhang. Was es heißt, Hausfrau zu sein. In: Gesellschaft. Beiträge zur marxschen Theorie 14. Hrsg. von H.-G. Backhaus u. a. Frankfurt/Main 1981, S. 75-96

Becker-Schmidt Regina/Knapp Gudrun-Axeli/Rumpf Mechthild, Frauenarbeit in der Fabrik – Betriebliche Sozialisation als Lernprozeß? Über die subjektive Bedeutung der Fabrikarbeit im Kontrast zur Hausarbeit. In: Gesellschaft. Beiträge zur marxschen Theorie 14. Hrsg. von H.-G. Backhaus u. a. Frankfurt/Main 1981, S. 52-74

Benesch Friedrich, 150 Jahre österreichische Tabakregie 1784-1934. Hrsg. von der Generaldirektion der österreichischen Tabakregie. Wien 1934

Bertaux Daniel/Bertaux-Wiame Isabelle, Autobiographische Erinnerung und kollektives Gedächtnis. In: Niethammer Lutz (Hrsg.), Lebenserfahrung und kollektives Gedächtnis. Die Praxis der „Oral History". Frankfurt/Main 1980, S. 108-134

Bertaux-Wiame Isabelle, The Life History Approach to the Study of Internal Migration. In:

Biography and Society. The Life History Approach in the Social Sciences. Edited by Dani el Bertaux. Beverly Hills 1981 (= SAGE Studies in International Sociology 23), S 249-265

Blumer H., Der methodologische Standort des Symbolischen Interaktionismus. In: AG Bielefelder Soziologen (Hrsg.), Alltagswirklichkeit, Interaktion und gesellschaftliche Wirklichkeit. Reinbeck 1973, S. 80-146

Bock Gisela, Historische Frauenforschung: Fragestellungen und Perspektiven. In: „Frauen suchen ihre Geschichte". Historische Studien zum 19. und 20. Jahrhundert. Hrsg. von Karin Hausen. München 1983, S. 22-60

Bock Gisela, Der Platz der Frauen in der Geschichte. In: Neue Ansätze in der Geschichtswissenschaft. Hrsg. von Herta Nagl-Docekal und Franz Wimmer. Wien 1984 (= conceptus Studien 1), S. 108-127

Bock Gisela/Duden Barbara, Arbeit aus Liebe – Liebe als Arbeit. Zur Entstehung der Hausarbeit im Kapitalismus. In: Frauen und Wissenschaft. Beiträge zur Berliner Sommeruniversität für Frauen, Juli 1976. Berlin 1977, S. 118-199

Bolognese-Leuchtenmüller Birgit, Unterversorgung und mangelnde Betreuung der Kleinkinder in den Unterschichtenfamilien als soziales Problem des 19. Jahrhunderts. In: Knittler Herbert (Hrsg.), Wirtschafts- und Sozialhistorische Beiträge. Festschrift für Alfred Hoffmann zum 75. Geburtstag. Wien 1979, S. 410-430

Bolognese-Leuchtenmüller Birgit, Berufliche Motivation und Arbeitseinstellung erwerbstätiger Frauen im 19. und 20. Jahrhundert. In: Beiträge zur Historischen Sozialkunde 11 (1981), 3, S. 107-111

Bolognese-Leuchtenmüller Birgit, Zur Sozialgeschichte einer vernachlässigten Mehrheit. In: Geschichte von unten. Fragestellungen, Methoden und Projekte einer Geschichte des Alltags. Hrsg. von Hubert Ch. Ehalt. Wien, Köln, Graz 1984, S. 259-278

Brandes-Erlhoff Uta, Zur Entstehung und Funktion von Phantasien, Wünschen, Tagträumen – Eine Analyse der Bedingungen ihrer Freisetzung und Fesselung. In: Becker-Schmidt Regina/ Brandes-Erlhoff Uta/Rumpf Mechthild /Schmidt Beate, Arbeitsleben – Lebensarbeit. Konflikte und Erfahrungen von Fabrikarbeiterinnen. Bonn 1983 (= Veröffentlichungen des Forschungsinstitutes der Friedrich-Ebert-Stiftung. Reihe: Arbeit, Band 10), S. 151-179

Dahrendorf Ralf, „Wenn der Arbeitsgesellschaft die Arbeit ausgeht". In: Matthes Joachim (Hrsg.), Krise der Arbeitsgesellschaft? Verhandlungen des 21. Deutschen Soziologentages in Bamberg 1982. Frankfurt/Main, New York 1983, S. 25-37

Drechsler Fritz, Geschichte der Tabakarbeiter. Hrsg. von der Gewerkschaft der Lebens- und Genußmittelarbeiter. Wien 1952 (= Geschichte der österreichischen Lebensmittelarbeiter-Gewerkschaft, III. Band)

Ehlich Konrad (Hrsg.), Erzählen im Alltag. Frankfurt/Main, New York 1983

Ehmer Josef, Frauenerwerbsarbeit in der industriellen Gesellschaft. In: Beiträge zur Historischen Sozialkunde 11 (1981), 3, S. 97-106

Ehmer Josef, Vaterlandslose Gesellen und respektable Familienväter. Entwicklungsformen der Arbeiterfamilie im internationalen Vergleich, 1850-1930. In: Konrad Helmut (Hrsg.), Die deutsche und die österreichische Arbeiterbewegung zur Zeit der Zweiten Internationale. Protokoll des bilateralen Symposiums DDR-Österreich vom 30. 9. bis 3. 10. 1981 in Linz. Wien 1982 (= Materialien zur Arbeiterbewegung. Hrsg. vom Ludwig Boltzmann Institut für Geschichte der Arbeiterbewegung 24), S. 109-153

Einfeldt Anne-Katrin, Auskommen – Durchkommen – Weiterkommen. Weibliche Arbeitserfahrungen in der Bergarbeiterkolonie, In: Niethammer Lutz (Hrsg.), „Die Jahre weiß man nicht, wo man die heute hinsetzen soll." Faschismuserfahrungen im Ruhrgebiet. Berlin, Bonn 1983 (= Lebensgeschichte und Sozialkultur im Ruhrgebiet 1930 bis 1960, Band 1), S. 267-296

Fetscher Iring, Arbeit und Spiel. Stuttgart 1983

„Frauen suchen ihre Geschichte". Historische Studien zum 19. und 20. Jahrhundert. Hrsg. von Karin Hausen. München 1983

Frei Alfred Georg, Die Zukunft liegt in der Vergangenheit. Geschichtswerkstätten, Tendenzwende und demokratische Alternativen. In: MOZ-Extra „Geschichtswerkstatt", Zeitschrift Moderne Zeiten. Sozialistisches Monatsmagazin. Hrsg. von der Initiative Sozialistische Politik, Hannover, 4 (1984), S. 3-6

Fuchs Werner, Biografische Forschung. Eine Einführung in Praxis und Methoden. Opladen 1984

Göttner-Abendroth Heide, Zur Methodologie von Frauenforschung am Beispiel der Biografie. In: Frauenforschung oder feministische Forschung? Hrsg. von Sozialwissenschaftliche Forschung und Praxis für Frauen e.V. München 1984 (= beiträge zur feministischen theorie und praxis 11), S. 35-39

Gross Nachum Th., Die Stellung der Habsburgermonarchie in der Weltwirtschaft. In: Brusatti Alois (Hrsg.), Die Habsburgermonarchie 1848-1918, Band 1: Die Wirtschaftliche Entwicklung. Wien 1973, S. 1-28

Grubitzsch Helga, Frauen machen Geschichte. Aspekte einer feministischen Geschichtsforschung. In: Heer Hannes und Ullrich Volker (Hrsg.), Geschichte entdecken. Erfahrungen und Projekt der neuen Geschichtsbewegung. Hamburg 1985, S. 150-173

Handbuch der Frauenarbeit in Österreich. Hrsg. von der Kammer für Arbeiter und Angestellte in Wien. Wien 1930

Hanisch Ernst, Regionale Zeitgeschichte. Einige theoretische und methodologische Überlegungen. In: Zeitgeschichte 7 (1979/80), 2, S. 39-60

Hanisch Ernst, Alltagsgeschichte oder historische Sozialkunde. Zum 35. Historikertag in Berlin. In: Salzburger Nachrichten vom 10. 10. 1984, S. 8 (Aus Wissenschaft und Forschung)

Hareven Tamara K., Famliy. Time and Industrial Time. Family and Work in a Planned Corporation Town, 1900-1924. In: Journal of Urban History 1975, Vol. 1, No. 3, S. 365-389

Haug Frigga, Erfahrung und Theorie. Die Langeweile in der Ökonomie und die Farbwerke Hoechst. In: Das Argument 136 (1982), S. 807-819

Hausen Karin, Die Polarisierung der „Geschlechtscharaktere" – Eine Spiegelung der Dissoziation von Erwerbs- und Familienleben. In: Sozialgeschichte der Familie in der Neuzeit Europas. Neue Forschungen. Hrsg. von Werner Conze. Stuttgart 1976 (Industrielle Welt. Schriftenreihe des Arbeitskreises für moderne Sozialgeschichte, Band 21), S. 363-393

Hautmann Hans/Kropf Rudolf, Die österreichische Arbeiterbewegung vom Vormärz bis 1945. Sozialökonomische Ursprünge ihrer Ideologie und Politik. Linz 1976 (= Schriften reihe des Ludwig Boltzmann Instituts für Geschichte der Arbeiterbewegung 4)

Heller Agnes, Das Alltagsleben. Versuch einer Erklärung der individuellen Reproduktion. Hrsg. von Hans Joas. Frankfurt/Main 1978

Heer Hannes/Ullrich Volker, Geschichte entdecken. Erfahrungen und Projekt der neuen Geschichtsbewegung. Hamburg 1985

Herbert Ulrich, „Die guten und die schlechten Zeiten". Überlegungen zur diachronen Analyse lebensgeschichtlicher Interviews. In: Niethammer Lutz (Hrsg.), „Die Jahre weiß man nicht, wo man die heute hinsetzen soll". Faschismuserfahrungen im Ruhrgebiet. Berlin, Bonn 1983 (= Lebensgeschichte und Sozialkultur im Ruhrgebiet 1930 bis 1960, Band 1), S. 67-96

Herbert Ulrich, Zur Entwicklung der Ruhrarbeiterschaft 1930 bis 1960 aus erfahrungsgeschichtlicher Perspektive. In: Niethammer Lutz/Plato Alexander von (Hrsg.), „Wir kriegen jetzt andere Zeiten". Auf der Suche nach der Erfahrung des Volkes in nachfaschistischen Ländern. Berlin. Bonn 1985 (= Lebensgeschichte und Sozialkultur im Ruhrgebiet 1930-1960, Band 3), S. 19-52

Honegger Claudia/Heintz Bettina (Hrsg.), Listen der Ohnmacht. Zur Sozialgeschichte weiblicher Widerstandsformen. Frankfurt/Main 1984 (= Taschenbücher Syndikat/EVA, Band 38)

Hopf Christel, Soziologie und qualitative Sozialforschung. In: Hopf Christel/Weingarten E. (Hrsg.), Qualitative Sozialforschung. Stuttgart 1979, S. 11-34

Huber Hugo, Geschichte der österreichischen Tabakregie, Die innerbetriebliche Sozialordnung. In: Hitz Harald/Huber Hugo, Geschichte der österreichischen Tabakregie 1784-1835. Wien 1975 (= Österreichische Akademie der Wissenschaften. Veröffentlichungen der Kommission für Wirtschafts-, Sozial- und Stadtgeschichte 2), S. 119-188

Jahoda Marie, Wieviel Arbeit braucht der Mensch. Arbeit und Arbeitslosigkeit im 20. Jahrhundert. Weinheim, Basel 1983

Jahoda Marie/Lazarsfeld Paul F./Zeisel Hans, Die Arbeitslosen von Marienthal. Ein soziographischer Versuch. Mit einem Anhang zur Geschichte der Soziographie. Frankfurt/Main 1975

Kerndlinger Marie, Die Tabakarbeiterin. In: Handbuch der Frauenarbeit in Österreich. Hrsg. von der Kammer für Arbeiter und Angestellte in Wien. Wien 1930, S. 117-127

Kerschbaumer Gert, Arbeitskultur unter dem Nationalsozialismus. Ein Beitrag zur Geschichte der Salzburger Arbeiterbewegung. In: Zeitgeschichte 13 (1986), 11/12, S. 417-435

Kickbusch Ilona, Familie als Beruf – Beruf als Familie, Der segregierte Arbeitsmarkt und die Familialisierung der weiblichen Arbeit. In: Kickbusch Ilona/Riedmüller Barbara (Hrsg.), Die armen Frauen. Frauen und Sozialpolitik. Frankfurt/Main 1984, S. 163-178

Klappacher Kaspar Oswald, Religionsgeographie der Stadtgemeinde Hallein. Diss. Salzburg 1982

Kocka Jürgen, Sozialgeschichte. Göttingen 1977

Köfner Gottfried, Hunger, Not und Korruption. Der Übergang Österreichs von der Monarchie zur Republik am Beispiel Salzburgs. Salzburg 1980

Konrad Helmut, Arbeitergeschichte und Raum. In: Geschichte als demokratischer Auftrag

(Karl R. Stadler zum 70. Geburtstag). Hrsg. von den Autoren unter der Schriftleitung von Helmut Konrad. Wien, München, Zürich 1983 (= Veröffentlichungen des Ludwig Boltzmann Instituts für Geschichte der Arbeiterbewegung), S. 37-75

Kontos Silvia, Zur Geschichte der Hausarbeit. In: Heer Hannes/Ullrich Volker (Hrsg.), Geschichte entdecken. Erfahrungen und Projekte der neuen Geschichtsbewegung. Hamburg 1985, S. 174-181

Kuhn Annette, Das Geschlecht – eine historische Kategorie. Gedanken zu einem aus der neueren Geschichtswissenschaft verdrängten Begriff. In: Frauen in der Geschichte IV. „Wissen heißt leben ...". Beiträge zur Bildungsgeschichte von Frauen im 18. und 19. Jahrhundert. Düsseldorf 1983, S. 29-50

Kuhn Annette, Oral History – feministisch. In: Heer Hannes/Ullrich Volker (Hrsg.), Geschichte entdecken. Erfahrungen und Projekte der neuen Geschichtsbewegung. Hamburg 1985, S. 165-173

Lehmann Albrecht, Erzählstruktur und Lebenslauf. Autobiografische Untersuchungen. Frankfurt/Main, New York 1983

Leichter Käthe, Frauenarbeit und Arbeiterinnenschutz in Österreich. Wien 1927

Lerner Gerda, The Majority Finds Its Past. Placing Women in History. New York 1979

Lerner Gerda, Eine feministische Theorie der Historie. In: Die ungeschriebene Geschichte Historische Frauenforschung. Dokumentation des 5. Historikerinnentreffens in Wien, 16 bis 19. April 1984. Hrsg. von Wiener Historikerinnen. Wien 1984, S. 404-411

Lidauer Roman, Die Stadt Hallein. Ihre Entwicklung und ihr Lebensraum. Diss. Innsbruck 1970

Lipp Carola, „Uns hat die Mutter Not gesäugt an ihrem dürren Leibe". Die Verarbeitung von Hungererfahrungen in Autobiographien von Handwerkern, Arbeitern und Arbeiterinnen. In: Beiträge zur Historischen Sozialkunde 15 (1985), 2, S. 54-59

List Elisabeth, Kritik der Privatheit. Über den unbewältigten Sexismus politischer Theorien. In: Politicum 45 (1985), S. 16-21

Lüdke Alf, Erfahrungen von Industriearbeitern – Thesen zu einer vernachlässigten Dimension der Arbeitergeschichte. In: Conze Werner/Engelhardt Ulrich (Hrsg.), Arbeiter im Industrialisierungsprozess. Herkunft, Lage und Verhalten. Stuttgart 1979 (= Schriftenreihe des Arbeitskreises für moderne Sozialgeschichte. Band 28), S. 494-512

Lüdke, Alf, Hungererfahrungen, Essens-„Genuss" und Politik bei Fabriksarbeiterinnen und Arbeiterfrauen. Beispiele aus dem rheinisch-westfälischen Industriegebiet, 1910-1940. In: Beiträge zur Historischen Sozialkunde 15 (1985), 2, S. 60-66

Maimann Helene, Zur Frauen- und Familienideologie des Nationalsozialismus. In: Justiz und Zeitgeschichte 3: Geschichte der Familienrechtsgesetzgebung in Österreich. Wien 1977 (= Veröffentlichungen des Ludwig Boltzmann Instituts für Geschichte der Gesellschaftswissenschaften Salzburg), S. 53-67

Maimann Helene, Bemerkungen zu einer Geschichte des Arbeiteralltags. In: Bewegung und Klasse. Studien zur österreichischen Arbeitergeschichte. 10 Jahre Ludwig Boltzmann Institut für Geschichte der Arbeiterbewegung. Hrsg. von Gerhard Botz, Hans Hautmann, Helmut Konrad, Josef Weidenholzer. Wien 1978, S. 599-628

Marx Karl/Engels Friedrich, Die deutsche Ideologie. In: Marx/Engels, Ausgewählte Werke in sechs Bänden, Band 1. Wien (Globus Verlag) 1970, S. 201-277

Matthes Joachim (Hrsg.), Krise der Arbeitsgesellschaft? Verhandlungen des 21. deutschen Soziologentages in Bamberg 1982. Frankfurt/Main, New York 1983

Mies Maria, Methodische Postulate zur Frauenforschung. In: beiträge zur feministischen theorie und praxis 1. Hrsg. von Sozialwissenschaftliche Forschung und Praxis für Frauen e. V. München 1978, S. 41-63

Mies Maria, Weibliche Lebensgeschichte und Zeitgeschichte. In: Weibliche Biografien. Dokumentation der Tagung „Weibliche Biografien" an der Universität Bielefeld, Oktober 1981. Hrsg. von Sozialwissenschaftliche Forschung und Praxis für Frauen e. V. München 1982 (= beiträge zur feministischen theorie und praxis 7), S. 54-60

Mitterauer Michael, Ledige Mütter. Zur Geschichte unehelicher Geburten in Europa. München 1983

Mühlfeld Claus/Windolf Paul/Lampert Norbert/Krüger Heidi, Auswertungsprobleme offener Interviews. In: Soziale Welt 32 (1981), 3, S. 325-352

Müller Walter, Frauenerwerbstätigkeit im Lebenslauf. In: Müller Walter/Willms Angelika/Handl Johann, Strukturwandel der Frauenarbeit 1880-1980. Frankfurt/Main, New York 1983, S. 55-106

Müller Walter/Willms Angelika/Handl Johann, Frauenarbeit im Wandel. Forschungsfragen und Datenbasis. In: Müller Walter/Willms Angelika/Handl Johann, Strukturwandel der Frauenarbeit 1880-1980. Frankfurt/Main, New York, 1983, S. 7-24

Müller Walter/Willms Angelika/Handl Johann, Strukturwandel der Frauenarbeit 1880-1980. Frankfurt/Main, New York 1983

Nagl-Docekal Herta, Frauengeschichte als Perspektive und Teilbereich der Geschichtswissenschaft (Bemerkungen zu Bock Gisela, Der Platz der Frauen in der Geschichte. Referat zur Tagung „Neue Ansätze in der Geschichtswissenschaft", 30. 9. bis 2. 10. 1983, Wien). In: Nagl-Docekal Herta/Wimmer Franz (Hrsg.), Neue Ansätze in der Geschichtswissenschaft. Wien 1984 (= conceptus Studien 1), S. 128-132

Negt Oskar, Lebendige Arbeit, enteignete Zeit. Politische und kulturelle Dimensionen des Kampfes um die Arbeitszeit. Frankfurt/Main, New York 1984

Neusüß Christel, Die Kopfgeburten der Arbeiterbewegung oder Die Genossin Luxemburg bringt alles durcheinander. Hamburg 1985

Neyer Gerda, Sozialpolitik von, für und gegen Frauen. Am Beispiel der historischen Entwicklung der Mutterschutzgesetzgebung in Österreich. In: österreichische Zeitschrift für Politikwissenschaft 13 (1984), 4, S. 427-441

Niethammer Lutz (Hrsg.), Lebenserfahrung und kollektives Gedächtnis. Die Praxis der „Oral History". Frankfurt 1980

Niethammer Lutz (Hrsg.), „Die Jahre weiß man nicht, wo man die heute hinsetzen soll". Faschismuserfahrungen im Ruhrgebiet. Berlin, Bonn 1983 (= Lebensgeschichte und Sozialkultur im Ruhrgebiet 1930 bis 1960, Band 1)

Niethammer Lutz/Plato Alexander von (Hrsg.), „Wir kriegen jetzt andere Zeiten". Auf der Suche nach den Erfahrungen des Volkes in nachfaschistischen Ländern. Berlin, Bonn 1985 (= Lebensgeschichte und Sozialkultur im Ruhrgebiet 1930 bis 1960, Band 3)

„Oral History Projekte in Österreich". Dokumentation einer Arbeitstagung im Institut für

Wissenschaft und Kunst, Wien, 5.-6. Mai 1984. Wien 1984

Osterland Martin, Die Mythologisierung des Lebenslaufs. Zur Problematik des Erinnerns. In: Baethge M./Eszbach W. (Hrsg.), Soziologie: Entdeckungen im Alltäglichen. Frankfurt/Main 1983, S. 279-290

Ostner Ilona, Zur Vergleichbarkeit von Aussagen in lebensgeschichtlichen Interviews, In: Weibliche Biografien. Dokumentation der Tagung „Weibliche Biografien" an der Universität Bielefeld, Oktober 1981. Hrsg. von Sozialwissenschaftliche Forschung und Praxis für Frauen e. V. München 1982 (= beiträge zur feministischen theorie und praxis 7), S. 61-75

Penninger Ernst/Stadler Georg, Hallein. Ursprung und Geschichte der Salinenstadt. Salzburg 1970

Perrot Michele, Rebellische Weiber. Die Frau in der französischen Stadt des 19. Jahrhunderts. In: Honegger Claudia/Heintz Bettina (Hrsg.), Listen der Ohnmacht. Zur Sozialgeschichte weiblicher Widerstandsformen. Frankfurt/Main 1984 (= Taschenbücher Syndikat/EVA, Band 38), S. 71-98

Peukert Detlev, Ist die neuere Alltagsgeschichte theoriefeindlich? In: Nagl-Docekal Herta/Wimmer Franz (Hrsg.), Neue Ansätze in der Geschichtswissenschaft. Wien 1984 (= Conceptus Studien 1), S. 7-17

Pircher Erika, Gesetzwerdung und Fraueninteressen am Beispiel des Gleichbehandlungsgesetzes. In: österreichische Zeitschrift für Politikwissenschaft 13 (1984), 4, S. 443-463

Piven Francis Fox/Cloward Richard A., Die unsichtbare Auflehnung. Steuerung der Innovationskraft und des Widerstandspotentials von Frauen. In: Die armen Frauen. Frauen und Sozialpolitik. Hrsg. von Ilona Kickbusch und Barbara Riedmüller. Frankfurt/Main 1984, S. 135-162

Platzer Antonie, Die Hausgehilfin. In: Handbuch der Frauenarbeit in Österreich. Hrsg. von der Kammer für Arbeiter und Angestellte in Wien. Wien 1930, S. 159-169

Popp Adelheid, Haussklavinnen. Ein Beitrag zur Lage der Dienstmädchen. Wien 1912

Prokop Ulrike, Weiblicher Lebenszusammenhang. Von der Beschränktheit der Strategien und der Unangemessenheit der Wünsche. Frankfurt/Main 1977

Puls Detlev (Hrsg.), Wahrnehmungsformen und Protestverhalten. Studien zur Lage der Unterschichten im 18. und 19. Jahrhundert. Frankfurt/Main 1979

Rehbein Jochen, Biographisches Erzählen. In: Lämmert Eberhard (Hrsg.), Erzählforschung,.Stuttgart 1982, S. 51-73

Rossanda Rossana, Einmischung. Gespräche mit Frauen über ihr Verhältnis zu Politik, Freiheit, Gleichheit, Brüderlichkeit, Demokratie, Faschismus, Widerstand, Staat, Partei, Revolution und Feminismus. Frankfurt/Main 1980

Rückschau auf 175 Jahre österreichische Tabakregie und Tätigkeitsbericht über das Jubiläumsjahr 1959. Hrsg. von der Generaldirektion der österreichischen Tabakregie. Wien 1961

Rumpf Mechthild, Fremde Räume – vertraute Räume. In: Becker-Schmidt Regina/Brandes-Erlhoff Uta/Rumpf Mechthild/Schmidt Beate, Arbeitsleben – Lebensarbeit. Konflikte und Erfahrungen von Fabrikarbeiterinnen. Bonn 1983 (= Veröffentlichungen des Forschungsinstitutes der Friedrich-Ebert-Stiftung. Reihe: Arbeit, Band 10), S. 45-78

Rupp Herbert, Die österreichische Tabakregie 1848-1913. Diss. Wien 1979

Rupp Herbert und Autorenkollektiv, Arbeits- und Lebensverhältnisse der Beschäftigten der Tabakregie. Typoskript im Archiv des Tabakmuseums. Wien o.J.

Rüsen Jörn, Historische Vernunft. Grundzüge einer Historik I: Die Grundlagen der Geschichtswissenschaft. Göttingen 1983

Safrian Hans/Sieder Reinhard, Gassenkinder – Straßenkämpfer. Zur politischen Sozialisation einer Arbeitergeneration in Wien 1900 bis 1938. In: Niethammer Lutz/Plato Alexander von (Hrsg.), „Wir kriegen jetzt andere Zeiten". Auf der Suche nach den Erfahrungen des Volkes in nachfaschistischen Ländern. Berlin, Bonn 1985 (= Lebensgeschichte und Sozialkultur im Ruhrgebiet 1930 bis 1960, Band 3), S. 117-151

Sandgruber Roman, Schöne Frauen rauchen. Geschlechtsrollen, materielle Kultur und sozialer Wandel. In: Beiträge zur Historischen Sozialkunde 14 (1984), 1, S. 11-20

Schaff Adam, Entfremdung als soziales Phänomen. Wien 1977

Schivelbusch Wolfgang, Das Paradies, der Geschmack und die Vernunft. Eine Geschichte der Genussmittel. Frankfurt/Main, Berlin, Wien 1983

Schmidt Beate, Exkurs: Das eigene Haus – zur Dialektik des Eigentums im proletarischen Lebenszusammenhang. In: Becker-Schmidt Regina/Brandes-Erlhoff Uta/Rumpf Mechthild /Schmidt Beate: Arbeitsleben – Lebensarbeit. Konflikte und Erfahrungen von Fabrikarbeiterinnen. Bonn 1983 (= Veröffentlichungen des Forschungsinstitutes der Friedrich-Ebert-Stiftung. Reihe: Arbeit, Band 10), S. 79-94

Schröder Wilhelm Heinz, Arbeitergeschichte und Arbeiterbewegung. Industriearbeit und Organisationsverhalten im 19. und frühen 20. Jahrhundert. Frankfurt/Main, New York 1978

Schütze Fritz, Narrative Repräsentation kollektiver Schicksalsbetroffenheit. In: Lämmert Eberhard (Hrsg.), Erzählforschung. Stuttgart 1982, S. 568-590

Scott Joan W./Tilly Louise A., Familienökonomie und Industrialisierung in Europa. In: Honegger Claudia/Heintz Bettina (Hrsg.), Listen der Ohnmacht. Zur Sozialgeschichte weiblicher Widerstandsformen. Frankfurt/Main 1984 (= Taschenbücher Syndikat/EVA, Band 38), S. 99-137

Sève Lucien, Marxismus und Theorie der Persönlichkeit. Frankfurt/Main 1977

Sichtermann Barbara Weiblichkeit. Zur Politik des Privaten. Berlin 1983

Sichtermann Barbara, FrauenArbeit. Über wechselnde Tätigkeiten und die Ökonomie der Emanzipation. Berlin 1987

Sieder Reinhard, Historische Reflexionen zur Stellung des Kindes in der Familie. In: Justiz und Zeitgeschichte 3: Geschichte der Familienrechtsgesetzgebung in Österreich. Hrsg. von Erika Weinzierl und Karl R. Stadler. Wien 1977 (= Veröffentlichungen des Ludwig Boltzmann Instituts für Geschichte der Gesellschaftswissenschaften Salzburg), S. 82-92

Sieder Reinhard, Hausarbeit oder: die „andere Seite" der Lohnarbeit. In: Beiträge zur Historischen Sozialkunde 11 (1981), 3, S. 90-97

Sieder Reinhard, Bemerkungen zur Verwendung des „Narrativinterviews" für eine Geschichte des Alltags. In: Zeitgeschichte 9 (1981/82), 5, S. 164-178

Sieder Reinhard, Die Geschichten der einfachen Leute – ein Thema für Geschichtswissenschaft und Unterricht. In: Beiträge zur Historischen Sozialkunde 14 (1984), 1, S. 27-31

Sieder Reinhard, Geschichten erzählen und Wissenschaft treiben. Interviewtexte zum Arbeiteralltag. Erkenntnistheoretische Grundlagen, Quellenkritik, Interpretationsverfahren und Darstellungsprobleme. In: Botz Gerhard/Weidenholzer Josef (Hrsg.), Mündliche Geschichte und Arbeiterbewegung. Wien, Köln 1984 (= Materialien zur Historischen Sozialwissenschaft 2), S. 203-231

Sieder Reinhard, „Vata, derf i aufstehn?" Kindheitserfahrungen in Wiener Arbeiterfamilien um 1900. In: Ehalt Hubert Ch./Heiß Gernot/Stekl Hannes (Hrsg.), Glücklich ist, wer vergisst ...? Das andere Wien um 1900. Wien, Köln, Graz 1986, S. 39-89

Sieder Reinhard, Sozialgeschichte der Familie. Frankfurt/Main 1987

Sprengnagel Gerald, Fabrikarbeiter auf dem Land. Materialien zur Lebensweise des ländlichen Industrieproletariats im 19. Jahrhundert. Am Beispiel der Metallarbeiter des oberen Traisentals. Diss. Wien 1983

Stearns Peter N., Abstumpfung und Apathie. Arbeiterfrauen in England, 1890-1914. In: Honegger Claudia/Heintz Bettina (Hrsg.), Listen der Ohnmacht. Zur Sozialgeschichte weiblicher Widerstandsformen. Frankfurt/Main 1981, S. 188-216

Talos Emmerich, Staatliche Sozialpolitik in Österreich. Rekonstruktion und Analyse. Wien 1981 (= österreichische Texte zur Gesellschaftskritik. Band 5)

Thompson Dorothy, Spurensicherung. Frauen in der frühen englischen Arbeiterbewegung. In: Honegger Claudia/Heintz Bettina (Hrsg.), Listen der Ohnmacht. Zur Sozialgeschichte weiblicher Widerstandsformen. Frankfurt/Main 1984 (= Taschenbücher Syndikat/EVA, Band 38), S. 161-187

Thompson Edward P., Die „Moralische Ökonomie" der englischen Unterschichten im 18. Jahrhundert. In: Thompson Edward P., Plebeische Kultur und moralische Ökonomie. Aufsätze zur englischen Sozialgeschichte des 18. und 19. Jahrhunderts. Ausgewählt und eingeleitet von Dieter Groh. Frankfurt/Main, Berlin, Wien 1980, S. 67-130

Thompson Edward P, Zeit, Arbeitsdisziplin und Industriekapitalismus. In: Thompson Edward P., Plebeische Kultur und moralische Ökonomie. Aufsätze zur englischen Sozialgeschichte des 18. und 19. Jahrhunderts. Ausgewählt und eingeleitet von Dieter Groh. Frankfurt/Main, Berlin, Wien 1980, S. 33-66

Thompson Paul, The Voice of the Past. Oral History. Oxford, London, New York 1978

Thürmer-Rohr Christine, Der Chor der Opfer ist verstummt. Eine Kritik an Ansprüchen der Frauenforschung. In: „Frauenforschung oder feministische Forschung". Hrsg. von Sozialwissenschaftliche Forschung und Praxis für Frauen e.V. München 1984 (= beiträge zur feministischen theorie und praxis 11), S. 71-84

Trömel-Plötz Senta, Frauensprache: Sprache der Veränderung. Frankfurt/Main 1982

Ullrich Volker, Geschichte von unten. Die neue Bewegung zur Erforschung des Alltags. In: Journal für Geschichte 1984, 2, S. 8-15

Volmerg Ute, Identität und Arbeitserfahrung. Eine theoretische Konzeption zur Sozialpsychologie der Arbeit. Frankfurt/Main 1978

Wierling Dorothee, „Ich hab meine Arbeit gemacht – was wollte sie mehr?" Dienstmädchen im städtischen Haushalt der Jahrhundertwende. In: Frauen suchen ihre Geschichte. Historische Studien zum 19. und 20. Jahrhundert. Hrsg. von Karin Hausen. München 1983, S. 144-171

Willms Angelika, Grundzüge der Entwicklung der Frauenarbeit von 1880 bis 1980. In: Müller Walter/Willms Angelika/Handl Johann, Strukturwandel der Frauenarbeit 1880-1980. Frankfurt/Main, New York 1983, S. 25-54

Zimmermann Clemens, „Die Entwicklung hat uns nun einmal in das Erwerbsleben hineingeführt". Lage, dörflicher Kontext und Mentalität nordbadischer Tabakarbeiter 1880-1930. Typoskript. Heidelberg 1986

Bildnachweis

Die Fotos der Publikation stammen aus den unten stehenden Archiven und privaten Sammlungen. Die Abbildungen, die aus dem Bestand „Fotoarchiv: Karl-Steinocher-Fonds“ im Stadtarchiv Salzburg zur Verfügung gestellten wurden, setzen sich vorwiegend aus Leihgaben der Oral-History-InterviewpartnerInnen der vorliegenden Studie zusammen.

JTI Tobacco Collection Vienna: Fotos auf den Seiten 75, 76, 107, 121, 185, 186 und 216.

Keltenmuseum Hallein: Fotos auf den Seiten 72/73, 83 und 253.

Österreichische Nationalbibliothek, Bildarchiv Austria: Foto auf Seite 192 (Fotograf: Fritz Zvacek).

Projektarchiv Finster/Ziegler, Linz: Fotos auf den Seiten 68/69, 126, 211 und 232.

Privatsammlung Bauer, Salzburg: Foto auf Seite 78.

Privatsammlung Hassfurther, Theater bodi end sole, Hallein: Fotos auf den Seiten 20, 152, 224 und 246.

Sammlung Schweinöster, St. Martin bei Lofer: Foto auf Seite 50.

Stadtarchiv Salzburg, Bestand: Fotoarchiv Karl-Steinocher-Fonds: Fotos auf den Seiten 33, 77, 142, 156, 163, 171, 177, 179, 187, 196/197, 218, 222/223, 234, 237, 241, 245 und 254.

Verlag Akzente Salzburg: Foto auf S. 116, aus: Nicht stillhalten, wenn Unrecht geschieht. Die Lebenserinnerungen von Agnes Primocic. Hrsg. v. Michaela Zehenter, Salzburg 2004.

Die Autorin

Ingrid Bauer

ist Zeit-, Sozial- und Kulturhistorikerin. Ihre inhaltlichen Schwerpunkte liegen im 20. und 21. Jahrhundert und umfassen Forschungsfelder wie: Frauen- und Geschlechtergeschichte; Geschlechterordnungen und sozialer Wandel; Geschichte sozialer Bewegungen und Proteste; österreichische Zeitgeschichte im europäischen Kontext; Geschichte & Lebensgeschichte – Oral History-Projekte zu Nationalsozialismus, Zweiter Weltkrieg, Besatzung und Wiederaufbau als biografische Erfahrung, Lebensgeschichten von Besatzungskindern; Geschichte der Jugendfürsorge nach 1945 (Strukturen, Wandel, Betroffene).

Für ihre Forschungen und Publikationen wurde die Historikerin mit einer Reihe von Preisen ausgezeichnet: unter anderem 1989 mit dem Wissenschaftspreis der Kammer für Arbeiter und Angestellte O.Ö. (für ihre Dissertation „Frauenarbeit und Frauenleben an der Peripherie – Fallbeispiel: Die Halleiner Zigarrenfabriksarbeiterinnen), mit dem Victor-Adler-Staatspreis für Geschichte sozialer Bewegungen (1989), mit dem Käthe-Leichter-Preis für Frauenforschung, Geschlechterforschung und Gleichstellung in der Arbeitswelt (1995) und 2007 mit dem Internationalen Preis für Wissenschaft und Forschung, verliehen vom Kulturfonds der Stadt Salzburg für ihre wissenschaftliche Gesamtleistung im Bereich der Frauen- und der Geschlechtergeschichte.

Ingrid Bauer ist Professorin an der Universität Salzburg, Redaktionsmitglied der Zeitschrift *Zeitgeschichte*, Mitherausgeberin von *L'Homme*. Europäische Zeitschrift für feministische Geschichtswissenschaft sowie Mitglied der Jury des – vom Dokumentationsarchiv des österreichischen Widerstandes und der International Conference of Labour and Social History (ITH) geschaffenen – Herbert-Steiner-Preises für wissenschaftliche Arbeiten zu den Themen „Widerstand/Verfolgung/Exil in der Zeit des Faschismus und Nationalsozialismus" und „Geschichte der Arbeiterbewegung".